# 理性、均衡与激励

组 织 行 为 与 决 策 逻 辑
A Logic of Organizational Behavior
and Decision-making

# RATIONALITY
# EQUILIBRIUM
# AND
# INCENTIVE

李军林————著

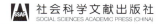
社会科学文献出版社
SOCIAL SCIENCES ACADEMIC PRESS (CHINA)

# 前　　言

新中国 70 多年的历史，是中华民族从站起来、富起来到强起来的历史。如果说新中国成立和社会主义基本制度确立，是中华民族伟大复兴的历史转折点，那么改革开放和建设中国特色社会主义，就是中华民族伟大复兴的重要里程碑。改革开放以来，我国经济社会所取得的成绩令世人瞩目。今天，我国拥有 41 个工业大类 207 个工业中类 666 个工业小类，形成了独立、完整的现代工业体系，是全世界唯一拥有联合国产业分类中全部工业门类的国家。2020 年我国国内生产总值超过 100 万亿元，总量超过世界第三至第五经济体的总和，稳居第二位。我国仅用了短短几十年的时间便走完了发达国家几百年所走过的发展历程，堪称"人类经济史上的奇迹"。

1989 年，我进入南开大学经济研究所开始学习经济理论，迄今已有 30 多年。从某种意义上讲，我也是改革开放的亲历者、参与者与见证者。作为一名从事哲学社会科学研究的人员，我的学术生涯与我国改革开放的历程密切相关。中国改革开放的伟大历程，不仅给我们这一代学人带来了从事哲学社会科学研究的丰沃的土壤与最好的原材料，而且为我们提供了观察和分析这一伟大"试验田"的难得机会，更为进一步繁荣我国哲学社会科学创造了绝佳的历史机遇。本书正是基于改革开放这一伟大实践，对我国发展所面临的重大理论和现实问题做出的初步研究尝试。

本书从理性观念和理性支持系统的一般讨论出发，使用博弈论、契约理论和产业组织理论的基本方法，抽象出组织行为与决策的重要逻辑——理性、均衡与激励。这一逻辑为理解改革开放以来中国企业与政府组织的典型行为和重要决策，如企业经营决策、政府宏观调控与最优监管模式选择等，提供了相对统一的分析视角与理论框架。

本书共分五篇。第一篇以理性观念和理性支持系统为起点，相对系统地阐述了理性人在社会博弈中的行为选择，重点介绍了知识（Knowledge）和信念（Beliefs）如何结合，以形成并支撑具有说服力和解释力的解的概念，以及莱茵哈德·泽尔滕（Reinhard Selten）对有限理性与实验经济学的探索，这有助于我们更好地理解、把握博弈论与经济现实的关系。

第二篇是对企业组织行为的分析。聚焦现实中企业的激励机制、需求曲线及决策方式，利用基于 NAC 的 CEU 效用模型和考虑不确定性的三部门博弈模型，抽象和解释真实世界中的中国企业行为决策，探讨了一个行业企业繁荣导致的其他行业企业衰败的"荷兰病"等现象。本篇发现由于决策方式不同，乐观的雇员更容易被激励并给雇佣者创造更大的利润；消费者对转基因食品的接纳行为是由模糊性感知决定的理性均衡；"荷兰病"现象的本质是企业追求现期利润导致的产业过度集中，加深了整体的不确定性。

第三篇进一步研究了国有企业的效率与激励问题。由于国有企业的改革与发展关乎国民经济的命脉，本篇首先从总体出发，探讨解释国有企业改革对我国经济增长的内在机制。进一步，通过回顾相关理论与经验研究，指出理解与评价国有企业效率的核心在于"规则"，并应结合国有企业的作用、国有企业改革的阶段，综合多样的视角设计评价指标和体系。对于如何提升国有企业的经营效率，已有研究大多基于显性激励展开分析，本篇则补充了关于隐性激励提升组织运作效率的研究。在系统梳理隐性激励理论、探讨隐性激励实施条件与表现形式的基础上，构建了声誉模型，给出了个体声誉（Individual Reputation）在隐性激励中的特殊蕴意，并论证了个体声誉是国有企业经营者的重要激励机制：好的声誉有助于提升国有企业经营绩效和效率。

第四篇是对政府组织行为的分析，具体探究政府如何使用货币政策和财政政策来实施宏观调控。货币政策和财政政策的制定与实施过程可以看成政府与公众之间的互动博弈，本篇首先建立货币政策声誉模型，讨论了具备理性预期的参与人如何对这些冲击做出最优反应。通过将这些最优反应加总，能够得出货币发行与人均产出、通货膨胀率之间的函数关系及解析解。研究发现理性预期未必带来货币中性，而是与经济参与人的风险厌恶系数高度相关。其次基于中国的特征事实，构建了最优财政政策模型，探究了面临外生经济冲击时，在社会福利最大化的目标下，政府部门的最优财政政策反应，发现财政政策的顺周期性往往受到经济波动的影响。

第五篇关注政府监管，具体研究了食品安全和系统性金融风险的最优监管模式，以及统计机构的最优管理模式。在食品安全监管方面，本篇通过多方博弈的模型探讨了分头监管和合并监管对厂商行为的影响，发现合并监管在降低食品安全事故发生概率和规范厂商行为层面均优于分头监管。在系统性金融风险监管方面，本篇借鉴不完全契约理论的思路，从监管标准和监管能力差异的角度，分析了统一监管与分业监管的应用边界，发现在金融混业程度较低时更适用统一监管。针对统计机构的最优管理模式，本篇对比讨论了属地化管理和垂直化管理模式下的央地统计博弈，研究发现统计部门实行属地化管理时，地方政府有较高的积极性推动经济增长，但会高报统计数据；当委托人更愿意避免统计数据失真造成的社会负效应时，各级统计部门则可实行垂直化管理。

习近平总书记指出："一个国家的发展水平，既取决于自然科学发展水平，也取决于哲学社会科学发展水平。"当代中国正经历着历史上最为广泛而深刻的社会变革，也正进行着人类历史上最为宏大而独特的实践创新。这种前无古人的伟大实践，必将为理论创新、学术繁荣提供强大动力和广阔空间。因此，在中国特色社会主义发展历史进程中，我国广大哲学社会科学工作者天地广阔。而推动我国哲学社会科学繁荣发展、构建中国特色哲学社会科学既是一个系统工程，也是一项极其繁重的任务，需要我们几代人的不懈努力。

本书试图对中国当下的经济改革之路进行实践观察、经验总结与理论分析。囿于学识，不当之处在所难免，恳请各界学人批评指正。

# 目　　录

## 第五篇　监管组织模式的最优选择

第一篇

# 理性、行为与均衡选择

一直以来，理性选择理论对博弈论、社会选择理论，以及经济学、哲学、心理学和社会学等诸多学科的发展有着重要的贡献。它不仅在不同学科、不同研究领域内提炼出有效的分析范式和模型，极大地改变和拓宽了我们认识、思考社会的视角，而且为各项政策的制定与实施提供了重要的理论依据。相关学科的发展又反过来使得理性选择理论更加丰富。博弈论的建立与发展，无疑是理性选择理论得以进一步拓展的一个最好的明证。

博弈论考虑行为决策问题相互作用的情况，是现代微观经济学的重要理论工具。数学家约翰·冯·诺伊曼（John von Neumann）和经济学家奥斯卡·摩根斯坦（Oskar Morgenstern）于 1944 年出版的《博弈论与经济行为》（*Theory of Games and Economic Behavior*）一书，将博弈论确立为社会科学的一个重要分支。此后，经诺贝尔经济学奖得主纳什（Nash）、海萨尼（Harsanyi）、泽尔滕（Selten）、奥曼（Aumann）、谢林（Schelling）、夏普利（Shapley）、罗斯（Roth）等一大批杰出数学家和社会科学家的发展与拓展，博弈论及其与经济科学融合产生的机制设计理论、契约理论、产业组织理论等全面影响着人们对个体行为模式、组织行为与决策逻辑的抽象和思考。

理性的人们在社会博弈中将采取怎样的行为？纳什均衡"把社会科学带入一个新世界，在那里可以发现一个研究所有冲突与合作局面的统一分析框架"。纳什指出"任何其他博弈理论都可以被划归到均衡的分析"，那么人们在博弈中采取的行为将是均衡策略行为。均衡直接反映了研究者对"理性决策"的理解。人们的均衡选择是在多人交互决策情境下，根据各自已有知识而形成的信念，对理性原则的贯彻和坚持。

值得注意的是，纳什均衡所要求的理性与信息约束实际上并不能很好地刻画许多常见的经济情形（如竞标、二手车买卖、保险销售等），因此博弈论的发展过程可以看成对其均衡解的概念（Solution Concept）不断完善和精炼的过程。

一方面，本篇介绍了博弈论围绕博弈核心问题"高阶信念和推理"进行处理的发展脉络，展示了海萨尼提出的"贝叶斯纳什均衡"（Bayesian-Nash Equilibrium）——知识和信念如何结合形成并支撑具有说服力和解释力的解的概念。从这个角度能够更好地理解、把握博弈论和经济现实的关系。

另一方面，本篇介绍了莱茵哈德·泽尔滕（Reinhard Selten）对有限理性与实验经济学的探索。泽尔滕提出"子博弈完美纳什均衡"（Subgame Perfect Nash Equilibrium）和"颤抖手完美均衡"（Trembling Hand Perfect Equilibrium）的概念，通过对纳什均衡的精炼，排除不合理均衡，为厂商进行行为预测、解释重复博弈中合作的出现等提供了更加精确的思路。然而，随着对动态博弈中纳什均衡的精炼和有限重复博弈的深入研究，泽尔滕更加明确地感受到有限理性对博弈论的挑战，于是他逐渐转向对心理因素和认知行为的指导，研究描述性博弈理论（Descriptive Game Theories），尝试对有限理性理论展开系统性拓展。毫不夸张地说，泽尔滕是将博弈理论和有限理性思想结合并取得杰出成就的第一人。他从有限理性角度对博弈论预测进行补充，推动了博弈论乃至整个经济学的发展。

# 知识、信念与均衡

## ——博弈均衡解理性支持系统的讨论

最初人们提到博弈论时也会很自然地将其与纳什均衡联系起来，然而纳什均衡所要求的理性与信息约束实际上并不能很好地刻画许多常见的经济情形，因此需要针对此类情形构造新的解的概念以及进行相关的信息设定来完善与改进博弈理论。但在放松了假设之后，如何提出合理的解的概念在博弈论发展中困扰了理论学者很长时间。其中，对不完全信息的处理尤其棘手：博弈的交互性导致参与人的推理过程经常需要高阶信念（直至无穷阶信念）的支持，而如何合理、简洁地处理这些高阶信念是建模者无法回避的问题。我们即从高阶信念和高阶知识的视角出发，分析并介绍海萨尼（Harsanyi）提出的"贝叶斯纳什均衡"（Bayesian-Nash Equilibrium，BNE）在博弈论发展中的重大意义（Harsanyi，1967，1968a，1968b）。

在海萨尼之前，经济学没有统一的框架来分析信息问题，因此经济学分析中参与人的信息往往都是相同的（Myerson，2004）。海萨尼博弈对高阶信念简洁且精妙的处理，为后来的研究扫清了障碍，是方法论上的巨大突破。正是海萨尼所做的杰出贡献，使得经济学进入了前人认为"不可分析"的领域，没有他的贡献，信息经济学便永远不会产生。① 此外，他的工作在经济学说史上也是一项了不起的成就。在

---

① 海萨尼的论文对现代信息经济学的产生与构建具有里程碑意义。其他一些学者关于非完全信息问题也有过奠基性的研究成果，如威克瑞关于拍卖竞标的论文，Vickrey，W.，"Counter-speculation，Auctions，and Competitive Sealed Tenders"，*The Journal of Finance*，1961，16（1），pp. 8 - 37；阿克洛夫关于二手车市场问题的论文，（转下页注）

完全信息和非完全信息博弈分析框架建立起来之后，组织经济学、信息经济学等学科得到了极大的推动，丰富和拓展了经济学分析的视野与深度。因此，他的贡献在学说史上也是浓墨重彩的一笔。

对博弈理论发展历程的回顾和整理对研究者正确地理解和使用相关工具具有重要意义：一方面，从现在理论发展的视角回看这些工作可以使学者更加清晰完整地认识该理论的根基；另一方面，对理论先驱工作的充分理解也是向其致敬的最好方式。随着泽尔滕的去世，第一批为博弈论做出奠基性贡献的诺贝尔经济学奖获得者全部离我们而去。这或许意味着一个时代的结束，而本文也体现了笔者对这批学者的追思。

# 一　纳什均衡与共同知识

著名的纳什均衡（Nash Equilibrium，NE）是一个全部参与人的策略组合，其中每个参与人策略是在给定其他人策略不变的前提下对自己最有利的策略。换句话说，没有一个参与人能够通过改变自己的策略来改善福利水平（Nash，1951）。纳什均衡的定义中实际上隐含地引入了共同知识（Common Knowledge）的假设。[①] 共同知识是指具有如下性质的事件：当其发生时，所有人都知道它发生了，所有人都知道其他人也知道它发生了，所有人都知道其他人都知道所有人都知道它发

---

（接上页注①）Akerlof, G., "The Market for 'Lemons', Quality Uncertainty and the Market Mechanism", *Quarterly Journal of Economics*, 1970, 84 (3), pp. 488 – 500；斯本斯关于劳动力市场信号传递问题的论文，Spence, M., "Job Market Signaling", *Quarterly Journal of Economics*, 1973, 87 (3), pp. 355 – 374；罗斯柴尔德和斯蒂格利茨关于保险市场销售的论文，Rothschild, M., Stiglitz, J., "Equilibrium in Competitive Insurance Markets: An Essay on the Economics of Imperfect Information", *Quarterly Journal of Economics*, 1976, 90 (4), pp. 629 – 649；等等。尽管他们都对信息经济学做出了杰出贡献并先后获得诺贝尔经济学奖，但从研究的方法论上看，他们的工作都是针对某个市场的特殊商品进行分析而得出的结论，海萨尼的工作则是给出了非完全信息竞争市场（有不同信息行为人）的一般分析框架。

① 研究发现，博弈中的共同知识假设在博弈均衡的定义中起到了基础性作用，但是在现实中难以满足。因此，正确识别对被研究情形中的共同知识是选择合适的博弈模型的关键。

生了，并且此推理链条可以推到无穷阶均成立。

在完全信息条件下，勃兰登伯格对 NE 所要求的推理过程所蕴含的信息要求进行了总结（Brandenburger，1992）。一般来说，两类信息假设是必需的。[①] 首先，博弈的结构必须是共同知识，其中包括博弈规则、参与人数、参与人的收益等。与单人决策过程不同，博弈过程中的决策具有交互性，即决策者的决策过程相互嵌套。[②] 博弈决策中的相互嵌套循环要求每个参与人的信念或知识也必须在无穷阶成立。[③] 很明显，完全信息假设对决策者信息的要求远不止"所有参与人都知道"特定信息，还需要参与人达成高度的一致，因而在实际生活中并不非常容易得到满足。但遗憾的是，寻找一种合理且简便的方式放松此假设是一项困难的任务。

其次，所有决策者的理性方式必须是共同知识。[④] 对于每个决策者而言，博弈决策的交互性决定了其他决策者的决策方式也必然是影响自身决策的重要因素。下例修改自沃朗的思想实验（Werlang，1986），用以说明即使在客观条件完全相同的博弈中，决策者也会因对方参与人的不同而改变自身策略。设想你要参加一个用现金作为回报的二人博弈，并被告知将分别和两个人进行博弈，其中一位是你的朋友，另一位是陌生人。你和朋友相识多年并且智力水平相当；而那位陌生人是刚刚从喜马拉雅山上请下来的，他仅仅知道 1 元钱大概能买什么东西。你的可选策略有两个：唯一的纳什均衡策略和保险策略。当双方都采用纳什均衡策略时，你的收益是 1000 元；但是此时如果对方偏离，你将至少损失 1000 元。如果你采用保险策略，那么无论对方选择什么，你的收益都是 900 元。很明显，你面对朋友时更有可能采用纳什均衡策略。

---

① 需要注意的是，这并不意味着其他条件均无法保证纳什均衡。例如，如果要求参与人的策略是共同知识，则可以放松部分共同知识约束且仍保证纳什均衡的出现。

② 例如，在两个厂商的古诺竞争中，厂商 1 的产量取决于自己的边际成本和厂商 2 的产量，而厂商 2 的产量又取决于自己的边际成本和厂商 1 的产量，从而形成一个嵌套循环。

③ Binmore（2007）提供了一个清晰的例子，展示了高阶信念在博弈决策中的必要性。

④ 并非在所有情形下都需要"理性"作为共同知识如此严格的条件来保证 NE 的出现——作为有限知识的理性即足够，参见 Brandenburger（1992）。但是为了保证结论不失一般性，此处仍然要求"理性"成为共同知识。

为了保证纳什均衡的实现，在全部决策者的所有高阶信念中都必须排除出现"喜马拉雅人"的情况。换句话说，每个参与人的决策规则也必须是共同知识，即要求所有决策者的理性必须是共同知识。此时，"理性"实际上指的是参与人如何处理信息、做出决策的规则。

那么在实际情形下这两个条件是否容易得到满足？共同知识对参与人施加的约束十分苛刻——它要求信息不仅是公开的，而且必须在多个参与人中达成共识。很显然，如果模型中存在重要的私人信息，那么前述推理过程必然无法成立。但是需要注意的是，并不是所有的公开信息都满足共同知识假设。如国家宏观统计数据，虽然它是公开的，但并不是每个人都会去看，也不是每个人都确定别人会去看，更不是每个人都确定别人知不知道自己看不看，等等。因此，若假设此类数据是参与人的共同知识，便会面临参与人行为偏离预测的风险。

此外，作为共同知识的理性也常常被忽略。例如，在最后通牒博弈（Ultimatum Game）中，两个参与人（匿名）尝试就一定数量的金钱达成分成比例。首先，一个出价者给出他的分成计划；其次，回应者决定是否接受出价者的计划。如果计划被接受，那么每个参与人获得相应的报酬；如果计划被拒绝，则分成失败，两人的收益都为0。对于回应者来说，面对一个非负的计划，接受总是不差于拒绝的，因此出价者应该预测理性的回应者在此种情况下总是选择接受。然而，金提思通过实验研究发现，低于30%的分成比例经常被拒绝（Gentis，2000）。这表明参与人所使用的理性原则并非总是与理论相符，对其进行预测也并不是简单的任务。①

———————————

① 另一种解释是虽然博弈规则给定了支付金额，但没有唯一确定每个人的效用。如参与人可以因分配不公平而产生副效用，从而导致拒绝成为理性选择。如果遵从这种解释，那么实际上是各个参与人的支付而不是理性方式没有成为共同知识。这种解释是有道理的，不过却与我们提供的解释在分析逻辑上完全等价，原因在于新古典经济学以来"理性"的内涵实际上包括了"效用"和"最大化方法"两个元素，并且二者都需要借助对方来定义自己，并不存在清晰的界限。参见 Vriend, N. J., "Rational Behavior and Economic Theory", *Journal of Economic Behavior & Organization*, 1996, 29, pp. 263 – 285; Binmore, K., "Chapter 1—Rationality", Handbook of Game Theory with Economic Applications, 2015, pp. 1 – 26。

总的来说，NE 概念从认识论和方法论上为交互决策情形提供了有力工具，但是对具体情形的研究经常需要对其做更进一步的限制或扩展。接下来要介绍的贝叶斯纳什均衡用一种精妙的模型设置将 NE 概念的内涵延伸到不完全信息情况下，而这些工作为信息经济学取得的突破性进展在关键问题的处理上扫清了障碍。

## 二　共同知识与不完全信息博弈模型

### （一）不完全信息博弈与高阶信念

纳什均衡的实现所需的大量共同知识在实际经济生活中很难被满足——经济参与者往往不能对客观现实产生如此一致且正确的认识。因此，20 世纪 50 ~ 60 年代，博弈论学者便提出了"不完全信息"的概念。以表 1 两个简单的博弈为例，参与人 1 在（a）和（b）中的支付相同而参与人 2 的支付不同。如果参与人 1 不能知道参与人 2 的实际支付的话，他便不知道参与人 2 将会选 L 还是 R，进而不知道自己的最优策略是 U 还是 D。

表 1　不完全信息

| | | 参与人 2 | |
| --- | --- | --- | --- |
| | | L | R |
| 参与人 1 | U | 1, 0 | 0, 1 |
| | D | 0, 0 | 1, 1 |

（a）

| | | 参与人 2 | |
| --- | --- | --- | --- |
| | | L | R |
| 参与人 1 | U | 1, 1 | 0, 0 |
| | D | 0, 1 | 1, 0 |

（b）

如果博弈中部分模型设置不是共同知识，如上例中的支付矩阵，那么此博弈便被称为不完全信息博弈。在博弈论的发展过程中，博弈论学者对"不完全信息博弈"的定义实际上发生过变化（Myerson，2004）。冯·诺依曼和摩根斯坦最初对"不完全信息"的定义是"部分结构没有被清晰定义的博弈"（Von Neumann，Morgenstern，1944），而且从理论上讲，没有定义清楚的模型是不能被分析的，因此他们认为没有必要研究此类博弈。显然，这个回答无法使学者们满意，许多学者此后依然在不断尝试建立新的分析方法以处理这类情形，其中最成功的尝试来自海萨尼。在海萨尼的模型中，无法被精确定义的变量以概率分布的形式被描述并且此分布被假设为全部参与人的共同知识。在后文的讨论中可以发现，在这些假设的帮助下，不完全信息博弈模型便是可分析的。因此，从这种意义上讲，这些变量的取值虽然不被精确地知道，但是其取值范围以及分布是可以知道的，即决策者知道他们"知道自己不知道的具体是什么"和"在多大程度上不知道"，因此也并不是完全不知道。换句话说，海萨尼模型所刻画的"不完全信息"已经与其最初的定义有所不同：冯·诺依曼和摩根斯坦定义的不完全信息是"不知道"，而海萨尼定义的不完全信息是"不确知"，即前者比后者包含更大的范围（见图1）。

**图1　两种不完全信息对比**

用概率对不确定性进行刻画之后更重要的问题是高阶信念如何处理。一个直接的办法是将所有高阶信念逐阶给出，分析每种情况下的最优策略。鲁斯和拉法亚曾经沿着这个思路进行了探索（Luce，Raiffa，1957）。为了避免完全信息的严格假设，他们为一个 $n$ 人博弈构建了 $n^2$ 个支付函数以刻画每个参与人 $i$ 对参与人 $j$ 支付的推测。很显然，仅仅对二阶信念进行刻画是远远不足以支撑均衡的。例如，考虑表1所描述的博弈。如果在完全信息条件下，当真实支付矩阵是（a）时，参与人1将采取纳什均衡策略 D。然而，如果参与人1认为参与人2"错误地"相信真实矩阵是（b），进而选择 L 的话，他也会将自己的纳什均衡策略修改为 U。如果参与人1认为参与人2认为参与人1

"错误地"相信真实矩阵是（b），则参与人 1 会期待参与人 2 选择 R，进而自己选择 D。此类考虑可以无限延展下去。

因此，在不完全信息下，如何设置全部的高阶信念是一个无法回避的问题。同时也可以发现，直接给出全部信念并不是一个理想的方式，因为它十分复杂凌乱并且难以处理。海萨尼介绍了一种数学上更为简便的建模方法，极大地提升了分析的可操作性。

## （二）海萨尼转换与贝叶斯纳什均衡

海萨尼构造了一个由自然先行动的博弈模型，在此模型中借助贝叶斯规则便可以简便地将全部高阶信念给出，于是便解决了高阶信念的问题。海萨尼的等价构造将冯·诺依曼和摩根斯坦意义上的不完全信息博弈转换为完全但不完美信息博弈，进而避免了冯·诺依曼和摩根斯坦质疑的这种情形不可分析、相关模型不可解的问题，使分析讨论可以继续。此过程即著名的"海萨尼转换"（Harsanyi Transformation），它使不完全信息条件下的博弈分析成为可能，使经济学第一次可以使用统一规范的框架对信息问题进行分析，也为现代信息经济学的繁荣发展做出了奠基性贡献。

首先，海萨尼令人信服地论证，所有对模型的不确定性可以分为三类：对事件的不确定性、对支付的不确定性和对参与人策略的不确定性。其次，他进一步论证这三种不确定性完全可以转化为对参与人支付的不确定性。再次，他根据参与人支付的不同将参与人分为不同的"类型"，在正式博弈开始之前，由"自然"按照先验概率（是共同知识）对参与人的类型进行选择，并且所有参与人仅仅可以观测到自己的类型，而不知道别人的类型。因此，虽然参与人并不确切地知道其他参与人的类型，但是可以根据先验概率和自己的类型对其他参与人的类型进行推测（贝叶斯推断）。最后，在余下的博弈中，参与人依照自己的条件期望收益选择最优反应策略。以上过程被称为"海萨尼转换"，而转换后的博弈被称为"海萨尼博弈"。

对"海萨尼转换"过程进行更加准确的介绍需要引入一些概念。[①]

（1）自然状态（State of Nature），包含关于博弈的全部客观信息，如支付函数、博弈规则、模型中随机数的可能实现值等。例如，表1中（a）和（b）两个博弈情形就代表了两个不同的自然状态。

（2）类型（Type），包含关于博弈参与人主观信念的全部信息，因此也被称为意识状态（State of Mind）。例如，参与人对真实状态是表1中哪一个的信念以及全部高阶信念。

（3）状态空间（State of World），由特定的一种自然状态和特定一组参与人类型构成，描述了某个特定的博弈模型以及其中参与人的信念。

在海萨尼构造的博弈中，对"解的概念"（Solution Concept）的定义沿承以最优反应为核心的纳什均衡思路，又因为其对贝叶斯理性的使用，也被称为贝叶斯纳什均衡（BNE）。在BNE中，每个参与人都在给定其他参与人策略的条件下，选择最大化自己条件期望收益的策略。根据泽迈尔的总结，海萨尼博弈按如下顺序进行。

（1）自然选择状态空间，包括一种自然状态和全部参与人的类型。

（2）参与人被告知自己的类型，但不知道自然状态和其他参与人的类型。

（3）参与人选择策略并获得支付。

通过海萨尼转换，不完全信息博弈被转换成完全但不完美信息博弈，因而模型便可以求解了。例如，参与人1的信念为"如果自己是高能力的，那么参与人2是高能力的概率为3/7，是低能力的概率为4/7；如果自己是低能力的，那么参与人2是高能力的概率为2/3，是低能力的概率为1/3"[②]；参与人2的信念为"如果自己是高能力的，那

---

① 此外仅介绍简略定义，严格的数学定义可参见 Zamir, S., "Bayesian Games: Games with Incomplete Information", In Robert A. Meyers（ed.）, *Encyclopedia of Complexity and Systems Science*, Springer, New York, 2009, pp. 426 – 441; Dekel, E., Gul, F., "Rationality and Knowledge in Game Theory", In David M. Kreps and Kenneth F. Wallis（eds.）, *Advances in Economics and Econometrics: Theory and Applications*, Seventh World Congress, Vol. 1, Econometric Society Monographs, No. 26, Cambridge, New York and Melbourne: Cambridge University Press, 1997, pp. 87 – 172.

② 为简洁起见，此处仅给出二阶信念。实际上，每一阶信念均需要满足一致性要求。

么参与人 1 是高能力的概率为 3/5，是低能力的概率为 2/5；如果自己是低能力的，那么参与人 1 是高能力的概率为 4/5，是低能力的概率为 1/5"。① 于是便可以找到一个联合分布（见表 2）来描述自然的选择。在这种情况下，便称参与人的信念是一致的（Consistent）。

表 2　一致的信念

|  |  | 参与人 2 | |
|---|---|---|---|
|  |  | 高 | 低 |
| 参与人 1 | 高 | 0，3 | 0，4 |
|  | 低 | 0，2 | 0，1 |

可以看出，根据条件概率公式，所有的高阶信念均可以通过此联合分布得到。为了看清这一点，记高类型和低类型的参与人 1 分别为 $H_1$、$L_1$。类似地，记高类型和低类型的参与人 2 分别为 $H_2$、$L_2$。为了符号上的简便，分别记状态空间（$H_1$，$H_2$）、（$H_1$，$L_2$）、（$L_1$，$H_2$）和（$L_1$，$L_2$）为 a、b、c 和 d。以高类型的参与人 1 即 $H_1$ 为例，其一阶信念可以通过计算各个状态空间条件相对于 $H_1$ 的概率得到，即真实状态空间是 a 的概率为 3/7，是 b 的概率为 4/7。

类似地，其二阶信念是有 3/7 的概率参与人 2 相信"状态空间是 a 的概率为 3/5，是 c 的概率为 2/5"，有 4/7 的概率参与人 2 相信"状态空间是 b 的概率为 4/5，是 d 的概率为 1/5"。可以发现，全部高阶信念可以通过同样的方法得到。这就意味着，通过海萨尼转换引入的联合概率分布在条件概率公式的帮助下，刻画了所有参与人的全部高阶信念。如果信念是一致的，或者说存在共同先验，那么在贝叶斯理性（利用条件概率进行推断）的帮助下，所有的高阶信念均是共同知识。也就是说，此时，博弈模型以一种简洁的方式重新成为"完全的"（Complete），并且可以通过条件概率公式计算出每一阶信念，避免了直接考虑高阶信念时所面对的复杂又难以处理的数学运算。在"共同

--------

① 双方的信念都是共同知识。

先验假设"的保证下，BNE 便可以被清晰地定义。[①]

由于海萨尼的工作，后续的研究可以轻易地对信息问题进行分析而不用涉及复杂的高阶信念问题。这一贡献是奠基性的，它在不增加过多的数学复杂性的前提下，直接拓展了经济学研究的范围，为理解更加复杂的博弈互动行为提供了有力的分析工具。

此外，了解海萨尼转换的前提也同样重要。通过上例可以看到，海萨尼转换要求信念的一致性。如果信念不是一致的，便无法找到一个作为共同知识的联合分布，因此分析过程就会变得更加复杂。需要注意的是，海萨尼转换并非适用于为所有的不确定性和关于不确定性的信念情形建模，作为对海萨尼工作的补充，下面将考察不一致信念的问题。

## （三）信念的一致性问题

如果将上述参与人 2 的信念的前半部分修改为"如果自己是高能力的，那么参与人 1 是高能力的概率为 1/2，是低能力的概率为 1/2"，此时，便不存在可以支撑参与人 1 和参与人 2 信念的联合分布。[②] 那么，便不存在一个公认的自然选择过程作为起点，海萨尼转换无法适用。在这种情况下，便称参与人的信念是不一致的。

显然，海萨尼转换所需的重要假设是全部参与人的信念是"一致的"，即可以从共同的先验概率中推得，并且此先验概率分布是共同知识。此假设被称为共同先验假设（Common Prior Assumption，CPA），满足此假设的博弈被称为海萨尼博弈。显然，并不是所有的博弈都是海萨尼博弈。也就是说，为了分析更广泛的博弈情形，需要一个比海萨尼博弈中定义的 BNE 更加一般的解的概念。实际上，BNE 的定义并不一定要以海萨尼转换（或一致性信念）为基础。如上例中不一致的信念可表示如下，见表 3。

---

① 此定义非常基础，可在任意博弈论教材中找到，因此略去介绍。

② 此例修改自 Zamir, S., "Bayesian Games: Games with Incomplete Information", In Robert A. Meyers (ed.), *Encyclopedia of Complexity and Systems Science*, Springer, New York, 2009, pp. 426 - 441.

**表 3　不一致的信念**

|  | 高 | 低 |
|---|---|---|
| 高 | 3/7 | 4/7 |
| 低 | 2/3 | 1/3 |

（a）参与人 1 的信念

|  | 高 | 低 |
|---|---|---|
| 高 | 1/2 | 4/5 |
| 低 | 1/2 | 1/5 |

（b）参与人 2 的信念

假设四种情形下参与人的支付矩阵如下，见表 4。

**表 4　四种情形下参与人的支付矩阵**

|  |  | 参与人 2 | |
|---|---|---|---|
|  |  | L | R |
| 参与人 1 | U | 2，0 | 0，1 |
|  | D | 0，0 | 1，0 |

$G_{HH}$：参与人 1 和参与人 2 都是高能力时的支付矩阵

|  |  | 参与人 2 | |
|---|---|---|---|
|  |  | L | R |
| 参与人 1 | U | 0，0 | 0，0 |
|  | D | 1，1 | 1，0 |

$G_{HL}$：参与人 1 是高能力且参与人 2 是低能力时的支付矩阵

|  |  | 参与人 2 | |
|---|---|---|---|
|  |  | L | R |
| 参与人 1 | U | 0，0 | 0，0 |
|  | D | 1，1 | 0，0 |

$G_{LH}$：参与人 1 是低能力且参与人 2 是高能力时的支付矩阵

|  |  | 参与人 2 | |
|---|---|---|---|
|  |  | L | R |
| 参与人 1 | U | 0，0 | 2，1 |
|  | D | 0，0 | 0，2 |

$G_{LL}$：参与人 1 和参与人 2 都是低能力时的支付矩阵

由于信念的不一致性，无法使用海萨尼转换，但是此博弈仍然有混合策略均衡。将参与人 1 的策略记为 $(x，y)$，表示：当参与人 1 是高能力时，使用混合策略 $[x(U)，(1-x)(D)]$；当参与人 1 是低能力时，使用混合策略 $[y(U)，(1-y)(D)]$。类似地，将参与人 2 的策略记为 $(z，t)$。在混合策略均衡下，每个参与人的每个类型必须对自己的两个纯策略无差异。因此解得：

$$x=3/5，y=2/5，z=7/9，t=2/9$$

$\{(3/5，2/5)，(7/9，2/9)\}$ 很显然是一个均衡，因为没有参与人在事前愿意偏离自己的策略选择。但是，此种处理方式有一个缺陷，决策者赖以决策的"主观"期望收益与"客观"期望收益很可能不一致（Zamir，2009），因此并没有被广泛使用。而在海萨尼的处理中，"主观"期望收益与"客观"期望收益总是一致的。可以看出，CPA所要求的前提实际上十分严格，它不仅要求参与人对"不知道"的事件形成概率层面的认识，而且要求这种概率层面的认识是一致的且是共同知识。换句话说，它要求参与人对不知道的事情达成一致。一致性信念的要求很重要，因为即使参与人的信念是共同知识，但是如果他们不一致，海萨尼意义下的BNE依然不适用。而在现实生活中，我们往往很难说清CP是从哪里来的。在CP所刻画的情形中参与人都必须十分熟悉且达成了思想层面的高度一致。所以，实际上海萨尼意义下的BNE的适用范围十分有限，并不是任意的情形都可以适用。若要适用海萨尼博弈作为分析框架，首先必须验证所要模型化的情境之中是否存在CP的基础。①

为了解决信念不一致的问题，默滕斯和泽迈尔提出了信念空间（Belief Space）的模型，并将在信念空间中重新定义BNE（Mertens，Zamir，1985）。在信念空间中，并不要求信念是一致的，进而大大拓展了分析范围。然而，这种方法所使用的数学技术较为复杂，在实际研究中，研究者总是希望能利用共同知识来简化模型。总的来说，CPA的合理性在经济学界仍然是一个有争议的话题。②

---

① Nyarko（2010）证明了在所有可能的信念系统（Belief System）集合中一致性信念系统集合的勒贝格测度为0。也就是说，海萨尼转换所依赖的一致性信念系统并非一个容易满足的条件。

② 对这个问题的讨论可参见以下对CPA质疑或为CPA辩护的文献：Dekel，E.，Gul，F.，"Rationality and Knowledge in Game Theory," In David M. Kreps and Kenneth F. Wallis（eds.），*Advances in Economics and Econometrics：Theory and Applications*，Seventh World Congress，Vol. 1，Econometric Society Monographs，No. 26，Cambridge，New York and Melbourne：Cambridge University Press，1997，pp. 87 – 172；Morris，S.，"The Common Prior Assumption in Economic Theory"，*Economics & Philosophy*，1995，11（2），pp. 227 – 253；Gul，F.，"A Commenton Aumann's Bayesian View"，*Econometrica*，1998，66（4），pp. 923 – 927；Aumann，R. J.，"Common Priors：A Reply to Gul"，*Econometrica*，1998，66（4），pp. 929 – 938。

# 三　总结性评述

海萨尼贡献的直接产物之一便是现代信息经济学。从以上对海萨尼模型的简单梳理过程便可以清晰地发现，现代信息经济学分析必须遵从海萨尼模型的前提假设。研究者若要用不完全信息博弈模型对现实进行刻画分析，则必须先验证这些假设是否能被满足。一旦不满足，则必须对标准模型进行修改或建立新模型。一个严重的建模误区是将部分假设看成"建模惯例"而不对其深究。CPA 便是一个很好的例子：虽然现实生活中能满足 CPA 的情形十分有限，但是在分析中对它的使用则显得有些随意。正如宾莫尔所强调的：海萨尼仅仅告诉我们满足 CPA 的模型该如何处理，但没有告诉我们哪些情况满足它（Binmore，2015）。对模型假设的详细验证不仅能够保证模型对现实的准确刻画，而且可以帮助研究者正确地解释结论并排除那些由不合理假设带来的"有趣"结论。

一个值得注意的问题是，虽然不完全信息最初被引入是为了放松"共同知识"对博弈参与人过于苛刻的要求，但是在海萨尼模型中对 CPA 的依赖实际上完全背离了这一初衷：共同知识的假设完全没有被放松，甚至可以说是更加严格了。在不完全信息博弈中，CPA 要求参与人对不知道的事情也应达成一致，即确切地知道别人是如何不知道的、以什么概率认为是什么情况等信息。这种一致很显然更难以达成。此外，由于贝叶斯推断的复杂性远远高于一般选择理论对决策者的理性要求，所以奥曼认为不完全信息博弈并非体现了决策者的有限理性，而是一个要求超级无限理性的模型（Aumann，1995）。这也导致不完全信息博弈的理论预测结果可能与现实情况产生偏差。

总结来说，纳什均衡的思路在非合作博弈中得到了很好的继承和延续。同时，纳什均衡所要求的严苛前提条件在后续的博弈研究中也并没有得到放松，相反，以海萨尼博弈为例，甚至被限定得更加苛刻了。因此，研究者在利用博弈论对现实问题进行考察的过程中，必须仔细验证这些条件是否得到了满足，从而保证分析的合理性。

## 参考文献

[1] Aumann, R. J., Brandenburger, A., "Epistemic Conditions for Nash Equilibrium", *Econometrica*, 1995, 63 (5), pp. 1161 – 1180.

[2] Brandenburger, A., "Knowledge and Equilibrium in Games", *The Journal of Economic Perspectives*, 1992, 6 (4), pp. 83 – 101.

[3] Binmore, K., *Playing Forreal*, Oxford: Oxford University Press, 2007.

[4] Binmore, K., "Chapter 1 — Rationality", Handbook of Game Theory with Economic Applications, 2015.

[5] Gentis, H., *Game Theory Evolving*, Princeton, NJ: Princeton University Press, 2000.

[6] Harsanyi, J. C., "Games with Incomplete Information Played by 'Bayesian' Players, Ⅰ – Ⅲ, Part Ⅰ, The Basic Model", *Management Science*, 1967, 14 (3), pp. 159 – 182.

[7] Harsanyi, J. C., "Games with Incomplete Information Played by 'Bayesian' Players, Ⅰ – Ⅲ, Part Ⅱ, Bayesian Equilibrium Points", *Management Science*, 1968a, 14 (5), pp. 320 – 334.

[8] Harsanyi, J. C., "Games with Incomplete Information Played by 'Bayesian' Players, Ⅰ – Ⅲ, Part Ⅲ, The Basic Probability Distribution of the Game", *Management Science*, 1968b, 14 (7), pp. 486 – 502.

[9] Luce, R. D., Raiffa, H., *Games and Decisions*, Wiley, New York, 1957.

[10] Myerson, R. B., "Comments on Games with Incomplete Information Played by 'Bayesian' Players, Ⅰ – Ⅲ, Harsanyi's Games with Incomplete Information", *Management Science*, 2004, 50 (12), pp. 1818 – 1824.

[11] Mertens, J. F., Zamir, S., "Formulation of Bayesian Analysis for Games with Incomplete information", *International Journal of Game Theory*, 1985, 14 (1), pp. 1 – 29.

[12] Nash, J., "Non-cooperative Games", *Annals of Mathematics*, 1951, 54 (2), pp. 286 – 295.

[13] Nyarko, "Most Games Violate the Commonpriors Doctrine", *International Journal*

*of Economic Theory*, 2010, 6 (1), pp. 189 – 194.

[14] Von Neumann, J., Morgenstern, O., *Theory of Games and Economic Behavior*, Princeton, NJ: Princeton University Press, 1944.

[15] Werlang, S. R. D. C., "Common Knowledge and Game Theory", Ph. D Dissertation, Princeton University, 1986.

[16] Zamir, S., "Bayesian Games: Games with Incomplete Information", In Robert A. Meyers (ed.), *Encyclopedia of Complexity and Systems Science*, Springer: New York, 2009.

# 有限理性、实验经济学与博弈论的发展

## ——关于莱茵哈德·泽尔滕学术贡献的讨论

莱茵哈德·泽尔滕（Reinhard Selten）是在博弈理论、有限理性以及实验经济学方面具有开创性与做出突出贡献的人物，他于 1930 年 10 月 5 日出生在德国的布雷斯劳（Breslau），2016 年 8 月 23 日在波兰与世长辞。泽尔滕于 1957 年获法兰克福大学数学学士学位，随后担任法兰克福大学经济学家海因茨·萨尔曼（Heinz Sauermann）的助手长达 10 年时间，开始接触并投身于厂商决策理论和实验经济学的研究，1961 年获得法兰克福大学数学博士学位，1967～1968 年作为访问教授执教于美国加州大学伯克利分校，1969～1972 年任柏林自由大学经济学院教授，1972～1984 年执教于德国比勒费尔德大学数理经济研究所，1984 年起执教于波恩大学。由于对博弈理论所做的贡献，泽尔滕与约翰·豪尔绍尼、约翰·纳什一起分享了 1994 年度诺贝尔经济学奖。

泽尔滕 1961 年的博士学位论文《n 人博弈估值》（Valuation of n-Person Games）是对多人扩展型博弈的研究，这为他观察到纳什均衡的精炼问题奠定了基础。在 1965 年及 1975 年的两篇重要文章中，泽尔滕提出"子博弈完美纳什均衡"（Subgame Perfect Nash Equilibrium）和"颤抖手完美均衡"（Trembling Hand Perfect Equilibrium）的概念。通过对纳什均衡的精炼（Refining），排除不合理均衡，泽尔滕为博弈论中厂商的行为预测、解释重复博弈中合作的出现等提供了更为精确的思路。

早在担任萨尔曼的助手期间，泽尔滕就已经对赫伯特·西蒙（Herbert Simon）的有限理性（Bounded Rationality）学说和实验经济学产生了浓厚的兴趣。他公开发表的第一篇论文，即与萨尔曼合作发表的《一个寡头垄断的实验》就是关于实验经济学的论文（Sauermann，Selten，1959）。也正是在对寡头垄断实验与理论模型化的基础上，他提出了"子博弈完美纳什均衡"的概念。此后，泽尔滕对有限理性的理论逻辑和统一假说的建立付出了许多努力。泽尔滕于 1984 年到波恩大学执教后，开始潜心进行实验经济学的研究，以验证有限理性假说，并建立了欧洲第一个经济学实验室——波恩大学实验经济学实验室（Bonn Laboratory for Experimental Economics）。30 多年来，泽尔滕及其研究团队在重复非合作博弈、合作博弈、演化博弈、拍卖理论、产业组织等众多领域，根据有限理性思想提出了独特的假说并进行实验检验。这些研究挑战并丰富了经典经济学理论，为实验经济学的建立、有限理性理论的发展做出了奠基性贡献。但是泽尔滕关于实验经济学和有限理性的研究因子博弈完美纳什均衡等伟大发现而被忽视，因此我们重点对泽尔滕在有限理性和实验经济学方面的学术思想进行系统梳理和简要评述。

# 一　泽尔滕的有限理性思想概述

虽然新古典经济学关于理性与最优化的假设一直占据统治地位，但是难以对复杂的人类决策行为做出解释，而有限理性则可以提供更为合理的预测：受认知能力和环境结构的限制，人们决策的过程一定是适应环境的结果。泽尔滕在 1958 年首次接触就立刻接受了西蒙的有限理性思想[①]，开始了实验经济学研究，其代表作如《一个寡头垄断的实验》。此后，泽尔滕开始对有限理性下的决策过程做出解释，提出了

---

① 西蒙认为传统微观经济学的理性人假设和效用最大化的目标只能适用于确定性决策，用以解释相对稳定的经济行为。现实生活中的决策行为很少能够满足完全理性的条件。由于决策者的个人技能、知识结构、决策信息完备程度不同，人们无法对决策结果进行完全的了解和预测。尤其是在面对不确定性问题时，在一定程度上决策涉及主观判断。这就是有限理性思想的核心内容，此时人们不再寻找最优选择，而是遵循"满意"原则，只要该选择符合或超过最低限度要求的标准即可。

抱负适应性理论（Aspiration Adaptation Theory）（Sauermann，Selten，1962），这也是泽尔滕有限理性研究的开端。

与此同时，随着对动态博弈中纳什均衡的精炼和有限重复博弈研究的深入，泽尔滕更加明确地感受到有限理性对博弈论的挑战。一方面，基于完全理性和严密逻辑推断，博弈理论几乎是无懈可击的，但同时博弈论也是难以验证的科学，现实中无法将博弈论作为行为的指导。于是，他逐渐转向对心理因素和认知行为的探索，研究描述性博弈理论（Descriptive Game Theories），尝试对有限理性理论进行系统性扩展。泽尔滕早期主要试图建立有限理性的决策模型，分析人类认知和决策的内在过程，这体现在学习方向理论（Learning Direction Theory）、动机平衡理论（Impulse Balance Theory）等方面。但是泽尔滕后来意识到，对有限理性的研究不能离开实验经济学的佐证，因此便将主要精力转向实验经济学，在博弈论与产业组织理论等领域开展了大量的经济学实验。

## （一）连锁店悖论与人类决策过程

早在关于颤抖手完美均衡的研究中，泽尔滕就已经意识到，如果博弈的参与人足够理性，那么他们将不会犯错（Selten，1975）。然而，对均衡的考虑应该涵盖参与人以一定概率犯错误的情况，犯错误的概率取决于人类某些心理机制和隐藏的决策过程。在对扩展型博弈的进一步研究中，泽尔滕发现博弈理论的预测与现实不符，提出了连锁店悖论（Chain – Store Paradox）（Selten，1978）。具体来看，根据归纳理论（Induction Theory），使用逆向归纳法（Backward Induction）可以推断出均衡时所有潜在竞争者都会选择进入，连锁店店主会选择合作。但这并不是行为人唯一的策略，根据阻吓理论（Deterrence Theory），连锁店店主可以决定是否合作以及何时合作。当第 $k$ 个竞争者观察到，前 $k-1$ 个竞争者都选择了进入且连锁店店主都选择了对抗，那么除非第 $k$ 个竞争者认为自己足够接近该博弈的终结点，否则他仍然会选择不进入。通过观察和对比可以发现，虽然归纳理论在逻辑上更为严密且容易理解，但是现实中更常见的是根据阻吓理论选择行动，这就是连锁店悖论的核心命题。进一步，泽尔滕以一个有限次重复的囚徒困境博弈为例分析连锁店悖论，得到一种新的策略可能，即善意理论（Benevolence Theory）（Selten，1978）。善意理论将博弈参与者对彼此关系的认知加入考虑，认为这种心理认知会对决策行为造成影响。假设行为人的效用函数由两部分组成：一部分是基础效用，与得到的货币支付线性相关；另一部分是次级效用，与参与人对其与他人关系的认知有关。这种关系由重复博弈的历史决定，并影响基础效用。① 但泽尔滕认为次级效用假说下两种可能的决策特点——内在承诺②理论（Internal Commitment Theory）与愤怒理论③（Anger Theory）都不具有可置信性，从而无法解释连锁店悖论。

连锁店悖论的提出，让泽尔滕重新思考规范性博弈理论的行为解释能力，进而展开了有限理性假说下的人类决策行为研究。泽尔滕提出了一个完全不同于理性假设下追求效用最大化决策行为的理论（Selten，1978）。由于人们时常面对不确定决策，因此期望效用无论是在长期还是在短期都是无法完全观察的。只有过去得到的效用才是真实存在的，并可以作为知识的来源和决策的基础。也就是说，人们总是根据历史的事后理性做出未来决策的调整，而不能准确预测到未来后再做出决策，这便是泽尔滕有限理论决策模型的基础。具体来看，他的研究回归到人类决策的内部过程，将决策阶段分为三个层次：习惯（Routine）层次，即根据历史中的类似行为做出选择，无须经过有意识的努力；想象（Imagination）层次，即决策者需要想象不同的选择对未来可能走向的影响，进而选择可能带来相对优势结果的行为，但

---

① 在有限次重复博弈的囚徒困境中，假设我们将行动分为友好和敌意两种，友好的行为更容易被接受，人们不想被看成"自私"并让他人失望，这可以对合作行为做出解释。

② 内在承诺力量是指，如果一个人一旦做出决策，那么任何改变都会带来负效用。因此，如果在博弈的前 $n$ 期连锁店店主都选择了对抗，那么即使在博弈接近尾声时选择合作带来的收益更大，连锁店店主也可能会继续选择对抗。

③ 当他看到即使根据威慑理论在前 $n$ 期选择了对抗，但还是会有潜在竞争者选择进入，连锁店店主出于愤怒仍然会选择对抗。

决策者不知道为何做出如此想象；归因（Reasoning）层次，即决策者进行有意识的努力，理性分析当前的决策环境，根据过去的经验得到逻辑合理的归因假说，并做出选择。

在决策的三阶段中，决策者的"意识"虽然十分重要，但不必然直接带来决策结果，决策的形成存在一个无法被认知的"黑箱"。为此，泽尔滕进一步提出了决策形成论（Decision Emergence View）（Selten，1988）。该理论认为意识会比较不同替代方案的优缺点，但是不给出具体建议，而是将比较的结果完整地呈现给人脑的某些隐藏机制。意识的作用就如同"国王的言官"，最终的决策是由"国王"也就是可以超越现有认知的大脑部分做出的，意识的理性无法最终决定行动。这说明我们能够观察到的意识理性只是决策中的一部分，真正的决策是由更为高级且复杂的人脑机制决定的，但是泽尔滕并没有对这种机制做进一步的说明。

该理论完整地展示出泽尔滕对有限理性下人类决策过程的思考。与此同时，泽尔滕认为还有很多其他因素会对决策的过程带来影响，如情感会增强人们对某些短期目标的关注，愤怒可能会导致短期的报复行为，等等。

## （二）规范性博弈理论与描述性博弈理论的差异

规范性博弈理论是建立在完全理性假设基础上的经典博弈理论，存在严谨一致的内在推理过程。而描述性博弈理论则是以人类实际决策行为和有限理性假设为出发点，构建更加符合现实的博弈理论。泽尔滕认为二者不应该被混淆，也并非完全对立（Selten，1988）。在一些简单的博弈中，基于有限理性的学习过程会收敛到均衡水平，与规范性博弈理论的预测相一致。泽尔滕曾在1991年发表的《演化、学习和经济行为》一文中总结了贝叶斯主义者、经济学家、实验者、生物学家等对有限理性与贝叶斯理性的观点，体现了他对规范性博弈理论与描述性博弈理论关系的理解。

从二者的差异上看，规范性博弈理论建立在贝叶斯理性的基础之上，认为人类是理性的，追求利益最大化。而描述性博弈理论的核心思想是从有限理性的角度解释决策行为，认为完全理性只是一种理想的状态，现实中我们每个人在做决策时并不总能保证前后一致（Consistent），对最优的偏离很普遍。

对理性的理解不同，是规范性博弈理论和描述性博弈理论的根本差异，在此基础上规范性博弈理论和描述性博弈理论对策略给出了不同的定义。规范性博弈理论中的贝叶斯理性，是基于当前信念系统做出最优化选择的面对未来的事前理性。需要根据对方的所有可能策略形成一个先验分布，并选择自己的最优策略。策略被定义为从信息集到行动的映射。在有限理性假说下的描述性博弈中，策略不再符合最优的标准。泽尔滕创造性地提出了决疑（Casuistic）策略和统一（Unified）策略两种策略形式（Selten，1990）。决疑策略是指针对近期博弈的经验进行总结，并适应多样环境下的相机抉择；统一策略认为决策者会根据过去所有阶段的经验，针对未来可能出现的情况进行推断，进而做出决策。两者都是基于事后理性的策略，但统一策略对个人的理性程度要求更高。现实中受到有限理性约束的人们总会根据近期相关的经验做出决策，无法以过去的经验为基础制定一个完备的策略，局部调整相较于全局规划更加现实可行，因此决疑策略是有限理性策略的一般形式。在后期的古诺均衡实验中，泽尔滕验证了决疑策略的存在。除此之外，Cyert 和 March（1963）关于经理人价格决策的模型以及 Becker（1967）关于期望形成的实验都直接证明了决疑策略的可行性。从二者的联系上看，我们可以从生物演化的进程角度加以理解。生物的演化是受有限理性限制的最优化过程。举例来说，长颈鹿和大部分哺乳动物一样也只拥有 7 块颈骨。虽然从最优化的角度看，更多的颈骨显然更有助于支撑，但进化是约束下的调整适应过程，一旦颈骨增加，相应的肌肉与神经各方面都需要做出变化，这种复杂性构成了对进化的结构性限制。同样，人类的经济行为也会受到种种限制而脱离最优法则。但是，如果行为选择总是偏离最优选择，根据自然法则，人类可能已经被淘汰，因此人类的社会集体选择也具有最优化意义。

# 二　有限理性论的假说与框架

泽尔滕不断尝试从决策过程、均衡概念和策略特征等方面对有限理性和描述性博弈论的思想进行拓展，提出并发展了抱负适应性理论（Sauermann，Selten，1962）、学习方向理论（Selten，Stoecker，1986）和动机平衡理论（Selten et al.，2005）等理论框架，极大地丰富了现有理论。

## （一）抱负适应性理论

假设一个人需要换一份工作，工作的选择会涉及专业匹配程度、薪资、福利等多个方面，这些都构成选择的目标。但是我们并不能清楚地知道自己的期望效用函数形式并综合多种目标进行效用比较，那么我们实际上是如何做出决策的呢？抱负适应性理论可以对类似问题给出合理的解释。

萨尔曼和泽尔滕首次提出抱负适应性理论（Sauermann，Selten，1962），经过多年的不断深化，泽尔滕对抱负适应性理论进行了一次全面的总结（Selten，1998a）。总体而言，抱负适应性理论对个体的动态决策从"事后理性"角度给出了不同于最优化的解释。它避开了期望效用函数，提供了多元目标下更为贴近现实的决策模型，其核心特征包括目标不相容性、局部偏好、定性预期决策、审慎乐观的搜寻态度、风险相关的目标变量等，具体如下。①在适应性理论中目标是多元的，存在决策目标向量，其中每一个分量都满足越多越好的性质。目标向量对应抱负值（Aspiration Level），这是心理学中的概念，是指行为人根据过去的经验对未来的期待与目标。如果一个向量的每一个分量都不小于另一个向量，那么该向量更容易被选择，在其他任何情况下，两个目标向量都是不可比较的，此即目标的不相容性（Goal Incomparability）。②抱负值决定了行为调整动机的强烈程度，调整方向取决于目标的紧要性程度（Urgency Order）。此处回避了新古典经济学对理性偏好完备性的假设——不需要在决策时对备选集中的所有目标进行完备排序，而是按照紧迫性次序进行局部偏好的调整。③抱负适应性理论将定量预期转换为对当前状态可能变化方向的定性预期，即从初始抱负水平出发，根据抱负适应过程（Aspiration Adaption Process）和中间抱负值（Intermediate Adaption Level）的可行性（即至少可以被一个目标向量所满足的抱负水平）进行向上、向下或终止三种方向的行为调整，最终得到新抱负水平。④审慎乐观原则体现为在抱负调整的过程中，只要一种抱负水平不是完全不可行，决策者就可能达到该水平。在换工作的例子中，假如我们将目标简化为薪资与福利两部分，每份潜在的工作都对应薪资与福利两个初始抱负值。假设决策者更看重薪资，当他发现可选择的多份工作的薪资都高于初始抱负值时，他会对薪资的抱负值进行向上的调整，直到最后发现无法遇到提供更高薪资的企业。当他发现有两份工作的薪资与抱负值相等时，他会倾向于选择福利抱负值更高的企业。假设他找工作时行情不好，可行工作的市场薪资全部低于自己的初始抱负值，此时他会接受现实并调低薪资抱负水平。⑤在风险刻画方面，不同于冯·诺依曼和摩根斯坦所建立的期望效用框架，抱负适应性理论认为现实生活中人们往往不能也没有必要对风险概率做出先验判断。如个人在进行投保决策时，会根据保费与保额之间的权衡进行决策，而对风险概率的估计作用甚微。因此，需要引入风险相关（Risk-related）的目标变量以刻画不确定性，如某些法律规定的安全生产标准就是强制性的风险相关目标变量。

通过对以上 5 个特征的剖析，我们发现抱负适应性理论更贴近人类的行为模式，但这种模式背后的驱动因素和行为调整过程又呈现什么特点？泽尔滕以抱负适应性理论为基础，对影响行为调整过程和认知的因素进行了分类分析（Selten，1998a）。他提出驱动人类行为的力量来自三类不同的神经过程：动机（Motivation），即行动的目标和动力；适应性（Adaptation），即对行动路径的调整；认知（Recognition），即人类思维中自觉或非自觉的归因（Reasoning）过程。在这里，适应性过程是人类决策行为中最为重要的一环。一个简单的例子是，人们根据对方的态度是否友好来决定自己的态度和选择，即行为呈现互动（Reciprocity）与互相模仿的特点。这是一种典型的适应性调整方式，要求有意识地识别对方的态度，识别过程依赖于认知过程中的归因行为。通过适应性过程与认知过程的结合，我们可以更加逼近自己的行为动机，从而进行行为的调整。事实上，抱负适应性理论是一个十分复杂的有限理性模型，它涉及人类的认知行为、对外界环境的反应和归因能力，并呈现多种贴近人类决策行为的内在特征。

## （二）学习方向理论

泽尔滕对学习理论展开分析，提出并深化了学习方向模型（Selten，Stoecker，1986；Selten，1998c；Selten et al.，1999）。在后期的实验经济学研究中，他将学习方向理论进一步应用到拍卖、循环博弈、合作博弈等具体问题中，从而对学习方向理论进行验证。学习博弈是博弈论中的重要分支，包括强化学习、信念学习、规则学习等（科林·凯莫勒，2006）。大部分学习博弈模型的假设是有限理性，如强化学习理论认为参与人的决策受某种倾向的影响，与博弈历史中获得的满意程度正相关（费尔南多·维加-雷东多，2006）。典型的支付总量模型（Payoff Sum Model）认为某种行动被选择的概率与支付总量成正比，学习的过程依赖于历史阶段的支付总量变化（吉仁泽、莱茵哈德·泽尔滕，2016）。这里不需要行为人对复杂的环境信息做出反馈，只需要根据支付的多少做出策略改变。这虽然简化了问题，但与现实情况相去甚远。因此，建立一个基于有限理性且符合人类行为规律和认知习惯的更为合理的学习理论，成为描述性博弈理论的重要任务，泽尔滕对此做出了重要贡献。

泽尔滕最早关注学习理论，是在《有限序贯囚徒困境超博弈中的终止行为》一文中（Selten，Stoecker，1986）。泽尔滕等将马尔科夫学习模型[①]

---

① 马尔科夫学习模型认为参与人会根据上一阶段的超博弈经验来决定是否改变自己的动机以在该期偏离合作，偏离的概率取决于上一期的经验。

（Markov Learning Model）应用到有限囚徒困境超博弈[①]中，针对终止行为的决定因素和特点建立模型并与实验结果相比较。在实验中，35 个被试者都参与到 25 个不同的囚徒困境超博弈中，每个博弈重复进行 10 次，对手是匿名轮换的。由于双方事前知道博弈将会重复进行固定的次数，按照经典的囚徒困境博弈分析，该有限的超博弈应该存在非合作均衡。但实验的结果与此预测相悖且更为复杂：具有博弈经验的个体[②]的典型行为包括前期的合作以及接近博弈尾声时的不合作。一旦一方偏离合作，那么博弈将保持非合作状态直到结束。

如何解释这种现象呢？从完全理性的角度考虑，有人提出可能是因为被试者对合作的评价超越了金钱的激励，但这无法解释最后的合作偏离。Kreps 和 Wilson（1982）认为行为人关于对手的支付信息存在微小的不确定性，导致策略变化。但这种理论对没有经验的被试者同样合适，因此无法解释先合作后对抗的行为。因此，泽尔滕等提出在解释时不应该忽略人类的有限理性（Selten，Stoecker，1986）。他们假设被试者都会被实验报酬所激励，但与基于完全理性的规范性博弈理论不同，并不假设参与人追求个人收益最大化。根据马尔科夫学习模型，个体偏离的动机和概率取决于博弈的历史和经验。在该实验中，行为人之间存在互动，当观察到对手的偏离时间点时，被试者会向前或向后调整自己的偏离时机：如果对手早于自己或与自己同时偏离，预期到越早偏离收益可能越大，那么在下一期，被试者将会提前偏离；反之，如果对手晚于自己偏离，他将会在后期博弈中延迟偏离。这种基于经验、环境和对手行为的调整与模仿，其实已经蕴含学习方向理

---

① 超博弈（Super Game）是泽尔滕多数研究的立足点，"如果同一种标准型博弈由相同局中人重复进行有限次或者无限次，就会形成原始标准型博弈的超博弈"（Selten，1973）。他将其解释为一种有规律的有限时间序列上的重复博弈，参与人可以在每次重复中改变自己的行为，并预期对手在下一期做出反应。更进一步，泽尔滕还提出了"惯性超博弈"（Inertia Super Game），参与人改变行为付出的成本远高于当期可能获得的收益，但是如果预期未来所有阶段的收益都将提高，参与人将会忽略改变行为的成本，从而完全开始新的行为模式。

② 这里指经历了超过 20（含 20）次重复博弈的参与人，可以用前 20 次博弈中估计的行为人决策参数对最后 5 次的选择进行预测。

论的思想。

泽尔滕首次完整地提出了学习方向理论的思想（Selten，1998c），这是一种基于重复决策和有限理性的定性学习理论。在重复决策任务中，假设在有限期 $t = 1$，…，$T$ 中，行为人需选择一个参数 $p_t$，并在每期结束后基于选择结果对上一期如何选择会更好进行因果推断。这些信息反馈带来的调整遵循事后理性（Ex-post Rationality）的原则：若上一期选择 $p < p_{t-1}$ 时结果更好，那么 $p_t \leqslant p_{t-1}$；反之，若上一期选择 $p > p_{t-1}$ 时结果更好，那么 $p_t \geqslant p_{t-1}$。事后理性是一种有限理性，是"关于什么本该被做得更好的分析"。总体而言，学习方向理论是基于经验的决策，而非事前理性（Ex-ante Rationality），不需要对未来做出推断。学习方向理论具有"改进倾向"（Improvement Orientation）的性质，是对已有支付的反事实归因，是对更优行为方向的搜寻。过去已得的支付与反事实的可行支付差异是激励行为人决策的主要因素。该理论更加关心行动调整可能带来的支付增加，而非强化学习理论中强调的每次选择得到的支付多寡。相比之下，学习方向理论更加符合人们真实的决策行为，在面对重复的社会决策环境时，我们会对过去的行为进行评价，从而总结经验教训，作为今后行为的参照。"前车之鉴""以史为鉴""前事不忘后事之师"等，就是学习方向理论的有益应用。

泽尔滕提出的射手例子可以清楚地说明学习方向理论的基本思想（Selten，1998c）。假设一个射手的目标是射中一根树干，为此他进行了多次尝试。如果因左偏而没有射中，下次瞄准时他会向右调整；反之，则会向左调整。或者射手根本不会调整瞄准方向，因为他可能将此归因于暂时性的外生因素影响，如刚好吹来一阵风。这个例子并不只是射手反复试验的经验结果。基于对世界的持续认知以及信念更新的反馈信息和归因过程，射手得出上一次如何做更容易射中的推断，从而决定了持续学习的方向。

虽然学习方向理论是基于事后理性对决策和行为的弱预测，但是在若干项实验中都得到了验证。泽尔滕等列举了 1986～2005 年学习方向理论应用方面的 12 篇文章，话题包括但不限于拍卖、讨价还价、囚徒困境、最后通牒博弈等（Selten et al.，2005）。如泽尔滕关于一级密封拍卖的实验发现，被试者出价并得知对方行为和最终结果后，会改变自己的行为方向（Selten，1998c）。具体来说，假设最终的成交价是 $P$，那么出价高于 $P$ 的行为人在后一轮的表现中将有所收敛，而出价低于 $P$ 的行为人会转向更加具有侵略性的策略。这符合学习方向理论的基本预测。除此之外，泽尔滕等用学习方向理论解释了赢者诅咒现象（Selten et al.，2005），并在完全信息混合 $2 \times 2$ 博弈下对基于动态学习模型的 5 种不同均衡概念进行比较（Selten，Chmura，2008）。这些研究都是对学习方向理论的进一步应用和验证。但是，学习方向理论也存在不足：它只能提供定性的行为分析，对行为调整的具体概率和范畴都无法进行定量的说明。为了解决这个问题，泽尔滕等提出了动机平衡理论（Selten et al.，2005）。

## （三）动机平衡理论

动机平衡理论是对学习方向理论的定量描述，也是对有限理性下博弈均衡概念的探索（Selten et al.，2005）。动机平衡理论主要基于这样的假设：根据事后理性推断上一期可能得到的支付越大，那么下一期行为调整的幅度和概率就会越大。这就为学习方向理论的定性预测增加了定量的解释，可以应用在行为人对同一个参数进行多期重复决策的情景。

在规范性博弈理论中，均衡的概念是以纳什均衡为基础的：求解参与人的最优反应（Best Response），保证双方没有动机偏离均衡，我们可以用不动点定理证明纳什均衡的存在性。而在描述性博弈理论中，均衡概念是动态调整中的平衡点。从这个意义上，泽尔滕等提出存在唯一的动机平衡点（Impulse Balance Point），使得向上或向下调整行为的动机同样强烈，因而学习过程的稳定解分布区间将在动机平衡点附近浮动（Selten et al.，2005）。向下调整动机（Downward Impulse）出现在选择更小的参数会带来更高的利润时，而向上调整动机（Upward Impulse）是描述选择更大的参数可带来更高利润的情况。泽尔滕等在一项拍卖的实验中用理论模型和实验证据证明存在唯一的出价 $x$，使得买家向上或向下调整出价的动机刚好一致，即动机平衡点的存在性得证（Ockenfels, Selten, 2005）。

动机平衡理论是对传统均衡理念的创新。首先，它是基于事后理性的，出于对过去经验的总结，得到可能的更优行动方向。如果某个选择、某种决策可使行为人正好处于调整动机无差异的状态，则为均衡策略。此时均衡不仅是博弈双方的策略性互动，而且是个人调整行为动机的结果。动机平衡理论也存在一些不足，它假设行为人对向上或向下调整动机的心理感受是相同的，赋予其相同的比重，但是现实中往往不是如此。以拍卖为例，向下调整意味着可能无法获得商品，相较于向上调整可能带来的损失，对于某些买者来说向下调整的风险更大。因此，泽尔滕等进一步发展了动机平衡理论，对向上与向下调整的动机赋予不同比重，建立了有权重的动机平衡均衡（Ockenfels, Selten, 2005）。为了比较不同情境下的均衡合理性，泽尔滕等还用标准的完全信息 2×2 博弈实验结果比较了 5 种混合均衡的预测性：纳什均衡（Nash Equilibrium）、随机最优反应均衡[1]（Quantal Response Equilibrium）、行动样本均衡[2]（Action Sampling Equilibrium）、支付样本均衡[3]（Payoff Sampling Equilibrium）、动机平衡均衡（Impulse Balance Equilibrium）（Selten, Chmura, 2008）。通过对 12 个博弈超过 200 次的实验，对比 5 种均衡概念的结果发现，动机平衡均衡的预测能力是最强的，而纳什均衡的预测能力是最弱的，进一步验证了动机平衡

---

[1] 随机最优反应均衡由 McKelvey 和 Palfrey（1995）提出，假设参与人根据对手的行为产生随机的最优反应。

[2] 行动样本均衡是指参与人会根据对手的 7 次行为建立一个"行为样本"，并据此选择自己的策略，可能是一个纯策略或混合策略（2 种纯策略的混合），在 Osborne 和 Rubinstein（2003）关于大型投票博弈的样本均衡研究中有所应用。

[3] 支付样本均衡由 Osborne 和 Rubinstein（1998）提出，对行为人的每个纯策略都有相同规模的样本，行为人根据两个样本的总支付水平选择使支付水平更高的策略，如果两个样本的总支付水平相同，那么将以 1/2 的概率选择两个纯策略，形成一个混合策略。在 2×2 博弈中，动机平衡下的均衡点具体满足以下条件：对于两个参与人来说，同时满足动机平衡等式。

均衡的存在性和合理性。

## （四）公平与合作

合作是人类社会的普遍行为，也是规范性博弈理论试图解释的重要现象。以囚徒困境为例，在单次博弈中，双方出于个人最优的选择而不是社会最优的结果。从整个社会福利来看，合作将带来更好的结果，将囚徒困境重复进行有限次，合作解将有可能被选择。我们可以证明，在无限次博弈中，基于背叛惩罚的触发策略是子博弈完美纳什均衡，如果不出现背叛行为，双方将一直合作下去直至无穷期。

从有限理性与描述性博弈的角度能否对合作给出解释？什么是合作的目标？泽尔滕等进行了一个双寡头下的非对称信息古诺竞争策略实验，实验超过 20 次，观察到参与人不同的策略并进行分类总结（Selten et al., 1997）。实验结果发现，在决策时，参与人并不是依据个人最优准则选择行动，而是出现了明显的追求"公平"效应：有经验的被试者总会选择合作。这不同于规范性博弈理论中的合作现象，需要从有限理性的角度给出相应的理论解释。

因此，泽尔滕全面阐述了有限理性下的合作，定义了合作的目标和可能达成合作的策略（Selten，1990）。合作的目标被定义为"理想点"（Ideal Point），它刻画了双方基于公平标准的一对选择，参与人的策略及收益围绕理想点上下做往复运动，最终达到合作。那么如何达到理想点，从而促进合作的实现？

以针锋相对（Measure-for-Measure）策略，即参考对方的行动是更接近理想点还是更远离理想点，而采取相同方向、相同程度的行动。假设对手的行为向自己的理想点偏离，如在古诺竞争中，降低产量从而使总收益接近合作值，那么行为人自己也会选择降低产量作为回报。反之，如果对手行为向远离合作的方向偏离，则收益也会远离合作值。这与以牙还牙（Tit-for-Tat）策略十分类似。在信息对称下的囚徒困境超博弈中，两者可以等同，而面对信息不对称的古诺竞争，针锋相对策略更具一般性。

到达理想点并形成合作必须根据公平准则来决策，那么如何定义"公平"（Fairness）？泽尔滕认为一般公平原则表现为各种具体博弈中的等量分配原则、比例分配原则等，且待分配的奖励（或待分担的成本）是可观察的（Selten，1990）。同时，纳什和泽尔滕指出，由于博弈双方的权力大小不同，多数情况下只能达到相对公平——权力高者，得到更多的份额（Nash，Selten，2012）。但事实上，如果只有两方博弈，平均分配有时更有效率。举例来说，假设权力不同的两人平分100元，高权力者当然可以主张更多的份额，但谈判会带来交易成本；相反，低权力者认同高权力者至少得到50元，若此时两人平均分配，几乎不需要付出任何交易成本，且更有利于建立长期合作关系。总之，用理想点和针锋相对策略解释合作，无须按照贝叶斯方法，可以根据信念系统对对手的行为进行预测，以最大化自己的利润。事实上，实验结果总是发现，行为人并不是被动地适应对方的行为，以对方的选择为约束去最大化自己的行为，恰恰相反，他们尝试用自己的行为影响对方。因为在重复博弈的过程中，历史、声誉、行为的模仿都是十分显著的决策影响机制。

事实上，泽尔滕早期的研究主要集中在对有限理性统一理论的构建方面，但他逐渐意识到，纯粹理论的猜想虽然能够为有限理性提供一些有益而抽象的哲学洞见，却无法对经济行为做出具体解释。为了对有限理性进行描述性的验证，泽尔滕认为实验经济学是唯一的方法。

# 三　泽尔滕的实验经济学研究

泽尔滕自与萨尔曼合作发表《一个寡头垄断的实验》一文以来，在他漫长的学术生涯中，有关实验经济学的文献几乎占其所发表论文的2/3。尤其是在尝试建立有限理性的理论决策模型后，泽尔滕强烈地意识到只有通过实验经济学的方法才能对有限理性下的人类决策行为进行验证。他将实验研究和方法论研究应用于博弈论、产业组织理论以及许多社会实际问题中，创建并完善了实验经济学的研究范式，其中主要的研究包括以下几个方面。

## （一）对有限理性假说的验证

泽尔滕进行实验经济学研究的一个主要想法就是对有限理性所预测的决策行为进行验证。泽尔滕等通过有限次囚徒困境超博弈的实验对学习理论进行了验证，发现有经验的参与人将会一直选择合作直到他们认识到博弈接近尾声（Selten，Stoecker，1986）。对不确定性、情绪性决策和动机平衡理论的验证可参见泽尔滕等关于机会吸引力的研究（Selten et al.，2000）。他们设计了一个彩票购买实验，将决策过程划分为"支付实现前"与"支付实现后"两部分，发现决策者的情绪很可能对决策和结果产生影响。更为重要的是，他们借此讨论了来自机会的吸引力作用：在进行决策时，被试者希望找到不同动机之间的平衡点。支付实现前，决策者对彩票可能带来的收益抱有一种兴奋和激动的情绪，类似于一种赌徒的心态，从而带来了不同于冯·诺依曼和摩根斯坦凸性效用函数的决策特征。

## （二）产业组织理论的实验验证

实验经济学最集中的应用领域之一就是产业组织理论。泽尔滕等应用实验经济学的方法对古诺均衡、消费者行为、卡特尔规制、拍卖等话题进行了广泛的验证和研究。

### 1. 古诺均衡的实证检验

古诺均衡作为纳什均衡的最早形式，始终没有进行实证检验，一个重要的原因是成本函数等都无法被充分观察。泽尔滕等通过设计"策略方法"（Strategy Method），让被试者根据自己过去的博弈经验设计并报告自己的策略，得到可验证的方法，从而对古诺模型进行验证（Selten et al.，1997）。实验发现在重复的古诺竞争中，最初大家都会选择合作，直到后期的几次博弈，可能会出现不合作的行为。与产量竞争类似，在价格竞争中也存在模仿和合作的倾向。泽尔滕等设计了一个位置博弈下的价格竞争实验，将 $N$ 个对称的厂商安置在一个圆上，消费者的位置随机分布，发现消费者的购买行为受到模仿动机的影响并倾向于合作（Selten，Apesteguia，2005）。

**2. 卡特尔规制**

对于已经形成的卡特尔，政府可能会实施一种巧妙的规制策略——宽容条款，鼓励互相揭发，揭发者可以争取宽大处理。但是这种政策是否有效果呢？泽尔滕等通过实验发现，互相揭发的政策事实上是一种惩罚工具，反而可能增强卡特尔内部的信任和腐败，对首揭发者的奖励越高，这种副作用就越大。相反，如果对首揭发者不提供奖励，只是免于处罚或者给予更低的激励，将会有助于卡特尔的瓦解（Apuesteguia et al.，2007）。

**3. 拍卖理论与机制的解释**

泽尔滕对拍卖中的行为模式进行了广泛的实验经济学验证，如过度出价与赢者诅咒等现象。具体来看，泽尔滕等认为，如果拍卖后只披露赢者出价，那么基于这种信息反馈规程，很容易带来经常性过度出价行为（Neugebauer，Selten，2006）。与此同时，泽尔滕也对拍卖机制的设计进行了研究。如泽尔滕等以德国 DCS-1800 拍卖为研究对象，通过实验对频谱拍卖设计和策略进行分析（Abbink et al.，2002）；泽尔滕等还对英国 3G/UMTS 拍卖的具体方案设计进行对比实验分析，研究发现，当拍卖参与人变得有经验之后，英式与荷式拍卖机制下的收益差异逐渐消失（Abbink et al.，2005）。

**4. 企业内部的晋升与员工行为**

企业内部的竞争在理想情况下能够促进员工提高生产率。但无法避免的是，员工可以通过陷害其他人从而提升自己的相对排名，提高晋升成功的概率，也就是我们理解的办公室斗争。泽尔滕等用塔洛克竞赛成功函数（Tullock Contest Success Function）建立理论模型，并用实验的方法分析了被试者之间的竞争行为与阻碍行为，发现阻碍行为与竞争者的类型相关（Harbring et al.，2007）。如果企业能够有效地揭露阻碍者，将会大大减少阻碍行为，使晋升更加公平，但是也带来了报复行为。

## （三） 对规范性博弈理论的验证

采用实验经济学的方法对规范性博弈理论进行检验也是泽尔滕的一项重要工作，包括对博弈均衡的检验、合作博弈等话题的验证。关于三人合作博弈，泽尔滕对配额博弈谈判的非合作模型中的联盟概率进行了研究（Selten，1979），除此之外还对三人配额博弈中的讨价还价（Selten，Kuon，1993）和需求承诺行为（Selten et al.，2003）等进行了研究，并建立了统一的框架。泽尔滕等提出，三人博弈的基础是需求承诺模型，其本质是一个完美信息的扩展型博弈（Selten et al.，2003）。其中，每个子博弈都存在一个中性均衡（Neutral Equilibrium）：每个信息集上的最优都有相同的概率被选择。能力最强的决策者首先主张自己的配额，并从其余两人中以 1/2 的概率选择一个参与人进行联盟。对于能力最弱的第三个人来说，为了获取更大的利益，他必须承诺一些利益给前两人以形成联盟。实验发现，需求承诺模型对三人非合作博弈下的联盟谈判行为具有较强的解释力。与此同时，纳什和泽尔滕还重点关注了权力转移对合作博弈的影响（Nash，Selten，2012）。他们通过实验对有限重复的三人合作博弈进行研究。假设每个参与人拥有不同的权力，并可转移给他人，拥有权力者有权分配联盟收益。结果发现，从长期看，联盟收益分配者（代理人）面对短期激励（不均等的联盟分配）与长期合作收益之间的权衡取舍，参与人之间的收益差别微乎其微，大部分情况（80%）能够达到平均分配。

泽尔滕的实验经济学研究也为进一步厘清规范性博弈理论与描述性博弈理论的关系提供了更为深刻且直观的启示。泽尔滕等通过对渔夫博弈的实验检验和理论预测，发现非合作序贯均衡、核、公平效用模型和沙普利值等理论对博弈行为的预测是互斥的，无法完全解释决策行为（Selten et al.，2003），因此提出在有限理性的框架下，区分合作与非合作博弈的意义不大，一个更有益的工作是建立起两种理论之间的桥梁。

## （四） 对具体社会问题的实验研究

除了对博弈理论、有限理性思想、产业组织理论的实验验证外，泽尔滕也对很多社会实际问题进行研究，包括路线选择行为、医疗支付体系、投资行为的性别差异等。对通勤者路线选择行为的研究，泽尔滕等设计了两种不同的路线，让 18 位被试者在 M（主路）和 S（辅路）之间进行选择，其中 M 的容纳力更强（Selten et al.，2007）。值得注意的是，通勤者对路线信息的反应有所不同，信息反馈可能减少选择的波动性，但是未必带来更高的效用。实验发现，被试者有两种典型的选择：一是直接反应（Direct Response），即如果上一期选择的路带来的个体效用较低，行为人会倾向于换一条路；二是相反反应（Contrary Response），即上一期选择的路况越好，下一期越容易更换道路，因为预期到大家都会了解这条路的路况，从而产生拥挤效应。

另一项典型的研究是泽尔滕等针对支付体系对内科医生行为影响的实验（Schmidt et al.，2011）。实验以医学院的学生为主要参与人，分析按服务收费（FFS）、按人头收费（CAP）等激励对医生医疗服务提供的激励。在实验中，医生选择为病人提供的医疗服务数量决定了自己的利润和病人的收益。结果发现，医生提供的医疗服务质量是受支付系统激励影响的。医生在 CAP 下比在 FFS 下少提供 33% 的医疗服务，在 FFS 下有过度医疗的现象。更为重要的是，在 FFS 下，医疗服务需求越高的病人得到的健康收益越大；而在 CAP 下，健康需求越低的病人得到的健康收益越大。

性别对决策的影响也是一个经常被提及的话题，泽尔滕等通过实验经济学的方法研究了不确定性下的性别决策差异以及信息可得性问题（Hohnisch et al.，2014）。被试者需要做资本存量组合决策，但可能存在潜在的经济危机（不确定性）。实验发现，当行为人无法拥有同组行为人的商业信息时，男性比女性明显更容易接受高风险的投资，但是这种差异在信息可得时将不再存在。因此，实验经济学为不确定性下的决策提供了新的思路：在不确定决策下，对社会环境的认知可以成为个体决策的重要影响因素，将社会环境和决策者效用函数结合起来可能会成为实验经济学研究的新趋势。

### （五） 实验经济学方法论

泽尔滕对实验经济学的方法论也有涉及，提出二次打分规则的公理特征（Selten，1998b），为实验经济学中不同预测理论的合理性提供了一种可行的判断标准。举例来说，假设我们想要比较两类不同的学习理论，且它们可以对实验中的所有选择进行概率性预测。一种可行的方法是将可观察行为发生的概率作为理论预测成功程度的测度，这就是线性打分法则。而二次打分规则作为一种激励相容的评价体系是对线性打分法则的扩展。二次打分规则的最低要求是保证正确的理论得分最高，此时理论预测得分是对预测结果概率分布与实际结果之间偏离程度的反应。

## 四　有限理性与实验经济学研究的新方向

泽尔滕在进行有限理性理论和实验经济学研究的后期，对其发展进行了许多反思。有限理性思想早在 20 世纪 50 年代就已存在，且近 20 年来实验经济学的发展为该领域提供了许多有趣的结论，对传统新古典经济学的基础观点——理性经济人对效用最大化的追求提出了切实的挑战。但遗憾的是，有限理性思想始终没有建立起一个能够与理性人假说相媲美的统一的替代性理论，这就导致有限理性研究进展缓慢，对经济学主导范式的改进作用甚微。为了进一步发展有限理性理论，泽尔滕等提出了一些问题和方向（Harstad，Selten，2013），主要包括以下几个方面。

首先，确定有限理性理论的适用范围。新古典经济学的分析框架兼具抽象性和统计上的精确性，最优化的工具基本可以用于所有关于人类行为的话题，如厂商及消费者的决策、政治选举、毒品犯罪等，也就是我们常说的"经济学帝国主义"。但是有限理性理论没有统一的行为假说和明确的应用范围，大大限制了有限理性理论的发展。其次，有限理性缺乏内在一致性，从而在教学和传播方面造成了困难。再次，新古典经济学的分析框架可以解释经济驱动力，也就是进行比较静态分析，分离出不同参数对经济行为的影响，但是有限理性理论无法区分具体的驱动因素，对动态行为变化过程的影响因素也基本上无能为力。最后，新古典经济学对均衡解的概念的定义十分准确，如一般均衡、纳什均衡等。因此，有限理性理论需要创建与具体应用性质无关的统一均衡解的概念，并考虑如何用实证计量的方法验证有限理性假说。

同时，泽尔滕等也指出，基于有限理性的新古典经济学框架和有限理性及实验经济学的思路并不是完全对立的，而是可以互为补充的（Harstad，Selten，2013）。如动机平衡理论很可能可以解决经典经济学理论中的加总难题。该理论假设人们的行为遵循一致的事后理性调整方式，避免了对不同人的效用的比较，从而可以对市场中一方的整体行为提供可预测的证据。事实上，将新古典经济学中的定量问题与有限理性理论中的定性观察结合起来，将会对人们的认知、决策甚至经济学基础的再构建产生重大的影响。但是这项工作目前来看还是分离的，对其进行整合是一项复杂的工程。

# 五　结语

毫不夸张地说，泽尔滕是将博弈理论和有限理性思想结合并取得杰出成就的第一人。他的研究变化过程就是从有限理性角度对博弈理论预测进行补充的过程，推动了博弈论乃至整个经济学的发展。其主要贡献总结如下。

**1. 对有限理性理论模型的扩展**

泽尔滕等提出并深化了抱负适应性理论（Sauermann，Selten，1962）、学习方向理论（Selten，Stoecker，1986）、动机平衡理论（Selten et al.，2005），对推进有限理性统一化假说和公理的建立做出了重要的贡献，并拓宽了人们对理性决策的认知。

**2. 对实验经济学应用领域的扩展**

泽尔滕等坚持以实验经济学方法对有限理性思想进行验证和补充

（Selten，Stoecker，1986；Selten et al.，2000）。同时，对规范性博弈理论框架下的诸多话题，如合作博弈（Selten，Kuon，1993；Selten et al.，2003）、拍卖（Selten et al.，2005；Neugebauer，Selten，2006）等进行了实验经济学研究，丰富了实验经济学的理论与研究内容。

**3. 深化了对博弈理论的理解**

泽尔滕将完全理性与有限理性进行整合，从动态学习的角度解释了人类基于事后理性的行为模式，为理解博弈行为提供了新的方向。泽尔滕让博弈理论逐渐贴近现实，但这只是走出了第一步。对有限理性的探索还在继续，两类理论的结合必将给关于经济学本质的认识带来极大的启发。

# 参考文献

［1］〔西〕费尔南多·维加 - 雷东多：《经济学与博弈理论》，毛亮等译，人民出版社，2006。

［2］〔德〕吉仁泽、莱茵哈德·泽尔滕：《有限理性：适应性工具箱》，刘永芳译，清华大学出版社，2016。

［3］〔美〕科林·凯莫勒：《行为博弈——对策略互动的实验研究》，贺京同等译，中国人民大学出版社，2006。

［4］〔德〕莱茵哈德·泽尔滕：《策略理性模型》，黄涛译，首都经济贸易大学出版社，2000。

［5］李仁贵：《诺贝尔经济学奖得主博士学位论文透视》，《经济学家》2015 年第 12 期，第 79 ~ 91 页。

［6］Abbink，K.，Darziv，R.，Gilula，Z.，Goren，H.，Irlenbusch，B.，Keren，A.，Rockenbach，B.，Sadrieh，A.，Selten，R.，Zamir，S.，"The Fisherman's Problem：Exploring the Tension between Cooperative and Noncooperative Concepts in a Simple Game"，*Journal of Economic Psychology*，2003，24（4），pp. 425 – 445.

［7］Abbink，K.，Irlenbusch，B.，Pezanis-Christou，P.，Rockenbach，B.，Sadrieh，A.，Selten，R.，"An Experimental Test of Design Alternatives for the British 3G/UMTS Auction"，*European Economic Review*，2005，49（2），pp. 503 – 530.

［8］Abbink，K.，Irlenbusch，B.，Rockenbach，B.，Sadrieh，A.，Selten，R.，"The Behavioral Approach to the Strategic Analysis of Spectrumauctions：The Case of the German DCS – 1800 Auction", *IFO-Studien*, 2002, 48 (3), pp. 457 – 480.

[9] Apuesteguia, J., Dufwenberg, M., Selten, R., "Blowing the Whistle", *Economic Theory*, 2007, 31 (1), pp. 143 – 166.

[10] Becker, O., "Experimentelle Untersuchung der Erwartungsbildung für Eine Zeitreihe", In Sauermann, H. (ed.), *Beitrge Zur Experimentellen Wirtschafts for Schung*, Tübingen, 1967.

[11] Cyert, R. M., March, J. G., *A Behavioral Theory of the Firm*, Prentice Hall Press, 1963.

[12] Harbring, C., Irlenbusch, B., Krakel, M., Selten, R., "Sabotage in Corporate Contests: An Experimental Analysis", *International Journal of the Economics of Business*, 2007, 14 (3), pp. 367 – 392.

[13] Harstad, R. M., Selten, R., "Bounded – rationality Models: Tasks to Become Intellectually Competitive", *Journal of Economic Literature*, 2013, 51 (2), pp. 496 – 511.

[14] Hohnisch, M., Pittnauer, S., Selten, R. et al., "Gender Differences in Decisions under Profound Uncertainty are Non-robust to the Availability of Information on Equally Informed Others Decisions", *Journal of Economic Behavior & Organization*, 2014, 108 (C), pp. 40 – 58.

[15] Kreps, D. et al., "Rational Cooperation Infinitely Repeated Prisoners", *Journal of Economic Behavior & Organization*, 2010, 32 (4), pp. 613 – 619.

[16] Kreps, D., Wilson, R., "Reputation and Imperfect Information", *Journal of Economic Theory*, 1982, 27 (2), pp. 253 – 279.

[17] Marschak, T., Selten, R., "Oligopolistic Economies as Games of Limited Information", *Zeitschrift Für Diegesamte Staatswissenschaft*, 1977, 133 (3), pp. 385 – 410.

[18] Marschak, T., Selten, R., "Restabilizing Responses, Inertia Supergames and Oligopolistic Equilibria", *Quarterly Journal of Economics*, 1978, 92 (1), pp. 71 – 93.

[19] McKelvey, R. D., Palfrey, T. R., "Quantal Response Equilibria for Normal Form Games", *Games & Economic Behavior*, 1995, 10 (1), pp. 6 – 38.

[20] Nash, J. F., Selten, R., "The Agencies Method for Coalition Formation in Ex-

perimental Games", *Proceedings of the National Academy of Sciences of the United States of America*, 2012, 109 (50), pp. 20358 – 20363.

[21] Neugebauer, T., Selten, R., "Individual Behavior of First – price Sealed – bid Auctions: The Importance of Information Feedback in Experimental Markets", *Games and Economic Behavior*, 2006, 54 (1), pp. 183 – 204.

[22] Ockenfels, A., Selten, R., "Impulse Balance Equilibrium and Feedback in First Price Auctions", *Games & Economic Behavior*, 2005, 51 (1), pp. 155 – 170.

[23] Osborne, M. J., Rubinstein, A., "Sampling Equilibrium, with an Application to Strategic Voting", *Games and Economic Behavior*, 2003, 45 (2), pp. 434 – 441.

[24] Osborne, M. J., Rubinstein, A., "Games with Procedurally Rational Players", *The American Economic Review*, 1998, 88 (4), pp. 834 – 847.

[25] Rosenfeld, A., Kraus, S., "Modeling Agents Based on Aspiration Adaptation Theory", *Autonomous Agents and Multi-Agent Systems*, 2012, 24 (2), pp. 221 – 254.

[26] Sauermann, H., Selten, R., "Anspruchsanpassungstheorie Der Unternehmung", *Zeitschrift Für Die Gesamte Staatswissenschaft*, 1962, 118 (4), pp. 577 – 597.

[27] Sauermann, H., Selten, R., "Einoligopoly Experiment", *Zeitschrift Für Die Gesamte Staatswissenschaft*, 1959, 115 (3), pp. 427 – 471.

[28] Schmidt, H. H., Selten, R., Wiesen, D., "How Payment Systems Affect Physicians Provision Behavior: An Experimental Investigation", *Journal of Health Economics*, 2011, 30 (4), pp. 637 – 646.

[29] Selten, R., "Anticipatory Learning in Two Person Games", University of Bonn Discussion Paper, No. B – 93, 1988.

[30] Selten, R., Apesteguia, J., "Experimentally Observed Imitation and Cooperation in Price Competition on the Circle", *Games and Economic Behavior*, 2005, 51 (1), pp. 171 – 192.

[31] Selten, R., "A Simple Model of Imperfect Competition Where 4 are Few and 6 are Many", *International Journal of Game Theory*, 1973, 2 (3), pp. 141 – 201.

[32] Selten, R., "Aspiration Adaptation Theory", *Journal of Mathematical Psychology*, 1998a, 42 (2/3), pp. 191 – 214.

[33] Selten, R., "Axiomatic Characterization of the Quadratic Scoring Rule", *Experi-*

*mental Economics*, 1998b, 1 (1), pp. 43 – 62.

[34] Selten, R., "Bounded Rationality", *Journal of Institutional and Theoretical Economics*, 1990, 146 (4), pp. 649 – 658.

[35] Selten, R., Buchta, J., "Experimental Sealed Bid First Price Auctions with Directly Observed Bid Functions", In Budescuetal, D. (ed.), *Games and Human Behavior*, Erlbaum, 1999.

[36] Selten, R., Chmura, T., "Stationary Concepts for Experimental 2 × 2 Games", *The American Economic Review*, 2008, 98 (3), pp. 938 – 966.

[37] Selten, R. et al., "Commuters Route Choice Behavior", *Games and Economic Behavior*, 2007, 58 (2), pp. 394 – 406.

[38] Selten, R. et al., "Duopoly Strategies Programmed by Experienced Players", *Econometrica*, 1997, 65 (3), pp. 517 – 555.

[39] Selten, R. et al., "Experimental Evidence for Attractions to Chance", *German Economic Review*, 2000, 1 (2), pp. 113 – 130.

[40] Selten, R. et al., "How to Play 3 × 3 Games: A Strategy Method Experiment", *Games and Economic Behavior*, 2003, 45 (1), pp. 19 – 37.

[41] Selten, R. et al., "Learning Direction Theory and the Winner's Curse", *Experimental Economics*, 2005, 8 (1), pp. 5 – 20.

[42] Selten, R. et al., "Money Does Not Induce Risk Neutral Behavior, But Binary Lotteries Do Even Worse", *Theory and Decision*, 1999, 46 (3), pp. 213 – 252.

[43] Selten, R., "Evolution, Learning, and Economic Behavior", *Games and Economic Behavior*, 1991, 3 (1), pp. 3 – 24.

[44] Selten, R., "Features of Experimentally Observed Bounded Rationality", *European Economic Review*, 1998c, 42 (2 – 5), pp. 413 – 436.

[45] Selten, R., Kuon, B., "Demand Commitment Bargaining in Three-person Quota Game Experiments", *International Journal of Game Theory*, 1993, 22 (3), pp. 261 – 277.

[46] Selten, R., "Coalition Probabilities in a Non-cooperative Model of Three-person Quota Game Bargaining", In Albers, W., Bamberg, G., Selten, R. (eds.), *Mathematical Systems in Economics*, Meisenheim, 1979.

[47] Selten, R., "Reexamination of the Perfectness Concept for Equilibrium Points in Extensive Games", *International Journal of Game Theory*, 1975, 4 (1), pp. 25 – 55.

[48] Selten, R., Stoecker, R., "End Behavior in Sequences of Finite Prisoners Dilemma Supergames", *Journal of Economic Behavior and Organition*, 1986, 7 (1), pp. 47 – 70.

[49] Selten, R., "The Chain Store Paradox", *Theory and Decision*, 1978, 9 (2), pp. 127 – 159.

# 第二篇

# 不确定性世界中的企业行为决策

2020 年 7 月，习近平总书记在企业家座谈会上发表重要讲话，指出企业是重要的市场主体，是我国经济活动的主要参与者、就业机会的主要提供者、技术进步的主要推动者，在国家发展中发挥着十分重要的作用。依据博弈理论，尝试从理性与均衡选择角度来抽象和解释真实世界中的中国企业行为决策，是一条符合认知规律的学术路径，也是我们研究经济学必须做的事。本篇聚焦现实中企业的雇佣行为、需求曲线，以及一个行业企业繁荣导致的其他行业企业衰败的"荷兰病"现象，从这些问题出发，考虑真实世界的不确定性属性，借助博弈理论和契约理论来理解企业行为决策逻辑。

不确定性是普遍存在的，是现实世界的本质属性。不确定性下的选择问题最早由冯·诺伊曼（Von Neumann）和摩根斯坦（Morgenstern）建立的一整套完整的公理体系来刻画。在此体系下，决策者的偏好可以由特定的效用函数生成，因此可以将建立在"偏好"基础上的选择问题转化为建立在"效用"基础上的最大化问题。但是在这一模型中，不确定性被刻画为客观风险概率。而奈特（Knight）明确指出了风险和不确定性的区别：风险事件的发生可以用概率进行刻画，不确定性事件的发生则无法准确地用概率来表示。萨维奇（Savage）认为许多事件的客观概率是未知的，真正影响个人决策的是主观概率。然而，Ellesberg 实验表明实际的决策结果会系统地偏离主观概率模型的预测。这是因为主观概率模型隐含的假设是参与人形成主观信念后所有的决策行为均与此信念保持一致。但现实并非如此，当决策者知道自身的主观信念并不一定准确时，经常会依据具体情形调整自己的信念，进而违反了一致性的要求。对不确定性决策的建模尝试是当今决策理论研究的热点和前沿，已有的理论大致可以分为两类：第一类致力于将决策者的信念建立在各种可能的分布上，如 MEU（Maxmin

Expected Utility）模型，它具有很强的直观性和清晰的经济意义，但在数学处理上较为复杂；第二类通过定义容度（Capacity）并利用 Choquet 积分直接定义信念，如 CEU（Choquet Expected Utility）模型，它具有数学上的简便性，但经济意义较为模糊。21 世纪初，基于 NAC（Neo-additive Capacity）的 CEU 模型被提出，该模型是一种综合方法，在数学简便性和经济直观性之间达到了精妙的平衡。

从不确定性决策视角重新审视经济情形的研究已取得了许多成果。在博弈理论中，已有学者在不确定性情况下通过概率支撑（Support）定义了新的均衡概念，并将此类博弈称为模糊博弈（Ambiguous Game）。本篇首先关注不确定性下的企业委托代理问题，利用基于 NAC 的 CEU 模型将不确定性引入；其次刻画不确定性对代理人行为和收益的影响，发现由于决策方式的不同，乐观的雇员更容易被激励，也往往能够给企业带来更大的利润，这也能解释为什么企业文化中经常提倡积极态度（如乐观主义），以及为什么大量创业公司在初期盈利较好，发展壮大后反而衰落等现象。需求曲线是讨论企业行为决策和公共政策的基石。由于转基因食品消费具有不确定性，在确定性条件下逐步形成的传统消费理论不能有力地解释消费者选择，也自然给研究转基因食品厂商的行为和公共政策讨论带来了困难。为此，本篇同样借助基于 NAC 的 CEU 模型尝试分析转基因食品的消费问题，发现消费者对转基因食品的接纳是由其模糊性感知决定的理性均衡。

本篇还以"荷兰病"为实际背景讨论为什么资源价值的变化会导致"去工业化"过程，以及"去工业化"的后果——经济的脆弱性。我们分析发现，资源价值的变化并不是"荷兰病"发生的最根本原因，但它会导致"去工业化"，进而使产业结构失衡，经济体丧失抗风险能力。因此，"荷兰病"现象背后的根本原因在于产业结构失衡和抗风险能力不足，所以"荷兰病"的作用机制适用于其他任何会影响产业结构平衡和经济抗风险能力的组织部门。

# 企业为什么要雇个乐观者

  不可预测性是经济世界的显著特征与魅力所在，但往往被人们忽略。Knight（1921）将不可预测性区分为风险和不确定性，其中风险事件的发生可以用概率进行刻画，而不确定性（也称模糊性）事件的发生则无法准确地用概率表示，因而代表了更大程度的随机性。例如，"掷硬币连续出现 3 次正面"便是一个风险事件，因为此事件的发生可以较好地用概率进行刻画；"明天股市上升 50BP"便是一个模糊性事件，因为用任何概率对其进行刻画可能都是有争议的。在成熟的行业中，未来情况发生的可能性可以用概率表示，从而使问题转化为概率分布明确的风险问题。然而在新兴行业中，由于缺乏经验，人们无法对各种可能的情况形成较为可靠的概率认知，故人们面临的是模糊性问题。

  很多学者（如 Savage）认为在模糊性情形下参与人可以形成一个主观信念（概率分布）来反映他对情形的判断，进而基于此信念和期望效用模型进行后续决策。针对这种思路，Ellsberg（1961）指出，决策者的行为方式在面对模糊性与面对风险时存在显著差异，即实际中的决策结果会系统性地偏离主观概率模型的预测。这是因为主观概率模型隐含的假设是参与人形成主观信念之后所有的决策行为均与此信念保持一致——这意味着在此后任何情况下参与人都不会再怀疑此主观判断。显然，实际情况并不总是这样的——当决策者知道自身的主观信念并不一定准确时，经常会根据具体情形调整自己的信念，进而违反了一致性要求。例如，在著名的 Ellsberg 悖论中，决策者可能会根据不同的支付方案调整自己的信念，从而保证自己的选择相对"安全"。这种行为模式并不能被主观概率模型所刻画，但又是稳定存在且有规律可循的，因此需要新的建模工具来刻画模糊条件下的决策行为。

对模糊性决策的建模尝试是决策理论的热点话题①，目前现有的理论大致可以分为两类：第一类致力于将决策者的信念建立在各种可能的分布上，如 MEU（Maxmin Expected Utility）模型（Gilboa，Schmeidler，1989）；第二类通过定义容度（Capacity）并利用 Choquet 积分直接定义信念，如 CEU（Choquet Expected Utility）模型（Schmeidler，1989）。两种方法之间的区分并非泾渭分明，但是各有特点。例如，直接建立在可能分布集合上的信念具有很强的直观性和清晰的经济意义，但是此类模型在数学处理上较为复杂；建立在容度基础上的模型具有数学上的简便性，但其经济意义较为模糊。Chateauneuf 等（2007）提出了一种精妙的综合方法，即基于 NAC（Neo-additive Capacity）的 CEU 模型——此模型可以在保留 Choquet 积分所带来的简便性的同时仍然呈现清晰的经济意义。因此，基于 NAC 的 CEU 模型在数学简便性和经济直观性之间达到了精妙的平衡。

我们主要关注模糊性下的最优合同问题，利用基于 NAC 的 CEU 模型将模糊性理念融入委托代理模型，通过引入代理人的模糊性感知和模糊性态度（Ghirardato et al.，2004），对代理人行为及其收益的影响进行刻画，并证明了忽视模糊性因素可能会使理论上的最优合同在实际中失效。

从模糊性决策视角重新审视经典经济情形的研究已经取得了许多成果。在博弈理论中，Marinacci（2000）在模糊性情况下通过概率支撑（Support）定义了新的均衡概念，并将此类博弈称为模糊博弈（Ambiguous Game）。Eichberger 等（2008）关注了模糊性问题中的均衡并将其结果运用到博弈论的经典例子中，如古诺均衡和伯川德竞争；Kelsey 和 Spanjers（2004）研究了模糊性下合伙企业的分成规则，并提出一个可以描述个体积极态度与消极态度的偏好形式。他们主要关注

---

① Al-Najjar 和 Weinstein（2009）、Etner 等（2012）很好地总结了此领域的研究并全面地对比了几种不同方法。

不同分成规则的效率，而我们则是将分成规则抽象为标准的委托代理关系，研究模糊性对合同设计和效率的影响。Spanjers（2008）关注了在模糊性事件的影响下央行的干预政策会产生何种变化。在类似研究主题中，Gervais 等（2011）的研究与我们最为接近。他们证明了过于自信的代理人更容易被激励，这与我们的结论相近，但存在两点不同：第一，他们的模型中没有包含任何的模糊性，仅用信号来代替不确定性；第二，由于未涉及模糊性，他们将过分自信处理为非理性的态度，而在我们的研究中，乐观主义并不与理性相悖，也不存在任何先入为主的分布。

# 一 模糊性的含义与模糊性下的行为

我们要对决策者在模糊性场景下的行为建模，首先需明确模糊性的含义。一般认为模糊性是指没有公认先验概率的决策场景，此时决策者无法形成可靠的主观先验概率分布。即便决策者使用某先验概率辅助决策，他也知道自己的判断很可能与真实情况存在偏差，从而不会仅仅依照此概率进行决策。

模糊性下的决策者行为与主观概率模型（即 Savage 的 SEU 模型）所预测的不同可以通过 Ellsberg 悖论进行简要介绍。Ellsberg 实验是一个典型的模糊性情景下的决策问题：一个袋中装有 90 个球，其中 30 个是红球，蓝球和黄球共 60 个但比例未知。被试者被要求从中任意抽取一球，并根据该球的颜色获得报酬，具体的支付方案共有两组，每组两种（共四种），分别记为 f - g 和 h - i。被试者被要求从每组中选择一个自己更偏好的方案，具体见表 1。

表 1　Ellsberg 实验

单位：元

| 方案 | 红球 | 蓝球 | 黄球 |
| --- | --- | --- | --- |
| f | 100 | 0 | 0 |

续表

| 方案 | 红球 | 蓝球 | 黄球 |
| --- | --- | --- | --- |
| g | 0 | 100 | 0 |
| h | 100 | 0 | 100 |
| i | 0 | 100 | 100 |

例如，选择 f 方案意味着被试者抽到红球将得到 100 元，抽到蓝球或黄球将没有奖励；选择 h 方案意味着被试者抽到红球或黄球将得到 100 元，抽到蓝球则无奖励。经过大量实验发现，被试者普遍在 f 方案和 g 方案中选择 f 方案，在 h 方案和 i 方案中选择 i 方案。这一结果违背了主观期望效用模型的预测，因为被试者选择 f 方案意味着他们认为红球被抽中的概率高于蓝球，而选择 i 方案则意味着他们认为抽中蓝球的概率高于红球。这种实际选择和主观期望效用模型预测的不一致性被称为 Ellsberg 悖论。

在面对模糊性时，人们的选择常常是不同的。有人试图避免事件中的不确定性（如 Ellsberg 实验中的被试者），因为人们通常不希望将自己的支付结果建立在此类不确定的事件上。规避模糊性的倾向被称为模糊性厌恶。有人则乐于接受不确定性，如 Knight（1921）认为企业家就是那些更愿意承担模糊性事件的人。乐于接受模糊性的倾向被称为模糊性偏好（Ambiguity Seeking）。

决策者面对模糊性的倾向统称为模糊性态度，它刻画了决策者如何修正先验概率：乐观的决策者倾向于认为实际情况好于先验分布，因此对有利的结果予以更多考虑，从而倾向于承担模糊性；反之，悲观的决策者则倾向于认为实际情况差于先验分布，因此更多地考虑不利的结果，从而倾向于规避模糊性。

虽然模糊性态度不同的决策者的选择不同，但这并不意味着任何人都是非理性的。相反，模糊性态度不同的个体做出的选择具有稳定性，这意味着他们在模糊性条件下的决策实际上是有规律可循的。Schmeidler（1989）、Gilboa（1987）以及 Sarin 和 Wakker（1992）等对相关决策规律进行总结，逐步形成了完整的公理体系以帮助分析。他们用非可加的主观测度（Capacity）代替传统的概率分布，并引入 Choquet 积分来处理主观测度，由此生成的主观期望效用被称为 Choquet 期望效用（CEU）（其本质是一个特殊的加权平均方法）。在 CEU 模型中，模糊性态度可以简便地用主观测度的凹凸性来描述。

　　与 Savage 的模型相似，CEU 模型也是一个主观期望模型。[①] 两者最显著的区别在于 CEU 模型考虑了决策者对模糊性的主观感知。模糊性感知是指决策者认为相关事件包含模糊性的程度。高模糊性感知意味着决策者认为事件接近完全的模糊性事件，低模糊性感知意味着决策者认为事件接近风险事件。基于此，Chateauneuf 等（2007）分别考虑了决策者的模糊性感知程度和模糊性态度，提出了 CEU 模型的一种新形式：基于 NAC 的 CEU 模型。该模型并非将模糊性作为纯粹的未知进行处理，而是使决策可以部分地依赖主观概率，即决策者会使用一个主观先验概率分布辅助决策，但他意识到该分布可能并不十分精确。举例来说，在 Ellsberg 实验中，被试者可能利用均匀分布（可能不准确）来帮助自己形成初步判断，再利用自己的信念（实际情况可能更有利或者不利）对其进行修正，从而得到最终的判断。因此，决策者的期望效用由两部分组成：先验概率部分和信念修正部分。两部分的相对权重代表决策者的模糊性感知程度，即他对先验概率的信任程度；用以修正的信念代表模糊性态度，即他更倾向模糊性还是规避模糊性。从这种意义上看，Savage 模型是 CEU 模型的一个极端情况，即模糊性感知为零或信念与主观概率恰好一致时的情况。因此，在 CEU 模型中体现了模糊性感知和信念因素具有更强的解释力。

## 二　模型

　　在本部分，我们首先介绍最基本的委托代理模型和假设，其次解释 NAC 和 Choquet 积分并建立相应的 CEU 模型，最后举例演示如何将

---

　　① 下一部分对各个效用函数模型给出了更多介绍。

CEU 应用到模型中。

## （一）基本模型设定

我们使用道德风险下的委托代理模型，只考虑单委托人和单代理人的情况。为方便起见，我们将委托人称为雇主，将代理人称为雇员。为避免混淆，我们在后文中用女性特有称谓（她或她的）代指雇主，用男性特有称谓（他或他的）代指雇员。

雇员的努力水平 $e \in \{0,1\}$，其中 $e = 0$ 代表不付出努力，$e = 1$ 代表付出努力。付出努力 $e$，意味着雇员得到负效用（努力成本），记为 $c(e)$，其中 $c(0) = 0$，$c(1) = c$。雇员的工作绩效 $s$ 有两个可能的取值，即 $s \in S \equiv \{s_H, s_L\}$，其中 $s_H > 0$，$s_L > 0$，$s_H - s_L > 0$。得到高绩效水平 $s_H$ 的客观概率依赖于雇员的努力水平：$Pr(s = s_H \mid e = 0) = \pi_L$，$Pr(s = s_H \mid e = 1) = \pi_H$，其中 $\pi_H > \pi_L$。若雇员的工作绩效为 $s_H$，得到高工资 $w_H$；若雇员的工作绩效为 $s_L$，得到低工资 $w_L$。因此，雇员的支付函数可以表示为：

$$u_i = w_i - c(e)$$

其中，$i \in \{H, L\}$。

根据上述模型设计，我们提出以下假设。

假设 1：雇主的主观概率分布与实际产出的客观概率分布一致，并且雇主在雇员的努力下总是会获得正回报。

假设 2：雇员将客观概率分布作为先验概率，但只对其予以部分信任。

设想如下情形：雇主基于长期经验和实践总结，发现某个项目成功的客观概率，然而雇主却没有足够的客观证据来论证自己的判断，所以不是每个雇员都能被他完全说服。此时，所有参与人的主观先验分布是一致且"准确"的（即雇主的判断，这是唯一的信息），但是雇员面临模糊性问题（即雇员没有任何其他的信息，而且也并不完全相信此判断）。采取这种设置主要基于以下四个方面的原因。第一，只要对本模型稍加改动便可用来分析参与人面临有偏分布时的情景，因此为简便假设又不失一般性，我们假设参与人的主观分布是"准确"的（与客观概率相一致）。第二，假设雇主对先验分布更有信心是合理的，因为如果不是这样她将不愿意成为委托人而承担风险。第三，尽管个人决策取决于参与人的主观判断，但最终的实际支付结果仍可能依据某种客观准则（也许未知），因此主观判断并非完全任意的。由此，将模糊性信念限定在雇员上，便可以使非模糊性信念的雇主成为参照点，从而帮助我们观察模糊性对实际期望收益的影响。第四，我们的目的是证明模糊性会对最优合同造成影响，从而影响雇主收益。这一点在控制其他因素不变的情况下更容易被体现出来。总的来说，此 CEU 模型和标准委托代理模型的差别在于决策者必须在决策中处理模糊性。

有了以上符号设定和假设，我们面临的就是一个最优合同设计问题：雇主需要设计一组工资水平 $w_H$ 和 $w_L$，激励雇员努力以最大化自己的期望收益。

## （二） 基于 NAC 的 CEU 模型

模糊性情景下的选择在经济学中并非一个新问题，通常假定决策者能够在所有的备选方案中形成合理偏好。按照这种思路，Von Neumann 和 Morgenstern（1947）提出了期望效用理论（Expected Utility Theory，EUT），以描述客观概率下的选择。在此基础上，Savage（1954）提出了主观期望效用（Subjective Expected Utility，SEU）模型，用主观概率取代了 EUT 中的客观概率。

SEU 和 EUT 的共同点是要求一个可提供完备信息的标准概率分布，然而实际决策过程通常没有信息或无法得到足够信息。正如 Ellsberg 悖论所揭示的，不完备信息下的模糊性选择可能与 EUT 或 SEU 的预测存在偏差。为解决该问题，Schmeidler（1989）、Gilboa（1987）以及 Sarin 和 Wakker（1996）逐步建立起 Choquet 期望效用，他们用容度取代了概率分布作为计算期望效用的权重。与概率不同，容度不具备可加性，但是满足单调性和标准化的性质。Chateauneuf 等（2007）在纯粹主观不确定条件下设计了一套公理体系，证明了基于 NAC 的 CEU 模型能够很好地应用在经济问题中，描述决策者存在先验概率分布但不能证实其正确性时的决策情景。

我们将关注点放在 NAC 的界定上，定义如下。

定义 1：$\gamma$ 和 $\beta$ 是一组实数，满足 $0 \leqslant \gamma \leqslant 1$ 和 $0 \leqslant \beta \leqslant 1$。定义新可加容度（NAC）$\nu$ 满足以下条件：

（1）$\nu(\emptyset) = 0$，$\nu(S) = 1$，其中 $S$ 代指两种表现水平的集合；

（2）若 $E \supset F$，则 $\nu(E) \geqslant \nu(F)$，其中 $E$ 和 $F$ 代指可能发生的事件；

（3）$\nu(E) = \gamma \cdot \pi(E) + (1 - \gamma) \cdot \beta$，其中 $\pi(E)$ 是事件 $E$ 的先验概率。

定义 1 中的前两个条件代表了容度的基本性质，第三个条件则给出了新容度（Neo-capacity）的特性，因此我们能很容易地得到每种情况下容度的具体值，例如：

$$\nu(\emptyset) = 0$$
$$\nu(s_H) = \gamma \cdot \pi_L + (1 - \gamma) \cdot \beta$$
$$\nu(s_L) = \gamma \cdot (1 - \pi_L) + (1 - \gamma) \cdot \beta$$
$$\nu(s_H \cup s_L) = 1$$

在此定义下 $\gamma$ 和 $\beta$ 具有明晰的现实意义，这一点在后文效用函数中可以清晰地看出。其中，$\gamma$ 表示决策者对特定先验概率的信心——它刻画了决策者从多大程度上相信先验概率是对现实的准确刻画；$\beta$ 表示决策者认为先验概率未捕捉到的部分现实的大概情况——它刻画了决策者如何修正先验概率。通过 $\gamma$ 和 $\beta$ 的定义，一种决策方式被清晰地展现出来：决策者虽然不知道真实的情况是什么，但是他会对不同情形赋予不同决策权重来辅助决策，其中决策权重是根据特定先验概率修正而获得的。需要注意的是，此时的决策权重不一定会符合概率论的要求。

定义 2：结果集可以被排序为 $(s_H, u_H; s_L, u_L)$，其中 $u_H$ 和 $u_L$ 是雇员在绩效为 $s_H$ 和 $s_L$ 时所得的报酬，那么 CEU 可以被定义为：

$$\sum_{i=H,L} u_i \cdot d_i$$

其中，$d_i = \nu[s_j|u(s_j) \geqslant u_i] - \nu[s_j|u(s_j) > u_i]$，$j \in \{H,L\}$。

定义 2 代表了加权平均下的 Choquet 积分，其中 $d_i$ 代表决策权重，这与传统期望效用的计算方式相似，都是对效用值加权平均，且权重之和是 1。值得注意的是，决策权重的设置能够对模糊性下的选择给出直接的解释。正如 Sarin 和 Wakker（1992）观察到的，决策权重相较于容度是对可能性更好的测度，同时也更易于解释。

根据定义 1 和定义 2，我们能够由 Choquet 积分计算出雇员的期望效用，得出以下结果：

$$U = \gamma \cdot Eu_i + (1-\gamma)[\beta \cdot \overline{U} + (1-\beta) \cdot \underline{U}], i \in \{H,L\}$$

其中，$\overline{U}$ 和 $\underline{U}$ 分别用于标记雇员在 $s_H$ 和 $s_L$ 情况下的报酬，$Eu_i$ 代表主观概率分布的期望值，$\beta \cdot \overline{U} + (1-\beta) \cdot \underline{U}$ 是最优效用和最差效用的加权平均，而 CEU 的总体算式是对这两个部分的加权平均。这与现实决策中人们会综合考虑先验客观概率和自身主观判断的行为是一致的。更清楚的算式如下。

雇员付出努力的 Choquet 期望效用为：

$$U(e=1) = \gamma[\pi_H \cdot (w_H - c) + (1-\pi_H) \cdot (w_L - c)] +$$
$$(1-\gamma)[\beta \cdot (w_H - c) + (1-\beta)(w_L - c)]$$

雇员未付出努力的 Choquet 期望效用为：

$$U(e=0) = \gamma[\pi_L \cdot w_H + (1-\pi_L) \cdot w_L] +$$
$$(1-\gamma)[\beta \cdot w_H + (1-\beta) \cdot w_L]$$

对比以上两个公式可以发现，努力与否仅仅影响效用函数的第一部分，即主观概率分布的期望值，而不影响效用函数的第二部分，即模糊性态度。这是因为决策者感受到模糊性这一事实反映了他对部分实际情形并不了解，因此并不能保证自身的努力会对最终情形产生何种影响——更准确地说，此时何种行为可以被称为"努力"都是不明确的，所以这部分影响也是模糊的，应由模糊性态度捕捉。例如，在一个互联网企业中，雇主希望雇员在编程上付出更多努力，因为编程努力会提高其实现高收入的可能性。然而，雇员认为收入高低的决定因素不仅仅包括最终应用的编程质量，还应该包括市场行情走势，而这一部分影响与自身在编程工作中投入多少努力完全无关。虽然雇主知道自己对努力与收入之间的判断是综合自身对市场行情判断之后的结果，但是由于她判断市场行情的知识是暗默知识或经验总结，因而无法被雇员接受，所以她也不得不接受雇员在一定程度上保留自己的"合理怀疑"这一事实。

之后的模型设定便是经典的委托代理框架。由于雇主希望激励员工付出努力，工资的设定需要满足激励相容约束（IC 条件）：

$$\gamma[\pi_H \cdot w_H + (1 - \pi_H) \cdot w_L] + (1 - \gamma)[\beta \cdot w_H + (1 - \beta)w_L] - c \geq$$
$$\gamma[\pi_L \cdot w_H + (1 - \pi_L) \cdot w_L] + (1 - \gamma)[\beta \cdot w_H + (1 - \beta)w_L]$$

将雇员的保留效用标准化为 0，我们得到个体理性约束（IR 条件）：

$$\gamma[\pi_H \cdot w_H + (1 - \pi_H) \cdot w_L] + (1 - \gamma)[\beta \cdot w_H + (1 - \beta)w_L] - c \geq 0$$

用 $q_H$ 和 $q_L$ 分别表示雇主在高绩效和较低绩效时获得的外部收益[①]，我们可以将此转化成雇主收益最大化的规划问题，从而得到：

$$\max_{w_H, w_L} [\pi_H(q_H - w_H) + (1 - \pi_H)(q_L - w_L)]$$

s. t.
$$\gamma[\pi_H \cdot w_H + (1 - \pi_H) \cdot w_L] + (1 - \gamma)[\beta \cdot w_H + (1 - \beta)w_L] - c \geq$$
$$\gamma[\pi_L \cdot w_H + (1 - \pi_L) \cdot w_L] + (1 - \gamma)[\beta \cdot w_H + (1 - \beta)w_L] \quad (IC)$$
$$\gamma[\pi_H \cdot w_H + (1 - \pi_H) \cdot w_L] + (1 - \gamma)[\beta \cdot w_H + (1 - \beta)w_L] - c \geq 0 \quad (IR)$$

在后文中我们将此模型称为模糊性模型（Ambiguity Model），为了比较其与不含模糊性信念的标准模型的差异，我们给出基准模型如下：

$$\max_{w_H, w_L} [\pi_H(q_H - w_H) + (1 - \pi_H)(q_L - w_L)]$$

s. t. $\quad \pi_H \cdot w_H + (1 - \pi_H) \cdot w_L - c \geq \pi_L \cdot w_H + (1 - \pi_L) \cdot w_L \quad (IC)$

$\quad\quad \pi_L \cdot w_H + (1 - \pi_H) \cdot w_L - c \geq 0 \quad (IR)$

---

① 我们不过多讨论外部收益大小的影响，因为此分析结果与标准模型下的结果类似。

通过比较模糊性模型和标准模型，我们发现在以下两种情况下，两个模型是一致的。① $\gamma = 1$。②当雇员付出努力时，$\beta = \pi_H$；当雇员没有付出努力时，$\beta = \pi_L$。第一种情况意味着雇员完全相信先验概率，这与我们讨论的问题无关。第二种情况意味着雇员的主观判断和先验概率吻合，并且其努力水平和效果也会清晰地反映出来，是不现实的。因此，我们不对这两种情况进行讨论。

## （三）CEU 模型下的最优合同举例

前文已从数学上说明了模糊性模型，现将其应用到具体的决策问题中，通过举例来对模型各变量进行解释，并进一步证明选择模糊性模型进行分析的原因。

假设雇主希望雇用一个人运作某项目，在自然情况下，该项目成功的概率是 $\pi_L$，且雇主知道通过雇员的额外努力，此概率会提升至 $\pi_H$。然而雇员的努力水平无法直接观察或间接证实，因此她必须设计一份合同有效地激励他（假设雇员付出努力给雇主带来的利润远远超过制定合同的成本）。雇主会把各种情况下项目的成功概率告知雇员，作为雇员的先验概率分布。然而，雇员未必完全信服她的说法，如认为此分布虽然有一定合理性，但是细节上是有商讨余地的（即模糊性感知）。这一情景对于雇员而言存在不确定性，属于模糊性决策问题。雇主会注意到雇员的模糊性感知和模糊性态度，但是因为信息在短时间内无法得到确认或根本无法确认，所以无法将模糊性消除。因此，雇主在设计合同时必须将雇员的模糊性心态考虑在内，这是关键点。

在模糊性下，我们认为雇员越信赖雇主，就越有可能与雇主的先验概率保持一致；雇员越不信任雇主，他在做决策时就越有可能依赖个人判断而非先验概率，个人判断反映出他的乐观程度。因此，我们使用 $\gamma \in [0,1]$ 代表雇员对先验分布的信赖程度（即雇员有几成把握相信雇主给出的成功概率是正确的），使用乐观程度 $\beta \in [0,1]$ 表示雇员认为模糊性情景有多大可能向有利结果发展（即依据现实判断境况优于先验场景的概率）。我们将这两个变量共同称为雇员的心态（Mentality）。

不同的行为缘于不同的心态。一方面，模糊性模型和 Savage 模型的主要差异就在于雇员的信赖程度，信赖程度越高，Savage 模型对模糊性决策结果的预测就越准确；另一方面，雇员的行为偏向于保守还是激进取决于其乐观程度。例如，在 Ellsberg 实验中，假设先验概率呈现均匀分布，当 $\gamma = 1$ 时，Savage 模型能够准确地预测出决策者在 f 方案和 g 方案中是无差别的。更近一步，若 $\gamma < 1$，$\beta > 1/3$，那么决策者在 f 方案和 g 方案中将不是无差别的，并且更加倾向于 g 方案；若 $\beta < 1/3$，决策者将更倾向于 f 方案。在该实验中无论先验分布如何，抽到红球的概率都是 $1/3$，不存在任何的模糊性，具有模糊性的部分存在于蓝球和黄球中。这反映出 CEU 模型是同时利用已知的确定性信息和决策者心态共同做出预测的。

# 三 结果

基于上一部分对模型的基本设定，本部分运用模糊性模型分析最优合同设计问题，并发现了三个主要结果。首先，比较模糊性模型和标准模型以研究模糊性对雇员工资的影响；其次，证明在模糊性下，乐观的雇员将为雇主带来更大的收益；最后，分析给定合同下的各类雇员行为，证明忽略模糊性的合同都会在激励方面失效。

## （一）模糊性下的最优合同解

最优合同的求解问题可以归结为最大化雇主收益的问题，由于目标函数与 $w_H$ 和 $w_L$ 线性相关，可知其应为角点解。与此同时，将模糊性下的最优合同解与不存在模糊性情景的标准模型解进行比较是十分必要的。

为分析方便，我们引入"工资梯"来表示 $w_H - w_L$ 的值。工资梯是雇员决定是否努力工作的重要依据，在合同设计中起着十分重要的作用。为了避免混淆，我们用上标来区分模糊性模型和标准模型的结果。

表 2 从不同绩效的最优工资、工资梯、雇主期望收益三个方面比

较了两个模型得到的结果。第二列是两者间差别的数值，第三列显示了差别的正负性。

表 2　标准模型和模糊性模型的比较

| 差别 | 数值 | 正负性 |
| --- | --- | --- |
| $w_H^* - w_H^{\mathrm{ST}}$ | $\dfrac{c \cdot (1 - \beta) \cdot (1 - \gamma)}{\gamma \cdot (\pi_H - \pi_L)}$ | $+$ |
| $w_L^* - w_L^{\mathrm{ST}}$ | $-\dfrac{c \cdot \beta \cdot (1 - \gamma)}{\gamma \cdot (\pi_H - \pi_L)}$ | $-$ |
| $(w_H^* - w_L^*) - (w_H^{\mathrm{ST}} - w_L^{\mathrm{ST}})$ | $\dfrac{(1 - \gamma) \cdot c}{\gamma \cdot (\pi_H - \pi_L)}$ | $+$ |
| 雇主期望利益之差 | $\dfrac{c \cdot (1 - \gamma)(\beta - \pi_H)}{\gamma \cdot (\pi_H - \pi_L)}$ | 取决于 $\beta$ 和 $\pi_H$ 的相对大小 |

注：上标 * 表示模糊性模型的结果，上标 ST 表示标准模型的结果。

基于此对比结果，考虑模糊性对 $w_H$ 和 $w_L$ 的影响，得到以下命题。

命题 1：与非模糊性的标准模型相比，模糊性模型具有如下特征：

（1）增加了最优高绩效工资；

（2）降低了最优低绩效工资。

证明：因为 $w_H^* - w_H^{\mathrm{ST}} = \dfrac{c \cdot (1 - \beta) \cdot (1 - \gamma)}{\gamma \cdot (\pi_H - \pi_L)}$ 且 $w_L^* - w_L^{\mathrm{ST}} = -\dfrac{c \cdot \beta \cdot (1 - \gamma)}{\gamma \cdot (\pi_H - \pi_L)}$，其中 $0 \leqslant \gamma \leqslant 1$，$0 \leqslant \beta \leqslant 1$。显然有 $w_H^* - w_H^{\mathrm{ST}} \geqslant 0$，$w_L^* - w_L^{\mathrm{ST}} \leqslant 0$。因此，$w_H^* \geqslant w_H^{\mathrm{ST}}$ 且 $w_L^* \leqslant w_L^{\mathrm{ST}}$，证毕。

命题 1 意味着模糊性条件使支付方案趋向于两极分化。考虑命题 1 中的两种特殊情况。对于 $\beta = 0$，雇员是极度悲观主义者，他认为模糊性情景的最终结果必将对他不利，阻碍他得到较高工资。基于此，除非他能得到的报酬足够高，否则他将拒绝接受这份合同，为了激励这类员工，$w_H$ 和 $w_L$ 都应当达到最大值。对于 $\beta = 1$，雇员是极度乐观主义者，他相信模糊性情景最终会变成对自己有利的结果，即帮助他得到较高的工资。基于此，他将会很乐意接受合同，即使合同中低工资水平难以令人满意。因此，$w_H$ 和 $w_L$ 可以取最小值。那么，提高雇员的乐观程度 $\beta$ 对每种工资水平的影响（即 $\beta$ 的比较静态影响）又如何呢？

命题 2：在模糊性模型下，提高雇员的乐观程度 $\beta$，可以使 $w_H$ 和 $w_L$ 以同等程度减少。

证明：观察到 $\dfrac{\partial\,(\,w_H^{*}-w_H^{\mathrm{ST}}\,)}{\partial\,\beta}=\dfrac{\partial\,(\,w_L^{*}-w_L^{\mathrm{ST}}\,)}{\partial\,\beta}=-\dfrac{c\cdot(1-\gamma)}{\gamma\cdot(\pi_H-\pi_L)}<0$，

当 $\gamma$ 固定时，$w_H$ 和 $w_L$ 以同等程度减少，表现为图 1 中的两条平行线。

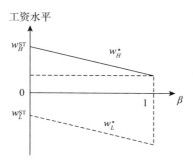

**图 1　$\beta$ 的比较静态分析**

我们注意到，当 $\beta=0$ 时，两种工资水平都取得最大值；当 $\beta=1$ 时，两种工资水平都取得最小值。这一点已在命题 1 中证明。另外，工资梯在图 1 中表现为两条平行线之间的距离（之后我们将说明反映激励力度的工资梯并不依赖于乐观程度 $\beta$，而仅取决于信赖程度 $\gamma$），因此乐观程度 $\beta$ 相当于一个"升降机"，使得一组工资水平（最低工资与最高工资）同时升降，但不改变它们间的相对值。

下面考虑信赖程度对最优合同设计的影响。对于 $\gamma=0$，即雇员完全不信任先验分布，或无法得到任何先验分布，是一个充满模糊性的"混沌状态"。此时，由于付出努力并不能提高获得高工资的概率，雇员通常不愿意更加努力，这种情况下无法对雇员提供任何激励，并不存在最优合同。对于 $\gamma=1$，即雇员完全信赖雇主提供的先验分布，不存在任何模糊性。这时，雇员的乐观程度将不会影响最优合同设计，导致模糊性模型的解同标准模型完全一致，模糊性模型退化成 Savage 模型。

信赖程度的比较静态影响有些复杂，因为它不仅影响先验概率分布和模糊性态度的权重，对雇员付出努力的边际效果也带来影响，我

们用命题 3 来进行综合描述。

命题 3：在模糊性模型中，提高雇员的信赖水平 $\gamma$，将使最优合同中的 $w_H$ 减少而 $w_L$ 增加。

证明：观察到 $\dfrac{\partial(w_H^* - w_H^{\mathrm{ST}})}{\partial\gamma} = -\dfrac{c\cdot(1-\beta)}{\gamma^2\cdot(\pi_H - \pi_L)} < 0$，且 $\dfrac{\partial(w_L^* - w_L^{\mathrm{ST}})}{\partial\gamma} = \dfrac{c\cdot\beta}{\gamma^2\cdot(\pi_H - \pi_L)} > 0$，因此当信赖水平 $\gamma$ 提高时，将会使 $w_H$ 减少、$w_L$ 增加（见图 2）。

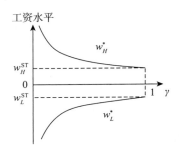

**图 2　$\gamma$ 的比较静态分析**

$\gamma = 0$ 和 $\gamma = 1$ 的情况在图 2 中有清晰的表示。图 2 中两条曲线之间的距离表示工资梯，可以看出，随着 $\gamma$ 的提高，工资梯是单调递减的。下述推论将对该现象有进一步的说明和论证。

推论 1：一般情况下，$0 < \gamma < 1$，说明模糊性模型下需要提供更大的工资梯来激励雇员。

证明：注意到 $(w_H^* - w_L^*) - (w_H^{\mathrm{ST}} - w_L^{\mathrm{ST}}) = (w_H^* - w_H^{\mathrm{ST}}) - (w_L^* - w_L^{\mathrm{ST}}) = \dfrac{c\cdot(1-\beta)\cdot(1-\gamma)}{\gamma\cdot(\pi_H - \pi_L)} + \dfrac{c\cdot\beta\cdot(1-\gamma)}{\gamma\cdot(\pi_H - \pi_L)} = \dfrac{c\cdot(1-\gamma)}{\gamma\cdot(\pi_H - \pi_L)}$，如果 $0 < \gamma < 1$，等式的右侧总为正值，工资梯较大，证毕。

为解释该结果，我们应当再次明确模糊性的概念。模糊性意味着决策情景在某种程度上是未知的，此时雇员没有充足的理由相信额外的努力能够提高他获得高工资的概率。事实上，如果有证据证实努力可以提高高工资的概率，雇员也只会将该信息融合到其先验分布中，但不会改变模糊性态度的部分。总体而言，由于对额外努力的收益持怀疑态度，雇员不愿意付出额外努力，因此设计合同时，为了提供有效的激励，必须使工资梯足够大。

相较于具有"升降机"功能的乐观程度 $\beta$，类似地，我们将信赖程度 $\gamma$ 比作"延伸器"，它决定了 $w_H$ 和 $w_L$ 的相对大小。与 $\beta$ 不同，$\gamma$ 的影响具有混合性，既影响 $w_H$ 和 $w_L$ 的相对大小，也影响其绝对值，对理解模糊性的效果更有裨益。

图 3 更清楚地解释了这些影响，形象地说，工资梯随 $\gamma$ 的变化而"伸缩"，随 $\beta$ 的变化而"升降"。当雇员不完全信赖雇主提供的先验概率时，为了提供足够的激励，工资梯将会被拉伸；当雇员面对模糊性时的乐观程度较低时，这组工资水平将一起降低。

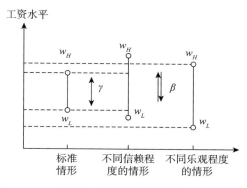

**图 3　伸缩和升降作用**

## （二）乐观主义精神和最优合同收益

在研究了信赖程度和乐观程度对工资设定的影响后，一个自然的问题是：这对雇主意味着什么？模糊性是否会增加或减少雇主的收益？

面对雇主收益，模糊性感知和模糊性态度具有相反的效果。一方面，模糊性感知越强，雇员就越不愿意付出额外努力，因此，雇主需要设定较大的工资梯，从而使得激励成本上升。另一方面，如果雇员是乐观主义者，一组较低的工资就足以达到激励效果，从而降低激励成本。因此，模糊性对雇主收益的完整影响是这两种效果的结合。

命题 4：如果雇员的乐观程度满足 $\beta \geqslant \pi_H$，模糊性的存在将增加雇主的收益，反之则减少雇主的收益。

证明：用 $\Delta^\pi$ 表示雇主在模糊性情景和标准情景下收益的变化，于是有：

$$\Delta^\pi = \frac{c \cdot (1 - \gamma) \cdot (\beta - \pi_H)}{\gamma \cdot (\pi_H - \pi_L)} = A \cdot (\beta - \pi_H)$$

其中，$A = \dfrac{c \cdot (1 - \gamma)}{\gamma \cdot (\pi_H - \pi_L)} \geqslant 0$。因此，当 $\beta > \pi_H$ 时，有 $\Delta^\pi > 0$；当 $\beta \leqslant \pi_H$ 时，有 $\Delta^\pi \leqslant 0$。

由命题4可以清楚地知道模糊性如何影响雇主的收益是因情况而定的。当 $\beta = 1$ 时，有 $w_H^* = w_H^{ST}$。当 $\gamma \neq 1$ 时，工资梯随模糊性感知的增强而增大，即有 $w_L^* < w_H^{ST}$。换句话说，雇主不需要提供多于标准模型下的工资，也能达到激励效果。

图4解释了这一结果，其中实线代表雇主收益和 $\beta$ 的关系，两条虚线表示雇主收益和 $\gamma$ 的关系，分别代表 $\beta > \pi_H$ 与 $\beta < \pi_H$ 的情况。

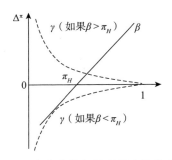

**图4  雇主收益与乐观程度的关系**

结果非常有趣：雇员的乐观程度影响了雇主的成本，即在业务能力相同的雇员中，乐观主义者是更加"廉价"的劳动力。这解释了许多公司都希望了解员工个性，并且明确其需要的雇员类型。更进一步的结论是：在某些雇员无法得到先验概率或不信任先验概率的行业中，乐观主义精神变得十分宝贵。例如，在现实中，对于企业家来说，具有乐观主义精神（模糊性偏好甚至某些侵略性）是十分重要的，传统教育中虽然这种态度经常受到质疑，但这种乐观的信念和必胜的信心正是激励企业家进入某个领域并获取成功的动力。

### （三）合同与行为

现在，我们转向一个模糊性不匹配的情况：具有模糊性感知和模糊性态度的雇员接受了一份没有考虑模糊性的标准合同。事实上，这种情况并不罕见，因为现实中没有公司会依据每个员工的个性制定不同的工资标准，工资的差别通常仅反映雇员的绩效和能力。在模型中，我们假定雇员的绩效和能力相同，只有信赖水平和乐观程度不同，即当雇员付出额外努力时，该合同成功的概率会得到相同程度的提升，区别在于他们对同一工资的行为反应。换句话说，所有的雇员都是同样优秀的，只是有些人更容易被激励，此时如果雇主仅依据经济绩效而给所有雇员相同的工资，就符合模糊性不匹配的情况。

命题5：在不匹配的情景下，满足以下条件：

（1）当乐观程度满足 $\beta \geq \pi_L$ 时，雇员会接受合同但是不付出额外的努力；

（2）当乐观程度满足 $\beta < \pi_L$ 时，雇员会拒绝合同。

证明：首先，我们应检验在这种情况下，雇员是否会付出努力。回到推论1发现，在模糊性下，需要大的工资梯来激励雇员努力，意味着不匹配情况下雇员未必付出努力。

接下来，我们需要检验雇员在不匹配情况下的效用情况。雇主收益最大化要求雇员不论是在标准情景还是在模糊性情景下都只得到保留效用（标准化为0）。由于雇员将不会付出额外努力，我们能够计算出效用偏差：

$$\Delta U = U_{e=0} - 0$$
$$= \gamma \left[ \pi_L \cdot w_H^{ST} + (1 - \pi_L) \cdot w_L^{ST} \right] + (1 - \gamma) \left[ \beta \cdot w_H^{ST} + (1 - \beta) \cdot w_L^{ST} \right]$$
$$= \frac{c \cdot (1 - \gamma) \cdot (\beta - \pi_L)}{\pi_H - \pi_L}$$

我们注意到，如果 $\beta \geq \pi_L$，那么 $\Delta U \geq 0$，即如果雇员接受了这份合同，他将有不错的收益。然而，当工资梯比较小时，即使雇员选择接受了这份合同，他也将不会付出额外的努力。类似地，如果 $\beta < \pi_L$，

则 $\Delta U < 0$ ，意味着雇员将拒绝这份合同。

从经验上看，我们可以通过设计合同来避免道德风险。遗憾的是，如果我们忽略了模糊性感知和模糊性态度，是不能达成效果的。命题 5 表明，一旦忽略模糊性，没有雇员愿意付出额外努力，表现为一些雇员直接拒绝接受合同，或即便是接受合同也不会付出额外努力。

然而，如果雇主注意到模糊性雇员的心态并设计出最优合同是否会有作用呢？答案是只对部分特定类型的员工起作用。此时最优合同对现有员工比较有效，但对乐观程度较低的新员工并非最优，因为激励不足。下面设计一个具体的数值例子来说明：假设项目成功完成的自然概率为 0.3，如果付出额外的努力，将会使得此概率提升至 0.6。雇员对此概率有一定程度的信赖，假定为 0.5，其乐观程度假定为 0.7，并且这些雇主也能观察得到。额外的努力需要雇员付出 3 单位的成本，即 $\pi_H = 0.6$ ，$\pi_L = 0.3$ ，$\gamma = 0.5$ ，$\beta = 0.7$ ，$c = 3$ 。

此时，雇主将要提供的一份合同满足以下规划：

$$\max_{w_H,\,w_L} \left[\, 0.6 \cdot (q_H - w_H) + 0.4 \cdot (q_L - w_L)\,\right]$$

$$\text{s. t.} \quad 0.5 \cdot (0.6 \cdot w_H + 0.4 \cdot w_L) + 0.5 \cdot (0.7 \cdot w_H + 0.3 \cdot w_L) - 3 \geqslant$$

$$0.5 \cdot (0.3 \cdot w_H + 0.7 \cdot w_L) + 0.5 \cdot (0.7 \cdot w_H + 0.3 \cdot w_L) \quad \text{(IC)}$$

$$0.5 \cdot (0.6 \cdot w_H + 0.4 \cdot w_L) + 0.5 \cdot (0.7 \cdot w_H + 0.3 \cdot w_L) - 3 \geqslant 0 \quad \text{(IR)}$$

解得：$w_H = 10$ ，$w_L = -10$ 。雇员将选择接受合同并付出额外努力，因为是否付出额外努力和是否接受此合同对他并无差别。在这种情况下，合同解决了道德风险的问题，根本原因是它为现有雇员提供了正确的激励。然而，它为潜在雇员提供了何种激励？是否会吸引不愿意付出努力的雇员呢？考虑如下的参与条件：

$$\gamma\left[\pi_L \cdot 10 + (1 - \pi_L) \cdot (-10)\right] + (1 - \gamma)\left[\beta \cdot 10 + (1 - \beta) \cdot (-10)\right] \geqslant 0 \ (\text{IR}')$$

此时，工资合约为给定的（ $w_H = 10$ ；$w_L = -10$ ），讨论主要集中于潜在雇员对工资合约的反应。如果某个潜在雇员发现其 IR′ 条件满足，但 IR、IC 条件不满足，则意味着他将选择接受合同而不付出额外努力；如果 IC 和 IR 条件都满足，那么雇员会接受合同并付出额外努力。IR 、IR′ 和 IC 条件的关系见图 5。

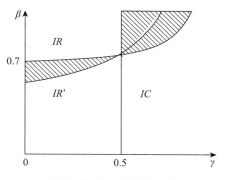

**图 5  给定合同下的行为**

因为这份工资合同是为现有雇员（具有 0.5 的信赖程度和 0.7 的乐观程度）设定的，图 5 中的三条线均被点（0.5，0.7）所分割，这与合同的效力直接相关。IR 或 IR′ 曲线上方的点代表信赖程度和乐观程度满足 IR 或 IR′ 条件的人。IC 曲线右侧的点代表满足 IC 条件的人。很明显，当 IC 条件不成立时，IR′ 曲线位于 IR 曲线的下方：这意味着如果不付出额外努力比付出额外努力条件更好（IC 条件不成立），那么会存在一些满足 IR′ 但不满足 IR 条件的雇员（IR′ 曲线上方的区域更大）。类似地，当 IC 条件成立时，IR 曲线位于 IR′ 曲线下方。

被垂线标记的区域（IC 曲线的左侧）表示满足 IR′ 但不满足 IR 和 IC 条件的雇员（他们愿意接受合同但不愿意付出额外努力），被视为偷懒的人。水平线标记的区域表示满足 IC 和 IR 条件的雇员（他们既接受了合同也付出了额外努力），被视为努力的人。如果雇用偷懒的雇员，道德风险问题仍然存在。此外，雇用努力的人时雇主的利益并未达到最大，因为雇主可以通过降低工资来激励他们。因此，尽管最优合同对当前员工来说是有效的，但如果出现一个信赖程度与乐观程度不同的新员工，原合同便失去效用。值得注意的是，实际上每份合同都具有潜在的无效性：只要 $\gamma \neq 0$，偷懒的人就不能完全被排除在合同之外。

综上所述，我们认为即使雇主能够观察到当前员工的模糊性心态（即 $\gamma$ 和 $\beta$）并且制定出最优合同，也只是在新员工进入之前是有效的。新员工进入之后，该合同将既不能激励雇员付出更多努力，也不能最大化雇主的效益，还吸引了偷懒的雇员。

现实中，观察雇员模糊性心态的成本很高，因此对于雇主而言，即便是提供一份暂时的最优合同也很难做到。结合以上分析我们认为，理论上最优合同的失效来源于雇员模糊性心态的差异，而无差别的工资设置通常是低效的。

# 四　讨论

通过以上分析，我们得到两个重要的结论：乐观的雇员能够带来更多利润，理论上最优的合同可能由于忽视了雇员如何处理模糊性的思维差别而失效。在本部分，我们将利用这些发现来讨论企业文化的作用、提高雇员工资的影响，以及当模糊性逐渐消失时情况如何改变三个问题。

根据命题4，雇员的乐观主义精神能够创造更多利润，这可以解释为什么几乎所有的企业都用积极的口号来鼓舞士气，并更愿意雇用乐观的人。"乐观"这一特质被企业重视并非因为它恰好与企业文化相符，相反，是因为企业希望创建一种乐观、勇敢的企业文化。雇主看重这些积极的性格特征也并非因为它们是美德，而是它们有利于增加企业的利润。从这个意义上讲，雇员的价值体现在雇主的思维上，而不是雇主的能力上。

乐观的雇员要求更少的报酬并更加努力地工作，从而带来更多的利润，这些利润可以类比于"溢价"。命题5告诉我们，为乐观主义者设计的合同同样能够吸引非乐观主义者，他们可能接受了合同但是并不付出额外的努力。这可以解释为什么有些公司创立伊始成长很快，但是做大之后反而失败。通常，一开始创始人对项目抱有十分乐观的心态，从而愿意获得较低的报酬并心甘情愿付出更多努力。即使该项目并非十分有利可图，企业仍然能够从乐观主义"溢价"中积累一些利润。如果创始人将这些利润理解为项目赢利能力的体现，那么他们便会考虑扩大企业规模以增强赢利能力，并且雇用更多的员工。然而，如果合同是根据创始人自己的思维设计的，并且在招聘时仅考虑雇员的专业技能的话，企业利润很可能因为失去了"乐观溢价"而减少——这种合同不能排除非乐观主义者。从这个意义上说，一个企业的成功可能不依赖于项目本身，而是靠乐观的员工，这看上去似乎是对乐观员工的一种剥削。林肯曾说："你可以在某段时间欺骗所有的人，或者永远欺骗一部分人，但绝不可能永远欺骗所有人。"考虑到模糊性会随着时间的流逝逐渐减弱，这种"剥削"会结束吗？答案是不确定的。从我们的模型来看，当不存在模糊性时，雇主确实不能再从乐观主义员工身上获取额外利润，但遗憾的是，模糊性永远都无法完全消除，只能减弱。

正如苏格拉底所观察到的："我们唯一能够确认的就是我们的无知。"相较于未知而言，我们所知道的事十分有限。这也是我们认为将模糊性这种反映我们"知道自己不知道"的事情添加进分析是十分重要的原因。"知道自己不知道"虽然不能帮助我们更好地探索未知、了解客观事实，但是能够帮助我们在现有的条件下做出更好的决策。正如我们一开始所指出的那样，尽管决策者不能得到精确的先验概率，其选择仍呈现能够被预测的特定模式，我们可以利用这些模式对其行为进行预测甚至引导。因此，我们最重要的目的是表明"知道自己不知道"的事情在经济分析中也是非常重要的，反映在本文中即模糊性态度和感知，它是理解许多复杂而费解现象的关键。

# 五 结论

我们分析了模糊性下的最优委托代理合同。通过设计 CEU 模型考虑了雇员的信赖程度和乐观程度因素，认为个体特征（如性格和心态）对经济效率是十分重要的，并非完全非理性。

我们的主要结论是：第一，雇用乐观的雇员可以带给雇主更高的收益，可以降低激励成本；第二，标准合同在模糊性不匹配的情景下可能无效，因为标准最优合同没有考虑到雇员的心态，非乐观雇员可能会得到雇用但不付出额外努力。依据这些发现，我们进一步证明了乐观的雇员可以带来"乐观溢价"。企业经常试图通过企业文化来培养、维持雇员的乐观主义精神。一些新兴公司最终的失败可能并非由于经营失误，而是在设计合同时吸引了非乐观主义者，从而失去了"乐观溢价"。

## 参考文献

[1] Al-Najjar, N. I., Weinstein, J., "The Ambiguity Aversion Literature: A Critical Assessment", *Economics and Philosophy*, 2009, 25 (3), pp. 249 – 284.

[2] Chateauneuf, A., Eichberger, J., Grant, S., "Choice under Uncertainty with the Best and Worst in Mind: Neo-additive Capacities", *Journal of Economic Theory*, 2007, 137 (1), pp. 538 – 567.

[3] Eichberger, J., Kelsey, D., Schipper, B. C., "Ambiguity and Social Interaction", Oxford Economic Papers, 2008, pp. 355 – 379.

[4] Ellsberg, D., "Risk, Ambiguity, and the Savage Axioms", *The Quarterly Journal of Economics*, 1961, 75 (4), pp. 643 – 669.

[5] Etner, J., Jeleva, M., Tallon, J. M., "Decision Theory under Ambiguity", *Journal of Economic Surveys*, 2012, 26 (2), pp. 234 – 270.

[6] Gervais, S., Heaton, J. B., Odean, T., "Overconfidence, Compensation Contracts, and Capital Budgeting", *The Journal of Finance*, 2011, 66 (5), pp. 1735 – 1777.

[7] Ghirardato, P., Maccheroni, F., Marinacti, M., "Differentiating Ambiguity and Ambiguity Attitude", *Journal of Economic Theory*, 2004, 118 (2), pp. 133 – 173.

[8] Gilboa, I., "Expected Utility with Purely Subjective Non-additive Probabilities", *Journal of Mathematical Economics*, 1987, 16 (1), pp. 65 – 88.

[9] Gilboa, I., Schmeidler, D., "Maxmin Expected Utility with Non-unique Prior", *Journal of Mathematical Economics*, 1989, 18 (2), pp. 141 – 153.

[10] Gilboa, I., *Theory of Decision under Uncertainty*, Cambridge: Cambridge University Press, 2009.

[11] Johanna, E., Jeleva, M., Tallon, J. M., "Decision Theory under Ambigui-

ty", *Journal of Economic Surveys*, 2012, 26 (2), pp. 234 – 270.

[12] Kelsey, D., Spanjers, W., "Ambiguity in Partnerships", *Economic Journal*, 2004, 114 (497), pp. 528 – 546.

[13] Knight, F. H., *Risk, Uncertainty and Profit*, Lowa City: Houghton Mifflin Company, 1921, pp. 682 – 690.

[14] Marinacci, M., "Ambiguous Games", *Games and Economic Behavior*, 2000, 31 (2), pp. 191 – 219.

[15] Sarin, R., Wakker, P., "A Simple Axiomatization of Non-additive Expected Utility", *Economeirica*, 1992, 60 (6), pp. 1255 – 1272.

[16] Sarin, R., Wakker, P., "Revealed Likelihood and Knightian Uncertainty", *Discussion Paper*, 1996, 16 (3), pp. 223 – 250.

[17] Savage, L. J., *Foundation of Statistics*, New York: Wiley, 1954.

[18] Schmeidler, D., "Subjective Probability and Expected Utility Without Additivity", *Economeirica*, 1989, 57 (3), pp. 571 – 587.

[19] Spanjers, W., "Central Banks and Ambiguity", *International Review of Economics and Finance*, 2008, 17 (1), pp. 85 – 102.

[20] Von Neumann, J., Morgenstern, O., *Theory of Games and Economic Behavior*, New Jersey: Princeton University Press, 1947.

# 如何讨论转基因食品的"需求曲线"

自 20 世纪 80 年代中期开始，以转基因技术为核心的生物科技迅猛发展，为解决人口膨胀导致的粮食短缺等问题提供了契机（张军，2015）。1995 年，转基因作物正式成为农产品并用于交易。1999 年，转基因作物占世界粮食总产量的 3.4%。到了 2010 年，全球已有 29 个国家允许转基因作物商业化，共有 60 个国家允许限制性进口一定的转基因食品。2015 年，在美国出产的作物中，92% 的水稻、94% 的大豆和 94% 的棉花都是转基因作物（James，2011）。与此同时，民众对转基因食品安全性方面的顾虑也与日俱增。转基因食品的安全性成为近年来的热点议题。

在大众的认知中，转基因食品安全的严重模糊性成为人们忧虑的源头。转基因食品的潜在危害是否有累积效应并随着摄入量的增加而提高其危害性？不同年龄段的人其免疫能力不一样，老年人的免疫能力比年轻人低，转基因食品是否首先对老年人产生威胁？如果转基因食品的危害有代际传递的性质，那么我们今天的大量摄入会不会影响子孙后代的健康？上述问题很难在短时间内得到解答，给转基因食品在我国的发展带来了不小的阻力。

伴随着转基因食品的不断发展，学界和社会也对转基因食品进行了不断深入的探讨，政府、学界和社会的各种发声为消费者提供了丰富的信息源。其中，政府的态度作为公共知识广为人知，但众说纷纭的争论难免使消费者心中对转基因食品的安全性打上一个问号。就学界方面来说，在过去的几十年中，时有生物学界学者指出转基因食品会导致癌症等疾病。Séralini 等（2012）曾撰文称，食用抗农达除草剂转基因玉米的老鼠有着更高的癌症发病率,但这篇文章后来因方法的严谨性等问题而被撤回。目前世界各国均使用实质性等同的概念作为转基因食品是否安全的指导思想。实质性等同最早由经济合作与发展组织①(OECD)提出,根据该原则,若一种生物工程食品或成分与其相应的传统食品或成分基本相同,则可以认为其具有相同的安全性。这一原则的科学性得到了转基因领域研究机构和人员的普遍认同②(Kuiper et al.,2001)。Panchin 和 Tuzhikov(2017)以及 Nicolia 等(2014)追溯了过去转基因食品安全性方面的研究,采用荟萃分析的方式,发现在科学实验中,转基因食品没有有害性方面的相关证据。世界毒理学学会根据实质性等同的原理,用大量的实验对比了现阶段转基因作物和传统作物之间在营养价值、致病机理等方面的特性,发现现阶段转基因食品同传统食品之间在安全性上没有差别。但是他们也指出,随着转基因技术的发展,转基因的方法和转基因作物的品种日益丰富,也将增加今后毒理性检测的工作量(Miller,2003)。众多科学家、科学团体以及政府机构都达成了明确的共识:目前使用转基因技术来改造农作物是安全有效的,而且将来转基因技术的使用应该坚持根据科学家的指导来执行。③ 世界卫生组织明确表示"目前尚未显示转基因食品批准生产国家的广大民众食用转基因食品后对人体健康产生了任何不良影响",国际科学理事会也明确提出"现有的转基因食品可以安全食用"。④

现有经济学方面的文献大多赞同转基因食品的推广。就研究方法而言,可以分为三大部分:一是研究转基因食品对消费者消费行为的具体影响(Bredahl,2001;Baker,Burnham,2001);二是从风险、政策等因素出发,探究这些因素如何影响消费者对转基因食品的接受态

---

① 原始报告可参见 http://www.oecd.org/science/biotrack/41036698.pdf。
② FDA 关于实质性等同的相关政策性文件详见 http://www.fda.gov/Food/GuidanceRegulation/Guidance Docu – mentsRegulatoryInformation/Biotechnology/ucm096095.htm。
③ 这些观点和文献来自美国国家科学院医学研究所和世界卫生组织。
④ 《农业部再谈转基因安全性:经严格审批的转基因产品安全》,搜狐网,2016 年 4 月 14 日,https://www.sohu.com/a/69288946_119038。

度和消费行为，以及社会福利会发生何种变化（Artuso，2003）；三是从实验经济学的角度，对消费者在转基因食品方面的边际支付倾向进行度量（Loureiro et al.，2005；Lusk et al.，2011）。当面对转基因食品时，消费者往往从最大化个人效用的角度切入，因此关于转基因食品的选择问题可以抽象为经济学中的规划问题。社会层面也展开了关于转基因食品安全性的激烈探讨。赵琳等（2011）通过对《人民日报》和《南方周末》两大媒体中以转基因为主题的文章进行分析，发现《人民日报》对转基因食品的态度是支持的，而《南方周末》大多持质疑或者否定的态度。在2010年两会期间，转基因食品的安全争议达到了高潮：10名院士和百名学者对阵，各执一词，对转基因主粮商品化生产进行争论，引起广泛关注。由于在转基因食品这一问题上政府、科学家的公信力相对缺乏，转基因食品的相关问题具有其特殊性：对于消费者而言，转基因食品具有风险未知的特点。引发政府、科学家所公布的转基因食品安全性信息公信力下降的主要原因如下：消费者维持原有的价值观念、生活方式和道德标准等方面的传统；媒体对转基因水稻商业化的新闻炒作；消费者不愿意面对转基因食品的或有风险；人们对转基因作物或食品食用安全和生态安全潜在风险的担心；等等（姜萍，2010；姜萍、王思明，2011；姜萍，2012）。在风险未知的情境下，简单地套用传统选择模型必然会使研究结论严重依赖于模型中假设的消费者行为模式，而忽略了消费者心中真正的权衡取舍过程。因此，系统地分析消费者对转基因食品的态度和取舍是解决问题的关键。要想真正透彻地分析消费者对转基因食品的消费行为，我们首先要构建一个能够刻画转基因食品这一特性的效用函数。在 Chateau-neuf 等（2007）的努力下，逐渐形成了 NAC（Neo-additive Capacity）下的 CEU（Choquet Expected Utility）效用函数分析体系，成功地在刻画消费者效用的同时考虑了风险和主观认知模糊性对模型的影响。

# 一　文献综述

经济领域的讨论主要体现在以下四个方面：消费者对转基因食品

的认知、接受程度的描述，边际支付倾向的测度，影响消费者认知、接受转基因食品的具体因素以及转基因食品市场的管理。在认知和接受程度的跨国分析中，相较于其他国家，美国民众对转基因食品的接纳程度更高，对政府推出的相关政策也更为信任和支持（Magnusson et al.，2001；Packer，Owen，2001）。为了推导出边际支付倾向，研究者往往基于食品致病或致死下的确定性概率分布效用模型（Jones - Lee，1974），并通过问卷调查或者拍卖机制的实验设计分析影响转基因食品消费行为的具体因素（马琳、顾海英，2011；欧恺，2008）。还有很多文献建立在需求分析的基础上，探讨了在竞争市场下转基因食品如何实现最终的均衡价格和产品质量（Tomazic et al.，1974；Klein，Leffler，1981），以及安全管理政策对转基因食品外贸交易的影响（宣亚南、崔春晓，2007）。在转基因食品的监管方面，尽管贴标签的政策可以降低信息问题导致的市场失灵，但有不少研究认为标签提供的信息会使消费者的选择意图紊乱，不应该采取这种形式的政策，政策的制定应该将重点放在从根本上改变消费者的态度与观念上（Cook et al.，2002；谭涛等，2012）。还有文献从信任的角度出发，发现消费者对政府公共管理能力的信任程度显著影响其对转基因食品的接受程度（仇焕广等，2007）。在转基因食品的安全性方面，公众对负面信息的敏感性比对正面信息的敏感性更高（钟甫宁、丁玉莲，2004；郑志浩，2015），这意味着消费者在决策时更关注负面结果，表现出模糊性厌恶的态度。除此之外，个人对新技术的乐观心态，以及媒体中的相似事件与案例都会影响决策者的模糊性态度。

这些文献虽然已经基于传统的确定性效用理论在民众对转基因食品的态度、转基因食品的市场监管等方面进行了充分的讨论，但均没有对其不确定性给予应有的重视。这些文献或是采用实证的方法检验信任、价格等特定因素会给消费者对转基因食品的接受程度造成何种影响，只停留在相关性分析上，而因果性推断缺乏证据；或是采用一个博弈的理论构架，探讨在市场中应当如何对转基因食品进行监管以及最终会实现怎样的供求均衡，而完全没有区分不确定性与风险之间的差别。

目前，国外经济学界在不确定性问题上已经取得了丰硕的成果，但是并未得到国内研究的重视。从 Knight（2012）的研究开始，经济学便严格区分两个概念，即"风险"（Risk）和"不确定性"（Uncertain）。风险是指随机事件的发生概率客观已知，如掷色子等博弈游戏；而不确定性（后称模糊性）是说随机事件的发生概率难以获知或者根本不存在。Alchian（1950）系统地分析了不确定性的种类和来源，并尝试用正利润取代利润最大化的假设构建一个新的经济学分析框架。在转基因食品的背景下，消费者面临的是模糊性而非风险：他们关注的重点并非食用转基因食品得某种疾病的概率，而是希望获知食用转基因食品导致的所有可能后果和相应的概率，但这些信息目前是无法得知的，所以消费者并不能根据食用后果和相应风险做出权衡，其实质是"未知"和"已知"的权衡。不确定性下的选择问题最早由 Von Neumann 和 Morgenstem（1953）建立的一套完整的公理体系来刻画。在此体系下，决策者的偏好可以由特定的效用函数生成，因此可以将建立在"偏好"基础上的选择问题转化为建立在"效用"基础上的最大化问题。但是在其模型中，不确定性被刻画为客观风险概率，如抛硬币，正反两面出现的概率均为50%且不存在其他任何可能。Savage（1972）认为许多事件的客观概率是未知的，并提出真正影响个人决策的是主观概率，即主观期望效用（SEU）模型。相较于最初的公理体系，Savage（1972）的描述更接近事实，因为决策者在决策时，对事件的主观判断往往比客观事实更重要，在未知领域决策尤其如此。然而，Ellsberg（1961）提出一个著名的思想实验，质疑了主观概率分布的存在性。他认为，在 SEU 模型中，决策者没有为其主观概率的偏差留下空间，仿佛深信主观情况能够准确地反映现实并指导自己做出决策。这一点与真实情况相矛盾，当决策发生在陌生的领域时，决策者往往清楚地意识到自己的主观概率会发生偏差，并会对概率进行调整。这类似于消费者在考虑转基因食品危害性时的思路，因此需要更为准确的模型。Schmeidler 的模型设想了这样一个情景：他将先验信息的信度考虑在内，如果先验概率是非常可信的，那么贝叶斯理论体系将完全适用；如果先验信息的信度不高，则定义一种新的随机事件测度（Gilboa，Schmeidler，1989）。这样则区分了模糊性事件和风险事件。Gilboa（1987）以及 Sarin 和 Wakker（1992）先后提出并完善了这一模型体系，他们使用一种非可加的主观测度代替了以往的概率分布，并使用了 Choquet 积分。他们研究了决策者面对模糊情况下的决策方式，但是缺乏对行为成因的描述，这就使他们的理论很难应用于消费者对转基因食品的态度这一问题上。

在近期的研究中，Chateauneuf 等（2007）在 CEU 的基础上进一步对不确定性下的选择行为进行研究，并将关注点放在了模糊性感知和模糊性态度上。模糊性感知是指决策者认为决策中涉及的模糊性（而非风险）的程度。如果决策者完全不认为决策涉及模糊性，那么便退化成 Savage 模型的情况。例如，公众如果过度地信任某一个科学研究，而不相信转基因的危害存在争议，那么此模糊性感知为 0。模糊性态度是指意识到模糊性之后，决策者认为模糊性意味着消极的或是积极的结果。如果认为模糊性部分是消极结果，决策者将会尽量避免模糊性，进而表现为厌恶的模糊性态度；如果认为模糊性部分是积极结果，决策者则会寻求模糊性，进而表现出积极的模糊性态度。在 Chateauneuf 等人的努力下，逐渐形成了 Neo-additive Choquet 容度①下的 CEU 效用函数分析体系，同时完成了对存在风险和主观认知模糊性时消费者效用的刻画。这一模型细致地区分了模糊性的来源和构成，为我们的研究提供了可借鉴的模型，能够同时刻画消费者主观认知和转基因食品客观风险综合作用下消费者的消费行为。

---

① Neo-additive Choquet 容度下的运算性质：给定包含至少三个像 $E_1$、$E_2$ 和 $E_3$ 这样彼此互不相交（即 $E_i \cap E_j = \emptyset$ 对任意的 $i \neq j$ 都成立）的元素的非空集合 $\varepsilon$ 后，令 $v$ 是一个在（$S$，$\varepsilon$）上且包含空集的容度（$S$ 为全部可能的事件集），那么可以得到如下等价命题：$v$ 是一个非可加容度。容度 $v$ 具有如下性质：一是对于任意三个事件 $E$、$F$、$G$ $\in \varepsilon$，$E \cap F = E \cap G = \emptyset$，$E \cup F \in \varepsilon$，$E \cup G \in \varepsilon$，$v(E \cup F) - v(F) = v(E \cup G) - v(G)$；二是存在满足条件 $E \cap F = \emptyset$，$E \cup F \in \varepsilon$，$v(E \cup F) \leqslant v(E) + v(F)$ 的事件 $E$、$F \in \varepsilon$；三是存在满足条件 $E \cap F = \emptyset$，$E \cup F \in \varepsilon$，$\bar{v}(E \cup F) \leqslant \bar{v}(E) + \bar{v}(F)$ 的事件 $E$、$F \in \varepsilon$；四是对于任意的 $E \in \varepsilon$，$F \in N$，满足 $E \cap F = \emptyset$，$v(E \cup F) = v(E)$（$N$ 是空事件集）。

## 二 基础模型

在消费者心目中，食用转基因食品有可能会导致疾病，如消化系统方面一些慢性的会造成轻度健康折损的疾病以及癌症等会造成严重健康折损的疾病。我们首先假设，人在食用转基因食品以后将面临三种状态——健康、轻度健康折损、严重健康折损，我们将其分别简记为事件 $g$、$l$、$h$，并构建相应的事件集合空间 $E = \{\emptyset, g, l, h, g \cup l, g \cup h, l \cup h, g \cup l \cup h\}$。诚然，在不考虑成本的情况下，消费者对这三个事件将形成偏好 $g > l > h$。$E$ 中各个事件元素表示不同的事件，具体见表1。

**表1　基础事件描述**

| 事件名 | 经济含义（食用转基因食品后） |
|:---:|:---:|
| $g$ | 消费者不会受到任何健康折损 |
| $l$ | 消费者一定会受到轻度健康折损 |
| $h$ | 消费者一定会受到严重健康折损 |
| $g \cup l$ | 消费者分别以一定的概率处于健康和轻度健康折损状态 |
| $g \cup h$ | 消费者分别以一定的概率处于健康和严重健康折损状态 |
| $l \cup h$ | 消费者分别以一定的概率处于轻度健康折损和严重健康折损状态 |
| $g \cup l \cup h$ | 消费者分别以一定的概率处于健康、轻度健康折损和严重健康折损状态 |

对于事件集合空间 $E = \{\emptyset, g, l, h, g \cup l, g \cup h, l \cup h, g \cup l \cup h\}$，满足概率分布：

$$Pr: E \to [0, 1]$$

这一分布意味着完整事件的发生是必然事件（即三种状态中一定至少有一种会发生）。依赖这一概率分布，我们引入容度空间。给定已知容度空间 $v: E \to [0, 1]$，对于容度空间 $v$ 中的事件，结合 Choquet 容度的相关定义（Gilboa，1987），事件发生时将满足如下概率测度：

$$v(a, b) = \gamma Pr + (1 - \gamma)[\delta_a \beta + \delta_b (1 - \beta)]$$

$\delta_i (i = a, b)$ 是状态示性函数。其中，当 $a \in E$ 时，$\delta_a = 1$；当 $b \in$

$E$ 时，$\delta_b = 1$；其他情况下 $\delta_a$，$\delta_b = 0$。$\beta$ 反映了乐观程度。$\gamma \in [0,1]$，反映决策者对自己分析判断的自信程度[①]，$\gamma \to 0$ 表示决策者越来越相信自己的判断。$Pr$ 为事件组合 $(a,b)$ 发生的真实概率。尤其是当概率 $Pr$ 为由政府、科学家所公布的公共知识时，$\gamma \to 1$ 表示决策者越来越不相信自己的判断且越来越相信政府公布的公共信息，此时政府和科学家群体具有强公信力，在后文中我们也因此将 $\gamma$ 称为对政府的信任程度。换言之，本文中对政府的信任本质上是公信力的一个代理变量。为了便于理解乐观程度 $\beta$，我们用一个例子加以说明。当 $\gamma = 0$ 时，决策者将完全凭借自己对 $(a,b)$ 的个人评判来分析最终哪个事件可能发生。如果我们假定事件 $a$ 带来的效用大于事件 $b$（后文中 $\beta$ 的系数均为两个事件中效用相对较高的那一个），那么 $\beta = 1$ 就表示决策者个人认为未来的事态将完全向更有利于自己的事件 $a$ 发展。这个事例在转基因食品的食用上则可以体现为：对于一个不信任政府公布的信息的消费者来说，尽管在他的意识中，食用转基因食品可能会致病，但他十分乐观，相信自己的运气足够好，认为自己食用后不会得病。

另外，值得注意的是，因为最终事件实现时，$a$、$b$ 不可能同时发生，$a$、$b$ 很可能不属于 $E$，因为 $E$ 仅仅是由空集，基准事件 $g$、$l$、$h$ 以及 $g$、$l$、$h$ 的组合形成的并集构成。从数学角度看，对于交事件并没有形成定义（即两个基准事件同时发生）。在很多时候，我们只知道一个事件发生了，但不知道它具体是哪一种事件，而 Choquet 就是通过考虑两种极端情况来刻画这样一种状态的。用更明晰的方式来说，就是我们现在知道每种基本状态下的分布情况，但是对由不同基本事件组合所构成的事件，如 $A \cup B$ 并没有一个准确的概率认识。但是不管怎样，$\max\{A,B\} \leqslant A \cup B \leqslant A + B$。Neo-additive CEU 其实就是在刻画当同时受到主观因素和客观因素影响时，$A \cup B$ 会对人们的决策行为造成哪些影响。

以往的很多文献在使用 CEU 时为简化模型往往只采用两种状态的

---

[①] Machina 和 Siniscalchi（2014）以及姚东旻等（2015）对这一理论基础进行了详细的论述。

空间，并在信任水平不变①的前提下进行刻画。在讨论转基因食品的需求问题时，消费者构建的效用函数要综合考虑健康、轻度健康折损、重度健康折损这三种状态事件的影响。此外，转基因食品问题中有关客观分布概率的定义也以往文献不同。在其他使用 CEU 框架讨论的文献中，即使客观概率不为公众所知，也往往以真实存在的形式外生给定下来，如人群中持积极态度的员工所占的比例（姚东旻等，2015）。但转基因食品的致病概率分布是经科学家的严谨研究后由政府等具有一定公信力的机构向社会公众发布的。因此，在本文中，客观概率实际上是指政府或权威机构公布的致病概率，并且成为所有消费者所拥有的共同知识。② 最后，消费者会根据对政府的信任程度得出自己的效用体系，决定自己的消费水平，而这一信任水平，是可以被政府的诸如科普宣传等行为所改变的。

假设 1：食用食品本身带给消费者的效用是常相对风险厌恶（CRRA）效用的形式：$U = \dfrac{(c_1 + c_2)^{\sigma}}{\sigma}$。食用转基因食品的可能危害为线性风险累积形式。

其中，$\sigma$ 表示消费者的风险厌恶程度。当 $\sigma = 1$ 时，表示消费者是风险中性的。$\sigma < 1$ 和 $\sigma > 1$ 则分别刻画了厌恶风险和追求风险的消费者。文中为了讨论的方便，在接下来的计算中均暗含 $\sigma < 1$ 的假设。此外，在这一效用函数体系下，除了满足边际效用递减的性质以外，消费者的风险厌恶程度是关于边际消费量的常数。另假设 $c = c_1 + c_2$，$c_1$、$c_2$ 分别代表传统食品和转基因食品的消费量。这样一来，转基因食品和非转基因食品给消费者带来的效用具有替代性，即食用食品带来的满足感是一样的，它们组合起来给消费者带来的效用为 $\dfrac{(c_1 + c_2)^{\sigma}}{\sigma}$，

---

① 通常采用的 Neo-additive Choquet 容度下的 CEU 效用函数构造为 $U = \gamma[\pi_L \cdot w_H + (1 - \pi_L) \cdot w_L] + (1 - \gamma)[\beta \cdot w_H + (1 - \beta) \cdot w_L]$，其中的两种事件分别为 $H$ 和 $L$。

② 在 Choquet 容度下度量未知事件的分布时，有两种不同的理解方式，即未知分布是真实存在的分布、未知分布是根据共同知识加工处理后的分布，本文采取后一种理解方式。

唯一的差异体现为转基因食品存在模糊的致病风险。在 Arrow-Debreu 空间（Arrow，1964；Debreu，1959）下，健康、轻度健康折损、重度健康折损事件下的状态分布描述见表2。

表2   Arrow-Debreu 空间下的效用描述

| 事件类型 | 效用水平 |
|---|---|
| 健康 | $\dfrac{(c_1 + c_2)^{\sigma}}{\sigma}$ |
| 轻度健康折损 | $\dfrac{(c_1 + c_2)^{\sigma}}{\sigma} - r_1 c_2$ |
| 重度健康折损 | $\dfrac{(c_1 + c_2)^{\sigma}}{\sigma} - r_2 c_2$ |

消费者进行决策时，对自己究竟在这三种状态中的哪一种处于模糊状态，由于每种状态都有自己对应的效用函数 $U(e,c)$（状态 $e \in E$），我们对各种状态给出效用函数的具体形式：

$$U(e,c) = \begin{cases} \dfrac{c^{\sigma}}{\sigma}, & e = g \\[2mm] \dfrac{c^{\sigma}}{\sigma} - r_1 c_2, & e = l \\[2mm] \dfrac{c^{\sigma}}{\sigma} - r_2 c_2, & e = h \end{cases} \tag{1}$$

其中，$e$、$c$ 分别表示最终的发生事件和消费者对食品的总摄入量。在这里，我们将 $e$ 的事件分布全集定义为健康 $g$、轻度健康折损 $l$ 和重度健康折损 $h$。$r_i$ 表示在相应事件下单位转基因食品给消费者带来的负效用。显然，当消费相同数量的转基因食品时，$U(g) > U(l) > U(h)$，$r_2 > r_1 > 0$。至此，我们已经初步衡量了食用转基因食品后可能存在的三种状态下效用函数的具体形式，以及在每种健康折损事件中效用函数的分布状态。虽然经过长时间的试验或试吃以后，我们可以进一步根据实际情况更新我们的信念[①]，但就目前而言，由于对转基因食品

---

① Eichberger 等（2010）系统地介绍了 Neo-additive Choquet 期望效用函数下的三种信念更新方式。

安全性掌握的信息还不全面，给民众的消费决策带来了模糊性问题。消费者关于前文所述的三种不确定状态的信念源于政府公布的共同知识。在这里，我们假设政府公布的三种事件 $g$ 、$l$ 、$h$ 最终发生的概率分别为 $x_1$ 、$x_2$ 、$x_3$ ，事件的 Choquet 容度分布见表3。

表 3   事件的 Choquet 容度分布

| 事件 | $\varnothing$ | $g$ | $l$ | $h$ |
|---|---|---|---|---|
| $Pr$ | 0 | $x_1$ | $x_2$ | $x_3$ |
| 事件 | $g \cup l$ | $g \cup h$ | $l \cup h$ | $g \cup l \cup h$ |
| $Pr$ | $x_1 + x_2$ | $x_1 + x_3$ | $x_2 + x_3$ | $x_1 + x_2 + x_3$ |

结合前文状态空间构成的描述，根据 Chateauneuf 等（2007）提出的引理，关于存在不确定影响因素的函数 Choquet 非可加性容度期望水平应为：

$$\int f \mathrm{d}v = (1 - \gamma) E_\pi[f] + \gamma [\beta \cdot \max \{x : f^{-1}(x) \notin N\} + (1 - \beta) \min \{y : f^{-1}(y) \notin N\}]$$

Choquet 非可加性容度期望计算公式的经济含义颇为直观。该式表示：个体对存在不确定性事件的期望效用由作为共同知识的期望效用 $E_\pi[f]$ （如政府向社会公布转基因食品食用后出现安全事故的概率）和个体本身对事件的主观评价分别按照个体对主观评价的信任程度 $1 - \gamma$ 和 $\gamma$ 进行加权而得。其中，主观评价由个体按照事件最坏和最好两种极端情况下对应的效用分别以个体主观概率判断 $\beta$ 和 $1 - \beta$ 作为权重进行加权计算构成。

结合表3，我们可以推导得出相应的容度期望效用函数即 Neo-additive Choquet 期望效用函数：

$$\int U \mathrm{d}v = U(g, c_1, c_2) v(g) + U(l, c_1, c_2)[v(g \cup l) - v(g)] +$$
$$U(h, c_1, c_2)[v(g \cup l \cup h) - v(g \cup l)] \tag{2}$$

式（2）本质上是 Choquet 积分的表现形式。不同于传统的黎曼积分，Choquet 积分的容度构成不再具备反身性。假设横轴为 $v$ 轴，那么有如图 1 所示的积分片段。

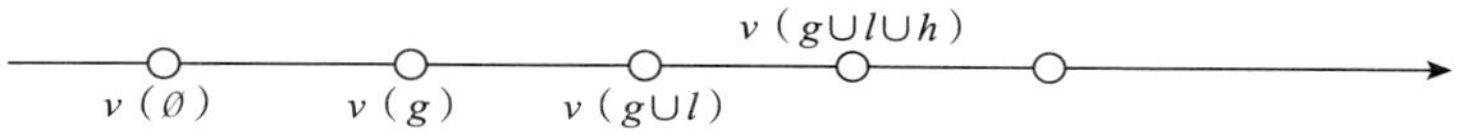

$$v(g \cup l \cup h)$$

$$v(\varnothing) \qquad v(g) \qquad v(g \cup l)$$

**图 1　CEU 计算图示**

注：横轴正方向表示随着未来结果涵盖的模糊性越高，对应的 Choquet 容度越大。

类似地，如果食用转基因食品后的状态是一种连续性的状态，那么我们将在后续的操作中采用一个积分的形式，而不是简单地期望求和。将式（2）进行积分展开可得：

$$
\begin{aligned}
\int U \mathrm{d}v &= U(g,c_1,c_2)v(g) + U(l,c_1,c_2)[v(g \cup l) - v(g)] + \\
&\quad U(h,c_1,c_2)[v(g \cup l \cup h) - v(g \cup l)] \\
&= U(g,c)[\gamma x_1 + (1-\gamma)\beta] + U(l,c)\{\gamma(x_1 + x_2) + (1-\gamma)\beta - \\
&\quad [\gamma x_1 + (1-\gamma)\beta]\} + U(h,c)\{\gamma(x_1 + x_2 + x_3) + (1-\gamma)\beta - \\
&\quad [\gamma(x_1 + x_2) + (1-\gamma)\beta]\} \\
&= \gamma E_B + (1-\gamma)[\beta U(g,c) + (1-\beta)U(h,c)]
\end{aligned}
$$

其中，$E_B = U(g,c)x_1 + U(l,c)x_2 + U(h,c)x_3$。

化简上面的 CEU 函数，可得：

$$
\begin{aligned}
\int U \mathrm{d}v &= \gamma[U(g,c)x_1 + U(l,c)x_2 + U(h,c)x_3] + (1-\gamma)[\beta U(g,c) + (1-\beta)U(h,c)] \\
&= (\gamma x_1 + \beta - \gamma\beta)U(g,c) + \gamma x_2 U(l,c) + (\gamma x_3 + 1 - \beta - \gamma + \beta\gamma)U(h,c) \\
&= \frac{c^\sigma}{\sigma} - \gamma x_2 r_1 c_2 - (\gamma x_3 + 1 - \beta - \gamma + \beta\gamma)r_2 c_2
\end{aligned}
$$

**命题 1**：消费者在不确定环境下，食用转基因食品带来的非可加性 Choquet 容度下的效用函数为：

$$
u(c_1,c_2) = \frac{c^\sigma}{\sigma} - \gamma x_2 r_1 c_2 - (\gamma x_3 + 1 - \beta - \gamma + \beta\gamma)r_2 c_2 \tag{3}
$$

为了与传统的期望效用函数进行对比，我们分别以 $p_1$、$p_2$、$p_3$ 表示在确定性折损情况下健康、轻度健康折损以及重度健康折损的概率，对应的期望效用函数为：

$$u'(c_1, c_2) = \frac{c^\sigma}{\sigma} - p_2 r_1 c_2 - p_3 r_2 c_2 \qquad (4)$$

虽然经 CEU 化简以后的式（3）和 V－M 效用函数式（4）在形式上还有些许相似，但是一旦容度空间变了，其意义也就彻底改变。相比 V－M 效用函数，CEU 能同时涵盖消费者的风险厌恶程度和乐观程度、对政府的信任程度以及外界的信息等新的因素。CEU 和 V－M 效用函数的比较见表 4。

表 4    CEU 和 V－M 效用函数的比较

| 项目 | CEU | V－M 效用函数 |
|---|---|---|
| 函数形式 | $u(c_1, c_2; \gamma, x, r, \sigma, \beta)$ | $u'(c_1, c_2; p, \sigma)$ |
| 变量意义 | 涵盖政府信任、不确定分布、消费者乐观程度、风险厌恶程度、致病效用折损 | 仅能描述风险厌恶程度和致病效用折损 |
| 适用情形 | 适用于分布不确定的模糊性决策分析 | 适用于风险确定的确定性决策分析 |

引理 1：无预算约束时，消费者食用转基因食品的效用不会随其摄入量的增加无限提高，而是存在一个最优决策点 $c'$：

$$c' = \{\gamma x_2 r_1 + [(\beta + x_3 - 1)\gamma - \beta + 1] r_2\}^{1-\sigma} - c_1 \qquad (5)$$

当 $c_2 < c'$ 时，转基因食品的摄入量增加能提高消费者的效用；当 $c_2 > c'$ 时，消费者的效用将随摄入量的增加而下降。

引理 1 可由式（4）直接求解一阶条件得出。在线性风险累积下，由式（2）可知，给定传统食品的消费量以后，食用转基因食品带来的边际收益为 $MB = \dfrac{\partial \dfrac{(c_1 + c_2)^\sigma}{\sigma}}{\partial c_2} = (c_1 + c_2)^{\sigma-1}$，转基因食品带来的效用上的边际折损恒为：

$$MC = \frac{\partial [\gamma x_2 r_1 c_2 + (\gamma x_3 + 1 - \beta - \gamma + \beta\gamma) r_2 c_2]}{\partial c_2}$$
$$= \gamma x_2 r_1 + [(\beta + x_3 - 1)\gamma - \beta + 1] r_2$$

由于转基因食品带来的效用具有模糊性风险，因而消费者对它的需求不会无限增加。对于消费者来说，两种食品构成了一个具有模糊性风险的食品组合。在无约束条件下的最优决策点上，当传统食品食用更多时，$MB$ 更小，最终将减少转基因食品的消费，二者之间存在替代关系。当 $c' < 0$ 时，转基因食品将不会给消费者带来任何正效用，消费者不会选择食用转基因食品，此时即使没有约束，等量的传统食品的效用也较转基因食品更高，摄入无风险的传统食品显然是消费者的最优选择。

此外，由于 $c'$ 是 $c_1$ 的减函数，传统食品消费量 $c_1$ 的增加势必使转基因食品的临界值 $c'$ 下降。特别是当 $c_1 > \{\gamma x_2 r_1 + [(\beta + x_3 - 1)\gamma - \beta + 1]r_2\}^{1-\sigma}$ 时，食用转基因食品只会降低效用水平，消费者将完全放弃食用转基因食品。

# 三 约束条件下消费者的行为选择

消费者此时将在有限的收入下决定承受多少模糊性并对应获得多少效用。这样的一个决策过程类似于风险资产和无风险资产的配置——通过组合的方法，提高效用。

假设 2：每单位传统食品的售价为 $\varphi_1$，每单位转基因食品的售价为 $\varphi_2$，消费者面临收入约束 $I$。消费者可以同时消费两种食品。

在假设 1 下，消费者最终的效用函数为：

$$u(c_1, c_2) = \frac{(c_1 + c_2)^\sigma}{\sigma} - \gamma x_2 r_1 c_2 - (\gamma x_3 + 1 - \beta - \gamma + \beta\gamma)r_2 c_2 \tag{6}$$

我们将得到如下最优化问题：

$$\max : u(c_1, c_2)$$
$$\text{s. t.} \begin{cases} \varphi_1 c_1 + \varphi_2 c_2 \leqslant I \\ c_1, c_2 \geqslant 0 \end{cases}$$

引理 2：在预算约束下，我们最终将得到如下几组解。

（1）只消费传统食品。此时，消费者最终的消费行为是 $\left\{\dfrac{I}{\varphi_1}, 0\right\}$。

（2）只消费转基因食品。此时，消费者最终的消费行为是 $\left\{0, \dfrac{I}{\varphi_2}\right\}$。

（3）同时消费两种食品。此时，消费者最终的消费行为是 $(c_1^*,$

$c_2^*$ ）。①

以上结果中，前两个解是两个角点解的结果，第三个解是内点解的结果。这一引理表明，一旦给定了转基因食品方面的共同知识、两种食品之间的相对价格、消费者的风险厌恶程度和乐观程度以及对政府的信任程度，那么消费者最终的消费决策将是以上三种解中的一种，并由此形成了他们对转基因食品的价值判断。可以说，民众之所以对转基因食品有不同的态度，从本质上来讲是因为不同的人面对不同的外生因素。要想让转基因食品为更多人所接受，就必须从两种食品之间的相对价格、消费者的风险厌恶程度和乐观程度以及对政府的信任程度等影响其效用高低的因素入手，以发现转基因食品确实能够提升他们的效用水平。

假设 3：消费者的效用函数是拟线性的，单位货币给消费者带来的效用为 1。社会中的消费者不存在异质性，他们的行为可以抽象为代表性消费者的行为。

根据前文的求解结果，当消费者最大化自己的效用时，$\varphi_1 c_1 + \varphi_2 c_2 = I$。那么在给定食品预算 $I$ 的前提下，可以得到转基因食品占比提高时的消费者剩余 $CS = u(c_2) - I$，以及边际效用：

$$\frac{\partial u(c_2)}{\partial c_2} = \frac{(\varphi_1 - \varphi_2)\left[\dfrac{I + (\varphi_1 - \varphi_2)c_2}{\varphi_1}\right]^\sigma}{I + (\varphi_1 - \varphi_2)c_2} - \{[(\beta + x_3 - 1)\gamma - \beta + 1]r_2 + \gamma x_2 r_1\}$$

$$(7)$$

由式（7），设边际收益 $m(c_2; \varphi_1, \varphi_2, I, \sigma) = \dfrac{(\varphi_1 - \varphi_2)\left[\dfrac{I + (\varphi_1 - \varphi_2)c_2}{\varphi_1}\right]^\sigma}{I + (\varphi_1 - \varphi_2)c_2}$，

---

① $c_1^* = \dfrac{-\varphi_2\left(\dfrac{\varphi_1(\gamma x_2 r_1 + r_2(1 - \beta + \gamma(x_3 + \beta - 1)))}{\varphi_1 - \varphi_2}\right)^{\frac{1}{\sigma-1}} + I}{\varphi_1 - \varphi_2}$

$c_2^* = \dfrac{\varphi_1\left(\dfrac{\varphi_1(\gamma x_2 r_1 + r_2(1 - \beta + \gamma(x_3 + \beta - 1)))}{\varphi_1 - \varphi_2}\right)^{\frac{1}{\sigma-1}} - I}{\varphi_1 - \varphi_2}$

边际成本 $g(x_2, x_3, \beta, \gamma, r_1, r_2) = \left[ (\beta + x_3 - 1)\gamma - \beta + 1 \right] r_2 + r x_2 r_1$ ，则有 $\frac{\partial m}{\partial c_2} < 0$ 。又 $c_2 \in \left[ 0, \frac{I}{\varphi_2} \right]$ ，因此 $m \in \left[ m\left( \frac{I}{\varphi_2}; \varphi_1, \varphi_2, I, \sigma \right), m(0; \varphi_1, \varphi_2, I, \sigma) \right]$ 。

边际收益 $m$ 和边际成本 $g$ 的相对大小决定了消费者究竟是全部食用转基因食品还是全部食用传统食品，抑或是同时食用两种食品。由于 $\varphi_1 > \varphi_2$ ，因此对 $m - g$ 进行整理后得到以下结果。当 $g(x_2, x_3, \beta, \gamma, r_1, r_2) \geqslant m(0; \varphi_1, \varphi_2, I, \sigma)$ 时，消费者将只食用传统食品。在直觉上可以理解为，虽然转基因食品便宜，但是节约下来的这部分货币无法弥补最终食用转基因食品带来的折损，因此消费者仍然不会食用转基因食品。当 $g(x_2, x_3, \beta, \gamma, r_1, r_2) \leqslant m\left( \frac{I}{\varphi_2}; \varphi_1, \varphi_2, I, \sigma \right)$ 时，消费者将只食用转基因食品。由于存在预算约束和边际效用递减，消费者仅食用一种食品带来的效用会逐渐降低。当两种食品的边际效用相同时，消费者将同时食用两种食品。

命题 2：当 $g(x_2, x_3, \beta, \gamma, r_1, r_2) \geqslant m(0; \varphi_1, \varphi_2, I, \sigma)$ 时，消费者仅食用传统食品。同理，当 $g(x_2, x_3, \beta, \gamma, r_1, r_2) \leqslant m\left( \frac{I}{\varphi_2}; \varphi_1, \varphi_2, I, \sigma \right)$ 时，消费者初始时只食用转基因食品。当 $m\left( \frac{I}{\varphi_2}; \varphi_1, \varphi_2, I, \sigma \right) \leqslant g \leqslant m(0; \varphi_1, \varphi_2, I, \sigma)$ 时，消费者最终的消费行为决策是：

$$\{ c_1 = c_1^*, c_2 = c_2^* \}$$

其经济含义是当人们食用转基因食品时，虽然转基因食品面临具有模糊性的相关风险，但是单位转基因食品的消费可以节约费用 $\Delta\varphi$ 。如果 $\Delta\varphi$ 的大小足以弥补食用转基因食品造成的潜在风险，那么消费者在当下就会乐意接受转基因食品；反之则拒绝转基因食品。如果仅仅因为转基因食品具有风险模糊性而简单地否定转基因食品，那么无疑会减损 $g \leqslant m(0; \varphi_1, \varphi_2, I, \sigma)$ 这类消费者的福利水平。转基因食品只有商品化才能满足不同偏好类型消费者的食品消费需求。此前我们曾提出，消费者在转基因食品的食用上可能存在最优决策点。但事实上，转基因食品增加到一定程度时，食用传统食品会给消费者带来更高的效用。因此，在线性风险累积下没有产生最优决策点的情形。

$g$ 和 $m$ 的大小直接决定了模型中消费者最终的具体消费行为。结合各外生变量的特点，我们将其划分为反映消费者主观因素决定的变量和消费者无法控制的客观因素决定的变量。根据各种因素的变化，可以分析其对全社会最终选择转基因食品和非转基因食品消费总量的影响，并求解转基因食品在食品市场中的占比。

由于这些参数对于社会成员来说并非一成不变，如有的人风险厌恶程度较高，有的人风险厌恶程度较低。很明显，各种参数的相对变化将会改变 $g$ 和 $m$ 的相对大小。具体而言，$m$ 的大小取决于消费者的收入水平 $I$、消费者的风险厌恶程度 $\sigma$、两种食品的价格 $\varphi_1$ 和 $\varphi_2$ 以及转基因食品的消费量 $c_2$ 等确定性的变量，而 $g$ 的大小则取决于消费者对政府的信任程度 $\gamma$、消费者的乐观程度 $\beta$、健康折损大小 $r_1$ 和 $r_2$ 以及政府公布的外部概率 $x_1$、$x_2$、$x_3$（其中，$x_1 + x_2 + x_3 = 1$）等具有不确定性特点的变量。$g$ 和 $m$ 相对大小的变化决定了消费者最终的选择行为。

经过以上分析不难发现，$g$ 和 $m$ 之间没有共同的外生决定变量。影响 $m$ 的相关因素不会影响 $g$ 的大小，反之亦然。由于 $g$ 和 $m$ 在各个外生变量的定义域内都是连续的，我们用 $\left[ g_{\min}, g_{\max} \right]$ 代表 $g$ 的取值范围，用 $\left[ m\left( \dfrac{I}{\varphi_2}; \varphi_1, \varphi_2, I, \sigma \right), m(0; \varphi_1, \varphi_2, I, \sigma) \right]$ 代表 $m$ 的取值范围。

结合命题2的分析，我们可以得到一个更为一般化的命题3，统一地概述下面要讨论的各种情况。

命题3：当 $\left[ g_{\min}, g_{\max} \right] \cap \left[ m\left( \dfrac{I}{\varphi_2} \right), m(0) \right] \neq \varnothing$ 时，消费者将会同时食用两种食品。当 $g_{\max} \leqslant m\left( \dfrac{I}{\varphi_2}; \varphi_1, \varphi_2, I, \sigma \right)$ 时，消费者只食用转基因食品。当 $g_{\min} > m(0; \varphi_1, \varphi_2, I, \sigma)$ 时，消费者只食用传统食品。

命题3的本质是不确定性下边际收益和边际成本之间的取舍问题。但是在纳入不确定性分布以及消费者对共同知识的信任程度、乐观程度等因素后，消费者最终的行为将不再仅仅取决于经典消费理论中的价格、风险厌恶程度、收入等因素。这也为进一步推广转基因食品提供了更多的方法。在探讨各种因素对转基因食品和传统食品消费总量的影响之前，我们有必要对各类因素进行定义和区分，选定分析目标。有鉴于此，我们将这些因素按照是否取决于主观意识的影响划分为主观影响因素和客观影响因素两大类。这些不同种类的因素构成了延展讨论部分的基础。

# 四　延展讨论

## （一）主客观因素对消费者行为的影响

前文以代表性消费者为分析对象，对约束条件下消费者的行为选择进行了详尽的比较静态分析。接下来，我们从上述因素是否受到消费者主观因素影响的角度，将其划分为消费者的风险厌恶程度、消费者对政府的信任程度、消费者的乐观程度 3 个主观因素，以及健康折损大小、政府公布的外部概率、价格差、预算水平 4 个客观因素。表 5 总结了各因素对消费者食品选择的影响。

表 5　各因素对消费者食品选择的影响

| | 影响因素 | 变化情况 |
| --- | --- | --- |
| 主观因素 | 消费者的风险厌恶程度 | 风险厌恶程度越低，转基因食品带给消费者的效用越高，民众越可能食用转基因食品 |
| | 消费者对政府的信任程度 | 若折损事件的分布占比越大，则消费者越不信任政府，转基因食品的食用成本越高，民众越可能食用传统食品；若折损事件的分布占比越小，则消费者越信任政府，转基因食品的食用成本越低，民众越可能食用转基因食品 |
| | 消费者的乐观程度 | 消费者越乐观，转基因食品带来的效用越高，民众越可能食用转基因食品 |
| 客观因素 | 健康折损大小 | 健康折损越大，消费者食用转基因食品的成本越高，民众食用转基因食品的可能性越小 |
| | 政府公布的外部概率 | 折损事件分布占比越大，消费者食用转基因食品的成本越高，民众食用转基因食品的可能性越小 |

| 影响因素 | | 变化情况 |
|---|---|---|
| 客观因素 | 价格差 | 价格差越大，转基因食品带给消费者的效用越高，民众越可能选择食用转基因食品 |
| | 预算水平 | 对于低预算时就食用传统食品的消费者来说，即使提高预算，也无法改变他们的消费行为 |

### （二）转基因食品的风险累进递增时消费者的决策行为分析

风险呈现累进递增时，转基因食品和传统食品之间的偏好顺序将可能随食品消费总量的增加而发生变化。为了分析风险累进递增下的食品决策，我们重新定义食用转基因食品的效用函数。在重度健康折损带来的风险累进递增，而轻度健康折损带来的风险线性递增时，消费者在每种健康结果下，食用转基因食品在 CEU 框架下最终的效用函数的效用为：

$$u(c_1, c_2, \sigma, \gamma, \beta, r, x) = \frac{(c_1 + c_2)^\sigma}{\sigma} - \rho(c_1, c_2, \sigma, \gamma, \beta, r, x) \tag{8}$$

根据式（8）的展开过程，我们不难发现转基因食品的 CEU 效用函数总可以化简成由 $\frac{(c_1 + c_2)^\sigma}{\sigma}$ 与另一个刻画模糊性风险的 $\rho(*)$ 做差所得。其中，为了能反映重度健康折损带来的风险累进递增，而轻度健康折损带来的风险线性递增的情形，我们进一步假设 $\rho(*)$ 需满足：$\frac{\partial \rho}{\partial c_1} = 0, \frac{\partial \rho}{\partial c_2} > 0, \frac{\partial \rho}{\partial \sigma} = 0, \frac{\partial \rho}{\partial r} > 0, \frac{\partial \rho}{\partial x} > 0, \frac{\partial \rho}{\partial \beta} < 0$。此时，消费者面对预算约束时的食品消费决策问题可以用如下模型描述：

$$\max : u(c_1, c_2)$$
$$\text{s. t.} \begin{cases} \varphi_1 c_1 + \varphi_2 c_2 \leqslant I \\ c_1, c_2 \geqslant 0 \end{cases}$$

此时，如果效用函数是凸函数，那么我们可通过传统的拉格朗日方法直接求解得到结果。边际收益 $m$ 以及边际成本 $g$ 为：

$$m = \frac{\left(\dfrac{I - c^{*}\varphi_2}{\varphi_1} - c^{*}\right)(\Delta\varphi)}{\Delta\varphi c^{*} + I} \tag{9}$$

$$g = \frac{\partial h}{\partial c_2} \tag{10}$$

同样地,消费者最终选取怎样的消费行为,取决于边际成本和边际收益的相对大小,我们可以得到一个类似命题 2 的稳健结论,即命题 4。

命题 4:当 $g_{max} \leqslant m(0;\varphi_1,\varphi_2,I,\sigma)$ 以及 $m\left(\dfrac{I}{\varphi_2};\varphi_1,\varphi_2,I,\sigma\right) \leqslant g_{min}$ 时,消费者将同时食用两种食品;当 $g_{max} \leqslant m\left(\dfrac{I}{\varphi_2}\right)$ 时,消费者只食用转基因食品;当 $g_{min} > m(0)$ 时,消费者只食用传统食品。

在风险累增的情况下,前文所探讨的主观和客观共 7 种因素下的分析结论仍然成立。事实上,即使在健康折损更为复杂的情况下,如果转基因食品带给消费者的饱足感具有完全替代性,那么消费者的边际收益始终仅由价格 $\varphi_i(i = 1,2)$、消费者的风险厌恶程度 $\sigma$ 和消费者的收入水平 $I$ 决定。剥离出来的边际成本 $g$ 则仅由消费者的乐观程度 $\beta$、消费者对政府的信任程度 $\gamma$、健康折损大小 $r$ 和政府公布的外部概率 $x$ 决定。只要影响 $m$ 和 $g$ 的因素相互独立,我们此前得到的结论将依然稳健。

# 五 小结

由于转基因食品存在风险不确定的特点,在确定性条件下逐步形成的传统消费理论并不能有力地解释消费者在转基因食品方面的消费行为,这直接使得有关转基因食品的公共政策一直备受争议。为了分析以转基因食品为典型的效用具有不确定性的商品需求问题,我们引入非可加 Choquet 容度,通过对模糊性进行刻画,在 CEU 的框架下构建了效用函数。经过 CEU 下转基因食品效用函数的分析,我们发现在无约束情形下,只食用传统食品将构成消费者的占优策略。引入预算约束后,消费者对两种食品的消费比例则取决于边际成本 $g$ 和边际收益 $m$ 的相对大小。当 $g_{max} \leqslant m(0;\varphi_1,\varphi_2,I,\sigma)$ 以及 $m\left(\dfrac{I}{\varphi_2};\varphi_1,\varphi_2,I,\sigma\right) \leqslant g_{min}$ 时，消费者将同时食用两种食品。当 $g_{max} \leqslant m\left(\dfrac{I}{\varphi_2}\right)$ 时，食用转基因食品的收益远大于食用传统食品的收益，消费者只食用转基因食品。类似地，当 $g_{min} > m(0)$ 时，消费者仅食用传统食品。

本文对我国转基因食品的发展有一定的指导意义。目前，我国民众对转基因食品还存在较强的抵触心理，对转基因食品需求的相对缺乏限制了转基因食品市场的发展。因此，在短期，发展转基因食品市场需要制定鼓励消费者接纳转基因食品的相关政策。由于 CEU 效用函数本身就能够纳入消费者的风险厌恶程度、政府公布的外部概率、消费者的乐观程度和消费者对政府的信任程度等因素，在分析中我们发现，通过扩大价格差的方法提高转基因食品的市场比例并不一定能够产生理想的效果，这种方法只适用于同时食用两种食品的消费者。对于低收入情况下只食用传统食品的消费者来说，预算的增加并不能改变他们对食品的选择。关于其他方面的因素，我们发现，社会成员的风险厌恶程度越低，健康折损的事件分布可行性越小，公众越乐观，那么在相同条件下，消费者越可能食用转基因食品。但是，在消费者对政府的信任程度这一维度，其对转基因食品消费量的影响则取决于政府所公布的转基因食品可能出现的不确定事件。如果在民众所得到的共同知识中，转基因食品致病的可能性越大，食用后果越严重，那么民众就越不信任政府，从而更偏好消费传统食品，反之则更偏好消费转基因食品。结合以上讨论不难发现，除了传统的通过扩大价格差的方法促进转基因食品的发展外，通过改变转基因食品的模糊性感知来影响转基因食品的消费也将成为政府的备选策略。

本文的相关结论对我国形成健康的转基因食品市场也有一定的启示作用。加强农业转基因技术研发和监管，在确保安全的基础上慎重推广，是我国当前发展转基因食品市场的总体原则。在我国转基因食品市场上，为了充分保障消费者的权益，作为监管方的政府不能单从传统的信息经济学的角度来分析并制定转基因食品是否标签化的政策以及为厂商、消费者、监管机构建立相关机制。忽视模糊性的存在很可能让整个转基因食品市场的机制设计不能满足激励相容条件。转基因食品的模糊性风险性质意味着政策制定时不仅要考虑传统模型所重视的消费者的风险厌恶程度、食品可能的致病情况,而且要将乐观程度、政府信度、公共信息以及模糊性厌恶等多个因素引入政策的分析中。这样才能尽可能减少市场中道德风险和逆向选择的发生,促进市场健康发展。

至此,我们对具有模糊性风险分布的转基因食品的消费分析基本结束。我们在构建的 CEU 效用函数框架下较好地揭示了消费者在面临不确定环境下的消费选择问题,修正了传统效用分析无法解决不确定问题的缺陷。同时,我们使用的研究方法对处理其他具有模糊性的消费问题也有一定的帮助,并为合理的食品标签制度建立、监管合约设计提供了理论基础。

## 参考文献

[1] 姜萍、王思明:《转基因主粮商业化争论的几点思考》,《华中农业大学学报》(社会科学版)2011 年第 6 期,第 12~17 页。

[2] 姜萍:《传媒视角下科学家、媒体、公众与转基因技术关系研究的讨论》,《华中农业大学学报》(社会科学版)2010 年第 6 期,第 20~24 页。

[3] 姜萍:《媒体如何建构转基因技术之形象——以 2010 年国内重要报纸的分析为例》,《南京农业大学学报》(社会科学版)2012 年第 2 期,第 101~109 页。

[4] 马琳、顾海英:《转基因食品信息、标识政策对消费者偏好影响的实验研究》,《农业技术经济》2011 年第 9 期,第 65~73 页。

[5] 欧恺:《基于实验经济学的转基因食品消费研究》,上海交通大学硕士学位论文,2008。

[6] 仇焕广、黄季焜、杨军:《政府信任对消费者行为的影响研究》,《经济研究》2007 年第 6 期,第 65~74 页。

[7] 谭涛、沈洁、李道国:《全球视角下转基因生物安全监管政策对大豆出口贸易

的影响分析》,《中国农村经济》2012 年第 7 期,第 84~92 页。

[8] 宣亚南、崔春晓:《转基因安全管理政策对中国大豆进口贸易的影响分析》,《中国农村经济》2007 年第 11 期,第 34~44 页。

[9] 姚东旻、王麒植、崔琳、李军林:《为什么最好雇个乐观者?——模糊性下的最优合同》,《经济学报》2015 年第 4 期,第 62~81 页。

[10] 张军:《农业发展的第三次浪潮》,《中国农村经济》2015 年第 5 期,第 4~9 页。

[11] 赵琳、金安江、彭光芒:《大众传媒在转基因食品推广过程中的作用机制》,《重庆邮电大学学报》(社会科学版)2011 年第 1 期,第 97~101 页。

[12] 郑志浩:《城镇消费者对转基因大米的需求研究》,《管理世界》2015a 年第 3 期,第 66~75 页。

[13] 郑志浩:《信息对消费者行为的影响:以转基因大米为例》,《世界经济》2015b 年第 9 期,第 144~165 页。

[14] 钟甫宁、丁玉莲:《消费者对转基因食品的认知情况及潜在态度初探——南京市消费者的个案调查》,《中国农村观察》2004 年第 1 期,第 22~27 页。

[15] Alchian, A. A., "Uncertainty, Evolution, and Economic Theory", *The Journal of Political Economy*, 1950, 58 (3), pp. 211-221.

[16] Antle, J. M., "Economic Analysis of Food Safety", *Handbook of Agricultural Economics*, 2001, 1 (1), pp. 1083-1136.

[17] Arrow, K. J., "Control in Large Organizations", *Management Science*, 1964, 10 (3), pp. 397-408.

[18] Artuso, A., "Risk Perceptions, Endogenous Demand and Regulation of Agricultural Biotechnology", *Food Policy*, 2003, 28 (2), pp. 131-145.

[19] Baker, G. A., Burnham, T. A., "The Market for Genetically Modified Foods: Consumer Characteristics and Policy Implications", *International Food & Agribusiness Management Review*, 2001, 4 (4), pp. 351-360.

[20] Bredahl, L., "Determinants of Consumer Attitudes and Purchase Intentions with Regard to Genetically Modified Food-results of a Cross-national Survey", *Journal of Consumer Policy*, 2001, 24 (1), pp. 23-61.

[21] Chateauneuf, A., Eichberger, J., Grant, S., "Choice under Uncertainty with the Best and Worst in Mind: Neo-additive Capacities", *Journal of Economic Theory*, 2007, 137 (1), pp. 538-567.

［22］ Cook, A. J. , Kerr, G. N. , Moore, K. , "Attitudes and Intentions towards Purchasing GM Food", *Journal of Economic Psychology*, 2002, 23 (5), pp. 557 – 572.

［23］ Debreu, G. , *Theory of Value*: *An Axiomatic Analysis of Economic Equilibrium*, New Haven : Yale University Press, 1959.

［24］ De Steur, H. , Gellynck, X. , Storozhenko, S. , "Willingness-to-accept and Purchase Genetically Modified Rice with High Folate Content in Shanxi Province, China", *Appetite*, 2010, 54 (1), pp. 118 – 125.

［25］ Eichberger, J. , Grant, S. , Kelsey, D. , "Comparing Three Ways to Update Choquet Beliefs", *Economics Letters*, 2010, 107 (2), pp. 91 – 94.

［26］ Ellsberg, D. , "Risk, Ambiguity, and the Savage Axioms", *The Quarterly Journal of Economics*, 1961, 75 (4), pp. 643 – 669.

［27］ Frewer, L. J. , Miles, S. , Marsh, R. , "The Media and Genetically Modified Foods: Evidence in Support of Social Amplification of Risk", *Risk Analysis*, 2002, 22 (4), pp. 701 – 711.

［28］ Gaskell, G. , Bauer, M. W. , Durant, J. et al. , "Worlds Apart? The Reception of Genetically Modified Foods in Europe and the U. S. ", *Science*, 1999, 285 (5426), pp. 384 – 387.

［29］ Gilboa, I. , "Expected Utility with Purely Subjective Non-additive Probabilities", *Journal of Mathematical Economics*, 1987, 16 (1), pp. 65 – 88.

［30］ Gilboa, I. , Schmeidler, D. , "Maxmin Expected Utility with Non-unique Prior", *Journal of Mathematical Economics*, 1989, 18 (2), pp. 141 – 153.

［31］ He, G. X. , Zhao, Y. D. , Zhang, W. X. et al. , "A Sociological Analysis on the Public Acceptance of GM Crops in China: Based on a Sampling Survey in 6 Cities", *Chinese Journal of Sociology*, 2015, 35 (1), pp. 121 – 142.

［32］ Herdt, R. W. , "The State of Food and Agriculture, 2003 – 2004: Agricultural Biotechnology: Meeting the Needs of the Poor?", *Agricultural Economics*, 2005, 32 (1), pp. 109 – 110.

［33］ Hu, W. Y. , Chen, K. Z. , "Can Chinese Consumers Be Persuaded? The Case of Genetically Modified Vegetable Oil", *AgBioForum*, 2004, 7 (3), pp. 124 – 132.

［34］ James, C. , "Global Status of Commercialized Biotech/GM Crops: 2009 ", *Isaaa Briefs*, 2011, 25 (4), pp. 1 – 2.

[35] Jones‐Lee, M. , "The Value of Changes in the Probability of Death or Injury", *Journal of Political Economy*, 1974, 82 (4), pp. 835 – 849.

[36] Klein, B. , Leffler, K. B. , "The Role of Market Forces in Assuring Contractual Performance", *Journal of Political Economy*, 1981, 89 (4), pp. 615 – 641.

[37] Knight, F. H. , *Risk, Uncertainty and Profit*, Boston: Houghton Mifflin Company, 2012.

[38] Knight, J. G. , Mather, D. W. , Holdsworth, D. K. , "Consumer Benefits and Acceptance of Genetically Modified Food", *Journal of Public Affairs*, 2005, 5 (3 – 4), pp. 226 – 235.

[39] Kuiper, H. A. , Kleter, G. A. , Noteborn, H. P. J. M. et al. , "Assessment of the Food Safety Issues Related to Genetically Modified Foods", *The Plant Journal*, 2001, 27 (6), pp. 503 – 528.

[40] Loureiro, M. L. , Bugbee, M. , "Enhanced GM Foods: Are Consumers Ready to Pay for the Potential Benefits of Biotechnology?", *Journal of Consumer Affairs*, 2005, 39 (1), pp. 52 – 70.

[41] Lusk, J. L. , Ma, G. , Cheung, Y. W. et al. , *Frontiers of Economics and Globalization*, Bingley: Emerald Group Publishing Limited, 2011.

[42] Lusk, J. L. , Roosen, J. , Fox, J. A. , "Demand for Beef from Cattle Administered Growth Hormones or Fed Genetically Modified Com: A Comparison of Consumers in France, Germany, the United Kingdom, and the United States", *American Journal of Agricultural Economics*, 2003, 85 (1), pp. 16 – 29.

[43] Machina, M. J. , Siniscalchi, M. , "Ambiguity and Ambiguity Aversion", *Handbook of the Economics of Risk and Uncertainty*, 2014, 1, pp. 729 – 807.

[44] Magnusson, M. K. , Arvola, A. , Hursti, U. K. et al. , "Attitudes towards Organic Foods among Swedish Consumers", *British Food Journal*, 2001, 103 (3), pp. 209 – 227.

[45] Miller, G. W. , "The Safety of Genetically Modified Foods Produced through Biotechnology", *Toxicological Sciences an Official Journal of the Society of Toxicology*, 2003, 71 (1), p. 2.

[46] National Research Council, *Safety of Genetically Engineered Foods: Approaches to Assessing Unintended Health Effects*, Washington D. C. : National Academies Press, 2004.

[47] Nicolia, A., Manzo, A., Veronesi, F. et al., "An Overview of the Last 10 Years of Genetically Engineered Crop Safety Research", *Critical Reviews in Biotechnology*, 2014, 34 (1), pp. 77 – 88.

[48] Packer, L., Owen, R., "Population Genetic Aspects of Pollinator Decline", *Conservation Ecology*, 2001, 5 (1), p. 4.

[49] Panchin, A. Y., Tuzhikov, A. I., "Published GMO Studies Find No Evidence of Harm When Corrected for Multiple Comparisons", *Critical Reviews in Biotechnology*, 2017, 37 (2), pp. 213 – 217.

[50] Ronald, P., "Plant Genetics, Sustainable Agriculture and Global Food Security", *Genetics*, 2011, 188 (1), pp. 11 – 20.

[51] Sarin, R., Wakker, P., "A Simple Axiomatization of Nonadditive Expected U-tility", *Econometrica*, 1992, 60 (6), pp. 1255 – 1272.

[52] Savage, L. J., *The Foundations of Statistics*, North Chelmsford: Courier Corporation, 1972.

[53] Séralini, G. E., Clair, E., Mesnage, R. et al., "Long Term Toxicity of a Roundup Herbicide and a Roundup – tolerant Genetically Modified Maize", *Food and Chemical Toxicology*, 2012, 50 (11), pp. 4221 – 4231.

[54] Tomazic, V., Rose, N. R., Shreffler, D. C., "Autoimmune Murine Thyroiditis IV. Localization of Genetic Control of the Immune Response", *The Journal of Immunology*, 1974, 112 (3), pp. 965 – 969.

[55] Von Neumann, J., Morgenstem, O., *Theory of Games and Economic Behavior: 3rd ed.*, Princeton: Princeton University Press, 1953.

[56] Zhong, F., "Genetically Modified Food, Consumers' Turchasing Behavior and Market Shares: A Study of Urban Residents' Vegetable Oil Purchases in Supermarkets", *China Economic Quarterly*, 2008, 7 (3), pp. 292 – 309.

# "荷兰病"现象缘何产生

近年来，中国经济转型所遇到的一个重要问题是产业结构应朝什么方向转型？现在普遍的共识是从初级低附加值的制造业，向技术含量高的高附加值的制造业，乃至低碳无污染、高收益的服务业转变，从而复制西方发达国家的发展道路。但是，此路径能否真正促进经济发展？遵从此路径的经济体可能面临的经济成本和经济风险有哪些？这些问题都值得研究。

自然资源是经济繁荣的物质基础和条件，其丰裕度会影响一个国家或地区的经济状况，正如 H-O 模型所刻画的那样，二者之间既存在相互促进的正相关关系，也存在"资源诅咒"现象。"荷兰病"是"资源诅咒"的一个经典案例。20 世纪 60 年代，已成为制成品出口主要国家的荷兰发现大量天然气，荷兰政府大力发展天然气业使出口剧增，国际收支出现顺差，经济显现繁荣景象。根据 Robbert van Eerd（2010）的描述，当时发现的天然气储量大约为 22000 亿立方米，而当时荷兰一年的消耗量大概 500 亿立方米。

可是，蓬勃发展的天然气业却严重打击了荷兰的农业和其他工业部门，削弱了出口行业的竞争力。以服装产业为例，1968～1978 年，就业人口从 6 万人减少到 2 万人。到 20 世纪 70 年代，荷兰遭受通货膨胀上升、制成品出口下降、收入增长率降低、失业率升高的困扰。

一个国家大量资源的发现导致经济先繁荣后严重衰退的现象引起了人们的关注，并从荷兰天然气事件开始对其进行深入研究，因此该类现象被人们称为"荷兰病"。随着相关研究的深入，"荷兰病"现象的内涵也有所扩展，不仅仅囿于资源型行业的繁荣，从广义上讲，一个经济部门繁荣导致其他经济部门衰退的现象均可以被称为"荷兰病"。

英国经济学家彼得·蒙德尔等（2000）将"资源"定义为"生产过程中所使用的投入……按照常见的划分方法，资源被划分为自然资源、人力资源和加工资源"。在对"荷兰病"的分析中，资源往往指自然资源，与工业制成品相对，自然资源被认为是初级产品，其特点是技术含量低和附加值低。经典的"荷兰病"现象首先由 Corden 和 Neary（1982）以及 Corden（1984）进行了分析。Corden（1984）将一国的经济分为三个部门，即可贸易的制造业部门、可贸易的资源部门和不可贸易的部门，通过工资和汇率的变动机制，描述了资源部门对其他部门（在该模型中为制造业和服务业）的冲击作用。其中，包括对制造业部门的挤出作用，即"去工业化"（De-Industrialization），从而影响了国家的长期可持续发展能力。

之后对"荷兰病"的研究主要集中在其动态特征、解决方案以及对此概念的适用性拓展上。例如，Van Wijnbergen（1984）曾建立了一个两阶段模型来分析"荷兰病"，其中第二期的生产力依赖于前一期的产量。Krugman（1987）考察了外生资源收入流给一国带来的增长效应。Matsen 和 Torvik（2005）通过模型研究，认为为了克服"荷兰病"带来的资源诅咒，需要提高储蓄率，以刺激研发部门，从而实现长期增长。Palma（2005）利用倒 U 形回归研究各国制造业雇员占比和人均工资时发现，"荷兰病"也会出现在旅游业、金融业等第三产业中。范言慧等（2013）考察了由不可贸易的房地产部门引发的"荷兰病"现象。

总结来说，"荷兰病"的特点以及危害都表现为"去工业化"，即对制造业的"挤出效应"。这种观点常用的潜在假设是，相较于其他行业，制造业具有经济效率上的优势，因此应该优先发展。例如，冯宗宪等（2010）强调制造业的衰落将损害一国的长期增长能力、创新能力等核心经济能力，原因在于制造业的附加值高、能够可持续发展、对人力资本的要求较高。显然，这些原因过于片面，如衬衫加工（制造业）就不一定比石油勘探（资源行业）具有更高的附加值和人力资本要求。再加上资源行业的繁荣是价格和利润引导的结果，符合市场规律，因此很难从事前效率的层面证明"去工业化"是低效率的。

然而大量实证证据表明，"荷兰病"带来的繁荣不可持续。如果不是效率上的原因，那么究竟是什么原因导致短暂繁荣后的衰退？我们认为，最合理的解释是"去工业化"所导致的经济体的脆弱性。同时，对"去工业化"过程也不能仅仅停留在表面——"去工业化"的本质是极端的产业不均衡发展。因此，"荷兰病"的特征可以被归结为两点：第一，失衡的产业结构；第二，不可控制的外生风险。更确切地说，此时经济体面对的是不可控制的不确定性。Knight（1921）对未知事件进行了深刻的区分：可以用确知概率刻画的未知事件被称为"风险"，而不能以任何确知的概率刻画的事件被称为"不确定性"。例如，"硬币正面朝上"是风险事件，而"明天天然气价格上升2美元"这一事件由于涉及因素复杂且不具有可重复性，因此是不确定性事件。对于不确定性事件，不同的决策者可能给出不同的概率分布，或者对于有些事件甚至无法给出满足概率公理体系的分布（如 Ellsberg 实验）。因此，不确定性比风险更加接近彻底的未知。遗憾的是，绝大多数经济事件实际上更接近不确定性事件，而非风险事件。面对风险事件，期望收益最大化是十分有效的工具。然而由于不确定性事件无法用概率描述，唯一可行的应对就是利用多元化分散其不利冲击。我们结合 Ramsey（1928）的一般均衡增长模型以及 Corden 和 Neary（1982）的分析框架，将资源作为一种等同于劳动力、资本的投入要素，并将资源开发部门从经济中独立出来，主要考察大量资源的发现导致的"去工业化"现象，并说明此时的经济情况严重依赖于国际市场上的资源价格。之后，进一步扩展，说明任何产业的这种突然性急速发展都会带来"去工业化"的结果，导致经济承担更大的风险，更易爆发影响巨大的危机。

"荷兰病"发生的根本原因在于对不确定性的防范能力不足。根据传统经济学的观点，市场是资源配置的有效手段，市场中的企业遵循价格信号即可带来社会福利的最大化。然而我们从"荷兰病"的视角，揭示了在面对奈特不确定性（Knightian Uncertainty）时，价格信号有可能将国家暴露在未被意识到的巨大风险中。因此，必须在短期繁荣与长期稳定中做出权衡和取舍。

为了避免"荷兰病"对经济体的侵害，决策者可以从两个方面采取措施：第一，建立多元化的产业结构，提升经济体的"容错"能力；第二，采用较为保守的产业政策，保证主导产业的安全。其中，产业政策的激进保守程度取决于经济体的"容错"能力——较强的"容错"能力可以支持更激进的产业政策。

# 一 基本模型

本部分主要以"荷兰病"为实际背景讨论为什么资源价值的变化会导致"去工业化"过程，以及"去工业化"的后果——经济的脆弱性。通过分析发现，资源价值的变化并不是"荷兰病"发生的最根本原因，但是资源价值的变化会导致"去工业化"，进而使产业结构失衡、经济体丧失抗风险能力。我们认为"荷兰病"发生的根本原因是产业结构失衡和抗风险能力不足，所以"荷兰病"的作用机制适用于其他任何会影响产业结构平衡和经济抗风险能力的部门。因此，本部分的分析是将此作用机制的适用性从资源部门拓展至任何部门的逻辑基础。

经济被分为家庭部门、产品生产部门和资源开发部门。其中，家庭部门寻求跨期效用最大化，进行消费决策；产品生产部门即企业寻求利润最大化；资源开发部门的劳动力和资本市场完全竞争。假设制造业产品不出口，而资源市场是开放的，资源开发部门可以在国际市场价格 $P$ 下卖出任意数量的产品。

## （一）家庭部门

假设家庭部门具有如下效用函数：

$$U(c) = \int_0^\infty \frac{c^{1-\sigma} - 1}{1 - \sigma} e^{-\rho t} \mathrm{d}t$$

同时，家庭部门进行投资消费决策：

$$\dot{a} = w + ra - c \tag{1}$$

其中，$a$ 为家庭总资产，$w$ 为工资，$r$ 为利率，$c$ 为消费。

家庭效用最大化决策利用现值 Hamilton 方程表示为：

$$H = \frac{c^{1-\sigma} - 1}{1 - \sigma} + \lambda(w + ra - c)$$

得到 Ramsey 规则：

$$g_c = \frac{r - \rho}{\sigma} \tag{2}$$

其中，$g$ 表示增长率，其横截条件为：

$$\lim_{t \to \infty}[a(t) \cdot \lambda(t)] = 0$$

## （二）产品生产部门

假设产品生产部门具有如下生产函数：

$$Q = A_1 [(1 - v)K]^{\alpha_1} [(1 - u)L]^{\alpha_2} R_d^{\alpha_3}$$

其中，$\alpha_1$、$\alpha_2$、$\alpha_3 > 0$，$\alpha_1 + \alpha_2 + \alpha_3 = 1$，$0 < u,v < 1$，$Q$ 为产量，$A_1$ 为技术参数，$K$ 代表总资本，$(1-v)K$ 为投入产品生产部门的资本，$L$ 为总劳动力，$(1-u)L$ 为投入产品生产部门的劳动力，$R_d$ 为投入产品生产部门的资源。

厂商寻求利润最大化，即：

$$\pi = Q - w_Q(1 - u)L - (r_Q + \delta)(1 - v)K - P_R R_d$$

其中，$w_Q$ 为制造业工资，$r_Q$ 为利率，$\delta$ 为折旧率，$P_R$ 为资源价格。

## （三）资源开发部门

假设资源开发部门是劳动密集型的，且具有如下生产函数：

$$R = A_2 (vK)^{\beta_1} (uL)^{\beta_2}, \ 0 < v < 1, \ \beta_1 + \beta_2 = 1$$

其中，$R$ 为资源的开发量。$A_2$ 用来衡量资源储量的质量，当 $A_2$ 较大时，投入较少劳动力即可开发出较多资源；当 $A_2$ 较小时，开发每单位资源所耗劳动量较大。$uL$ 为投入在资源开发部门的劳动力，$vK$ 为资本投入。

资源开发部门是开放的，存在国际价格 $P$，厂商寻求利润最大化，即：

$$\pi = PR - (r_R + \delta)vK - w_R uL$$

# 二　分析及应用

## （一）均衡

当整个经济达到均衡状态时，家庭和企业面对的是相同的利率和工资。

由于假设资本市场是封闭的，因此家庭的财产 $a$ 就等于资本存量 $K$。又由于市场是完全竞争的，所以厂商赚得零利润，那么工资与利率之和便等于产出之和，即：

$$\dot{K} = Q + PR - c - \delta K \tag{3}$$

简单求导可得各变量稳态时增长率之间的关系：

$$g_Q = g_{R_d} \tag{4}$$

$$g_w = g_R - g_u = g_Q - g_{1-u} \tag{5}$$

$$g_{r+\delta} = g_R - g_v = g_Q - g_{1-v} \tag{6}$$

其中，$g_Q$ 表示产品生产的增长率，$g_{R_d}$ 表示用于国内生产的资源产品开发的增长率，$g_w$ 表示均衡工资的增长率，$g_R$ 表示总资源开发量的增长率，$g_u$ 和 $g_v$ 分别表示投入资源开发部门的劳动力和资本份额的增长率，$g_{1-u}$ 和 $g_{1-v}$ 分别表示投入产品生产部门的劳动力和资本份额的增长率，$g_{r+\delta}$ 表示利率和折旧率之和的增长率。

## （二） 稳态与外生冲击

Ramsey 模型中已经证明，在任意初始资本存量的情况下，家庭会采取不同的消费策略，使消费投资顺着稳定臂（Stable Arm）向稳定点移动。具体来讲，当社会初始资本较小时，如果家庭采取低于稳定臂的消费量进行消费，那么实际上是家庭储蓄率过高的表现，这样当其路径与 $\dot{c} = 0$ 轴相交之后，$K$ 继续增大而 $c$ 开始减小，最终与 $\dot{K} = 0$ 轴相交。同样，当家庭采取高于稳定该消费量的策略时，储蓄率过低；当路径与 $\dot{k} = 0$ 轴相交之后，$c$ 继续增大而 $K$ 开始减小，最终必然与 $\dot{c} = 0$ 轴相交。

由于资源的发现具有一定的不可预测性，因此我们将资源的发现假定为外生冲击。新的优质资源的发现，相当于提高了全国的平均资源品质，反映在资源开发部门的生产函数中即 $A_2$ 的增加，即在同样资本劳动力投入的情况下得到了更多的产量。

命题 1：资源的新发现将导致国内产业内部格局的变化，表现为资源开发业的相对繁荣和制造业的相对萎缩。

利用劳动力市场的变化进行分析[①]，将式（5）进行变形得到：

$$g_R = g_w + g_u$$

$$g_Q = g_w + g_{1-u}$$

再代入 $g_u = -\dfrac{1-u}{u}g_{1-u}$ ，得：

$$g_R = g_Q - \frac{1}{u-1}g_u$$

当 $R$ 产生一个外生增长 $g_R$ 时，资源开发业工资必然升高，再加上劳动力市场的竞争性，必然导致劳动力流入资源开发业，因此 $g_u$ 必为正数，所以有：

$$g_R > g_Q \tag{7}$$

---

① 资本市场的变化采用同样的分析方法，通过利率的变化也可以证明式（7）。

这说明资源开发业的增长率大于制造业的增长率，必然导致制造业占国民经济份额的下降和资源开采业份额的上升，因此会产生制造业的相对萎缩和资源开发业的相对繁荣，即命题1得证，我们称之为挤出效应，也就是"去工业化"的过程。

命题2：新资源的发现会使新稳态时的消费和资本存量更高，且福利水平也更高。

由于假设生产函数是一次齐次的，并且由于存在完全竞争，国民总收入 $Y$ 等于工资与利息的总和，即：

$$Y = Q + PR = wL + rK$$

即：

$$c = rK + wL - \delta K$$

由于 $r$ 不变、$K$ 上升、$w$ 上升，所以相位图中 $\dot{k} = 0$ 的曲线上移。

当 $r$ 上升时，$\dot{c} = 0$ 的直线会右移，由此得到图1。其中，下标为0表示原稳态的情况，下标为1表示冲击后的稳态。从图1可以看出，均衡点从 $A$ 移动到 $B$，并且均衡消费和资本量也分别从 $C_0^*$ 上升到 $C_1^*$、从 $K_0^*$ 上升到 $K_1^*$。因此，相对于原均衡可以享受到更多的消费和资本。又由于效用函数是 $C$ 的增函数，这也代表着家庭福利增加，我们称之为增长效应。

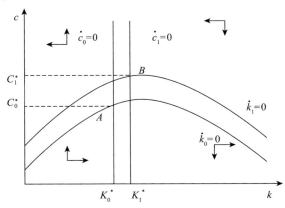

图1 "去工业化"过程

命题 2 还意味着，对于国家而言，长期稳定的"去工业化"实际上伴随着当期经济福利的上升，因此是市场参与者的自发选择。如果没有外界干预，"去工业化"的过程便会自动出现，并且此过程也是符合经济体当期利益的。

命题 3：当国际价格 $P$ 上升时，同样会产生挤出效应和增长效应。

国际价格 $P$ 的上升从本质上来说与资源品质 $A_2$ 的上升起到同一作用，即同样投入产生更大产出，因此在证明上也没有本质区别，在此略去。

命题 3 意味着国际价格变化也会是"去工业化"过程的动因。这也意味着无论何种原因推动的"去工业化"，其结果都是经济体对国际市场依赖性的增强，而国际市场价格具有天然的波动性，因此经济体也极易受到价格波动的影响。这便是我们的核心观点，即"去工业化"过程使经济体面临更大的潜在经济威胁。

# 三　讨论

## （一）金融危机与"荷兰病"

由命题 1 可知，随着国内资源品质的上升，资源部门会挤占制造业部门在国民经济中的份额；而由命题 2 可知，该过程中伴随着消费和资本的增加。因此，我们假设一个国家忽然发现了很多优质资源，挤出效应和增长效应便会出现，经济进入繁荣期。命题 3 对此进行了证实，该国的经济繁荣不仅依赖于本国资源部门的持续繁荣，而且严重依赖于国际资源市场的表现。即使国内资源部门可以长期保持繁荣，一旦出现国际市场价格下跌这类无法预测的不可控事件，也会导致国内经济的衰退。

可见，当一国经济严重依赖于一个产业时，虽然其发展可能会很迅速，但是会导致该国整体经济抵御风险的能力降低，一旦出现风险和不确定性事件影响其核心产业，便会引起该国整体经济的剧烈波动。整个经济极度不平衡的经济模式削减一国风险抵御能力表现在以下两个方面：首先，导致影响整个市场的"黑天鹅"[①]来临时，无法利用各产业分散、缓冲风险；其次，当仅影响主导产业的事件发生时，又会被该种产业结构放大，直接影响整个国民经济。因此，"去工业化"过程带来的增长实际上建立在承担更高风险的基础上。这种"去工业化"过程并非国际贸易理论中利用比较优势参与国际分工而带来的帕累托改进，其实质更类似于在有效市场边界上的移动。

"去工业化"过程将产业齐全的国民经济退化成从事单一产业的"国家企业"，而作为一个企业，必然会经历兴兴衰衰、起起落落，整个国家的经济也就因此更容易经历繁荣和衰退。尽管这种"去工业化"的过程类似于赌博，但是为什么几乎所有国家都选择了不停加注呢？可能的原因有二：首先，推动"去工业化"过程会带来社会福利的增加（命题2），政府会非常有动机出台相关的产业刺激政策以获得支持；其次，该产业具有极高的投资回报率，而发生崩盘的可能性非常小，甚至是不可测算的。与偶尔发生在脑海中的"黑天鹅"相比，真金白银的诱惑是巨大的，因而市场也决定了资本会不断流入该部门，帮助其不断发展。

因此，当资源的繁荣出现时，无论是政府还是市场都会选择推动资源部门的发展，而这种发展带来的巨大的"去工业化"趋势蚕食了一国经济的稳定性，将其置于高发展速度和高风险的情境之下，营造了繁荣的假象。

当然，如果"荷兰病"发生在非资源部门，根据前文的分析，也会产生相同的效果。正如Palma（2005）在其研究中所发现的，"荷兰病"不仅会在资源部门中出现，而且会在旅游业、金融业等第三产业中出现。而我们认为2008年的金融危机，正是美国金融业"荷兰病"导致的后果。

随着中国、印度等新兴经济体的逐渐发展开放，这些国家拥有劳

---

① "黑天鹅"一词源自Taleb的著作 *The Black Swan：The Impact of the Highly Improbable*，用来描述发生概率极小但是影响极大的事件，其本质是奈特不确定性，即不可以用概率描述的未知。

动力廉价、离原料产地近等经济优势，致使美国国内制造业逐渐向这些国家转移以寻求更低的制造成本。而原先从事制造业的美国企业在生产外包后，将本国的业务从制造业生产逐渐转向提供品牌管理、生产管理、对外投资等高附加值的服务。由于生产外包在支撑美国经济增长的同时也刺激了发展中国家的经济，创造了许多新的投资增长点，美国利用其金融业的比较优势，扩大海外投资规模和各种金融产品的出口，促进了金融业的繁荣。

自 20 世纪 90 年代以来，制造业占美国经济的份额不断下降，同时金融业占比不断上升，赶上甚至超过了制造业占比。而且，金融业的增加值投入比大约是制造业的 3 倍①，这表明同样价值的资源投入金融业会产生 3 倍于制造业的产值。根据市场资本逐利的原理，金融业必然会迅速扩张，"去工业化"进程推进迅速，产业结构逐渐失衡，这符合"荷兰病"的第一个特征。

由图 2 可知，美国股市市值与 GDP 的比值自 20 世纪 90 年代以来总体呈波浪式上升态势，可见金融业之繁荣。而金融业的繁荣导致金融业的风险变成整个经济的风险。金融业非常注重风险控制，利用各种工具分散、对冲风险，使整个经济中各产业、各企业都紧密联系在一起，这样，一般的风险便不会轻易导致个体的巨大损失，风险被共

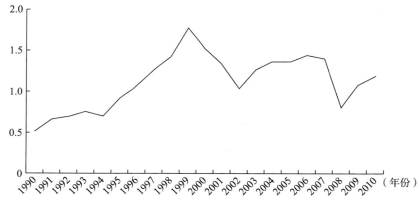

**图 2　1990～2010 年美国股市市值与 GDP 的比值**

①　数据来源于美国经济分析局网站，http://www.bea.gov/。

担了。但是,风险控制的核心在于对概率的把握,而忽视了对不确定性事件的关注,导致作为潜在隐患的不确定性事件不断累积。换句话说,不确定性事件对于经济体来说是失控的——这恰好也是"荷兰病"的第二个特征。

制造业外包过程类似于外生经济环境带来的产业优势,进而促进了金融服务业的发展繁荣和传统制造业的日渐萎缩,产业结构趋近失衡。但是在产业结构逐渐失衡的过程中,美国整体经济实际上也随之逐渐获得繁荣,因此产业失衡过程并不会被主动抑制。另外,金融系统的意外崩溃带来的国民经济全面衰退也恰好符合理论的预测结果。换句话说,作为导火索的次贷违约是一个偶然的不可预测事件,但是金融危机是美国经济遭遇"荷兰病"侵袭的典型结果,具有一定的必然性。

然而回顾整个金融危机的酝酿发展过程,利润和价格信号一直在发挥作用,且在危机之前几乎无法识别此类市场机制是否"失灵"。例如,吕炜(2010)对1987~2007年的产业结构数据研究发现,产业结构演变的直接动因是产业资本收益率和人均劳动者报酬的变动。因此,以市场失灵为基础而要求加强金融监管的建议无非后见之明,不具有很强的事前指导意义——即使监管部门强化了贷款监管,也无法从根本上避免危机。这是因为,正如前文所述,次贷违约是偶然事件,而危机却具有必然性。即使此轮次贷违约得以避免,但是长期来看该类事件的发生是必然的,也许下次不在次贷而在保险业违约,或者发生一场"大地震",只要有足够时间,它总会以某种形式到来。

## (二) 对产业政策的启示

我们的基本观点在前文已经得到了较为完全的展示,即市场机制并不能在事前反映不确定性事件的影响,并有可能引导形成一个对不确定性事件极端脆弱的经济体。那么,基于此观点的产业政策应该是什么样的?

"荷兰病"的两大特点即失衡的产业结构和失控的不确定性,这也是将危险的"荷兰病"和健康的经济自我调整过程区分开的重要标志。如果一个经济体的产业发展较为均衡，那么即使其中某个产业面临不可控的不确定性并遭受负面冲击，此类意外事件也不会造成不可恢复的巨大影响或链式的连锁反应；如果一个经济体面临的未知事件在很大程度上是可控的，那么即使其产业发展不均衡，衰退也不会轻易发生。

那么很显然，针对"荷兰病"的对策也必须立足于这两点。要么维持一个健康的产业结构，从而保证经济体具有较高的"容错率"；要么避免将经济体的主导产业过度暴露在不确定下。这两个措施的直接成本是当期的经济增长速度，而收益则是较为平稳安全的经济体。换句话说，增长速度和经济平稳很难兼顾。

首先，提高经济体"容错率"最直接的有效方式是产业结构的多元化。如果产业结构过于单一，那么对特定产业的冲击便易于被放大，进而发展为影响全局的系统性风险。然而市场机制的固有逻辑却是引导经济体向符合自身比较优势的产业发展聚集，多元化的产业结构并不总是符合市场机制下的"效率选择"。此时，对市场机制的过度迷信很可能将经济体暴露在不可控的威胁下，或使得经济体被外界力量所控制。以"荷兰病"为例，荷兰经济在很大程度上受到国际市场能源价格的影响，或者说被控制国际能源价格的力量有意无意地控制着。

需要注意的是，产业结构多元化往往是以背离当期比较优势和当期经济利益的成本获得的。一方面，多元化的经济体并不会在市场机制下自然而然地出现，因此必须要求非市场力量的推动；另一方面，多元化的获得是以牺牲当期经济利益为基础的，因此多元化发展并不是无成本共赢的发展道路，必然会遇到经济上的阻力。正确认识经济风险与当期经济利益之间的权衡与取舍关系是选择合适产业结构和产业政策的基础，并且更需要清楚地认识到，市场机制在此条件下的帮助十分有限。

其次，避免经济体主导产业过度暴露则意味着产业政策趋向保守。Knight（1921）在理论上对风险和不确定性的区分极具启发意义，然而这并不意味着这两个概念是对立的。实际事件大部分处于两者之间的某个中间地带，并且在实际分析中重要的往往是事件的不确定程度而非具体属性（究竟是风险还是不确定性）。仍以"荷兰病"为例，当时荷兰所面临的不确定性必然大于中东国家所面临的不确定性，因为中东国家在国际价格制定上具有更大的话语权。避免"荷兰病"的第二个可行措施便是选择可接受的不确定性，避免产业政策过于激进。

保守的产业政策弊端在于抑制创新和无法提升附加价值。一般来说，离风险越近的行业利润率越低，而离不确定性越近的行业利润率越高。这是因为，风险事件发生的规律性较强，易于被从业者把握，因此行业内企业存活率较高、创新能力较弱、市场进入者较多，但是激烈的竞争会将利润率压低；相反，不确定性事件难以预测，因此行业内企业存活率较低、创新成果丰富、市场进入者有限，但是温和的竞争保证了可观的利润率。保守的产业政策在带给经济体安全性的同时却降低了利润率。创新和威胁本身都是不确定性事件的结果，并且很难事先将二者进行区分：很多威胁在真正爆发出来之前都被人认为是创新的结果，如次级贷款在大面积违约之前一直被认为是健康的金融创新。因此，保守的产业政策在规避威胁的同时也抑制了创新活动。

最后，政策和保守程度选择取决于经济体的"容错"能力。与新古典经济学分析框架不同，建立在风险与不确定性区分基础上的经济分析十分关注经济的"容错"能力。在新古典经济学分析框架中，所有的意外事件均可以在事前以概率的形式刻画，因此其本质是"毫不意外的意外"。很明显，这与现实情况并不相符，现实经济活动经常遇到真正的意外，即在事前无法明确意识到和进行针对性准备的意外。从事前角度来看，对于真正的意外，决策者所能做的十分有限，唯一能做的是尽力保证意外发生以后不会带来无法挽回的后果，即提升"容错"能力。"容错"能力高的经济体在较为激进的产业政策指导下依然可以平稳运行；相反，"容错"能力低的经济体甚至有可能在小意外出现后迅速崩溃。

对于政府决策而言，重要的是如何在当期的经济发展速度和培养经济"容错"能力之间做出权衡。由于市场自发调节往往可以带来更快的发展速度，规划多元化产业结构可以增强经济"容错"能力，对于政府而言，此权衡问题更实际的表现是如何划分市场力量与政府力量的边界。当然，这是一个极其复杂的问题，涉及诸多方面的经济甚至政治考虑，不过我们可以基于"容错率"这一概念提供一个分析视角。虽然客观的产业不确定性是难以准确预测的，然而政策制定者往往可以基于经验对不同产业可能会被冲击的可能性进行主观的粗略判断。例如，食品行业相较于金融行业可能更为稳健，进而食品行业中的资源配置便可以更多地依靠市场，而围绕金融行业的"容错率"干涉更为有效。如果政府以促进"容错率"为目标却干涉了较为稳健的行业，那么便有可能造成资源浪费，甚至"产能过剩"情况的出现。

总之，"荷兰病"现象的最大启示是当期经济效率与长期经济安全之间具有一定的替代关系。然而，这并不是要求经济体放弃当期经济效益以维持经济安全，而是告诉经济决策者市场机制在处理此问题上存在的缺陷以及应选择与自身经济体"容错"能力相适应的产业结构和产业政策，切不可盲目。

# 四 结论

首先，本文结合模型说明"荷兰病"不仅仅会发生在资源部门，甚至金融业都有可能爆发。其次，本文着重研究了伴随荷兰病的"去工业化"过程，认为政府和市场的短视会进一步推动该过程的继续，从而使国内经济极易受到负面不确定性的袭击，并引发巨大的危机。最后，本文利用该理论解释了美国 2008 年的金融危机，认为此次危机是美国多年金融业"荷兰病"积累的结果，偶然中包含必然性，认为在产业规划发展时必须有长远的眼光，不能为了当期的增长而置自身于不可控的风险之中。

基于上述分析，我们提出了提高经济"容错"能力和主导型产业政策应相对保守的对策建议。第一，采取多元化的产业结构，提高经济体的"容错"能力。中国产业结构转型理论普遍认为中国转型的方向是高附加值、低污染的服务业，本文则说明了盲目推动服务业也是不可取的，产业结构设定必须既考虑发展速度，又考虑产业结构的内在风险抗击能力，不可盲目追求速度。第二，采用较为保守的产业政策，保证主导产业的安全。其中，产业政策的激进保守程度取决于经济体的"容错"能力——较强的"容错"能力可以支持更激进的产业政策。

## 参考文献

［1］〔英〕彼得·蒙德尔等：《经济学解说》，胡代光主译，经济科学出版社，2000。

［2］范言慧、席丹、殷琳：《繁荣与衰落：中国房地产业扩张与"荷兰病"》，《世界经济》2013 年第 11 期，第 27～50 页。

［3］冯宗宪、姜昕、赵驰：《资源诅咒传导机制之"荷兰病"——理论模型与实证研究》，《当代经济科学》2010 年第 4 期，第 74～82、126 页。

［4］吕炜：《美国产业结构演变的动因与机制——基于面板数据的实证分析》，《经济学动态》2010 年第 8 期，第 131～135 页。

［5］Corden，M.，"Booming Sector and Dutch Disease Economics：Survey and Consolidation"，*Oxford Economic Papers*，*New Series*，1984，36（3），pp. 359 – 380.

［6］Corden，M.，Neary，P.，"Booming Sector and De-Industrialization in a Small Open Economy"，*The Economic Journal*，1982，92（368），pp. 825 – 848.

［7］Knight，F. H.，*Risk，Uncertainty and Profit*，Lowa City：Houghton Mifflin Company，1921，pp. 682 – 690.

［8］Krugman，P.，"The Narrow Moving Band, the Dutch Disease, and the Competitive Consequences of Mrs. Thatcher：Notes on Trade in the Presence of Dynamic Scale Economies"，*Journal of Development Economics*，1987，27（1），pp. 41 – 55.

［9］Matsen，E.，Torvik，R.，"Optimal Dutch Disease"，*Journal of Development Economics*，2005，78（2），pp. 494 – 515.

［10］Palma，G.，"Four Sources of De-industrialization and a New Concept of the Dutch Disease"，In Ocampo，J. A.（ed.），*Beyond Reforms：Structural Dynamics and Macroeconomic Vulnerability*，Washingtion：Stanford University Press and World

Bank, 2005.

[11] Ramsey, F. P. , "A Mathematical Theory of Saving", *The Economic Journal*, 1928, 38 (152) pp. 543 – 559.

[12] Robbert van Eerd, R. , "Of Dutch Disease and Other Ailments", The Bologna Center Journal of International Affairs, 2010.

[13] Van Wijnbergen, S. , "The 'Dutch Disease': A Disease After All? ", *The Economic Journal*, 1984, 94 (373), pp. 41 – 55.

# 第三篇

# 国有企业经营中的双重激励

博弈论描述了人们在一个或一束博弈规则下是如何做出行动决策的。在不同的环境中，这些行动又相应导致了什么结果？机制设计理论重点关注博弈的规则，探寻一旦我们确定了目标，那么可以设计怎样的激励，使得激励下人们的博弈结果尽可能处于或接近目标集合。尽管现代经济展示了企业组织形态的多样性，但企业组织的激励问题一直是企业理论及微观经济学的中心议题。其中，特别需要注意的是我国的国有企业，它是国民经济发展的中坚力量。国有企业的改革和发展关系到国民经济运行的命脉。因此，如何从国有企业改革角度解释我国的经济增长、国有企业经营效率如何，以及如何通过机制设计提升国有企业的经营效率都是非常重大的研究问题。

本篇首先尝试从国有企业改革角度解释我国的经济增长，其次具体回顾国有企业研究，特别是国有企业效率问题研究的相关理论与经验分析。理论文献对国有企业效率问题理解的核心在于对"经济秩序如何形成"这一重大问题的探讨，本质上还是有关规则的研究。对于经验分析，本篇系统分析了国内关于国有企业效率实证研究的指标随时间的演进路径以及不同指标分类下的文献集中度，指出在面对国有企业效率问题时，我们应该结合国有企业的作用、国有企业改革的阶段与时间，综合多样的视角设计最为具体、合适的评价指标和体系来确定国有企业效率的高低。

进一步地，对于如何提升国有企业的经营效率，近年来随着经济学理论与研究方法的发展和突破，经济学在组织激励机制方面的研究已经取得了一些重要的成果和进展。一般而言，我们可以从组织激励机制的表现形式上将其划分为正式或显性激励（Formal or Explicit In-centive）与隐性激励（Implicit Incentive）。显性激励方面的代表性成果就是在逆向选择与道德风险的模型下，探讨显性激励对组织运作效率的影响，这方面的研究文献已相当丰富。相比较而言，对隐性激励的研究还有较大的发展空间。事实上，现实中组织内部和外部的隐性激励有着同样重要的作用，特别是在有些组织内，由于显性激励通常比较粗略，具体契约条文不可能把全部的情况都考虑到（即契约的不完备性），因此显性激励实施起来也面临许多约束和困难，这势必影响组织运作的效率。这时，隐性激励就起到了关键作用。鉴于此，本篇在对隐性激励理论进行梳理的基础上，对我国国有企业经营绩效做了简要分析，进而结合隐性激励的实施条件和国有企业的特征，对国有企业隐性激励的表现形式进行了探讨，进一步剖析了国有企业隐性激励在制度层面存在的问题。声誉理论是经济学在激励机制方面备受关注的重要研究成果，在一些主流经济学期刊中甚至被称为声誉经济学（Economics of Reputation）。早在200多年以前，斯密（Smith）就已经意识到声誉可以作为对个人的一种隐性激励，但最早将这种思想模型化的学者当属法马（Fama）和霍尔姆斯特朗（Holmstrom）。本篇借鉴霍尔姆斯特朗等人关于隐性激励的思想，进一步构建一个声誉模型，分析并论证了我国国有企业中的激励机制与企业经营绩效问题。

# 国有企业改革与中国经济增长

本文通过对国有企业改革的两个层次——宏观国有资产管理体制及微观经营方式的把握来理解中国经济增长，讨论政府影响经济发展的作用机制以及国有企业行为特征在中国经济增长中的意义，从而更好地理解目前中国经济增长的处境。

## 一　内生性制度特征下的国有企业组织行为

现代市场经济制度的演进过程向我们展示了企业组织如何伴随着市场经济制度的产生而产生，并随之发展和完善这一动态的范畴。在其演进过程中，也逐步形成了能保障企业利益相关者（Stakeholders）权益的各种经济制度和法律制度，进而整个市场经济体系也发生了巨大的变迁，并日臻成熟与完善。应该说，市场经济制度演进与企业组织发展之间的影响是相辅相成的。

在这种逻辑下，一个容易达成的共识就是企业制度的私有化改革，因而现代企业制度被认为是可以保证私有化组织形式的有效制度安排。通过界定产权，围绕市场经济的运行机制构建企业的组织形式，形成科学有效的管理制度和激励制度，实现企业的经营目标。然而，脱胎于行政体系的我国国有企业，其产生、发展却没有遵循这样的逻辑，绝大多数内生于中华人民共和国成立初期推行的重工业优先发展的赶超战略，并逐渐形成了与计划经济体制相适应的组织形式和管理模式。因此，国有企业从诞生那天开始，便肩负着巩固政权、稳固国防、发展国民经济、建设社会主义国家的历史使命，不可避免地承载着国家的政策性负担。① 不论是在过去的计划经济时代，还是在今天向市场经济体制转轨的新时期，国有企业自始至终与政府有着千丝万缕的联系。② 在某种意义上，它仍然是国家行政体系的附属品和政治上的延伸物。③

正是由于我国国有企业的产生没有遵循市场经济的逻辑，其基本特征就是与政府之间存在的内生性制度联系。这种内生性制度特征，是指国家行政体系的力量直接作用于国有企业，通过党组织和科层制渗透到企业的管理过程中，决定企业的产生和发展，从而形成的企业与行政体系之间紧密结合、相辅相成的依附性特征。这种特征一直伴随着国有企业，即便是在当前改革开放的新时期，也没有表现出被削弱的迹象。相反，在某些层面还得到了巩固和加强。综观改革开放后我国经济的快速增长，其中一个重要的方面就是各级政府在政策制定与实施过程中的主导作用进一步强化了这种内生性的制度联系。从制度关联和制度互补的角度，我们既可以理解一个国家整体制度安排为什么会有耐久性，又可以理解这种制度安排的多重性（Aoki，2001）。

内生性制度特征形成于计划经济时期，虽然经历了改革前后的时代变革和制度变迁，但这种制度特征依然存在——巩固了党的执政地位，维护了经济增长和社会稳定，保证了决策层和基层之间传导机制的效率。这为我们理解中国经济增长提供了一个逻辑起点。

国有企业是贯彻国家经济政策的基本载体。从政府的角度而言，国民经济的重大方针、政策及经济目标，无论是计划指令还是宏观调

---

① 林毅夫等人把政策性负担分为两类：一类是承载国家发展战略所造成的企业负担，称为战略性负担；另一类是承载了超出企业本身的社会责任的负担，如不必要的就业等，称为社会负担。二者统称为政策性负担。

② 按照这种观点，我们也可以很好地解释为什么在国有企业改革初期搞试点工作时结果都很理想，而一旦推广，则效果就不尽如人意。重要的是，试点企业几乎没有政策性负担，政府替它们承担，它们更接近于市场中真正意义上的企业。而当其作为一种改革措施推广开来时，这些负担往往需要企业自己承担，在市场竞争中，企业"负重"经营，结果就很难达到国有企业改革的预期目标。

③ 一个可观察的现象是，许多国有企业高管人员保有公务员的身份，并享有相应的行政级别和政治待遇。

控政策，必须通过国有企业的有效贯彻、实施、执行才能得以实现。这种政策惯性具体体现在经济增长模式中，就是政府主导、投资驱动。国有企业作为整个国民经济的基础，在其中扮演着特殊的角色。为了保证这种模式顺畅运转，一整套相关的政策法规逐渐被建立，形成了比较完善的行政体系。在这种制度背景下，国有企业顺理成章地成为最有效的政策实施渠道。

国有企业对行政体系的依附性关系。从企业的角度来说，既然是经济政策的载体，必然拥有其他企业所不具备的优势和市场势力，因此难以完全脱离政府而成为市场中完全独立的企业。事实上，在有利的政策保护和高额的垄断收益下，国有企业经营者自身也没有动力去主动脱离。[①] 从某种意义上讲（为了保证执政党的大政方针得以贯彻实施），国有企业本身就是国家行政体系的一个重要组成部分。这又在很大程度上强化了国有企业与政府之间的联系。在现有的国资委管理体制下，即使已经分离出政府的社会公共管理职能与国有资产出资人职能，国有企业也必须配合政府部门完成某些社会职能，同时在经营不善时得到政府的补贴与保护，这种状况始终没有得到彻底改变。

国有企业经营者与行政官员的"双向交流"因政府主导经济增长模式，客观上要求政府官员懂经济、会管理，国有企业不仅是一个国家大政方针的实施渠道，而且成为官员"全面能力"得以锻炼的重要场所。具备大型国有企业经营管理的经历和能力逐渐成为选拔和任用政府官员的必要条件，即体现官员全面素质的主要参考。[②] 一个可观察的事实是：许多国有企业有行政级别，并且大型国有企业经营者与各

---

[①] 譬如 2007~2008 年，在有整体巨额利润的情况下，中国石油和中国石化仍然共获得 763.49 亿元的补贴。补贴理由是"中国政府为保障原油、成品油市场供应而给予本集团的财政扶持补贴"。

[②] 中共中央办公厅于 2006 年 8 月出台的《党政领导干部交流工作规定》明确指出，实行党政机关与国有企业事业单位之间的干部交流，可以选调国有企业事业单位领导人才到党政机关任职。2011 年 4 月，中石化原总经理苏树林出任福建省委副书记，这已不是他第一次从企业到政府任职，2006 年他就曾任辽宁省组织部部长一职。另外，一项研究表明，在 A 股上市的国有企业当中，有 1142 名企业高管人员曾经是政府官员，占到高管总数的近 50%（周俊，2010）。

省份主要行政领导人的互换也比较常见。通过对国家部委官员的履历统计发现，在 19 个部委的 183 名副部级以上官员当中，具有国有企业工作经历的就有 56 人，占比达到 30.6%。通过对 123 家中央企业高管的履历统计发现，在国有企业的治理结构中，具有政府工作背景的前官员占有很大的比例。在有信息披露的 47 家企业当中，共有 115 名高管具有政府工作背景，平均每家企业达到 2.45 人。[1]

作为国有企业区别于其他企业的内生性制度特征，其特殊性表现在两个方面：一方面，国有企业是市场主体，要追求经济效益，受成本收益的约束；另一方面，国有企业作为国家经济政策的载体，其所有制形式决定具有公共属性，必然承担相应的社会责任和满足社会公共利益的需要，这要求企业经营者在管理企业的过程中统筹兼顾，达到企业多目标的要求。再加上市场的非完备性，国有企业难以真正摆脱"软预算约束"。另外，在分析国有企业经营者行为时，必然要从其双重身份所带来的激励机制着手，长期以来国有企业经营者的选拔任命方式使得经营者在政治竞争中必须考虑为自己建立一种良好的声誉，经营者（尤其是杰出的经营者）手中拥有对企业的控制权，在某种程度上对企业的运作反而是有效率的（李军林，2002）。显然这种双重激励来自国有企业内生性制度特征。

## 二　理解中国经济增长

现有文献对国有企业与经济增长的讨论主要集中在两点：国有企业是否低效率以及这种低效率是否拖累了中国经济增长？诚然，改革初期国有企业微观运行效率偏低的原因多有争议，但效率偏低似乎得到了众多实证文献的验证（林青松、李实，1996；谢千里等，1995；姚洋，1998；姚洋、章奇，2001；刘小玄，2000），甚至有研究表明国有企业不仅自身存在效率损失，而且由于软预算约束的存在，拖慢了

---

[1]　天则经济研究所：《国有企业的性质、表现与改革》，2011，第 115 页。

民营企业的发展进度，进而对整个经济体构成"增长拖累"（刘瑞明、石磊，2010）。也有学者研究表明，并不是明显存在国有企业与经济增长的负相关关系，在某种程度上反而有促进作用（黄险峰、李平，2008；马理，2003）。在评价国有企业与经济增长的关系之前，需要厘清以下两个问题：一是国有企业微观低效率是否必然拖累宏观经济增长？二是目前的国有企业效率是否仍同改革初期一样偏低？对此，刘元春（2001）认为宏观经济效率应当是中国国有企业具有的最为重要的特征，因而其效率状况必定呈现"从微观财务角度来看是非效率的，但从全要素生产率（TFP）角度来看是有效率的；从微观竞争和经济比重变化角度来看是非效率的，但从宏观经济影响角度来看是有效率的；从生存竞争指标角度来看是非效率的，但从宏观社会经济资源配置角度来看是有效率的"这样的"悖论"状况。张晨和张宇（2011）研究表明，2003～2008 年我国国有工业企业的 TFP 不仅增长快于非国有企业，而且其绝对水平与非国有工业企业的总体水平并不存在显著差异，国有企业经营绩效的改善是以微观效率的提高为坚实基础的。对于研究国有企业与经济增长关系的实证文献而言，一方面，仅研究国有企业数量或绩效与本国经济体经济绩效之间的关系，而经济研究中涉及增长的制度变量有几十个（Aron，2000），再加上内在作用机制研究的缺乏，致使结论过于表面和线性；另一方面，处于国民经济主导地位的国有经济作为经济的重要组成部分，不是一个静态的促进或拖累所能解释的，而且几十年来中国经济和国有企业一直处于制度变迁和不断改革之中，这对经验检验的指标和方法选择要求很严格。

国有企业改革分为两个层次：微观层次和宏观层次。其中，微观层次指国有企业经营方式的市场化，即企业如何搞好；宏观层次指国有企业体制的改革，涉及宏观制度和政策层面要不要政府搞的问题。我国的国有企业改革几乎与整个经济体制改革同步，通过放权让利、转换经营机制、减员增效、建立现代企业制度、明确出资人、进入资本市场，尽管在宏观层次上国有企业体制改革推进缓慢，但在微观层次上国有企业体制改革取得了很大成绩。2005～2010 年，仅中央企业资产总额便由 10.5 万亿元增加到 24.3 万亿元，年均增长 18.3%；营业收入由 6.8 万亿元增加到 16.7 万亿元，年均增长 19.7%；净利润由 4642.7 亿元增加到 8489.8 亿元，年均增长 12.8%；上缴税金由 5780 亿元增加到 1.4 万亿元，年均增长 19.4%，累计向国家上缴税金 5.15 万亿元。"十一五"期间，我国 GDP 年均实际增长 11.2%，不仅远高于同期世界经济的年均增速，而且比"十五"时期年均增速快 1.4 个百分点，是改革开放以来经济增长最快的时期之一。从国有企业改革角度理解中国经济增长，内生性制度特征是实质，国有企业改革的两个层次则为我们提供了现实的视角。

## （一）宏观战略视角

政府在经济发展中的作用一直是经济学中最富有争议的命题之一，尤其是随着东亚经济的高速发展，经济学家对于此期间政府的市场化干预是否起到积极作用莫衷一是。比较有代表性的有两种观点："亲善市场论"（Market-friendly View）和"国家推动发展论"（Developmental State View）。这两种观点均将政府和市场看作资源配置的相互替代机制，其最主要的区别在于市场缺陷的解决机制不同，前者倾向于民间部门的制度，后者则支持政府干预为主要工具（World Bank，1993）。20 世纪 50 年代，我国出于对当时国际国内政治经济因素的全面考虑，选择了优先发展重工业的赶超战略，自此以后我国走上了"发展主义政府"道路——政府主导经济并直接控制经济资源、参与经济活动，即当经济体的资本禀赋水平较低时，偏好本国工业部门优先发展的政府将通过对经济的控制来实现其战略目标。尤其是当资本的禀赋水平低至一定程度时，单纯依靠市场经济体系中的税收和补贴手段无法实现政府的战略目标，政府就只能选择对资源配置进行直接干预和剥夺企业自主权的计划经济体制来实现其发展战略（林毅夫，2011）。对于凯恩斯短期分析框架中被视为拉动经济增长"三驾马车"的消费、投资和进出口而言，中国的赶超战略使得低资本存量中消费受到极大抑制，其对经济的拉动作用先天不足；投资主要依靠国有经济的"控制力"①；进出口倚重的则主要是具有灵活性的中小企业。而中国的投资贡献率一般是最高的，尤其是 2002 年后一直保持首位。1978 年、1995 年、2003 年、2009 年，投资贡献率甚至高出消费贡献率 10 个百分点以上（林毅夫等，2010）。根据历年《中国统计年鉴》和《中国海关统计年鉴》数据，1995 年后在进出口总额的比重中非国有企业已经超越国有企业。诺顿认为正是 20 世纪 90 年代中期中小企业的出口创汇为解决 1993 年的高通胀及随后宏观经济的"软着陆"提供了资金支持。他认为中国经济增长政策的成功有两个关键要件：一是经济体制改革鼓励非国有企业进入竞争领域；二是大量的基建投资拉动（Naughton，1995）。

社会主义经济制度最为重要的定位在于宏观经济效率。② 国有企业定位的立足点不仅在于微观的资源配置，更为重要的是要克服微观经济组织配置资源的非效率问题，从整体上达到社会资源配置的最优，获得社会经济的宏观效率。一方面，政府可以通过制度、政策直接作用于国民经济；另一方面，基于国有企业的内生性制度特征，政府可以通过国有经济的控制力发挥对国民经济的间接作用。发挥国有经济的控制力作用可以达到促进国民经济增长、维护国民经济稳定以及应对外部冲击的效果。具体来讲，国有企业可以通过研发投入（带来技术进步）、投资（影响资本积累）以及弥补市场失灵来影响国民经济增长。同时，国有企业通过执行国家逆经济周期的调控政策，进而

① 1999 年通过的《中共中央关于国有企业改革和发展若干重大问题的决定》提出，"在社会主义市场经济条件下，国有经济在国民经济中的主导作用体现在控制力上"。2007 年党的十七大重要"增强国有经济的活力、控制力、影响力"。已有文献对国有经济控制力的定义主要有三种：一是将国有经济控制力定义为国有经济在某领域的支配地位；二是将国有经济控制力定义为国有经济对其他经济成分的作用力；三是将国有经济控制力定义为国有经济对国民经济的作用力。

② 布鲁斯和拉斯基（1998）在《从马克思到市场：社会主义对经济体制的求索》一书中写道："在马克思看来，在生产资料的社会所有制的基础上，把相互分离的经济活动单位一体化为一个社会整体在这里起着首要的作用……这种联合的意义不仅仅在于'外部性的内化'，即不仅在于有可能把微观单位活动之外的成本和收益计算在内，而且在于可以消除因追逐只是从微观经济的角度看才合理的目标而引起的宏观范围无效率。"

发挥稳定宏观经济的作用。平新乔（2003）利用第二次全国基本单位普查数据测度了国有资产对经济的控制方式和控制力状况，认为尽管绝对控制在企业法人单位层面已不占优势，但国有资本仍控制了全社会50%以上的实收资本，不同产业的情况有所差别，自然垄断产业中国有资本占60%～70%，竞争性产业中国有资本占30%左右。总体上国有产权仍在全社会产权中占有主导地位，从效率角度看这是有益的。①

国民财富持续增长的主要推动力是技术的变革。大型工业企业主要通过将体现创新技术的新产品、新工艺商品化，已成为这种经济成就的重要组成部分（Chandler et al.，1997）。涂正革（2005）对中国大中型工业企业1995～2002年数据的估算得出，企业因前沿技术进步平均每年提高全要素生产率14个百分点。索罗增长理论中经济由初始状态向增长稳态的过渡动态方程为：

$$\Delta \bar{k} = \left[ \theta f'(\bar{k}^*) - (n + v + \delta) \right](\bar{k} - \bar{k}^*)$$

一方面，国有经济可以通过研发投入及各种扩散机制来加快社会整体技术进步的速度，从而影响经济向增长稳态收敛的速度；另一方面，国有经济可以通过对资本投资的增减来影响储蓄率，进而影响经济增长达到稳态时的人均有效产出。2000～2005年，全国技术市场成交合同金额中，按买方类型分，国有企业购买合同金额仅增长了66.73%，而私营企业增长了181.28%。2006～2008年，全国大中型工业企业中，国有企业研发人员全时当量、研发经费、发明专利申请数（见表1）及其增速均显著高于其他注册类型企业，尤其是在国有单位固定资产投资占全社会固定资产投资比重逐渐降低的趋势下更加难能可贵。

---

① 计量结果显示，提高国有资产和集体资产在全社会实收资本中的比重，有利于提高劳动生产率，但应当讲究国有资产调控方式的转变，绝对控股的国有资产一般只在规模报酬不变的条件下运作，不利于利用递增的规模报酬。国有经济控制力可以用国有经济控制的经济体量的相对大小来评价，但国有经济控制力的大小是对现状的客观反映，并不直接带有褒贬色彩。

表1  2006～2008年全社会与国有企业研发投入

| 年份 | 研发人员全时当量（人·年） | | 研发经费（万元） | | 发明专利申请数（件） | | 拥有发明专利数（件） | |
|---|---|---|---|---|---|---|---|---|
| | 国有企业 | 全社会 | 国有企业 | 全社会 | 国有企业 | 全社会 | 国有企业 | 全社会 |
| 2006 | 374435 | 695668 | 7890315 | 16301909 | 6235 | 25685 | 9178 | 29176 |
| 2007 | 426524 | 857650 | 10055351 | 21124561 | 8590 | 36074 | 14277 | 43652 |
| 2008 | 477496 | 1014223 | 12521835 | 26813110 | 37642 | 122076 | 18354 | 55723 |

资料来源：根据相关年份《中国统计年鉴》数据整理。

追求宏观经济稳定是经济转型的内在要求，也是渐进式改革路线的题中应有之义。国有企业对宏观经济影响的一个直接体现，就在于它所占用的财政资源和金融资源影响着资源配置的总效率和国家宏观经济的调控能力。[①] 国有企业作为克服"市场失灵"和协调"政府失灵"的制度安排，一方面，国家通过改革国有企业治理结构，使其作为市场竞争主体接受市场的约束和激励；另一方面，国家通过财政补贴和金融约束间接控制国有企业，从而把国有企业视为国家宏观调控的直接传导机制。[②] 国有企业逆宏观经济周期的投资直接反映了它是国家控制宏观经济的直接传导机制。1993～2008年，我国全社会固定资产投资增速与国有单位固定资产投资增速的标准方差分别为0.132和0.100。国有单位固定资产投资增速的波动性显著低于全社会固定资产投资增速[③]，这表明国有企业对宏观经济的整体运行发挥了稳定作用，这一点在我国宏观经济出现下行风险时更加直观。在1997年的亚洲金

---

[①] 对此，有学者认为国有企业在财政资源和金融资源占用上形成了"中国财政的拖累"。事实上，考虑到20世纪80年代国有企业改革后其占工业企业总产值的比重开始下降，而其占国家税收的比重从1994年才出现下降，这意味着国有企业并未表现出对财政的拖累。

[②] 政策性负担所导致的国有企业亏损也是宏观经济不稳定的一大根源，这一点在20世纪90年代表现尤为突出。一方面，政府需要国有企业来保持对国民经济的控制；另一方面，政府需要对国有企业进行补贴，从而引发财政赤字和通货膨胀。当然，在面临需求不足时，即便是非国有资本，也会出现投资预期错误而引发宏观经济波动。

[③] 1992年之前，国有经济所控制的经济体量比较大，其固定资产投资增速的波动率显著高于全社会固定资产投资增速的波动率。1981～1992年，我国全社会固定资产投资增速与国有单位固定资产投资增速的标准方差分别为0.148和0.172。

融危机和 2008 年的全球金融危机中，我国宏观经济都受到了一定程度
的影响。如图 1 所示，尽管 1993 年以来我国国有单位固定资产投资增
速在多数年份低于全社会固定资产投资增速，但在两次危机中，国有
单位显著加大了投资，两次均超过全社会固定资产投资增速，这有助
于化解宏观经济下滑风险，稳定社会总需求，强化国家积极的财政
政策。

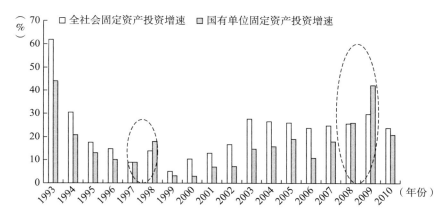

**图 1　1993~2010 年全社会固定资产投资增速与国有单位固定资产投资增速**
资料来源：根据相关年份《中国统计年鉴》数据整理。

国有企业对于中国经济增长不仅有量的关系，更为重要的是它作
为国家经济体制的重要组成部分，与财政、金融领域的制度安排形成
了互补的制度体系。一项政策若与其他领域的现存制度不相耦合，或
人才积累不足，均可能产生政治家意料之外的结果，只有相互一致和
相互支持的制度安排才是富有生命力和可维系的（Aoki，2001）。典型
的例证即中国经济经历了 2008 年全球金融危机冲击的短暂下滑后，在
2009 年呈 "V" 形复苏，这是政府主导的信贷和投资驱动的结果，经
济的基本面并未发生根本变化。

（二）微观行为视角

内生性制度特征必然导致国有企业出现 "高毛利率、高费用率、

低利润率"。政府的支持可以使国有企业在行业准入①、采购、融资、销售等方面得到政策便利，但同时伴随着较高的管理费用和财务费用，最终表现为很多国有企业净利润率很低，甚至必须依赖外部资金（主要是国有银行信贷）才能保持财务周转。根据企业的契约理论，可以将公有制企业理解为用国家租金激励机制来代替市场交易和利润激励体制（周其仁，2000），因而在多数情况下，销售收入最大化和费用最大化是激励相容的。体现在投资决策过程中，企业事前最关心的不是投资的毛利率，而是能够从上级争取到多大的投资额度②，而且争取投资额度也是要耗费成本的。从这个角度来讲，国有企业的低利润率是其高费用率的一个体现，而另一个更直接的体现便是国有企业管理层的在职消费和职工的高福利（Cai，Tylecote，2005）。从某种程度上来说，这可能是造成国有企业"效率悖论"和"自生能力"不足的微观基础。大量的实证研究发现，国有企业改制后的利润率提升，主要不是因为生产成本的降低，而是因为管理类支出的降低（宋立刚、姚洋，2005）。

图 2 给出了 1990~2009 年我国国有企业与非国有企业的毛利率和净利润率情况，通过比较可以发现，国有企业的毛利率一直高于非国有企业，20 世纪 90 年代国有企业的净利润率也如前文所分析的那样明显低于非国有企业，但自 2000 年后的近 10 年，国有企业的净利润率出现了明显的上涨，这与 1995 年后政府开始降低银行不良贷款率密不可分③，之前以国有银行呆账、坏账不断增加为代价的高费用状况逐渐难以维持，同时国有企业要面对日益激烈的产品市场竞争。随后大笔债

---

① 在行政垄断下的行业中，非国有资本的投资毛利率是无法观察的，只有在允许非国有资本进入的行业中，才能对二者进行对比，这也是国有企业的投资毛利率高于非国有企业的一个技术因素。

② 有学者从资金需求角度将这种行为归结为"投资饥渴症"，但如果能结合国家这一资金供给方，以及投资形成的周期波动和宏观经济波动的关系考虑则更为全面。

③ 1995 年前后，《商业银行法》《贷款通则》《中国人民银行法》相继颁布，这些法律要求商业银行重视信贷风险。在 1997 年第一次全国金融会议上，中央要求国有银行不良资产每年下降 2%~3%，但仍要贷款以维持国有企业的运作。原因在于各方仍需要实现国有企业的收益分配，其中地方政府可以获得税收和就业安置。

务的注销使国有企业的利息负担大为减轻，融资状况得到改善，国有
企业的债务 – 权益水平也由 1994 年的 211 下降至 2001 年的 147。

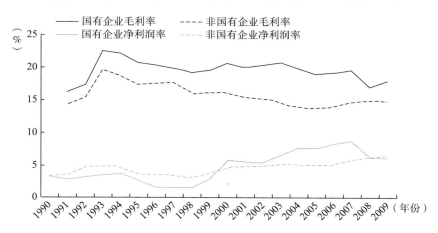

**图 2　1990～2009 年国有企业与非国有企业毛利率和净利润率**
资料来源：根据相关年份《中国统计年鉴》数据整理。

高费用率行为得到改观的统计表现即国有企业库存的迅速下降[1]，
如图 3 所示，在高费用率得到控制的同时高毛利率必然会在名义净利
润率上有所体现，还可以看到国有银行信贷增速[2]自 1997 年开始回落，
直到 2001 年的 7%，但随后国有银行信贷增速发生两次反弹，国有企
业存货比重却并未随之反弹，原因在于非国有企业市场份额的提高，
使得存货增加的数据带有利润最大化调整的微观基础。另外，以 1994
年《公司法》和 1997 年"抓大放小"政策的通过为标志，国有企业改
革跨入了"快车道"。事实上，自 20 世纪 90 年代中期开始，大部分国
有中小企业已经亏损，而党的十五大以后，地方官员获得了进行国有
部门改革的权力[3]，地方政府有足够的动力处理这些亏损企业。经过改

---

① 高费用率下的国有企业绝不缺少存货最大化的激励，毕竟只有进行生产和销售才能
　实现高费用率。
② 国有银行信贷增速是指国有商业银行对政府和非金融机构债权的年度平均增长率，
　用以对国有企业贷款进行大致估算。
③ 改革的权力包括破产、出售和拍卖以及收购和合并的权力；改革后最显著的特征即
　合资企业占工业企业的比重由 1998 年的 6.4% 迅速跃升至 2004 年的 42.1%。

革，国有经济布局和结构不断优化，国有企业公司治理水平大大提升，国有企业逐步成为市场竞争主体，为改革提供了稳定的社会及宏观经济环境。

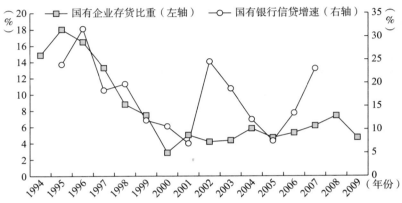

**图3  1994～2009年国有企业存货比重及国有银行信贷增速**
注：个别年份数据缺失。
资料来源：根据相关年份《中国统计年鉴》《中国金融年鉴》数据整理。

国有企业的这种"高毛利率、高费用率、低利润率"特征对理解中国经济增长有何帮助？易纲、林明（2003）认为国有企业的费用最大化导致中国经济流量（GDP）高速增长、个人收入超分配、资源向非国有部门漏出，从而在20世纪90年代中期中国宏观经济形成了一种自我加强的增长模式。由于个人来自国有企业的收入（劳动报酬）高速增长，而政府财政却因来自国有企业的低利润率而增速放缓，这就为国有银行和国有企业进行新的投资提供了资金来源，如此循环往复。具体表现为：从收入法GDP的组成来看，来自国有企业的个人所得以及国有企业固定资产折旧的高速增长弥补了国有企业利润率的低下，因而并不妨碍GDP的高速增长。Naughton（2007）认为居民储蓄率的提高也不能简单地用收入的更快增长来解释。相反，储蓄行为的变化是对变化的经济环境做出的反应。中国居民收入自1978年提速后一直处于增长状态，但居民储蓄率在1993年达到峰值后逐年下降（2000年后重启升势）。基于宏观数据和整体经济的表现难以反映中国经济多层次、动态及复杂的现状，对于居民收入的迅速增长是否与国有企业的高费用率有必然联系需进一步验证，但居民储蓄率的下降在某种程度上可以印证当时非国有投资的飞速发展，1992 年大批官员和知识分子投身私营工商界①，构成了我国第二代企业家主体。随着国有企业改革的推进，这种成本极高的增长模式逐渐发生转变，蓬勃发展的非国有企业也日渐成为中国宏观经济增长的微观基础，为平稳进行产权改革提供了经济基础。从制度变迁的角度看，国有企业在这一过程中至少具有效率增进的性质。②

## （三）经济增长的问题与国有企业改革的难点

尽管国有企业净利润率自 2000 年后的近 10 年出现了明显的上涨，但实际财务绩效仍低于非国有企业的水平。如图 4 所示，2001～2009 年，国有企业的平均净资产收益率为 8.16%，低于非国有企业的 12.9%。2000～2008 年，国有企业的净利润率超过非国有企业，同时国有企业的净资产收益率也呈现较快增长态势，这与中国经济增长的周期性趋势基本吻合。2001～2007 年，我国 GDP 增速总体呈上升趋势，在 2007年达到顶峰，同比增长 14.2%。2007 年之后 GDP 增速放缓，2009 年降至 9.1%。因此，国有企业真实绩效的变动可能在更大程度上归因于国民经济的周期性因素。统计数据上的一个证据即 1998～2009 年国有企业固定资产有用系数③年均值为 0.62，而非国有企业固定资产有用系数为0.75。国有企业的真实绩效低于非国有企业以及国有企业赢利能力分化④

---

① 据当时人事部统计，1992 年，辞官下海者达 12 万人，不辞官却投身商海者超过 1000万人，可谓"全民皆商"。

② 譬如之前人们对国有银行低效率的质疑，其实在金融交易市场尚不存在的情况下，由国家通过强制力构建的国有金融机构在私人贷方与国有借方之间架起了一座桥梁。如果没有这种外生性国有金融中介的存在，二者之间发生关系将是极为困难的，甚至几乎不可能。

③ 固定资产有用系数是指企业固定资产净值与固定资产原值的比率，体现了企业固定资产更新的快慢和持续发展的能力。

④ 2010 年，中央企业共实现利润 13415 亿元，占国有企业利润总额的 67.5%。2009年，在中央企业实现的利润中，中国石油、中国移动、中国电信、中国联通和中国石化等 10 家企业实现的利润占到 70% 以上，其中中国石油和中国移动分别实现利润1285.6 亿元和 1484.7 亿元，仅这两家企业实现的利润就超过了全部中央企业利润的30%。

等现象本身就意味着国有企业改革并未结束。

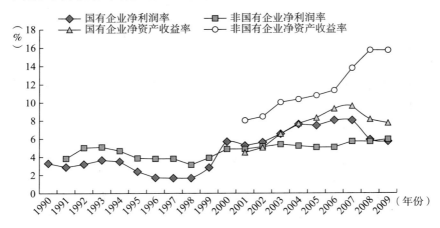

**图 4　1990～2009 年国有企业与非国有企业净利润率和净资产收益率**

注：个别年份数据缺失。

资料来源：根据相关年份《中国统计年鉴》数据整理。

目前，国有企业已经成为我国经济活动中既稳定又重要且相对而言性质明确的角色，一个强大的中央直属国有企业群体逐渐成为我国体制的长期特征。国有企业的稳定性和日益增强的赢利能力鼓舞政府利用国有企业来实现自己的政策目标。一流的中央企业如中国石油、中国石化、中国海油和中铝集团等先后走出国门获取海外的自然资源①，中国国有企业既能从政府支持中获益，又能从国有银行中获得丰厚的信贷，日渐成长为全球经济格局中的重要行为人。但随之而来的是人们担忧这些具有强大融资能力②的大型国有企业是否会遏制非国有企业此前的蓬勃扩张局面？作为尚处于向市场经济转型的国家，"发展主义"政府与企业、金融部门的合作可以造就任何国家所无法形成的集中力。如何有效控制这种力量，成为未来中国成功实现经济结构调

---

① 按照国务院国资委的统计，截至 2009 年底，中央企业共投资设立境外单位近 6000 家，境外资产总额超过 4 万亿元。

② 据刘小玄、周晓艳（2011）对 2000～2007 年约 33 万家企业数据的研究，从实际利息率（企业财务费用/企业总负债）来看，国有企业实际上只需要支付 1%～6% 的融资费率。考虑到规模因素，大中型民营企业的融资费率比大中型国有企业高 6 个百分点，小型民营企业的融资费率比小型国有企业高 9 个百分点。

整和保持经济高增长模式的关键，其核心便在于国有资产管理体制改革。另外，国有企业改革最需要的恰恰是来自企业内部的变化动力，这种动力产生的必要条件即市场的竞争压力以及国家在宏观层面推动的制度变革。目前国有企业改革两个层面的不协调不仅难以抑制国有企业在宏观经济向好时过度亢奋，而且使得微观层面已经完善的各种治理机制流于形式，难以真正发挥作用。因此，如何处理好政企之间的关系、政府如何从"发展主义"向"市场增强型"转变、国有企业效率如何进一步提升等均是这一问题在不同角度的体现。

## 三　结论

中国经济在转型过程中获得了高速增长，国有企业在改革中获得了新生。中国特色的市场经济既不会落入既有理论的窠臼，也不会与现成的欧美发展方式趋同，构建一个能够解释中国转型中经济高增长以及国有企业改革路径的分析框架，无论是对加深学术界对中国转轨过程的理解，还是对提高我们关于中国经济未来增长前景的判断力，抑或是为推动中国尚未完成之转型提供有效的政策建议，其意义都不言而喻。内生性制度特征下的国有企业改革不仅为我们提供了一个理解中国经济增长的近距离视角，而且关系着中国经济转型能否取得最终成功。本文通过对国有企业改革的两个层次——宏观管理体制及微观经营方式的把握来理解中国经济增长：政府可以通过国有经济的控制力发挥对国民经济的间接作用，从而实现其宏观经济效率；国有企业的"高毛利率、高费用率、低利润率"特征在实现中国经济转型及增长方式转变过程中具有效率增进的性质，因此可以更好地理解目前中国经济增长的处境。

我国的经济体制尚未完全转向市场经济体制，国有资产管理体制改革相对滞后是一个重要原因。渐进的改革是"摸着石头过河"，因而政府的很多行为具有短期化倾向，即包络行为，表现在经济生活中就是政府和企业某种程度的绑定。当经济处于高速运转轨道时，中央政府的作用能否和怎样淡出，左右着区域经济振兴格局的强势地方政府的角色能否和如何弱化，这些都是没有明确答案的问题。国有企业改革是经济改革过程中诸多矛盾与利益博弈的长期积淀，与早期农村生产组织改革不同的是，国有企业改革与其他领域的改革息息相关，国有企业改革的顺利进行与最终完成，必须有相应的财税体制、社会保障体制与资本市场、经理人市场以及政府职能等多方面的一系列配套制度改革与相关市场的完善相吻合，但这些方面恰恰又是我国整体改革中相对滞后的领域。显然，在一个利益博弈的新时代，我们需要跳出改革思维的习惯定式。其中，从实际出发的经济研究，既肩负着重大的使命，也拥有远大的前途。

## 参考文献

［1］〔波〕布鲁斯、拉斯基：《从马克思到市场：社会主义对经济体制的求索》，银温泉译，上海三联书店、上海人民出版社，1998。

［2］黄险峰、李平：《国有企业部门规模与经济增长：基于中国各地区的经验研究》，《产业经济评论》2008 年第 2 期，第 1～21 页。

［3］李军林：《声誉、控制权与博弈均衡——一个关于国有企业经营绩效的博弈分析框架》，《产业经济评论》2002 年第 1 期，第 59～71 页。

［4］林青松、李实：《企业效率理论与中国企业的效率》，《经济研究》1996 年第 7 期，第 73～80 页。

［5］林毅夫：《新结构经济学——重构发展经济学的框架》，《经济学》（季刊）2011 年第 1 期，第 1～32 页。

［6］林毅夫、巫和懋、邢亦青：《"潮涌现象"与产能过剩的形成机制》，《经济研究》2010 年第 10 期，第 4～19 页。

［7］刘瑞明、石磊：《国有企业的双重效率损失与经济增长》，《经济研究》2010 年第 1 期，第 127～137 页。

［8］刘小玄：《中国工业企业的所有制结构对效率差异的影响——1995 年全国工业企业普查数据的实证分析》，《经济研究》2000 年第 2 期，第 17～25、78～79 页。

［9］刘小玄、周晓艳：《金融资源与实体经济之间配置关系的检验——兼论经济结构失衡的原因》，《金融研究》2011 年第 2 期，第 57～70 页。

［10］ 刘元春：《国有企业的"效率悖论"及其深层次的解释》，《中国工业经济》2001 年第 7 期，第 31～39 页。

［11］ 马理：《大公司效应与监管博弈中的合理均衡》，《产业经济评论》2003 年第 1 期，第 56～67 页。

［12］ 平新乔：《中国国有资产控制方式与控制力的现状》，《经济社会体制比较》2003 年第 3 期，第 63～68、129 页。

［13］ 宋立刚、姚洋：《改制对企业绩效的影响》，《中国社会科学》2005 年第 2 期，第 17～31、204 页。

［14］ 涂正革：《我国大中型工业企业生产率与技术效率的随机前沿模型分析》，华中科技大学博士学位论文，2005。

［15］ 谢千里、罗斯基、郑玉歆：《改革以来中国工业生产率变动趋势的估计及其可靠性分析》，《经济研究》1995 年第 12 期，第 10～22 页。

［16］ 姚洋：《非国有经济成分对我国工业企业技术效率的影响》，《经济研究》1998 年第 12 期，第 29～35 页。

［17］ 姚洋、章奇：《中国工业企业技术效率分析》，《经济研究》2001 年第 10 期，第 13～19、28、95 页。

［18］ 易纲、林明：《理解中国经济增长》，《中国社会科学》2003 年第 2 期，第 45～60、205 页。

［19］ 张晨、张宇：《国有企业是低效率的吗》，《经济学家》2011 年第 2 期，第 16～25 页。

［20］ 周俊：《企业工会行政化趋向及其社会化回归》，《党政干部学刊》2010 年第 5 期，第 54～56 页。

［21］ 周其仁：《公有制企业的性质》，《经济研究》2000 年第 11 期，第 3～12、78 页。

［22］ Aoki, M., *Toward a Comparative Institutional Analysis*, Cambridge：MIT Press, 2001.

［23］ Aron, J., "Growth and Institutions", *World Bank Research Observer*, 2000, 15 (1), pp. 99 – 135.

［24］ Cai, J., Tylecote, A., "A Healthy Hybrid：The Technological Dynamism of Minority – state – owned Firms in China", *Technology Analysis and Strategic Management*, 2005, 17 (3), pp. 257 – 277.

［25］ Chandler, A. D., Amatori, F., Hikino, T., *Big Business and the Wealth of*

*Nations*, Cambridge Books, Cambridge University Press, 1997, pp. 4 – 8.

[26] Naughton, B. , "China's Macroeconomy in Transition", *China Quarterly*, 1995, 144, pp. 1083 – 1104.

[27] Naughton, B. , *The Chinese Economy—Transitions and Growth*, The MIT Press, Cambridge, 2007.

[28] World Bank, *The East Asian Miracle: Economic Growth and Public Policy*, New York: Oxford University Press, 1993.

# 国有企业经营效率的理论回顾与展望

　　改革开放是中国发展的重要转折点。习近平总书记在党的十九届一中全会上指出："没有改革开放，就没有中国特色社会主义，就没有今天中国兴旺发达的大好局面。"随着国内外形势的变化和我国各项事业的发展，新时代向我们提出了新的重大课题——"必须从理论和实践结合上系统回答新时代坚持和发展什么样的中国特色社会主义、怎样坚持和发展中国特色社会主义"（习近平，2017）。对此理论问题的回答应当从中国自身的经验出发进行提炼和总结。回顾改革开放的实践历程并厘清穿插其中的理论争论，其意义是多方面的：不仅为中国未来的改革方向提供了指引，而且为其他发展中国家借鉴中国智慧和中国方案提供了方向。

　　改革过程本质上是一次经济转型的过程。在中国独特的政治经济背景下，国有企业作为转型的核心，也是长期以来争议最大的领域。学术界对国有企业的认识远未达成共识，并且长期处于争论状态（姚东旻、李军林，2016）。对国有企业问题的回顾和探讨，不仅有助于我们更深入地理解改革的影响，而且是推进中国改革经验和经济理论相融合的重要切入点。我们对国有企业相关理论进行总结和梳理，不仅希望能够帮助理解国有企业的定位和目标，更希望能从制度建设和经济秩序转型的角度弥合中国实践和经济理论之间的裂痕。

　　回顾和总结国有企业相关理论争论对理解中国整体改革过程具有以小见大的启发意义。这是因为，国有企业问题不仅是微观个体效率的问题，而且是宏观经济模式效率的问题，涉及（宏观的）整体经济模式的效率和（微观的）国有企业运营效率两个不同层面。一方面，国有企业是政府主导型经济模式中的重要一环，对国有企业功能的理解和效率的评判必然取决于对政府主导模式的效率的评判；另一方面，国有企业作为一种经营组织，其内部运营效率的高低也直接决定了国有企业能否发挥其应有的作用。

宏观效率与微观效率问题相互缠绕，构成了国有企业问题的复杂性。从逻辑上看，对此问题的梳理应从宏观视角入手，即从政府在经济发展过程中的作用，以及实际经济秩序如何形成角度去认识和理解。所谓经济秩序，是指实际的经济运行方式。对经济秩序的理解内容不仅包括特定经济秩序下各个经济参与人如何互动，而且包括如何从一个经济秩序转变为另一个经济秩序的过程，即经济变迁过程。对以上深层问题的不同认识导致学者对国有企业作用形成不同判断，因而在评价标准的选择上出现了巨大差异。

从新古典经济理论出发，部分学者认为市场主导型的经济模式可以引致有效的自发经济秩序，因此政府不应过多地干预经济。持此观点的学者往往认为，将国有企业改造为一般市场竞争主体可以提升经济效率和社会整体福利水平。其依据在于，根据他们的理论推演和测算，国有企业的经营效率和市场竞争效率均低于民营（私营）企业。我们将这类观点称为"国企低效论"。还有一些学者从中国改革的现实出发，认为新古典经济理论对政府职能和政府对国有企业定位的认识过于狭隘。他们强调对国有企业效率的认识不应局限于国有企业的赢利能力，而应关注国有企业承担的类似赶超中心、公共品提供、宏观稳定器等非经济职能，因为后者才是国有企业的主要职能所在。这样的观点也隐含以下前提：单靠市场机制不足以维持有效的经济秩序，还需要政府进行合理干预，而国有企业是政府干预的重要载体。我们将这类观点称为"国企有效论"。

国企有效论虽然更加符合人们的历史经验，但是在理论基础上并不完善。这是因为它并没有从理论角度论证其前提的正确性，即回答"在经济转型中政府为什么要承担特殊职能"以及"政府应该承担什么样的特殊职能"等根本性问题。直到近期才有一些学者从制度经济学视角给出了一个理论解释。他们提出，经济的改革和发展需要以适合当地实际情况的制度体系为前提，而相关制度的建设不是自发出现的，需要以政府主导的方式完成。换言之，政府需要为经济转型提供适合的制度基础，并且承担相关的制度试错成本和制度不完善时的部分功能。我们称这类观点为"制度论"。

国企低效论实际上由两个部分组成，分别从宏观经济秩序的形成和微观企业定位两个层面论述了市场主导模式的优势以及国有企业应该遵从"市场原则"被改造为一般竞争主体的原因。国企低效论将经济的宏观运行逻辑与微观的企业运行逻辑纳入统一的理论框架中，并形成了严谨的逻辑闭环。因此，此类理论对其国有企业定位的观点虽然饱受国企有效论的质疑，却仍然没有遇到整体理论体系层面的实质挑战。

根据图1展现的逻辑关系，国企有效论和制度论之间实际上也存在理论体系层面的相互支持和印证，但遗憾的是两类研究仍处于相对割裂的状态。国企有效论和制度论之间的联系在于，二者均从市场制度的可能缺陷出发，对转型期的政府职能提出了更加广泛的要求，而不局限于"守夜人"，并在此基础上对中国特有的制度安排展开分析。然而，两种理论对市场制度缺陷和政府职能问题的讨论较为模糊，更没有尝试过系统性的融合。

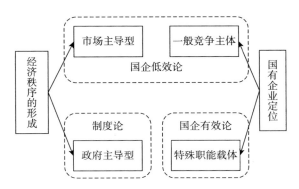

**图1　国企低效论、国企有效论和制度论之间的逻辑关系**

我们期望能够通过对现有文献的回顾和梳理，从改革的重要性和政策实验的必要性这一切入点出发，尝试明晰国企有效论与制度论之间的联系，以便进一步厘清中国经济改革的核心逻辑。具体而言，本文希望说明新古典经济理论框架过于简化，无法准确刻画经济秩序形成的动态过程，并且理解国有企业定位和效率问题的核心在于探讨中国社会变迁和制度变迁的逻辑，而探讨社会变迁和制度变迁的第一步便是还原社会、政治、经济互动的复杂性。

# 一　国企低效论：理论与反思

计划经济时期的经济低效与改革开放后市场经济下的经济活力形成了鲜明对比。基于这一观察，许多学者提出利用市场机制配置资源比通过计划手段配置资源的经济效率更高，而且国有企业作为计划经济下的产物也表现出较低的经济绩效。我们不妨称这种观点为国企低效论，其核心观点可以被简要地总结为两个命题：第一，市场经济的资源配置效率高于计划经济；第二，由于继承了计划经济的弊端，国有企业在市场中的经营效率低于私营企业。这两个命题构成了一个完整的逻辑链条。

市场经济资源配置效率的研究可以追溯到亚当·斯密。他认为"由独立的且追求不同价值的行为所推动的社会系统与最终一致平衡状态相统一的理念，无疑是经济思想对理解社会过程所贡献的最重要智慧"（Arrow，Hahn，1971）。这一观点在 Arrow 和 Debreu（1954）的努力下以数学模型方式正式地表达出来，被称为一般均衡理论。根据福利经济学第一定理，如果一般均衡存在且不存在外部性，那么此均衡结果是弱帕累托有效的（Arrow，1951；Debreu，1951）。这意味着，即使存在一个全知全能的计划者，那么他所设计的资源配置结果也不会帕累托占优于市场机制下的一般均衡结果，因此利用市场对资源进行配置不是一个坏主意。

福利经济学第一定理为市场经济的有效性提供了有力的支持，以致政府对经济的干预被限制在市场失灵的情况。市场失灵的情况被认为十分罕见且特殊①，因此从资源配置效率角度看，几乎可以认为市场有能力也应该指导一切资源配置。基于一般均衡理论和福利经济学第一定理的政策建议自然是在私有制下建立足够多的市场以及维持完全竞争（Ledyard，2008）。

对政府干预的极端情况——计划经济的一种批评来自哈耶克（Hayek）。他认为市场机制最根本且最容易被忽略的优势在于其对分散信息的有效利用能力（Hayek，1937，1945）。计划经济客观上无法对零散知识进行有效利用，而市场却可以通过简单的价格信号促使零散信息能够有效交流和利用：消费者无论出于什么原因增加了消费量，市场都会立刻表现为价格的上涨，而生产者无须知道消费者为什么增加消费量，只需知道价格上涨，便会自动扩大生产以满足消费者需求。从本质上看，这是因为价格信号充分反映了私人信息。因此，在市场机制下，通过价格信号的协调，信息被有效沟通，知识被有效利用，进而生产和消费实现有效匹配。

国有企业的微观经营效率也受到诸多质疑。雅诺什·科尔奈（2007）以及 Makowski 和 Ostroy（1993）认为价格机制除了对供求信息进行刻画以外，最重要的功能在于为参与人提供了利用私人信息的激励，而这一点是行政命令很难做到的。在国有企业背景下，这意味着虽然理论上存在政府对经济有效干预的可能，但是由于行政系统无法为具体的执行者（即国有企业领导人）提供足够的激励，因此理论上的效率无法真正实现。在市场机制下，追求利润最大化的企业在价格的引导下有激励关注自身的运营效率，但是在政府主导的经济体制下，企业经营在很大程度上是为了完成行政任务，因此企业领导更关注任务的达成而非效率，从而造成预算软约束和投资饥渴症等问题。

在中国，许多学者也从不同方面指出了国有企业中激励扭曲的原因，并且尝试通过实证研究进行论证。张维迎（1995）认为国有企业低效的原因在于产权不合理，需要通过产权改革理顺激励。林毅夫等

---

① 实际上，市场失灵的范围远远大于"蜜蜂和苹果"或者"灯塔"这类直观的例子，尤其是在发展中国家，市场失灵的例子比比皆是。

（1997）认为国有企业低效的原因在于其承受了政策性负担，导致价格信号扭曲，无法对企业绩效进行合理激励，因此应该剥离国有企业负担，促进有效竞争，为国有企业治理提供充分信息。刘瑞明和石磊（2010）以及刘瑞明（2011）认为国有企业的低效不仅来自对资源的低效利用，而且来自金融抑制、市场分割和要素市场垄断等方式造成的资源配置扭曲。Li 等（2015）认为国有企业在上游要素市场的垄断是2000 年后国有企业绩效改善的原因，但是这种赢利模式不可持续。

许多经验研究进一步验证了国有企业低效的假说。刘小玄（2000，2003）以及姚洋（1998）利用1995 年全国工业普查数据论证了国有企业的技术效率低于非国有企业。沈坤荣等（2007）发现，地区经济增长与国有部门产出份额呈负相关关系，并且国有企业职工占比每下降10 个百分点，GDP 实际增长率将上升 1.6 ~ 2.3 个百分点。吴延兵（2012）通过对1998 ~ 2003 年的数据分析发现，国有企业在生产和创新效率层面均低于民营企业。刘瑞明和石磊（2010）发现国有企业存在双重效率损失：一方面，国有企业的生产低效造成效率损失；另一方面，资源错配导致国有企业具有"拖累"效应。靳涛和陈嘉佳（2014）利用1994 ~ 2010 年各省（自治区、直辖市）面板数据，发现了类似的效应。

平新乔等（2003）发现国有企业中代理成本相当于 60% ~ 70% 的利润潜力，这也导致国有企业仅实现了 30% ~ 40% 的效率。此外，通过租赁、出售或租售国有企业的方式，利润潜力的利用率大约可以提升 20%。李寿喜（2007）对电子电器行业的研究发现，国有企业的代理成本最高，但是随着竞争程度的提高有下降的趋势。白重恩等（2006）发现，改制后国有企业的经济效益提升主要来自代理成本的下降。

概而言之，在国企低效论的逻辑体系内，经济绩效的提升有赖于市场机制的进一步完善以及国有企业向一般市场参与者的转型。这不仅包括放开市场竞争、打破行业垄断，而且包括减轻国有企业的额外负担、维持公平的竞争环境（林毅夫等，1997），甚至更激进地让国家的股权变为债权（张维迎，1995）。无论具体措施如何，其核心方向是清楚的，即通过减少额外权责的方式将国有企业逐渐转变为市场机制下的一般竞争者，并且通过维护市场有效竞争来保证经济的整体效率。

然而，作为国企低效论的理论基础，一般均衡理论本身也受到了来自理论和现实的质疑。从理论层面讲，一般均衡理论仅仅告诉我们存在一个有效的市场均衡，但是并不保证市场机制下的供需法则会引导当前经济逐渐收敛到此均衡。均衡的收敛性问题被称为均衡的"稳定性"问题。如果均衡具有稳定性，那么建立市场机制之后，政府只需"站在一边静静地享受自发出现的增长"即可（Roll，Tallbott，2001）。然而，如果均衡不具有稳定性，那么很可能在市场机制建立后资源配置情况仍然长期偏离市场均衡，甚至更加恶化。遗憾的是，均衡稳定性往往不成立或仅在极其苛刻的条件下成立。

Arrow 和 Hurwicz（1958）以及 Arrow 等（1959）在严格的总替代性（Gross Substitutability）假设下证明了一般均衡的稳定性，但是经济学家发现很难将此假设进一步放松。Scarf（1960）给出了互补性条件下价格无法收敛到均衡点的反例，而且 Sonnenschein（1972）发现，在一般均衡框架下，对市场过剩需求函数的二阶偏微分矩阵并没有任何限制，而此矩阵直接影响均衡的局部动态性质，因此存在大量的反例。如果市场力量不足以保证均衡的稳定性，那么能否设计出一种价格调整机制使其得到保证？Smale（1976）证明了如果价格调整采用一种类似于数值分析中牛顿法的方式进行，那么可以保证一部分初始情形收敛到均衡点。然而，此时价格调整所需的信息量大大增加——不仅需要知道超额需求，而且需要知道超额需求函数在各处的一阶导数。由于此时一个市场中的价格调整不仅依赖于本市场面临的超额需求，而且需要考虑其他全部市场的情况，因此其现实意义有限。Saari 和 Simon（1976）证明了无法消减上述牛顿过程所需的信息量且同时保证其有效性。

简单说来，即使在一般均衡框架内，"看不见的手"的寓言也不能得到支持：市场机制本身无法保证价格总是趋向均衡点。这也意味着一般均衡模型的规范性意义有限——对于后发国家而言，将资源配置功能完全交给市场无法保证经济可以自发地发展并收敛到资源有效配置的情形。

从实践层面讲，市场制度常常也会导致协调失败。为了克服协调失败，Rosenstein-Rodan（1943，1961）基于现实观察提出了著名的大推进（Big Push）理论，强调为了使经济脱离低水平均衡必须在很多不同领域同时进行配套投资。他还认为在经济发展初期，一个产业的现代化投资也会增强另一个产业的赢利能力，即经济中充满了外部性。因此，对于大多数产业而言，虽然单独进行现代化投资是不合算的，但是如果所有产业整体现代化，那么这些产业便可以同时赢利。换句话说，经济发展面临协调问题，毕竟所有产业难以同时实现现代化。Rosenstein-Rodan 的理论意味着发展中存在普遍的多均衡问题，而且如果没有额外的发展协调计划，即使存在正常运行的市场机制，不发达国家也仍可能被困在低水平均衡中。在这种情况下，市场失灵直接表现为协调失败。后来的经济学者也分别从收入的外溢性（Murphy et al.，1989）、分工程度与市场规模的互补性（Rodriguez-Clare，1996）以及人力资本投资的规模报酬递增性（Rodrik，1996）等方面进一步解释经济互补性和溢出效应的来源。

Hirschman（1958）认为无法想象这么多条件可以在不发达国家中同时满足，不发达国家不能奢望所有条件均成熟时的经济发展，只能在发展过程中逐渐满足这些条件。更重要的是，他认为不发达国家应该将一个核心产业作为战略性产业入手，借助 Rosenstein-Rodan 所描述的产业相互关联来实现"跷跷板式"的增长。Hirschman（1984）还进一步指出，约束不发达国家经济增长的往往不是物质资本的稀缺，而是企业家决策能力的不足，不平衡发展战略可以将复杂的经济发展任务以引致需求的方式明确地展示出来，既降低了决策难度，也极大地提升了企业家的决策能力。需要注意的是，对核心产业的拉动往往是违反当前市场规律的，但是对经济的长期发展则具有重大意义。因此，简单地利用利润指标对其进行衡量无法准确地认识到其全部经济作用。

# 二　国企有效论：基于现实的观点

与国企低效论不同，部分学者从中国经济现实背景和国有企业实际承担的职能出发，对国有企业效率进行评价。两种思路的最大区别在于前者研究的出发点是中国经济（在理论上）的一般性，而后者研究的出发点是中国经济（在实践上）的特殊性。二者提出了对国有企业效率不同的评价标准。

为了与国企低效论相区别，我们称后一种观点为国企有效论。需要注意的是，国企有效论并不是说国有企业是高效的，而是强调根据一般理论（尤其是新古典经济理论），国有企业的部分功能虽然并不应该由其承担，却是实际经济发展所需要的。国企有效论同时强调，国有企业有时也无法很好地承担此类功能和职责，因此进一步改革的方向是提升国有企业对相应功能和职责的承担效率与能力。

## （一）　国有企业的定位

对国有企业定位的讨论是研究国有企业效率的核心。从法律角度来看，公有制经济具有重要地位。我国《宪法》第六条规定，中华人民共和国的社会主义经济制度的基础是生产资料的社会主义公有制。《党章》也明确指出，必须坚持和完善公有制为主体、多种所有制经济共同发展的基本经济制度，并且在发展经济过程中必须毫不动摇地巩固和发展公有制经济。将公有制的主体地位写入《宪法》和《党章》意味着公有制经济不仅具有经济意义，而且具有政治意义。卫兴华（2012）指出，以国有经济为核心的公有制经济是共产党执政的经济基础和物质手段。因此，对国有企业定位的讨论不应脱离中国的政治制度这个大前提。

金碚（1999a，1999b）提出国有企业是一种"特殊企业"，是在特殊情况下解决特殊问题的组织形式，因而具有特殊的责任，并且也获得了特殊的权利。对国有企业的评价需要考虑双重绩效，即市场竞争力和所有者利益（国家和人民意志），并且后者更为关键——国有企业如果不承担社会责任，其存在的意义便很难解释。具体来说，第一，国有企业是政府直接干预市场、弥补市场缺陷的手段；第二，国有企业是发展战略性民族产业的保证；第三，国有企业是公有制的实现形式之一。

刘元春（2001）认为国有企业是一种特殊的制度安排，可以在赶超时期承担技术模仿、扩散和赶超的任务，在转型时期维持宏观经济稳定，并且在制度不完美的"次优世界"提供福利和公共物品。纪宝成（2004）认为转型期间国家的调控能力有限，再加上市场建立不完善，使得很多理想市场经济中不属于公共物品的商品和服务体现出了公共物品的特性，需要国有企业作为国家政策的传导中介和公共物品的提供者来参与市场。李军林等（2011）认为，在中国政府主导、投资驱动的增长模式中，国家经济的方针、政策和目标均需要国有企业来贯彻实施。黄险峰和李平（2008）进一步认为，如果考虑国有企业产出效应（减少失业和维护社会稳定）对其他部门的影响，国有企业同其他经济部门相比，对经济增长的贡献并不存在显著差异。黄群慧等（2009）对中国100强企业的社会责任表现进行考察，发现中央企业和国有企业的社会责任指数远远领先于其他所有制企业。

总的来说，国企有效论不仅从经济效率和赢利能力角度出发对国有企业进行定位和评价，而且结合政治体制和社会需求的现实情况，拓展了国有企业的职责。可以看出，这种观点认为国有企业履行了一部分理论上的政府职责，这也解释了政府和国有企业之间联系的必要性与合理性。从这一点上看，国企有效论和国企低效论的观点正好相反，认为正是由于国有企业承担了非经济的责任才具有存在的合理性，因此不应将其改造成一般的竞争性企业。

## （二）国有企业改革的目标

对国有企业的定位不同直接决定了国企有效论对国有企业改革目标的判断与国企低效论不同。金碚（1997）指出，改革绝不是要消灭公有制经济，而是要促进公有制经济和私有制经济之间的融合。季晓南（2017）强调，改革是为了实现国有企业的自我完善，进而使其更好地承担推动经济发展、完善和发展中国特色社会主义制度、实现中华民族伟大复兴的使命和责任，而不能被错误地理解为削弱国有企业，更不是搞全盘私有化。

从产业布局角度看，国有企业改革需要增强国有企业对经济的控制力。国有企业对经济的控制力并非从数量上体现，而是从效果上体现，即要求对国有企业的产业布局进行优化。金碚（1999a）认为国有企业应成为具有主导和控制力的"精干的少数"。这意味着国有企业必须实现效率和社会目标的统一，但是应该集中在少数特殊行业。金碚（2001）进一步将产业划分为竞争性产业、战略性资源产业、战略性高技术产业、管制性垄断产业、自然垄断产业、公用事业、非营利行业、敏感产业、高社会风险产业和不宜民间经营的特殊行业十个类型。除最后一个行业外，其他行业并非必须由国有企业完全控制，国有企业也并非必须退出。特别是在战略性竞争领域和国际竞争激烈的行业，国有企业应该成为行业骨干企业以增强国际竞争力。何诚颖（2002）认为，国有经济的战略性调整需要结合其定位，做到进退有序。具体说来，国有经济需要在六个部门保留：公益性部门（如公共交通）、政策性部门（如政策性银行）、涉及社会和国家安全的部门（如武器制造）、自然垄断部门（如铁路、电力）、基础设施部门（如港口）和高科技部门（如信息产业）。

从治理结构来看，国有企业改革的一个关键问题是如何理解"政企分开"。何诚颖（2002）指出，"政企分开"不是建立"无主管部门企业"，也不是要求国家不参与企业管理，而是要通过建立现代企业制度实现政府部门和企业经理人员的职能分开。金碚（1997）认为在现代企业制度下，资本所有权是企业经营决策权的最终来源，而这也意味着现代企业制度建立并不是要将国有企业改造为无约束的经济主体。相反，当前国有企业最大的问题恰恰是所有者（国家和政府）对经营者的约束太弱，导致所有者意志和利益无法有效体现。换句话说，"政企分开"的本质实际上是通过权责归位，更好地贯彻所有者的意图。因此，为了提升管理效率，需要采取分类改革的方式，对不同国有企业分别进行定位，进一步明确管理者的权责。邹俊和汤吉军（2017）则指出推进混合所有制改革是深化国有企业改革的重要政策工具和战略目标。

总的来说，国企有效论认为国有企业通过承担特殊职能支持了整体经济的运行，因此其改革目标的核心体现为如何更有效地使国有企业履行其特殊职能、更好地主导和掌控经济，而非单纯提升国有企业自身的经济绩效。这不仅要求国有企业优化产业布局，而且要求国有企业通过治理结构的改革使国家的意志得到反映。显然，这两点与国企无效论的建议完全相反。

然而此种观点仍没有解释的是，国有企业的这些特殊职能，或者说政府希望通过国有企业实现的目标，其合理性来源是什么？换句话说，为什么这些目标不能通过市场制度自发实现，或者政府部门为什么不能通过购买私营企业服务实现？目前，尚没有一个理论能够在统一的框架内系统地论证以上特殊职能的合理性。对这些问题的回答涉及一个深刻的问题：政府在改革和转型过程中的作用是什么？我们即将讨论的制度论便从有效制度建设和制度实验的角度提出了一种关于政府职能的观点。

# 三　制度论：政府在改革中的作用

许多西方经济学家根据标准经济理论提出经济增长的关键在于保护私有产权和公平竞争，我们不妨称这种观点为市场论。然而，经济学家对市场论的进一步反思指出，对于发展中国家而言，并非只要建立私有制和竞争机制就可以实现长期稳定增长。这是因为在充满"次优问题"的经济环境中，企业的微观效率与宏观社会效率并不统一，致使市场机制无法发挥预期的作用（刘元春，2001）。通过建立"最优"制度来解决"次优"问题所需承担的成本和不确定性往往巨大，甚至最好的解决方式有时是引入另一个"次优"制度（丹尼·罗德里克，2009）。

因此，对于转型国家而言，重要的不是"做对价格"，因为大量"次优"问题的存在导致几乎无法实现正确的价格，而是应考虑如何借助相关支持性制度的配合"做对激励"（王永钦等，2007）。从这个角度看，中国的渐进式改革并不是"大爆炸"的渐进版本，而是通过创新性和本土化的过渡性制度逐渐在放权的同时理顺经济激励的过程。

市场并不是一个自我创建、自我调节、自我稳定以及自我合法化的制度，其建立和顺利运转需要支持性制度。丹尼·罗德里克（2009）认为支持性制度至少包括产权制度、监管制度、宏观经济稳定制度、社会保障制度和冲突管理制度，而这些制度在阿罗－德布鲁（Arrow－Debreu）框架中均被假设预先存在或无足轻重，因此也导致市场论的分析往往缺乏制度因素。但是强调新古典经济框架缺乏对制度因素的考虑并不是说标准的经济原理不成立，而是意味着需要以合适的方式将制度因素重新引入分析。Qian（2002）也指出，忽视制度作用的研究往往混淆了改革的目标和实现目标的过程，因此无法正确理解中国在转型过程中使用的许多非常规但有效的改革措施。

许多学者因此尝试将制度因素引入分析，对中国如何在改革过程中以政府主导的方式逐渐建立市场机制的基础制度问题进行了深入讨论，我们将这类理论统称为制度论。与市场论的出发点不同，制度论学者认为：第一，标准的改革"蓝图"需要与本土知识相结合才能形成最合适（改革收益最大）的制度结构；第二，为了克服事前不确定性，必须进行有效的制度实验；第三，对经济制度的讨论不能脱离政治和行政制度的实际情况。从制度的角度看，市场和政府之间存在更深刻的联系，而且合适的激励效果仅在二者相互协调的情况下才能实现。因此，制度论特别注重对经济制度和政治制度的相互结合。

（一）改革不确定性和政策实验

正如 Dewatripont 和 Roland（1995）所指出的，许多对经济改革的分析隐含地假设了改革总是会改善所有人的状况，因此忽视了改革可能因失败而带来的成本以及相关的不确定性。在经济改革中可能出现两种相互关联的不确定性：改革本身是否可以达到预期目标，以及改革导致利益格局改变引发的政治阻力。

改革目标可能无法实现的原因在于理论上所谓"最优"的改革措施并非总与实际的经济要求一致。Mukand 和 Rodrik（2002）指出，在一个国家成功的改革措施可能会在另一个国家失败。例如，双轨制在中国的改革中起到了积极作用，但是在苏联的尝试则失败了。造成制度效果不同的原因可能是相关支持性制度不同，也可能是经济中许多扭曲相互作用导致结果最终难以预料。North（2010）也发现，由于非正式制度和具体执行情况的不同，相同的正式制度往往在不同国家中表现出不同的作用。

丹尼·罗德里克（2009）通过对中国、韩国和日本改革成功经验的总结发现，经济理论和制度安排并不是严格的一一对应关系：有效的制度安排一定是普适性的经济学原理与具体的经济背景相结合的结果。相同的经济原则可以通过不同的制度安排来满足，这也为制度选择的多样性预留了空间。除了前文提到的价格双轨制的例子外，乡镇企业的成功也是制度多样性的典型代表（Qian，2002）。虽然从西方经济理论上讲，产权归地方政府不会比归私人能够带来更高的效率，但是在中国当时特有的政治和法律条件下，企业家与地方政府合作比直接由私人经营更加"安全"，因此出现了大量成功的乡镇企业。

此外，改革的结果往往造成利益格局的改变，而这又会为改革带来政治风险。Fernandez 和 Rodrik（1991）证明了在改革收益和损失不确定的条件下，即使一项改革可以在事后使大多数人获得收益，在事前也会被大多数人否决。Dewatripont 和 Roland（1995）进一步指出，如果改革结果是不确定的，"大爆炸"方式可能（比渐进式改革）更难获得支持进而会更晚发生。

对改革有效性和政治约束的识别都需要本土知识，而在获得本土知识方面分散式试错的渐进式改革往往具有优势。姚洋（2008）将中国经济改革看作制度创新的过程。邵宁（2014）指出，国有企业的改革路径在很大程度上是被"倒逼出来"的。从家庭联产承包责任制和乡镇企业的出现到国有企业改革，再到经济特区，中央相关改革措施的出台往往基于地方实践经验（Xu，2011）。这种地方实验、中央推广的改革路径极大地降低了改革面临的不确定性。渐进式改革除了可以获得更多的信息（Qian et al.，2006）之外，还可以化解部分政治阻力。Wei（1997）发现，渐进式改革可以分散反对力量进而使改革更具可持续性。Laffont 和 Qian（1999）发现渐进式改革可以更好地化解反对力量，使改革不断深入。

## （二）政策实验的制度基础

回顾各国的改革历史，中国并不是唯一采用政策实验的国家。例如，赫鲁晓夫曾在 1957 年和 1958 年通过试错的方式进行分权改革。但是此改革最终因严重的协调困难而失败了，而且也成为东欧各国采取"大爆炸"改革的一个直接原因。那么，为什么其他国家的尝试不如中国成功？许多支持制度论的学者认为，这与中国独特的政治经济制度有关。

Qian 等（1999，2006）认为中国改革取得的成功与"试点－推广"实验模式的采用和 M 型的经济结构有关。"试点－推广"实验模式是指在改革措施正式出台之前，往往会在地方进行政策实验。在实验中获得的成功经验一经被认可便会广泛推广。例如，在 1979 年初探索国有企业改革具体措施的过程中，来自四川的放权让利经验就很快被高层认可并在全国推广。这种实验方式使中国以较低的成本进行试错，找到将经济原则与本土知识相结合的改革措施。此外，M 型的经济结构保证了不同地区之间经济结构的相似性，使得在一个地区有效的改革措施很可能在另一个地区仍然有效，进而试错经验可以被快速推广。Qian 和 Xu（1993）详细解释了中国 M 型经济结构的历史原因，并且说明在建立大规模私有经济部门的过程中，中国是通过地区分权和实验的模式逐渐引入非公部门的，而非类似东欧的全面私有化。地区分权和实验模式的优势是在建立足够规模的私有经济部门的同时，也建立了更为合理的竞争秩序和组织结构，而后者才是决定经济绩效更重要的因素。

政策实验模式要求为实验的主要执行者——地方政府提供足够的自主权和激励。"保护市场的联邦主义"从财政角度提出，中央政府向地方政府分权保证了地方官员有能力对辖区内的经济事务进行管理，而辖区间的竞争和政府间的制衡使得地方官员有激励促进经济发展（杨其静、聂辉华，2008）。Xu（2011）提出中国采取的制度是地区分权的威权（Regionally Decentralized Authoritarian，RDA）体制，其主要特点是政治和人事制度上的中央集权，以及经济事权上的地方分权。RDA体制以人事升迁为主线，激励地方政府官员结合自身私人信息积极进行地区改革实验，并展开区域竞争，由下而上地吸取地方改革经验，快速释放和发展生产力，带动中国整体经济增长。同时，配以官员轮转晋升制度，促使改革经验快速扩散，进一步推动经济增长。

# 四　总结性评述：跨学科研究的趋势

国企有效论和制度论具有内在的联系，因为它们都承认将计划经济元素直接改造成市场经济元素并不足以建立有效经济秩序，并尝试在一个更加广泛的视角下研究政府职能问题。但是这两类观点缺乏有效的相互支撑，因为有很多问题需要澄清，争论很多，理论研究也很薄弱。一个最关键的问题也是目前理论难以回答的问题是：有效经济秩序如何形成？

所谓经济秩序，是指经济的实际运行方式，它决定了每一类参与人以何种方式参与到经济的运行过程中。只有在准确、清晰地刻画中国经济运行模式的基础上，我们才能认识到此时政府与市场是如何分工配合维持经济运行的，以及此经济秩序是否有效和可持续等问题，进而再探讨国有企业通过何种方式承担了哪些职能以及是否有效的问题。

对国有企业效率评判的研究，第一步应该是基于现实对中国经济运行模式的细致刻画。更具体地说，必须准确地刻画包括政府、国有企业、私营企业在内的各类经济参与人的真实目标和可选行动。对于国有企业这类庞大的组织，由于其决策链条长且容易受到扭曲，还应对其内部各个部门的组织和决策方式进行更细致的考察。不能默认一种假想的经济秩序优于另一种假想的经济秩序，并基于此论证国有企业低效或者高效。当然，在现实中，具体的经济运行方式比上述描述更复杂。正如卡尔·波兰尼（2007）所指出的，经济秩序是嵌入（Embeddedness）在社会秩序之中的。我们必须将经济秩序放在社会互动的大背景下，才能完整地理解其运行过程。

回到国有企业问题，如果从经济秩序的角度入手，虽然分析更具可靠性，但是使关于国有企业效率和改革方向的问题更难回答了，因为涉及的问题都十分复杂和深刻，而且远远超出了经济学熟悉的领域。社会学、政治学、历史学等相关学科学者对这类问题的研究早已取得了丰硕的成果，可供经济学学者借鉴和学习。[①] 例如，关于"资本主义经济秩序如何替代旧秩序"的问题，韦伯（2010）从宗教改革入手，研究了资本主义精神如何从新教伦理中脱胎出来并获得民众的认可；赫希曼（Hirschman，1977）从思想史的发展过程入手，讨论了利益原则如何替代了中世纪价值观并在西方世界获得合法性；卡尔·波兰尼（2007）从"双重运动"的角度解释了现代国家的兴起——所谓"双重运动"，是指市场原则的扩张运动和反对市场力量的抵抗运动——并解释了社会各个阶级以何种目的、如何参与到"双重运动"之中，以及将社会秩序引向何处。对中国近代国家转型的研究，杜赞奇（2008）通过权力的文化网络、经济统治和国家政权内卷化等概念详细描绘了清末国家基层经济社会秩序的变革过程和原因。对于经济学家关心或者需要关心的问题，其他学科的学者已经做出了不容忽视的贡献，因此跨学科合作必然是未来研究的重要趋势。这种跨学科研究的推动，不仅具有学术价值，而且是中国特色哲学社会科学研究的重要起点。

---

① 更详细的介绍可参见刘守刚《财政经典文献九讲：基于财政政治学的文本选择》，复旦大学出版社，2015。

2016 年 5 月，习近平总书记在哲学社会科学工作座谈会上指出，理论创新只能从问题开始。我们以国有企业为切入点，结合国有企业改革实践和相关的理论争论，提出了"有效经济秩序如何形成"的关键问题。此问题的提出不仅立足中国改革实践，具有跨学科的内涵，而且与当下的重大时代课题①直接相关。因此，对此问题的研究不仅对中国特色哲学社会科学的发展具有借鉴意义，而且构成了应对新形势下挑战的理论基础，自然也应是学者未来研究的重要方向。

## 参考文献

［1］白重恩、路江涌、陶志刚：《国有企业改制效果的实证研究》，《经济研究》2006 年第 8 期，第 4 ~ 13、69 页。

［2］〔美〕丹尼·罗德里克：《相同的经济学，不同的政策处方》，中信出版社，2009，第 20 ~ 31 页。

［3］杜赞奇：《文化、权力与国家：1900 ~ 1942 年的华北农村》，江苏人民出版社，2008。

［4］何诚颖：《国有经济战略性改组与国有资本运营》，中国财政经济出版社，2002，第 7 页。

［5］黄群慧、彭华岗、钟宏武、张蒽：《中国 100 强企业社会责任发展状况评价》，《中国工业经济》2009 年第 10 期，第 23 ~ 35 页。

［6］黄险峰、李平：《国有企业部门规模与经济增长：基于中国各地区的经验研究》，《产业经济评论》2008 年第 2 期，第 1 ~ 21 页。

［7］纪宝成：《国有经济制度创新的几个理论与实践问题研究》，《中国人民大学学报》2004 年第 5 期，第 25 ~ 33 页。

［8］季晓南：《深化国企改革要打持久战和攻坚战》，《人民日报》2017 年 1 月 9 日。

［9］金碚：《国有企业的历史地位和改革方向》，《中国工业经济》2001 年第 2 期，第 5 ~ 16 页。

［10］金碚：《何去何从——当代中国的国有企业问题》，今日中国出版社，1997，

---

① 当下的重大时代课题即新时代坚持和发展什么样的中国特色社会主义、怎样坚持和发展中国特色社会主义。

第 14 ~ 17 页。

[11] 金碚：《三论国有企业是特殊企业》，《中国工业经济》1999a 年第 7 期，第 5 ~ 9 页。

[12] 金碚：《再论国有企业是特殊企业》，《中国工业经济》1999b 年第 3 期，第 5 ~ 12 页。

[13] 靳涛、陈嘉佳：《转移支付、国企软约束与效率损失——基于比较视角的研究》，《财经问题研究》2014 年第 4 期，第 89 ~ 96 页。

[14] 〔英〕卡尔·波兰尼：《大转型：我们时代的政治与经济起源》，冯钢、刘阳译，浙江人民出版社，2007。

[15] 李军林、万燕鸣、张英杰：《双重激励下的组织行为——一个关于国有企业（SOEs）的理论》，《经济学动态》2011 年第 1 期，第 86 ~ 88 页。

[16] 李寿喜：《产权、代理成本和代理效率》，《经济研究》2007 年第 1 期，第 102 ~ 113 页。

[17] 林毅夫、蔡昉、李周：《充分信息与国有企业改革》，上海三联书店、上海人民出版社，1997，第 112 ~ 126 页。

[18] 刘瑞明：《国有企业如何拖累了经济增长：理论与中国的经验证据》，复旦大学博士学位论文，2011，第 109 ~ 110 页。

[19] 刘瑞明、石磊：《国有企业的双重效率损失与经济增长》，《经济研究》2010 年第 1 期，第 127 ~ 137 页。

[20] 刘小玄：《中国工业企业的所有制结构对效率差异的影响——1995 年全国工业企业普查数据的实证分析》，《经济研究》2000 年第 2 期，第 17 ~ 25、78 ~ 79 页。

[21] 刘小玄：《中国转轨经济中的产权结构和市场结构——产业绩效水平的决定因素》，《经济研究》2003 年第 1 期，第 21 ~ 29、92 页。

[22] 刘元春：《国有企业宏观效率论——理论及其验证》，《中国社会科学》2001 年第 5 期，第 69 ~ 81、206 页。

[23] 平新乔、范瑛、郝朝艳：《中国国有企业代理成本的实证分析》，《经济研究》2003 年第 11 期，第 42 ~ 53、92 页。

[24] 邵宁主编《国有企业改革实录》，经济科学出版社，2014，第 2 页。

[25] 沈坤荣、科克·菲利普斯、李剑、张成、蒋锐：《中国的国有部门规模与地区经济增长》，《南大商学评论》（经济学版）2007 年第 3 期，第 70 ~ 94 页。

[26] 王永钦、张晏、章元、陈钊、陆铭：《中国的大国发展道路——论分权式改

革的得失》,《经济研究》2007 年第 1 期,第 4～16 页。

[27] 〔德〕韦伯:《新教伦理与资本主义精神》,康乐、简惠美译,广西师范大学出版社,2010。

[28] 卫兴华:《论坚持和完善中国特色社会主义经济制度》,载刘国光主编《共同理想的基石:国有企业若干重大问题评论》,经济科学出版社,2012,第 168～185 页。

[29] 吴延兵:《中国哪种所有制类型企业最具创新性?》,《世界经济》2012 年第 6 期,第 3～29 页。

[30] 习近平:《决胜全面建成小康社会 夺取新时代中国特色社会主义伟大胜利——在中国共产党第十九次全国代表大会上的报告》,《人民日报》2017 年 10 月 28 日。

[31] 〔匈〕雅诺什·科尔奈:《社会主义体制——共产主义政治经济学》,张安译,中央编译出版社,2007,第 114～117 页。

[32] 杨其静、聂辉华:《保护市场的联邦主义及其批判》,《经济研究》2008 年第 3 期,第 99～114 页。

[33] 姚东旻、李军林:《国有企业多元功能与运行效率:1999～2016 年》,《改革》2016 年第 3 期,第 37～48 页。

[34] 姚洋:《非国有经济成分对我国工业企业技术效率的影响》,《经济研究》1998 年第 12 期,第 29～35 页。

[35] 姚洋:《作为制度创新过程的经济改革》,格致出版社、上海三联书店、上海人民出版社,2008,第 13～14 页。

[36] 张维迎:《从现代企业理论看国有企业改革》,《改革》1995 年第 1 期,第 30～33 页。

[37] 邹俊、汤吉军:《完善混合制国有企业法人治理结构的路径选择——基于沉淀成本理论的分析》,《湖湘论坛》2017 年第 6 期,第 106～113 页。

[38] Arrow, K., Block, H., Hurwicz, L., "On the Stability of the Competitive Equilibrium, Ⅱ", *Econometrica*, 1959, 27 (1), pp. 82 – 109.

[39] Arrow, K. J., Hurwicz, L., "On the Stability of the Competitive Equilibrium, I", *Econometrica*, 1958, 26 (4), pp. 522 – 552.

[40] Arrow, K. J., "An Extension of the Basic Theorems of Classical Welfare Economics", In Neyman, J. (ed.), *Second Berkeley Symposium on Mathematical Statistics and Probability*, Berkeley: University of California Press, 1951, pp. 507 – 532.

[41] Arrow, K. J. , Debreu, G. , "Existence of an Equilibrium for a Competitive E-conomy", *Econometrica*, 1954, 22 (3), pp. 265 – 290.

[42] Arrow, K. J. , Hahn, F. , *General Competitive Analysis*, North – Holland, 1971.

[43] Debreu, G. , "The Coefficient of Resource Utilization", *Econometrica*, 1951, 19 (3), pp. 273 – 292.

[44] Dewatripont, M. , Roland, G. , "The Design of Reform Packages under Uncertainty", *The American Economic Review*, 1995, 85 (5), pp. 1207 – 1223.

[45] Fernandez, R. , Rodrik, D. , "Resistance to Reform: Status Quo Bias in the Presence of Individual-specific Uncertainty", *The American Economic Review*, 1991, 81 (5), pp. 1146 – 1155.

[46] Hayek, F. A. , "Economics and Knowledge", *Economica*, 1937, 4 (13), pp. 33 – 54.

[47] Hayek, F. A. , "The Use of Knowledge in Society", *The American Economic Review*, 1945, 35 (4), pp. 519 – 530.

[48] Hirschman, A. O. , "A Dissenter's Confession: 'The Strategy of Economic Development' Revisited", In Gerald, M. Meier, Dudley Seers (eds. ), *Pioneers in Development*, Oxford: Oxford University Press, 1984, pp. 85 – 111.

[49] Hirschman, A. O. , *The Passions and the Interests: Political Arguments for Capitalism before Its Triumph*, Princeton: Princeton University Press, 1977.

[50] Hirschman, A. O. , *The Strategy of Economic Development*, New Have: Yale University Press, 1958.

[51] Laffont, J. J. , Qian, Y. , "The Dynamics of Reform and Development in China: A Political Economy Perspective", *European Economic Review*, 1999, 43 (4), pp. 1105 – 1114.

[52] Ledyard, J. O. , "Market Failure", In Du lauf, S. N. , Blume, L. E. , *The New Palgrave Dictionary of Economics (Second Edition)*, Palgrave Macmillan U. K. , 2008.

[53] Li, X. , Liu, X. , Wang, Y. , "A Model of China's State Capitalism", Working Paper, 2015.

[54] Makowski, L. , Ostroy, J. M. , "General Equilibrium and Market Socialism: Clarifying the Logic of Competitive Markets", In Bardhan, K. , Roemer, J. E. (eds. ), *Market Socialism*, Oxford: Oxford University Press, 1993, pp. 69 – 88.

[55] Mukand, S. , Rodrik, D. , "In Search of the Holy Grail: Policy Convergence, Experimentation and Economic Performance", Working Paper, No. w9134, National Bureau of Economic Research, 2002.

[56] Murphy, K. M. , Shleifer, A. , Vishny, R. W. , "Industrialization and the Big Push", *Journal of Political Economy*, 1989, 97 (5), pp. 1003 – 1026.

[57] North, D. , *Understanding the Process of Economic Change*, Princeton: Princeton University Press, 2010.

[58] Qian, Y. , "How Reform Worked in China", William Davidson Working Paper, No. 473, 2002, pp. 54 – 62.

[59] Qian, Y. , Roland, G. , Xu, C. , "Coordlination and Experimentation in M-form and U-form Organizations", *Journal of Political Economy*, 2006, 114 (2), pp. 366 – 402.

[60] Qian, Y. , Roland, G. , Xu, C. , " Why is China Different from Eastern Europe? Perspectives form Organization Theory", *European Economic Review*, 1999, 43 (4), pp. 1085 – 1094.

[61] Qian, Y. , Xu, C. , "Why China's Economic Reforms Differ: The M-form Hierarchy and Entry/Expansion of the Non-state Sector", *Econmics of Transition*, 1993, 1 (2), pp. 135 – 170.

[62] Rodriguez-Clare, A. , "The Division of Labor and Economic Development", *Journal of Development Economics*, 1996, 49 (1), pp. 3 – 32.

[63] Rodrik, D. , Coordination Failures and Government Policy: A Model with Applications to East Asia and Eastern Europe", *Journal of International Economics*, 1996, 40 (1), pp. 1 – 22.

[64] Roll, R. , Tallbott, J. , "Why Many Developing Countries Just Aren't", Unpublished Working Paper, Nov. 13, 2001.

[65] Rosenstein-Rodan, P. N. , "Notes on the Theory of the ' Big Push ' ", In Ellis, H. S. (ed. ), *Economic Development for Latin America*, Palgrave Macmillan U. K. , 1961, pp. 57 – 81.

[66] Rosenstein-Rodan, P. N. , "Problems of Industrialization of Eastern and South-Eastern Europe", *The Economic Journal*, 1943, 53 (210/211), pp. 202 – 211.

[67] Saari, D. G. , Simon, C. P. , "Effective Price Mechanisms", *Econometrica*, 1976, 46 (46), pp. 1097 – 1125.

［68］ Scarf, H. , "Some Examples of Global Instability of the Competitive Equilibrium", *International Economic Review*, 1960, 1 (3), pp. 157 – 172.

［69］ Smale, S. , "A Convergent Process of Price Adjustment and Global Newton Methods", *Journal of Mathematical Economics*, 1976, 3 (2), pp. 107 – 120.

［70］ Sonnenschein, H. , "Market Excess Demand Functions", *Econometrica*, 1972, 40 (3), pp. 549 – 563.

［71］ Wei, S. J. , "Gradualism versus Big Bang: Speed and Sustainability of Reforms", *Canadian Journal of Economics*, 1997, 30 (4), pp. 1234 – 1247.

［72］ Xu, C. , "The Fundamental Institutions of China's Reforms and Development", *Journal of Economic Literature*, 2011, 49 (4), pp. 1076 – 1151.

# 国有企业经营效率的经验分析与总结

　　国有企业是国民经济的重中之重，国有企业改革一直是整个国民经济改革的核心动力之一。2015 年出台的《关于深化国有企业改革的指导意见》明确指出，国有企业属于全民所有，是推进国家现代化、保障人民共同利益的重要力量，是我们党和国家事业发展的重要物质基础和政治基础。2016 年，国务院批转国家发改委《关于 2016 年深化经济体制改革重点工作的意见》，也将国有企业改革作为经济体制改革的重点。事实上，国有企业改革已经走过 40 余年的历程，主要经历了三个阶段。20 世纪 70 年代末至 80 年代初，是"放权让利"的改革阶段，打破国有企业国营体制，给企业一定的经营自主权，调动企业积极性；20 世纪 80 年代末至 90 年代初，重点利用承包经营责任制等进行经营权和所有权的分离，从产权制度入手；20 世纪 90 年代后期，主要是"抓大放小"，建立现代企业制度，股份制成为公有制的主要实现形式。虽然经过了无数次的变革，但是至今国有企业仍存在诸多可以改进的空间，作为国民经济的支柱，依然是新时代改革的重点，在学术界，"国有企业改革"相关的问题也被广泛研究。

　　谈及国有企业，似乎有一种刻板的印象，那就是"国有企业低效率"，在有关国有企业效率的实证研究中，也有相当一部分文献指出国有企业效率低下，甚至拖累了整体经济的发展，存在"双重效率损失"（刘瑞明、石磊，2010）。关于国有企业效率的研究可谓汗牛充栋，相关争论从未停止。学者们都试图寻找理论与数据的支撑，更加客观地审视、衡量国有企业效率，但是个体的研究角度难免具有片面"实然"性，无法展示国有企业效率的全貌。本文试图通过梳理国内关于国有企业效率的文献谱系，从"集体"的研究中，结合时间的变化，观察"文献中的国有企业效率"，客观上找到了认识国有企业效率问题的捷径——学者们使用的效率指标和评价视角的变迁，正是对国有企业功能、国有企业改革的认识不断深化的过程，通过系统性的文献分析最终得出的结论应该是更为全面、客观的，能够克服个体研究中指标使用单一、时间跨度窄的问题。第一，企业效率或效益是一个抽象的概念，衡量时须有明确的范畴界定，如直接效率与间接效率、微观效率与宏观效率等；第二，我国国有企业改革从改革开放伊始至今，经历了初步探索与制度创新等阶段并不断深化，尤其是1999年，党的十五届四中全会审议通过了《中共中央关于国有企业改革和发展若干重大问题的决定》，自2000年起，国有企业进入了全面改革的阶段，而独立个体的国有企业研究往往会有预设的结论，容易忽略效率范畴与国有企业改革的不同阶段，很可能产生结论偏颇，无法令人信服。

具体来看，我们从国内最早的国有企业效率实证文献出发，梳理了1999～2016年的相关文献43篇①，涵盖国有企业改革相对完整的阶段，发现学者们使用的效率指标具有多样性。通过全面分析各类文献指标，整理出"文献谱系"，试图归纳国内关于国有企业效率实证研究的指标和结论变化趋势。我们发现，2004年以前的文献几乎集中在国有企业的直接效率方面，且大部分文献认为国有企业的直接效率较低，但是自2004年以后，出现了对国有企业间接效率的研究，且大多认同国有企业的间接效率较高。从直接效率方面看，国有企业并非完全无效率或持续低效，如在研究国有企业直接效率的31篇文献中，有10篇认为国有企业的直接效率较高，尤其是2000年之后，部分实证文献得出了国有企业的直接效率高于其他所有制企业的结论；而国有企业的间接效率，即其对经济增长的影响和对社会福利、政策实施等方面的考量，现有文献在考虑样本的时间因素后，基本上否认了"国有企业对经济增长造成拖累"的推断。事实上，自2004年出现关于间接效

---

① 这43篇文献为1999～2016年发表在核心期刊上，且被中国知网和万方数据收录的所有国内有关国有企业效率的实证研究文章。

率的研究后，随着时间的推移，认为国有企业间接效率高的文献比例逐渐提高。

相较于国内关于国有企业效率纷争的综述类文章，本文的主要创新点和贡献在于应用系统性综述分析的方法，整理出文献谱系，将衡量效率的指标进行分类，绘制国有企业效率研究指标选取和评价视角的时间趋势图，从文献中还原"国有企业效率"问题的真面目，探究指标的变动规律。

# 一　国有企业效率指标分析：基于系统文献分析

为整理国有企业效率指标，本文较为全面地检索了数据库中测算国有企业效率的文献，并针对不同研究中的效率指标差异进行比较。最终，选取 1999～2016 年的 43 篇文献进行分析。

通过对现有中文文献中有关国有企业效率的衡量指标进行总结，借鉴现有研究，将所有文献应用的效率指标划分为"直接效率"与"间接效率"两大类别。前者指国有企业自身的效率，包括财务效率、技术效率、创新效率等；后者则主要考虑国有企业的外部性效率，包括社会性效率、政策性效率等，也包含国有企业的特殊作用和历史地位考量。为研究方便，本文进一步将其研究的实证结论分为认为"国有企业效率高"与认为"国有企业效率低"两种，即共包含"国有企业直接效率高""国有企业直接效率低""国有企业间接效率高""国有企业间接效率低"四类文献。

考虑到不同文献的指标差异性和多样性，以及具体的指标划分可能对实证结果产生影响，本文进一步将文献进行初步指标分类（见表 1），并进行详细的解释说明，为后文的"文献树"和文献指标、结论的时间趋势研究奠定基础。

根据以上分类，可将各结论分类，按照直接高效率、直接低效率、间接高效率、间接低效率四类，结合实证文献的样本区间进行百分比统计（见表 2）。

**表 1　效率指标说明**

| 效率分类 | 效率指标 | 指标说明 |
|---|---|---|
| 直接效率 | 经营效率 | 资产总值、主营收入、利润总额、总资产贡献率、资产负债率、流动资产周转率、工业成本费用利润率、产品销售率、应缴税金和工业总产值 |
| | 劳动生产率 | 产出与劳动投入的比率 |
| | 全要素生产率 | 产出与全部生产要素（生产资本和生产人员）的比率 = 技术效率变化 × 技术进步变化 = 纯技术效率变化 × 规模效率变化 × 技术进步变化 |
| | 创新效率 | 单要素生产效率和全要素生产效率，以科技活动经费投入为评判指标 |
| | 资本生产率 | 产出与资产投入的比率 |
| | 财务效率 | = （利润总额 + 税金总额 + 利息支出）/平均资产总额 = （利润总额/平均资产总额） + （税金总额/平均资产总额）+（利息支出/平均资产总额） |
| | 技术效率 | 技术效率用全要素生产率来表示；全要素生产率即在生产函数中确定了各种生产要素对产出的贡献之后所剩余的价值 |
| | 利差 | = 均衡市场利率 − 官定利率 |
| 间接效率 | 国有经济与国有银行垄断程度的交互项 | = 地区国有经济比重 × 地区国有银行垄断程度 |
| | 国有经济与国有企业贷款比重的交互项 | = 地区国有经济比重 × 地区国有企业贷款比重 |
| | 转移支付投资比 | = 地方获得的中央转移支付总额/全社会固定资产投资 |
| | 亏损指数 | = 行业亏损额比重/行业净产值比重 |
| | 企业贷款比重 | = 企业贷款/全部金融机构贷款 |
| | 宏观效率 | 宏观经济的稳定器（企业固定资产增长速度与国民生产总值增长速度的相关性、企业固定资产增长速度与下一年物价指数增长速度的相关性、国有企业与非国有企业固定资产增长速度的相关性） |
| | | 技术扩散中心（技术交易比例、固定资产投资指数[a]） |
| | | 社会福利提供者（福利负担指数[b]） |
| | 社会性效率 | 国有及国有控股企业工业增加值增长率（核心解释变量）、地区人均 GDP 增长率（被解释变量） |
| | | 创新能力（R&D 经费投入强度、R&D 人员比重、自主创新产品率、专利拥有数量） |

续表

| 效率分类 | 效率指标 | 指标说明 |
|---|---|---|
| 间接效率 | 政策性效率 | 劳动关系和谐程度（收入分配状况、员工满意度） |
| | | 政策负担状况（承担社会就业、响应国家调控、维护稳定） |
| | | （负）外部性（资源消耗程度、污染物排放情况） |
| | | 落实国家相关政策的能力 |
| | 财政贡献率 | 对经济其他方面的辐射效应 |
| | | ＝税收/税收基础（企业总产值） |

注：a 固定资产投资指数 = 各经济类型的固定资产投资占全社会固定资产投资总额的比重/各经济类型的工业产值占全国工业总产值的比重；b 福利负担指数 = 各经济类型的福利支出占社会福利总支出的比重/各经济类型的工业产值占全国工业总产值的比重。

**表 2 文献结论分布情况**

单位：%

| 结论分类 | 具体指标 | 改革前 | 改革后 | 全样本 |
|---|---|---|---|---|
| 直接低效率 | 财务效率 | 4.76 | 2.38 | 4.76 |
| | 技术效率 | 11.90 | 2.38 | 9.52 |
| | 创新效率 | 0 | 2.38 | 0 |
| 间接低效率 | 经济辐射效率 | 0 | 0 | 2.38 |
| | 社会资源配置影响 | 0 | 0 | 4.76 |
| 直接高效率 | 技术效率 | 4.76 | 4.76 | 0 |
| | 创新效率 | 0 | 0 | 0 |
| 间接高效率 | 经济辐射效率 | 0 | 7.14 | 7.14 |
| | 政策性效率 | 0 | 2.38 | 2.38 |
| | 社会性效率 | 2.38 | 2.38 | 0 |

注：由于部分文章探讨的指标不是唯一的，对于这部分文献，本文将其处理为不同指标的分类重复统计，计算该类文献占总文献的比例。

从效率分类上看，在直接效率方面，38.08% 的文献认为国有企业是直接低效率的，但是在技术效率方面有分歧，9.52% 的文献认为国有企业在技术方面是直接高效率的；在间接效率方面，23.80% 的文献认为国有企业是间接高效率的，而只有 7.14% 的文献认为国有企业是间接低效率的。

从时间阶段看，国有企业改革前，16.66% 的文献认为国有企业是低效率的，只有 7.14% 的文献认为国有企业是高效率的；而国有企业改革后，7.14% 的文献认为国有企业是低效率的，但 16.66% 的文献认为国有企业是高效率的。从全样本来看，认为国有企业是低效率的文献比例较大，占总样本的 21.42%。从这个初步的结论统计可以发现，直接效率和间接效率的分类与时间因素（国有企业改革进程）对国有企业效率指标和结论有着重要的影响，在此基础上，本文结合相关文献，按照时间的变化，分别就国有企业的直接效率和间接效率进行文献梳理。

# 二　国有企业的直接效率

国有企业的直接效率包括企业内部的微观指标，如财务效率、技术效率、创新效率等。它是衡量市场化企业效率的通用指标，在前期的研究中，大量文献衡量了国有企业的直接效率，具体的文献整理如下。

## （一）国有企业的直接低效率

表 3 给出了国有企业直接低效率的文献及效率衡量指标。

**表 3　国有企业直接低效率的文献及效率衡量指标**

| 效率指标 | 指标说明 | 文献名称 | 文献作者 | 文献年份 |
|---|---|---|---|---|
| 财务效率 | 财务效率是指企业通过营业获得利润的能力，由相应的会计指标衡量 | 《国有企业的"效率悖论"及其深层次的解释》 | 刘元春 | 2001 |
| | | 《国有企业改制效果的实证研究》 | 白重恩、路江涌、陶志刚 | 2006 |
| | | 《国有企业改制政策效果的实证分析——基于双重差分模型的估计》 | 李楠、乔榛 | 2009 |
| | | 《我国不同所有制工业企业的资本配置效率比较研究》 | 吕品、王大俊 | 2011 |
| | | 《国有工业企业效率的行业检验》 | 郝书辰、田金方、陶虎 | 2012 |
| | | 《以功能评价效率：国有企业效率的实证研究》 | 伍旭中、冯琴琴 | 2015 |

续表

| 效率指标 | 指标说明 | 文献名称 | 文献作者 | 文献年份 |
|---|---|---|---|---|
| 技术效率 | 技术效率用来衡量一个企业在等量要素投入条件下的产出与最大产出的距离。距离越大，技术效率越低 | 《国有企业全要素生产率变化及其决定因素：1990~1994》 | 孔翔、Rorbert E. Marks、万广华 | 1999 |
| | | 《中国工业企业的所有制结构对效率差异的影响——1995年全国工业企业普查数据的实证分析》 | 刘小玄 | 2000 |
| | | 《中国工业企业技术效率分析》 | 姚洋、章奇 | 2001 |
| | | 《国有企业与民营企业效率差异的比较——人力资本产权角度》 | 吕文慧 | 2004 |
| | | 《企业产权变革的效率分析》 | 刘小玄、李利英 | 2005 |
| | | 《国有企业公司制改革效率的实证分析》 | 郝大明 | 2006 |
| | | 《国有企业效率、产出效应与经济增长：一个分析框架和基于中国各省区的经验研究》 | 黄险峰、李平 | 2009 |
| | | 《国有企业双重效率损失研究》 | 吴延兵 | 2012 |
| | | 《生产效率、创新效率与国企改革——微观企业数据的经验分析》 | 盛丰 | 2012 |
| | | 《竞争性国有企业与民营企业效率的实证研究》 | 董梅生 | 2012 |
| | | 《中国国有、私营和外资工业企业地区间效率差异研究》 | 范建双、虞晓芬、赵磊 | 2015 |
| 创新效率 | 创新效率是指企业将科研投入转化为利润的效率 | 《国有企业双重效率损失研究》 | 吴延兵 | 2012 |
| | | 《生产效率、创新效率与国企改革——微观企业数据的经验分析》 | 盛丰 | 2012 |
| | | 《国有企业创新效率损失研究》 | 董晓庆、赵坚、袁朋伟 | 2014 |
| | | 《外资研发嵌入与国企研发效率——价值链视角的高技术产业为例》 | 吉生保、王晓珍 | 2016 |

　　具体来看，关于国有企业效率低的结论主要集中在财务效率、技术效率和创新效率三个指标上。从技术效率和创新效率指标看，吴延兵（2012）对国有企业的技术效率和创新效率进行了较为全面的测度与比较，得到的结论比较具有代表性。他分别从劳动效率计算、劳动

效率计量模型估计和全要素效率计量模型估计三个角度衡量了国有企业的生产效率和创新效率，发现在三个角度下，国有企业的生产效率和创新效率均低于民营企业，但不同角度下效率损失的大小有差异。首先，计算劳动效率时，可能由于技术进步等因素的积极影响，国有企业和民营企业的生产劳动效率在样本考察期间都出现了上升趋势，但在绝大多数年份中，国有企业的生产劳动效率均低于民营企业。以销售收入为产出计算的劳动效率表明，1998～2003年国有企业的平均劳动效率是民营企业的85%。以总产值为产出计算的劳动效率表明，1998～2003年国有企业的平均劳动效率是民营企业的73%。其次，利用劳动效率计量模型控制所有解释变量，以人均产值为被解释变量时，国有企业的生产劳动效率损失为19%，小于劳动效率计算角度下的劳动效率损失；而在创新劳动效率模型中，分别以专利数量/研发人员数和发明专利数量/研发人员数为被解释变量时，国有企业相较于民营企业的创新劳动效率损失分别为90%和93%，这比只控制时间和省份变量时的模型估计结果有所提高。最后，在分别以销售收入和总产值为产出的生产函数模型中，国有企业比民营企业的生产效率分别低47%和71%。在分别以专利数量和发明专利数量为创新产出的创新函数模型中，国有企业比民营企业的创新效率分别低87%和84%。马荣（2011）通过对2004～2008年的数据分析发现，从技术效率均值来看，外资企业最高，其次是行业平均，而国有企业的技术效率最低，且与外资企业的差距明显，说明国有企业的效率低主要体现在技术效率上。此外，国有企业的规模效率往往也低于外资企业和行业平均。

从财务效率上看，伍旭中、冯琴琴（2015）从国有企业经济效率整体和国有经济行业分布效率两个方面对国有企业的财务效率进行分析。从行业整体进行分析，并以总资产贡献率为评价国有企业经济效率的基础时，数据实证结果显示，在大多数年份，国有企业的总资产贡献率低于私营企业和外商投资企业，并且差距随着时间的推移而逐渐拉大，其中国有企业的总资产周转率偏低是影响其总资产贡献率提升的主要原因。此外，在作为反映企业财务状况重要管理指标的偿债能力方面，数据实证结果显示，国有企业的长期偿债能力和短期偿债能力均落后于其他所有制企业。在对处于不同行业的国有企业效率进行分析时，通过统计 2003～2011 年的行业数据，计算出各行业效率指标的平均值，并运用 K-means 聚类算法，得出国有企业行业效率分类结果。其中，烟草制品业、石油和天然气开采业、农副食品加工业等 13 个行业的国有企业具有较高的经济效率，而其余 24 个行业的国有企业经济效率较低。

从行业整体的情况来看，刘小玄（2000）通过对不同行业中不同所有制企业的直接效率进行分析，发现在不同分组中平均效率最高的是私营企业，而最低的则是国有企业。私营企业的平均效率是国有企业的 2～5 倍，"三资"企业的平均效率是国有企业的 2 倍，而股份制企业和集体企业的平均效率是国有企业的 1～2 倍。

综合上述指标可以发现，在运用全要素生产率、劳动生产率、投入产出效率及技术效率等指标衡量国有企业的直接效率时，往往会得出国有企业的直接效率低的结论。究其原因，可能是这些指标大部分是市场化的衡量指标，而国有企业在内部组织方面并不完全具备私营企业的特征。

## （二）国有企业的直接高效率

虽然多数学者认为，从微观角度看，国有企业是低效率的，但是也有一些实证研究发现，国有企业的效率实际上比非国有企业要高。学者们从不同的效率指标出发，对"国有企业无效率论"进行了批驳，通过数据分析说明了国有企业的非低效率。表 4 对与此观点相关的内容进行了整理和阐述。

表 4　国有企业直接高效率的文献及效率衡量指标

| 效率指标 | 指标说明 | 文献名称 | 文献作者 | 文献年份 |
|---|---|---|---|---|
| 财务效率 | 财务效率是指企业通过营业获得利润的能力，由相应的会计指标衡量 | 《国有企业效率研究》 | 李钢 | 2007 |
| | | 《基于 DEA 方法的国有企业运行效率时序分析——兼与私营企业比较》 | 陶虎、田金方、郝书辰 | 2012 |

| 效率指标 | 指标说明 | 文献名称 | 文献作者 | 文献年份 |
|---|---|---|---|---|
| 技术效率 | 技术效率用来衡量一个企业在等量要素投入条件下的产出与最大产出的距离。距离越大，技术效率越低 | 《国有企业的"效率悖论"及其深层次的解释》 | 刘元春 | 2001 |
| | | 《中国国有企业生产率变动趋势的实证分析——基于对769家国有企业跟踪调查样本的判断》 | 李利英 | 2004 |
| | | 《国有企业是低效率的吗》 | 张晨、张宇 | 2011 |
| | | 《中国国有企业效率研究——基于全要素生产率增长及分解因素的分析》 | 马荣 | 2011 |
| | | 《基于DEA方法的国有企业运行效率时序分析——兼与私营企业比较》 | 陶虎、田金方、郝书辰 | 2012 |
| | | 《国有和民营企业技术效率及影响因素比较研究》 | 董梅生 | 2012 |
| | | 《市场化水平、所有制结构和企业微观动态效率——来自于面板门限模型的经验证据》 | 李勇、魏婕、王满仓 | 2013 |
| 创新效率 | 创新效率是指企业将科研投入转化为利润的效率 | 《国有企业与非国有企业技术效率的比较》 | 魏峰、荣兆梓 | 2012 |

在探讨国有企业的直接高效率时，一些文献从国有企业整体较为全面的直接技术衡量指标角度探讨其效率问题，并将时间的推移考虑进来。李楠和乔榛（2010）利用1999~2006年《中国统计年鉴》中的中国工业行业数据进行分析发现，2003年以后，随着国有企业的比重逐渐下降、规模不断扩大以及国有企业经济在一些特殊行业部门垄断地位的提高，国有经济绩效得到显著提升。卢俊和彭雪（2015）在衡量企业效率时是从多个角度进行的，包括总效率、经济效率、增长效率、创新效率和社会效率等。他们通过分析2005~2013年的相关数据得出，国有企业在总效率、创新效率、社会效率方面领先于其他所有制工业企业，在经济增长和增长效率方面与其他所有制工业企业没有显著差异。马荣（2011）利用2003~2008年的数据进行实证分析，从全要素生产率、技术进步率两个方面论述了国有企业的高效率。他认

为，国有企业的全要素生产率显著高于外资企业和行业平均，但主要依赖于技术进步的贡献。而从技术进步均值来看，国有企业最高，远高于外资企业和行业平均，而外资企业技术进步率高于行业平均，说明国有企业在技术进步率上具有绝对的优势。张晨、张宇（2011）认为，国有企业在销售利润率和税负率两项指标上均高于全部工业企业，资产负债率则与全部工业企业相当；国有工业企业的技术效率与私营工业企业的总体水平大致相当，甚至在2007年和2008年国有工业企业的技术效率已经高于全部工业企业的总体水平。国有企业的产业制度、管理体制、治理结构已经发生根本性变化，国有企业的竞争力和活力大大增强。

也有文献针对国有企业的某一个具体效率指标或所处的细分行业进行探讨，也得出了类似的结论，如魏峰和荣兆梓（2012）只检验了技术效率这一个指标。他们通过数据分析得出，2000~2009年，国有企业的技术效率已经赶上并超过非国有企业。随着国有企业改革的推进，国有企业的技术效率将进一步提高。因此，继续深化国有企业改革，有利于促进企业提高技术效率。郝书辰等（2012）着重研究了国有工业企业的效率，通过数据分析得出，国有工业企业在三类不同行业内的平均速度基本一致，优于私营工业企业和外资工业企业，这说明国有工业企业在国有企业改革后完全可以表现出其竞争优势。

通过对直接效率指标的文献梳理发现，具体指标的选取和应用方法在各个文献中的表现不同，得出的结论虽然大多倾向于直接低效率，但是也有直接高效率的观点，因此不能仅从直接效率一个方面考虑国有企业效率问题。尤其是随着国有企业改革的深入，从间接效率方面衡量国有企业效率是十分必要的。

## 三　国有企业的间接效率

通过整理发现，直接效率的各项指标基本上是讨论市场环境中企业的各项财务表现，然而国有企业最大的不同，在于其并非单纯的

"市场行为"，它还肩负着其他非市场职责。因此，非常有必要从其他维度来度量国有企业的这种特殊使命。从理论上看，国有企业的特殊使命表现在以下几个方面。

第一，国有企业担负着维护社会稳定的作用。从历史数据来看，国有企业在提供就业机会、稳定社会秩序方面发挥了重要的作用（刘瑞明、石磊，2010）。国有企业和私营企业共存是一种次优的维护社会稳定的方法。维护社会稳定、实施国家战略实质上是一种公共物品，私营企业的唯一目标是赢利，并没有充分的激励来完成类似"任务"。相反，我国的国有企业肩负着多重任务，这种内生性制度特征决定了国有企业经营者的双重身份。在当前制度环境下，双重激励比较合适地描述了国有企业经营者的行为，为我们讨论国有企业的间接效率提供了微观基础。

第二，国有企业可以促进技术的创新和进步。虽然人们普遍认为创新的活力主要体现在私营企业上，但整体经济的产业化技术开发、发展和扩散力量，其实都集中在大型企业中。在我国，政府十分重视技术的发展。国有企业通常承担着引进新技术的责任，再结合自主创新（通过共同创新和再创新）来进一步发展技术。

第三，国有企业可以提供公共物品、克服"市场失灵"。政府往往通过国有企业这个媒介向全社会提供技术投资和技术发展，克服一般市场提供公共物品不足的问题。基础设施、基础科研等具有较强的正外部性，实质上具有公共物品的性质，投入大、风险高，许多企业尤其是私营企业基于利润最大化的考虑并不愿意投资，因此国有企业是自来水、天然气、人工煤气、电力和热力等公共物品的主要提供者。国有企业也是贯彻国家政策性目标的有效主体。Lewin（1981）认为国有企业已经成为混合所有制经济体及发展中国家实施社会和经济政策的重要工具。

第四，国有企业肩负着刺激战略产业、支柱产业和新兴产业发展的责任。国家会在战略产业中保持国有企业的独自所有或者绝对控制以及在支柱产业中保持较强的控制地位。党的十八大强调，要充分发挥国有企业的主导作用，推动国有资本更多投向关系国家安全和国民经济命脉的重要行业和关键领域，不断增强国有经济的活力、控制力和影响力。国有企业在不同的时期承担着发展战略产业、支柱产业和新兴产业的重大责任，这从五年计（规）划中可以很明显地看出来。如"十二五"规划强调发展战略性新兴产业，其中国有企业要带动发展这些产业。

一些文献所构建的"间接效率"衡量指标，包括经济辐射效率、社会资源配置影响、政策性效率与社会性效率等，但是间接效率也存在实现程度与效率的问题，是因事因时而异的。具体来看，研究国有企业间接效率指标的文献，主要观点集中在两大方面。

## （一）国有企业的间接低效率

表 5 给出了国有企业间接低效率（拖累效应）的文献及效率衡量指标。

表 5　国有企业间接低效率（拖累效应）的文献及效率衡量指标

| 效率指标 | 指标说明 | 文献名称 | 文献作者 | 文献年份 |
|---|---|---|---|---|
| 经济辐射效率 | 经济辐射效率是指企业自身经营运行过程对宏观经济的影响 | 《民营化改制对中国产业效率的效果分析——2001 年全国普查工业数据的分析》 | 刘小玄 | 2004 |
| | | 《国有企业的双重效率损失与经济增长》 | 刘瑞明、石磊 | 2010 |
| | | 《国有企业存在双重效率损失吗——与刘瑞明、石磊教授商榷》 | 洪功翔 | 2010 |
| 社会资源配置影响 | 社会资源配置影响是指企业的独特地位对社会资源分配的影响 | 《转移支付、国企软约束与效率损失——基于比较视角的研究》 | 靳涛、陈嘉佳 | 2014 |

部分学者认为国有企业自身会产生效率损失，且自身的效率损失通过一定的作用途径进一步引发了其他效率损失，后者就是拖累效应。刘瑞明和石磊（2010）扩展了国有企业效率损失的范围，提出国有企业"双重效率损失"的概念，认为国有企业不仅会因自身效率而对经

济增长产生阻碍，而且会通过道德风险、软预算约束、挤占政府公共服务资金三种形式拖累民营企业的发展，导致整个国民经济的发展受到损害，即"增长拖累"。他们进一步通过 1985～2004 年我国 29 个地区的省级面板数据进行分析，发现软预算约束的程度越高，道德风险越严重，国有企业的努力程度也越低；而国有经济比重越高的地区，公共服务挤出效应所带来的效率拖累越大，民营经济增长速度越慢，整体经济增长速度也越慢。刘瑞明（2011）从我国转型经济中的金融压抑和所有制歧视的角度出发，说明在经济转型过程中，庞大的国有经济不仅因为自身的效率损失影响经济增长，而且通过金融压抑、歧视和效率误配，即利差、租金、数量限制等途径影响民营企业的发展，还使国有企业发生低效率使用资金现象并出现大量由政府埋单的呆坏账，对整个国民经济产生拖累效应。但近年来金融漏损和民间金融的成长这两种扭曲的方式缓解了这一效应，使民营企业得到了较好的发展。

靳涛和陈嘉佳（2014）在"软约束"假设的基础上，建立了一个国有企业、民营企业和地方政府的三部门模型，利用分税制改革后 1994～2010 年我国各省（自治区、直辖市）的面板数据，分析了财政集权过程中转移支付增加对国有企业和民营企业的影响。他们认为，由于转移支付相关制度的不完善，当地方政府过多地采取转移支付来对国有企业进行补贴时，国有企业在产生道德风险而降低努力程度、导致效率损失的同时，挤压了转移支付中用于提供公共服务的部分，从而拖累了民营企业的发展，也使转移支付的实施效果大打折扣。这与刘瑞明和石磊（2010）的观点相似。分析结果显示，中西部地区国有企业利润率受转移支付的影响最大，转移支付越多的地区越不利于非国有经济的发展壮大。

由此可见，在软预算约束下，国有企业不仅自身存在低效率行为，而且因软预算约束挤占公共服务、损害市场经济以及国有企业的道德风险行为等对民营经济甚至整体国民经济的发展产生阻碍。

## （二）国有企业的间接高效率

表 6 着重列出了研究结论为"国有企业促进经济发展"，即具有间接高效率的结论，这些文献主要从国有企业的技术提供作用、增加社会整体福利、提供公共物品方面，或通过计量方法考察国有企业对 GDP 贡献的相关性和财政贡献占比等角度进行分析。

表 6　国有企业间接高效率的文献及效率衡量指标

| 效率指标 | 指标说明 | 文献名称 | 文献作者 | 文献年份 |
|---|---|---|---|---|
| 经济辐射效率 | 经济辐射效率是指企业自身经营运行过程对宏观经济的影响 | 《国有企业存在双重效率损失吗——与刘瑞明、石磊教授商榷》 | 洪功翔 | 2010 |
| | | 《金融压抑、所有制歧视与增长拖累——国有企业效率损失再考察》 | 刘瑞明 | 2011 |
| | | 《正确认识国有企业的作用和效率——与刘瑞明、石磊先生商榷》 | 宗寒 | 2011 |
| | | 《多维度视角全面评价国有企业效率》 | 卢俊、彭雪 | 2015 |
| 社会性效率 | 社会性效率是指企业提供公共物品、就业等的效率 | 《国有企业宏观效率论——理论及其验证》 | 刘元春 | 2001 |
| | | 《国有企业改制效果的实证研究》 | 白重恩、路江涌、陶志刚 | 2006 |
| | | 《国有企业效率、产出效应与经济增长：一个分析框架和基于中国各省区的经验研究》 | 黄险峰、李平 | 2009 |
| | | 《我国国有企业高效率论——基于层次分析法（AHP）的分析》 | 陈波、张益锋 | 2011 |
| | | 《正确认识国有企业的作用和效率——与刘瑞明、石磊先生商榷》 | 宗寒 | 2011 |
| | | 《多维度视角全面评价国有企业效率》 | 卢俊、彭雪 | 2015 |
| 政策性效率 | 政策性效率是指企业落实国家政策的行为效率 | 《正确认识国有企业的作用和效率——与刘瑞明、石磊先生商榷》 | 宗寒 | 2011 |
| | | 《以功能评价效率：国有企业效率的实证研究》 | 伍旭中、冯琴琴 | 2015 |

具体来看，一部分学者从国有企业的经济辐射效率来分析，如宗寒（2011）对国有企业延伸效率数据进行了考察，通过统计相关数据并估计折算为经济量，表明这些方面的效率是宏观的、全面的、根本性的，对整个社会发展包括非公有制经济的发展和促进具有决定性作用，而且多年延伸受益。洪功翔（2010）运用 2000～2008 年我国 29 个省（自治区、直辖市）的非平衡面板数据，以国有及国有控股企业工业增加值增长率为核心变量，以人均 GDP 增长率为被解释变量，检验国有企业的"拖累效应"，结果发现国有及国有控股企业工业增加值增长率对经济增长具有显著的正向效应，其增加值增长率每上升 1 个百分点，将会促进人均 GDP 增长率上升 2.4 个百分点。

近年来关于国有企业社会性效率的讨论较多，陈波和张益锋（2011）通过层次分析法（AHP）来考察国有企业的社会效率，利用 2004～2008 年的数据进行分析。实证结果显示，我国国有企业在经过一系列改革之后无论是整体效率还是经济效率都高于私营工业企业，而在社会效率上占有绝对优势，并且呈不断提高的趋势。也就是说，随着时间的推移，国有企业的社会效率是不断提高的。通过因素层的判断矩阵来构建最后的指标，发现国有企业的经济效率高于国有企业的社会效率。刘元春（2001）通过对 1986～1995 年中国工业普查数据进行分析得出，当国有企业亏损时，其他所有制企业也在亏损，且亏损面增速更快。在说明国有企业是否产生"财政拖累"和"金融拖累"的问题上，首先对财政贡献率、财政补贴以及企业贷款比重进行比较，得出国有企业没有产生财政拖累和金融拖累的结论；其次通过实证分析表明，作为后赶超时代"技术模仿、技术扩散和技术赶超"的中心、转型时期"宏观经济的稳定者"、过渡时期"社会福利和公共物品的提供者"，国有企业在宏观方面是富有效率的。

从国有企业的政策性效率来看，伍旭中、冯琴琴（2015）认为，国有企业是"经济功能"和"公共功能"的统一载体，具有双重属性。在不同的历史发展阶段，国有企业的主体功能表现不同，评价国有企业效率，必须把"经济效率"与"公共效率"统一起来。评价国有企业效率必须与企业功能相结合，必须从国有企业不同历史发展阶段主体功能变迁的视角出发，以功能评价效率。在讨论国有企业的功能效率时，从发挥国有企业功能角度，利用中华人民共和国成立初期至今的国有企业投资金额占比、国有经济财政贡献占比、国有工业总产值占比、公共物品提供占比等数据来说明国有企业的高效率。

## 四　国有企业效率研究指标变动的时间趋势

为进一步梳理文献中关于国有企业效率指标的脉络，本文从涉及的所有效率指标中选取具有代表性、使用次数较多的效率指标，采用"指标树"定性地梳理了各个效率指标对应的结论与相应的文献来源（见图1）。

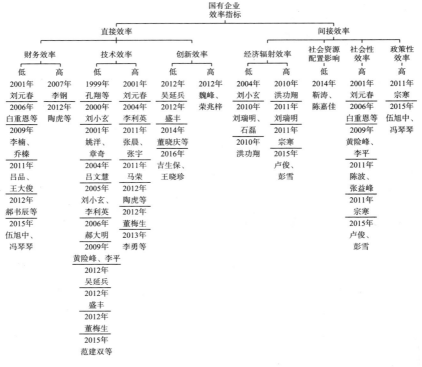

**图 1　国有企业效率指标树**

本文将所有的效率指标分成直接效率和间接效率，作为指标树的两个主干，主干下共有七个分支，每一分支是不同效率指标，依据文献中结论的方向将低效率与高效率进行区分。本文的文献梳理是按照相关指标的发展脉络，依时间先后进行的。例如，在直接效率中，财务效率和技术效率是最先被研究的，且前期的研究大多为效率低下的结论（刘元春，2001；孔翔等，1999），后来又有学者研究了创新效率，但是出现了高低之争。在间接效率中，由于国有企业承担着社会责任和政策功能，白重恩等（2006）研究了国有企业特殊的社会性效率，且结论是高效率。进一步，宗寒（2011）等人研究了国有企业的政策性效率，发现也是高效率，但是在经济辐射效率和社会资源配置影响方面学者们的观点是存在分歧的。因此，整个指标树可以较为清晰地表现出效率指标的沿革、学术观点的争论与分布情况。

进一步，本文从时间上对指标树中涉及的效率指标和文献进行了简单的统计，以研究学术界对有关"效率指标"使用的变迁和演进。

一方面，对国有企业效率指标的研究是从直接效率中的技术效率开始的，并且在2004年以前，研究均集中在直接效率的财务效率和技术效率上，这两个指标也是后来研究的重点，而从2012年开始，研究者们开始关注国有企业的创新效率。另一方面，随着国有企业改革的深入，我国于2003年印发了《国务院办公厅转发国务院国有资产监督管理委员会关于规范国有企业改制工作意见的通知》，要求各地加强和规范国有企业改制工作。可能受到该政策的影响，学术界的视角逐渐放宽，2004年以后开始研究国有企业对经济增长的影响和对社会福利、政策实施等方面所产生的间接效率，而首先关注的就是经济辐射效率。从2010年开始，对间接效率的研究也逐渐在社会资源配置影响、社会性效率、政策性效率等指标中展开，但相对来说，学者们对社会资源配置影响和政策性效率两个指标的研究比较少，特别是前者。

从图2中可以很清楚地看到研究的变化规律。对比左上和左下两个象限可以看出，研究国有企业的直接效率最初是从技术效率开始的，后来逐渐增加了财务效率，而且随着时间的推移，2012年前后出现了对创新效率的研究。从直接效率来看，无论时间演进如何，大部分文献更多地持有国有企业直接低效率的结论，该结论在创新效率方面的表现更加明显；而在技术效率方面，认为国有企业直接高效率的文献和认为国有企业直接低效率的文献数量差距较小。从右上和右下两个象限来看，认为国有企业间接高效率的文献较多，且多集中在对经济辐射效率和社会性效率的讨论上。对比左上和右下两个象限可以发现，对直接效率的研究贯穿于1999~2016年整个研究样本时间段，而对间接效率的考量则是从2004年之后开始的，这进一步印证了前文的结论。

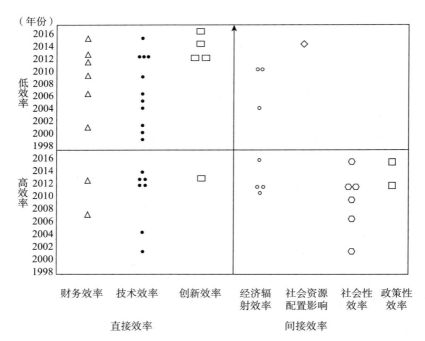

**图2 国有企业效率指标分类散点图的归纳与演变**

总体来看，认为国有企业直接低效率的文献数量较多，且随着时间的推移较为平稳；而认为国有企业直接高效率的文献分布也较为均匀，但整体上数量少于前者。较为明显的变化是，随着时间的推移，认为国有企业间接高效率的文献呈现不断增加的趋势。这意味着，对国有企业效率的认识，在学术上也呈现一个不断深化的过程，从直接效率到间接效率，是观念逐渐科学化、全面化的体现，也是对国有企业作用和特殊功能的认同。

# 五　总结

本文借助系统性文献分析，为各种效率之争梳理出一个相对客观的脉络，并对相关指标和结论随时间的变化、演进进行规律性总结。本文通过分析整个国有企业效率的实证文献谱系，对国有企业的效率做出较为客观全面的评价，尤其是对国有企业效率指标和相关结论的演进规律进行归纳和总结。具体来看，通过对直接效率和间接效率指标进行梳理，并对国有企业的特殊功能进行探究，发现国有企业的直接效率事实上并不是持续较低的，部分学者认为国有企业是直接高效的。这就否认了一部分学者认为国有企业效率低的刻板印象。并且，随着国有企业改革的不断推进及其定位的逐渐清晰，学者们开始关注国有企业的间接效率，这主要源于其设立之初的特殊功能，尤其是2004年后，涌现了大量研究国有企业间接效率的文献，其中大部分文献得出了国有企业间接高效率的结论，并发现在经济辐射效率、社会性效率与政策性效率方面，国有企业的表现较好。

2015年出台的《关于深化国有企业改革的指导意见》指出，不同类别的国有企业的功能定位不同，考核的方式标准也不同。公益类国有企业以保障民生、服务社会、提供公共产品和服务为主要目标，引入市场机制，提高公共服务效率和能力，考核中要引入社会评价；商业类国有企业按照市场化要求实行商业化运作，以增强国有经济活力、放大国有资本功能、实现国有资产保值增值为主要目标，依法独立自主开展生产经营活动，实现优胜劣汰、有序进退。同时，进一步明确了国有企业改革的考核目标为在考核经营业绩指标和国有资产保值增值情况的同时，加强对服务国家战略、保障国家安全和国民经济运行、发展前瞻性战略产业以及完成特殊任务的考核。可以看出，在我国，国有企业的行为不仅仅是单纯的市场经济行为，还承载着政策意图，因而单纯从市场化指标出发，抛弃时间的因素去讨论国有企业的效率是有失偏颇的。未来应该结合不同行业的特点、国有企业的功能定位与时间的推移，探讨某一类具体国有企业的效率问题，设计一套合适的效率评价指标，为政策的制定提供更翔实的数据支持和方法依据，从而得出相对客观的结论。

## 参考文献

［1］ 白重恩、路江涌、陶志刚：《国有企业改制效果的实证研究》，《经济研究》2006 年第 8 期，第 4～13 页。

［2］ 陈波、张益锋：《我国国有企业高效率论——基于层次分析法（AHP）的分析》，《马克思主义研究》2011 年第 5 期，第 38～49 页。

［3］ 郝书辰、田金方、陶虎：《国有工业企业效率的行业检验》，《中国工业经济》2012 年第 12 期，第 57～69 页。

［4］ 洪功翔：《国有企业存在双重效率损失吗——与刘瑞明、石磊教授商榷》，《经济理论与经济管理》2010 年第 11 期，第 24～32 页。

［5］ 靳涛、陈嘉佳：《转移支付、国企软约束与效率损失——基于比较视角的研究》，《财经问题研究》2014 年第 4 期，第 89～96 页。

［6］ 孔翔、Rorbert E. Marks、万广华：《国有企业全要素生产率变化及其决定因素：1990～1994》，《经济研究》1999 年第 7 期，第 40～48 页。

［7］ 李军林、万燕鸣、张英杰：《双重激励下的组织行为——一个关于国有企业（SOEs）的理论》，《经济学动态》2011 年第 1 期，第 86～88 页。

［8］ 李楠、乔榛：《国有企业改制政策效果的实证分析——基于双重差分模型的估计》，《数量经济技术经济研究》2010 年第 2 期，第 3～21 页。

［9］ 刘瑞明：《金融压抑、所有制歧视与增长拖累——国有企业效率损失再考察》，《经济学》（季刊）2011 年第 2 期，第 603～618 页。

［10］ 刘瑞明、石磊：《国有企业的双重效率损失与经济增长》，《经济研究》2010 年第 1 期，第 127～137 页。

［11］ 刘小玄：《中国工业企业的所有制结构对效率差异的影响——1995 年全国工业企业普查数据的实证分析》，《经济研究》2000 年第 2 期，第 17～25 页。

［12］ 刘元春：《国有企业宏观效率论——理论及其验证》，《中国社会科学》2001 年第 5 期，第 69～81 页。

［13］卢荻、黎贵才：《中国国有企业发展前景——创新政治经济学视角》，《经济理论与经济管理》2006 年第 9 期，第 12～17 页。

［14］卢俊、彭雪：《多维度视角全面评价国有企业效率》，《经济与管理研究》2015 年第 6 期，第 27～36 页。

［15］马荣：《中国国有企业效率研究——基于全要素生产率增长及分解因素的分析》，《上海经济研究》2011 年第 2 期，第 20～28 页。

［16］魏峰、荣兆梓：《国有企业与非国有企业技术效率的比较》，《经济纵横》2012 年第 2 期，第 18～23 页。

［17］吴延兵：《国有企业双重效率损失研究》，《经济研究》2012 年第 3 期，第 15～27 页。

［18］伍旭中、冯琴琴：《以功能评价效率：国有企业效率的实证研究》，《当代经济研究》2015 年第 6 期，第 67～73 页。

［19］张晨、张宇：《国有企业是低效率的吗》，《经济学家》2011 年第 2 期，第 16～25 页。

［20］宗寒：《正确认识国有企业的作用和效率——与刘瑞明、石磊先生商榷》，《当代经济研究》2011 年第 2 期，第 39～45 页。

［21］Lewin, A. Y., "Research on State-owned Enterprises-Introduction", *Management Science*, 1981, 27 （11）, pp. 1324－1325.

# 不完全竞争条件下对国有企业
# 经营者的隐性激励

一般而言，我们可以从组织激励机制的表现形式上，将激励划分为正式或显性激励（Formal or Explicit Incentive）与隐性激励（Implicit Incentive）。[①] 关于显性激励问题的代表性成果相当丰富（Holmstrom，1979，1982；Holmstrom，Milgrom，1991）。相比较而言，对隐性激励的研究成果还不是很丰富。本文将结合我国国有企业的一些特征，分析隐性激励的有效性及其实施条件。

## 一 隐性激励理论及其应用

### （一）隐性激励理论

早在200多年前，亚当·斯密就已经意识到个人的隐性激励问题，但就笔者所及，最早把这种思想模型化的当属法马（Fama）和霍尔姆斯特朗（Holmstrom）。法马在20世纪70年代末至80年代初提出了经理市场竞争作为激励机制的开创性想法（Fama，1980）。他认为，即使没有企业内部的显性激励，经理们出于今后职业前途考虑及迫于外部市场压力，也会同样努力工作。法马分析得出，经理人市场（Market for Managerial Labor）将会减轻经理人的"道德风险"（Moral Hazard）。因为经理们的市场价值，比如他们的工资水平、未来在另一家企业应聘时的讨价还价能力，或者他们的人力资本价值等，都取决于他们过

---

① 正式或显性激励与隐性激励分别来自显性契约和隐性契约所带来的激励，显性契约的意义比较明确，这里不再赘述，隐性契约的具体含义可参见李军林（2004b）。

去的工作业绩。因此，从长期来看，出于声誉的考虑，经理人在现期是有努力工作的动力的。由此可知，即使在没有显性激励契约的情况下，经理们也会通过努力工作来提高自己在经理人市场上的良好声誉，从而提升自己未来的人力资本价值。霍尔姆斯特朗等人在随后的研究工作中进一步发展了法马的思想，霍尔姆斯特朗用更正规、更严谨的数学模型把法马的思想表述了出来。他发现法马在多数情况下是正确的，但还不完全。霍尔姆斯特朗给出了个体生命周期的重要含义：越是年轻的经理人，工作就越努力，因为他们出于对自己职业前途或声誉的考虑，更关注自己的职业声誉（Career Concerns or Reputation）的积累。也就是说，在早期（年轻时期），职业声誉的隐性激励是非常强的，但到了一个人的最后生涯（The End of One's Horizon），它就会消失（Holmstrom，1982，1999）。

吉本斯（Gibbons）与墨菲（Murphy）的研究进一步表明，最优的激励契约应该既包括与未来职业前途有关的隐性激励，也包括与工资报酬等相关的显性激励（Gibbons，Murphy，1992）。他们在理论上得出的结论与霍尔姆斯特朗等人的结论是一致的。同样，德沃特里庞（Dewatripont）等人的研究主要从信息传递结构的角度，通过对霍尔姆斯特朗模型的改进，进一步论证了这个结论（Dewatripont et al.，1999）。应该说，这些学者对隐性激励研究的贡献是具有开创性意义的。

在笔者的相关研究中，利用霍尔姆斯特朗等人关于隐性激励的思想，并结合我国国有企业特有的经营环境，构建了一个声誉模型，也分析并论证了我国国有企业中的激励机制与企业经营绩效问题（李军林等，2005；Li，Li，2006）。

## （二）对我国国有企业激励问题的分析

进入20世纪90年代，大中型国有企业的改革逐渐转向企业所有权与公司治理方面，所采取的主要步骤就是公司化（Corporatization），国有企业的控制权和一些剩余索取权开始转移到经营者手中。由此可能出现的一些问题是，企业经营者利用手中的控制权追求自身利益最大化，而非企业价值最大化，如经营者过度地在职消费（On the Consumption）、恶意经营以及大肆侵吞国有资产等。经济学对此的通常解释是：企业的剩余控制权由内部经营者控制，使得企业的外部所有者或股东的利益受到侵害，从而导致企业效率降低。笔者认为，这种解释与其说是给出了问题产生的原因，不如说是对问题现象的一种描述。尽管拥有企业剩余控制权的经营者有机会也有可能利用手中的控制权为自己谋取私利，但在一般情况下，这种行为只能获得短期利益，而且还会落下一个不好的声誉，使自己的人力资本贬值，不可能获得长期利益，这就使经营者面临一个长期收益与短期收益的权衡。作为追求自身利益最大化的企业经营者，不能不顾及自己的长远利益，即必须考虑为自己建立一种良好的声誉。原因在于，即便是天生不守法的经营者，为了获取更大的长期收益，也会变得讲规矩、守信用，力图建立一种诚实守信的声誉。

因此，声誉效应是企业经营者重要的隐性激励机制。在这种隐性激励机制下，国有企业经理人（尤其是杰出的经营者）手中拥有企业的控制权，对企业的运作是有效率的。这种激励效应显然与国有企业特殊的性质有关。政府控制下的企业，其经营权主要来自政府对经营者的行政任命，经营者手中拥有企业经营权的直接表现是对企业拥有控制权，因此声誉效应可以从两个方面来理解：一是经营者出于获取或等待更大控制权的考虑，如职务的升迁①（主要指行政上），无疑会建立一种好声誉给企业的所有者或上级行政部门看，这为经营者努力经营提供了相当大的激励；二是企业经营者在升迁无望的情况下，会寻找或等待更大的机会，一次性地把已经建立积累起的好声誉用尽，从而实现一定时期内经营者个人经济收益的最大化。② 这些无疑会对经

---

① 一个可观察的现象是我国绝大多数国有企业有相应的行政级别，而且其行政级别往往并不低，这就为企业经营者成为行政官员减少了许多制度上的障碍。现实中，这种现象并不鲜见。

② 对于升迁无望、即将退休的经营者而言，这当然也是一个不错的选择。一个可观察的现象是，即将退休的上一任国有企业领导很少有人愿意为下一任领导留下一个具有良好经营状况的企业。

营者努力经营、提高企业效率产生很大的激励。因此，企业经营者获取企业控制权的一个前提就是要在企业所有者那里建立一个好声誉。同样，作为企业所有者的政府，当任命企业新的经营者时，必然会要求经营者具有良好的声誉，而不会任命那些有过"劣迹"经营史的经营者。那么，在一定时期内动态地观察，被委以重任的企业经营者在为自己建立良好声誉的激励下，往往选择努力经营，因而经营绩效常常表现良好。[①] 事实上，我国一些由内部经营者控制的企业，其经营绩效并不低。

显然，我们所得出的结论与前文有关隐性激励所得出的结论基本上是一致的，存在的差异主要是隐性激励的表现特征有所不同。由于我国的国有企业与政府有着千丝万缕的联系，因此企业经营者追求职务以及政治地位升迁（主要指行政级别）的欲望可能会更强烈一些，甚至可以说，对这方面的追求成为经营者的主要目标，而经营者对自身人力资本价值提升的追求很可能成为一种副产品。

## 二 隐性激励实施的外部环境与效果

### （一）关于实施环境的一个理论讨论

在前文的分析中，有一点很重要，那就是不论是显性激励还是隐性激励，必须有一个相对完备的外部市场环境，这些激励才能有效地得以实施。事实上，一个充分的竞争环境是企业经理人激励机制得以发挥作用的必要条件（Fama，1980）。因此，一个充分竞争的市场是显示企业经营者经营才能的一个必要前提，当然也是显性激励与隐性激励得以有效实施的一个必要条件。同时，一些研究也表明，在市场职能尚不健全且竞争不充分的情况下，政府的相应职能不能得以有效发

---

① 我们在这里假设企业经营业绩可以反映出经营者的经营能力。这一假设出于这样的考虑：作为政府任命的经营者，其企业的经营环境往往都有着相对完备的制度环境，比如早期国有企业改革的那些试点单位。因此，除非经营者确实不努力经营，否则经营能力与经营业绩是正相关的。

挥，进而政府的法律实施系统就是软弱的（Berglof，Pajuste，2004）。

因此，显性激励与隐性激励得以有效实施的外部环境，应该是一个竞争充分的市场环境与功能相对完备的政府实施体系的有机结合体。至于显性激励与隐性激励之间的区别，主要在于它们所传递的经营者才能的信息量有差别，这个问题笔者将另文研究。

## （二）对我国国有企业隐性激励的分析

西方现代市场经济制度的演进过程表明，企业组织是市场经济制度演进的产物。而伴随着现代企业制度的产生、形成与发展，逐步产生了能保障企业利益相关者权益的各种经济制度和法律制度，整个市场经济体系也发生了巨大的变迁，并日臻成熟与完善。应该说，市场制度与企业组织之间的作用是相辅相成的。

但是，我国国有企业的产生、发展没有遵循这样的逻辑，不论是在过去计划经济的条件下，还是在今天向市场经济体制转轨的过程中，国有企业自始至终都与政府有着千丝万缕的联系。

现代经济学的基本理论告诉我们，市场经济体制中竞争的最主要功能就是传递有利于合理配置资源的信息。在隐性激励方面，德沃特里庞等人的研究表明，在充分竞争的市场条件下，经营者隐性激励的主要表现形式是其当前的行动传递着经营者未来经营能力市场评价方面的信息，考虑到长期收益以及未来自身人力资本价值的提升，有能力的经营者当期最合理的选择就是兢兢业业、努力工作，一方面把自己真实的经营能力表现出来，另一方面则是提升自己的人力资本价值，以便在未来讨价还价的过程中能处于一个有利的位置（Dewatripont et al.，1999）。因此，对于企业经营者而言，充分竞争的市场不仅内生地存在激励，更重要的是也存在约束，因为经营者的能力完全是通过市场显现出来的，经营者当前经营绩效的好坏决定了其未来的人力资本价值。那么，对于这里的约束我们可以理解为行为主体要对自己决策后的后果负完全责任，即约束是硬预算约束。可以说，激励与约束在某种程度上是对称的。

　　尽管我国国有企业的改革方向主要是公司化，但时至今日，一方面，许多国有企业的重要权力仍控制在政府的相应部门中；另一方面，由于相应的市场经济体制还不完善，因此现代企业制度的功能并没有充分地发挥出来。在市场经济条件下，不仅有激励，更重要的是存在规范行为主体行为的约束。而在中国，市场的非完备性，特别是经理人市场的非完备性，以及国有企业与政府间存在的千丝万缕的联系，必然导致以下两个方面的问题：一方面，市场不能充分地显示经营者的真实能力，那么对于经营者而言，经营绩效的好坏与其经营能力的高低并不存在必然联系；另一方面，政府相关部门对国有企业的干预又造成了经营者的软预算约束。① 科尔奈（1986）指出，即使在完备的现代市场经济中，强烈的政府干预照样会造成软约束问题，更不用说在相对不完善的市场条件下了。

　　因此，经常可能出现的情形为，不是企业抱怨缺乏自主权，就是作为所有者的国家对企业失去控制，并因企业不承担责任而受损失。据此，一般的一个判断为，国有企业的经营绩效应该不会太好。但是有数据显示，一些国有企业的经营绩效并不低。

　　事实上，政府与企业的这种特殊关系，势必影响企业经营者的激励导向。由于经营绩效仍然是考核经营者的主要指标，因此企业经营者会努力经营，想尽各种办法提高企业效率。从动态的角度看，我们就不难理解为什么国有企业的经营绩效反而不低。

　　在非充分竞争的条件下，经营者隐性激励所表现出的是一种扭曲的激励形式，这就是我国国有企业在转型过程中所表现出的特有激励特征，这或许也正是我国国有企业真正的症结所在。我国国有企业改革的方向与目标非常明确，那就是完善并建立现代企业制度。现代企业理论告诉我们，现代企业制度是伴随着不断完善的市场经济体制而产生的，理论上，它是在充分竞争的市场条件下，可以保证一个生产单位有效率地进行经营的一种制度结构与制度安排。其中重要的一点

---

① 很显然，在这种情况下，经营者可以为自己的糟糕经营绩效找到许多托词与借口，从而逃避自身本来应该承担的责任。

就是，企业经营者的分工非常明确，其具体角色就是在这种制度结构中从事企业经营与管理活动的职业经理人，其能力或人力资本是可以从经理人市场上显示出来的。

反观我国的国有企业，经理人市场的非充分竞争，导致隐性激励机制发生扭曲与变形，尽管这在一定程度上会使国有企业的经营绩效在一定时期内有所提高，但是这种激励导向不利于把企业经营者培养成为真正的职业经理人。事实上，我国大多数国有企业管理者的身份是多重的，集党、政与企业的经营控制权于一身，他们既不是纯粹行政意义上的政府官员，更不是市场经济中真正的职业经理人。[1] 很显然，这与我国对国有企业改革的基本精神是相悖的，并且从长期来看，也十分不利于我国建立相对完善的市场经济体制，同多数激励效应一样，这种隐性激励的效应也一定是有限的。在早期，即企业经营者年轻时期，隐性激励的作用是非常强的，随着经营者年龄的增长，这种激励会逐渐变弱，甚至到了经营者工作生涯的最后时期，也就是快退休的时期，它就会消失。很显然，现实中的许多经验事实都印证了这个结论。[2] 这一点对于我们观察和分析国有企业的隐性激励有着重要的政策含义。

## 三　结论性评述

本文对讨论与分析国有企业问题有以下几点启示。

第一，完善的市场竞争环境是各项政策措施得以顺利实施的基础。对于改革各项政策的制定者来说，首要的任务就是要创造一个真正公平竞争的环境与氛围，使企业利润率能够真正成为反映企业经营者能力与绩效的充分信息指标，只有这样，作为企业所有者的政府，才能

---

[1] 20世纪90年代中后期，受组织部门的委托，笔者进行关于在现代企业制度中党组织如何发挥作用的调研时也曾遇到过类似的问题，往往是企业的董事长、总经理和党委书记三重身份集于一人。

[2] 我们熟知的企业或其他组织，甚至包括许多重要的政府组织部门经常出现的"59岁现象"就是一个最好的例证。

通过掌握这种充分信息有效地对经营者的经营行为进行监控，从而使得企业经理人的选择成为一种完全的市场行为。①

第二，企业内部组织制度的安排很重要。西方市场经济制度的演进过程告诉我们，伴随着现代企业制度的产生、形成与发展，逐步产生了能保障企业所有者权益的各种经济制度和法律制度，整个市场经济体系也发生了巨大的变迁，并日臻成熟与完善。从这个意义上讲，对企业内部组织结构进行改革尤其是企业产权制度的改革很重要。这不仅会促进市场经济体制的发展，而且有利于企业自身有效组织制度的形成与运作。

第三，关于年轻人的培养与任用问题。年轻的经营者更关注自己的职业前途，不仅当期的显性激励比较强，而且隐性激励会更强，毕竟自身人力资本价值的提升是其事业成功的最好展现。因此，建立一个能传递经营者真实经营能力信息的职业经理人市场是非常必要的，只有这样，个人的能力和人力资本价值与其业绩才能真正地联系在一起，才能培养出真正的职业经理人。

因此，建立和完善充分竞争的市场经济体制就显得十分关键，这也正是本文所要给出的结论，一个充分竞争的市场经济体制是保证现代企业制度有效运作的逻辑前提与制度基础。

我国的改革已经走过了 40 余年，市场经济体制的框架也基本建立起来了，尽管我国与相对完善的市场经济体制还存在较大的距离，但随着我国经济体制改革的逐步深入，以及现代企业制度的不断完善，势必有越来越多的职业经理人出现在经理人市场当中，一个规范的、运作有效的国有企业制度结构一定可以建立起来。

## 参考文献

[1] 李军林、李天有、王增新：《经营者声誉与国有企业的经营绩效———一种博弈论的分析视角》，《经济学动态》2005 年第 10 期，第 40～43 页。

① 可喜的是，目前我国许多国有企业对中高层管理人员的选择已经面向市场，不再像过去那样单纯由政府主管部门任命。

［2］李军林：《声誉理论及其近期进展——一种博弈论视角》，《经济学动态》2004a 年第 2 期，第 53～57 页。

［3］李军林：《组织声誉与契约的隐性要求权——一个关于企业声誉的讨论》，《教学与研究》2004b 年第 12 期，第 50～56 页。

［4］〔匈〕科尔奈：《短缺经济学》，张晓光译，经济科学出版社，1986。

［5］钱颖一：《激励与约束》，《经济社会体制比较》1999 年第 5 期，第 7～12 页。

［6］郑志刚：《外部控制、内部治理与整合——公司治理机制理论研究文献综述》，《南大商学评论》2006 年第 2 期，第 74～101 页。

［7］周其仁：《"控制权回报"和"企业家控制的企业"：公有制经济中企业家人力资本产权的个案》，《经济研究》1997 年第 5 期，第 31～42 页。

［8］Berglof, E., Pajuste, A., "Corporate Governance and Performance", World Bank Policy Research Working Paper, Washington, D. C., 2004.

［9］Dewatripont, M., Jewitt, I., Tirole, J., "The Economics of Career Concerns, Part Ⅰ: Comparing Information Structures", *Review of Economic Studies*, 1999, 66 (1), pp. 183 – 198.

［10］Fama, E., "Agency Problems and the Theory of the Firm", *Journal of Political Economy*, 1980, 88 (2), pp. 288 – 307.

［11］Gibbons, R., Murphy, K., J., "Optimal Incentive Contracts in the Presence of Career Concerns: Theory and Evidence", *Journal of Political Economy*, 1992, 100 (3), pp. 468 – 505.

［12］Holmstrom, B., "Moral Hazard and Observability", *Bell Journal of Economics*, 1979, 10 (1), pp. 74 – 91.

［13］Holmstrom, B., "Moral Hazard in Teams", *Bell Journal of Economics*, 1982, 13 (2), pp. 324 – 340.

［14］Holmstrom, B., Milgrom, P., "Multitask Principal-Agent Analyses: Incentive Contracts, Asset Ownership, and Job Design", *Journal of Law, Economics and Organization*, 1991, 7 (Special Issue), pp. 24 – 52.

［15］Holmstrom, B., "Managerial Incentive Problems: A Dynamic Perspective", *Review of Economic Studies*, 1999, 66 (1), pp. 169 – 182.

［16］Li, J. L., Li, T. Y., "Reputation as an External Incentive Mechanism in State-owned Enterprises in China: A Game-Theoretical Perspective", Working Paper, 2006.

［17］ Qian, Y. Y. , "Enterprise Reform in China: Agency Problem and Political Con-
trol", *Economics of Transition*, 1996, 4 (2), pp. 427 - 447.

［18］ Xu, L. C. , Tian, Z. , Lin, Y. M. , "Politician Control, Agency Problems and
Ownership Reform", *Economics of Transition*, 2005, 13 (1), pp. 1 - 24.

# 第四篇

# 理性预期与政府宏观调控

相较于企业，政府是宏观层面的组织，其基本职能是对社会公共事务进行组织和管理，向全体国民提供服务。政府也会参与到现代经济活动中，其中备受关注的是关于货币政策和财政政策的宏观调控。改革开放以来，中国经济取得了巨大的成就，货币政策和财政政策的实践在其中起到了很大作用。那么政府如何使用货币政策和财政政策来实施宏观调控？政府宏观调控的规则和实施效果一直以来就是宏观经济研究的重中之重。西方经济学派如凯恩斯主义、理性预期学派为制定货币政策和财政政策提供了理论依据。

宏观经济学理论认为，宏观经济政策应该是中性的或者相机决策的。但对于货币政策，一个理论问题在于：基于货币中性预判形成的货币政策和反通胀目标在理论上是否能够实现。从货币政策的实践出发，我们希望知道面对我国的实际经济环境，货币中性在当前我国的经济现实中是否成立。对于财政政策，目前存在两类财政政策调控规则：相机决策的财政政策（又称逆周期调控，Countercyclical Prescription）以及非周期的财政政策（又称巴罗规则，Barro Prescription）。然而进入21世纪以来，中国财政政策更多地呈现顺周期（Procyclical）的调控特征。不仅仅是中国，综观世界新兴国家的财政政策选择，顺周期的财政政策都更为常见。这显然与传统宏观经济学所倡导的政策规则存在分歧。

本篇首先沿着理性预期学派的思路，在一个考虑实际供给冲击和货币发行冲击的随机封闭环境里，讨论具备理性预期的参与人如何对这些冲击做出最优反应，总体又如何将这些反应加总，从而得出货币发行与人均产出、通货膨胀率之间的函数关系及解析解。在有关预期的研究中，参与人的信息结构直接决定了均衡的性质。其中，一个开创性的研究就是将不完全信息下的博弈理论引入货币政策研究中，建立了著名的货币政策声誉模型，为此方面的研究开创了一个新的领域。也就是说，我们可以从本质上把货币政策的制定和实施过程看成政府与公众之间的互动博弈，因此博弈双方的信息结构尤为重要。在本篇的分析中，我们同样强调参与人的信息结构，即谁在何时知道什么。在本篇的模型中可以看到，参与人如何把自己所掌握的信息与先验的信念相结合并形成预期，如何在预期下进行最优选择，这个不完全信息博弈的过程可以被本篇的货币政策优化模型所阐述。

对财政政策的分析，本篇基于中国的特征事实，构建了最优财政政策模型，研究受到外生经济冲击时，在社会福利最大化的目标下，政府部门的最优财政政策反应。其理论框架最早源于无资本因素下的最优财政政策和货币政策模型，此后该模型被广泛引用与拓展。在该模型的基础上，本篇一方面将消费税和收入税纳入模型分析框架中，比较在不同外生冲击下，政府如何使用财政支出、消费税率与收入税率进行宏观调控；另一方面剔除模型中作为政府部门收入来源之一的自然资源收入，主要通过私人部门与政府部门之间的博弈行为来刻画政府部门的最优政策。

# 理性预期框架下的货币政策

从货币政策的实践出发，我们希望知道，面对我国的实际经济环境，货币中性在当前我国的经济现实中是否成立？如果这一命题成立，从长期来看，抑制通胀将成为央行的唯一政策目标，然而决定货币中性的因素到底是什么？在货币中性条件下，通胀与产出又有何关系？这正是我们希望探讨的问题。

在有关预期的研究中，参与人的信息结构直接决定了均衡的性质。其中，一个开创性的研究就是将不完全信息下的博弈理论引入货币政策研究中，建立了著名的货币政策声誉模型（Barro，Gordon，1983），为这方面的研究开创了一个新的领域。Barro 和 Gordon（1983）、Barro（1986）以及 Vickers（1986）等人在 Kreps（1982）研究的基础上，利用重复博弈模型解释宏观经济货币政策效应，构建了货币政策声誉模型。也就是说，我们可以从本质上把货币政策的制定和实施过程看成政府与公众之间的互动博弈，因此博弈双方的信息结构尤为重要。我们同样强调参与人的信息结构（谁、在何时、知道什么），在我们的模型中可以看到，参与人如何把自己所掌握的信息与先验的信念相结合并形成预期，以及如何在预期下进行最优选择，这个不完全信息博弈的过程可以被我们的优化模型所阐述。

值得注意的是，尽管 Lucas（1972）提出理性预期的开创性论文被广泛引用，但对于内嵌其中的信息提取假设（Signal Extraction Assumption）则鲜有经验性的实证文章去进行检验。原因在于，后来学者的建模工作基本上是讨论预期规则如何形成以及信息提取如何发生，这些工作基本证明了参与人从模型的内生变量中提取信息继而决定总体均衡的模式是极其复杂的，还并未发现一个一般的模式（Lungu et al.，2008），这为我们的模型提供了探索的空间。近年来，有学者在信息提取的框架内将行为因素，如损失厌恶，加入参与人的效用函数重新讨论模型的预期规则与均衡（Ciccarone，Marchetti，2011）；也有学者在开放条件下，考虑将利率和汇率视作可观测的变量，参与人从中提取信息生成预期，从而得出一般意义下的可解均衡（Lungu et al.，2008）。沿着已有研究思路，我们在效用函数的基础上进一步考虑参与人的风险厌恶导致的最优储蓄激励的不同，从而产生了不一致的预期规制，决定了货币中性的性质。

我们基于（Lucas，1972，1973）货币中性的基本思路，改进调整了 Benassy（1999，2001）关于信息提取的方法，从特定的效用函数出发，寻找总体经济均衡的解析解，并通过比较静态的方法研究均衡状态下货币中性的决定因素。结果发现，理性预期并不一定能导致货币中性，经济参与主体的风险厌恶系数与之高度相关。作为对模型的验证，我们在经典的生产函数和菲利普斯曲线的基础上结合模型推导出总体方程，采用联立方程组 GMM 方法估计，经验数据支持了理论模型设定，得出我国存在较高风险厌恶倾向的实证结论，这符合经济现实。进一步采用状态空间模型及时变参数的形式进行研究，证实了我国的货币中性内生于我国经济主体的风险厌恶特征，这一结论不仅与我国当前主流的实证文献相一致，而且能够部分解释在货币中性问题上的不同经验证据（周锦林，2002；陆军、舒元，2002a；甘小军、高珊，2011）。

# 一　理论模型部分

## （一）分散均衡的决定

考虑一个由 $J$ 个孤立的经济部门组成的经济体，我们沿用前文 Lucas（1972）和 Benassy（1999，2001）的称谓，将其定义为"小岛"，记为 $j \in \{1,2,\cdots,J\}$。每个小岛都由一个中央计划者运作岛内经济，并且每个小岛都会面临两种不同的冲击：一种是人口冲击，直接影响实体经济；另一种是货币冲击，直接影响货币供给。下面我们将考虑一个代表性小岛 $j$ 的经济均衡情况，为了简化标记，将省去记号 $j$。本文的模型不同于 Benassy（1999，2001）模型中的情形。他为了得到一个模型的解析解，在一个两期迭代框架下假设年轻人在提供劳动的第一期不消费，只在年老不劳动时消费，因此就没有了最优储蓄问题，也就没有了最优货币需求问题——年轻人在第一期劳动的唯一目的就是把所有的劳动成果转化为货币，等待进入第二期时用于交换消费品。在 Benassy（1999）的模型中，劳动供给决策成为核心问题，而两期的价格比（当期价格低，说明劳动可换回的纸币少，劳动的成本上升；下期价格低，说明用换回的纸币去购买的商品多，劳动的成本降低）自然成为决定劳动供给的唯一因素，那么每一期价格是怎样形成的呢？本文完全按照理性预期的思路，即个人会先验形成一个价格运动的预期，并且按照这个预期去优化个人行为，这些个人行为的加总构成市场均衡，恰恰在这个市场均衡点处，预期得以实现，个人没有动机调整预期，从而构成所谓的理性预期均衡。

我们按照 Lucas（1972）的设定进行讨论。原文模型考虑两期都会消费，并给出了最优货币需求函数的形成过程，均衡下最优货币需求和货币供给相等。而在何种情形下均衡才能实现呢？只有给定一个特殊的价格过程。本文的定理都是在描述这一特殊的价格过程是什么，以及满足何种性质。我们的目的在于给出一个考虑最优储蓄的简单模型，并按照 Wallace（1992）的方式讨论加总的供给冲击对经济体的影响，在此基础上希望得到一个针对 Lucas（1972）模型的解析解，从而更清晰地揭示货币中性的含义，并解释预期的形成及其重要作用。

我们假设代表性小岛 $j$ 上存在一个两期迭代的经济部门，其中小岛上 $t$ 期的新生人口 $n_t$ 是随机变量。第 $t$ 代消费者的效用函数为：

$$U = \frac{c_t^{1-a}}{1-a} - n_t + E_t\left[\frac{c_{t+1}^{1-a}}{1-a}\right] \tag{1}$$

其中，$c_t$ 代表 $t$ 期的消费，$n_t$ 代表参与人在年轻时能提供的劳动，$a$ 代表风险厌恶系数，$a \in (0,1)$。岛内生产很简单，1 单位劳动可以提供 1 单位不可储藏的消费品，因此 $t$ 期的参与人有动机在当期提供劳动，将所得收入的一部分用于消费，另一部分采用货币的形式转移到下一期，从而保证下一期的消费不为 0。我们注意到采用式（1）效用函数的形式，这种动机还不是很 "强烈"，因为下一期的消费为 0，也只是使得下一期的效用为 0，还有可能即使下一期的消费为 0，也可以构成最优选择，但如果我们采用对数效用函数：

$$U = \ln c_t - n_t + E_t[\ln c_{t+1}] \tag{2}$$

则第二期消费为 0 的策略绝不可能最优，因为 0 单位的消费量会带来 $-\infty$ 的效用，不能构成最优。从这里可以看出，效用函数的选择会直接影响通过货币进行财富转移的动机，我们对这两种情形都会予以讨论。

由于 $y_t = n_t$，因此整个岛内的资源约束可以表示为：

$$n_t n_t = n_{t-1} c_{t+1} + n_t c_t \tag{3}$$

由以上分析可知，第 $t$ 代参与人会在 $t$ 期通过货币形式向下一期转移部分财富，因此需要用部分劳动所得的消费品按照一定的比例兑换货币，这个比例就是消费品的当期价格 $P_t$，货币由中央计划者在每一期统一发行，记为 $M_t$。假设中央计划者在初始货币给定后，每一期通过货币政策 $x_t$ 来控制货币发行量，其中 $x_t$ 也是一个随机变量：

$$M_t = x_t M_{t-1} \tag{4}$$

所有产出都需要通过货币标价：

$$n_t n_t = \frac{M_t}{P_t} = \frac{x_t M_{t-1}}{P_t} \tag{5}$$

我们可以知道，这个模型化的经济体在初始状态给定后，每一期都会受到 $x_t$ 和 $n_t$ 这两个随机变量的冲击影响，需要明确的是以下关于岛内个体信息结构的假设。

假设 1：个人无法直接观测到 $x_t$ 和 $n_t$，只能知道这两个随机变量之前的实现值及其分布。

假设 2：除 $P_t$ 之外的所有 $t$ 期发生的信息都不能被个人观测，之前的所有信息均为已知。

由以上假设可知，$E_t[\,\cdot\,] = E[\,\cdot\mid P_t,\psi_{t-1}]$，其中 $\psi_{t-1}$ 表示在 $t-1$ 期的信息集。

参与人在 $t$ 期通过交换劳动产品获得一定量的货币 $\lambda_t$，在 $t+1$ 期将得到中央计划者按照货币分配规则形成的新的货币量 $\lambda_t x_{t+1}$。

假设 3：假设参与人具有理性预期，具体来讲，假设参与人形成了关于价格过程的信念或预期，并按照此预期优化自己的行为。这一预期可描述为：

$$P_t = AM_{t-1}Z_t^\gamma \tag{6}$$

其中，$Z_t = \dfrac{x_t}{n_t}$。参与人具有此预期意味着参与人观察到当期的价格 $P_t$，可以按照预期规则推测出 $Z_t$，从而得到关于不可观测变量 $n_t$、$x_t$ 的部分信息，其中 $A$、$\gamma$ 由理性预期均衡决定。至此，我们的模型可理解为，小岛内的参与人按照预期优化自己的行为，市场出清条件将加总这些个人的优化行为，从而使预期得以实现，构成理性预期均衡。我们需要考虑的是找到一组特殊的参数值 $A$、$\gamma$，使得这样的预期规则可以形成均衡。

有两个关于预期规则的问题自然会被提出，具体如下。

第一，这样的预期规则是否存在？是否可以找到一个关于 $P_t$ 的等式，在产生出满足市场出清条件的个人优化行为的同时，还必须使得均衡结果符合预期。

第二，这样的预期规则是否唯一？即类似式（6）这样的等式是否还会有其他形式。

Lucas（1972）明确指出了满足何种条件才可以使得理性预期均衡存在且唯一，这也是我们的基础假设，在这样的条件下设定模型以此寻求解析解，并且更加直观地理解理性预期所形成的货币中性。

为了得到解析解，我们假定两个冲击来源 $n_t$、$x_t$ 来自两个独立的均值都为 0，方差分别为 $\sigma_n^2$、$\delta_x^2$ 的对数正态分布过程，且每一次冲击均独立于时间。

在这样的意义下，小岛内第 $t$ 代参与人面临如下的优化问题［考虑效用函数（1）的情形］：

$$\max_{c_t,n_t,\lambda_t\geq 0} U_1 = \frac{c_t^{1-a}}{1-a} - n_t + E_t\left[\frac{c_{t+1}^{1-a}}{1-a}\right]$$

$$\text{s.t.} \quad c_{t+1} = \frac{\lambda_t x_t + 1}{P_{t+1}}, P_t(n_t - c_t) - \lambda_t \geq 0 \tag{7}$$

此优化问题描述了第 $t$ 代参与人面对当期价格 $P_t$，按照价格预期推测 $Z_t$，从而知晓 $\frac{x_t}{n_t}$，在此信息基础上结合预期规则形成关于下一期的价格 $P_{t+1}$ 的信念，从而内生选择劳动供给量 $n_t$、当期消费量 $c_t$ 以及最优货币需求量 $\lambda_t$。个人优化行为的加总满足市场出清条件，从而构成理性预期均衡。

引理1：考虑参与人1的理性预期，其跨期优化行为可以等价于以下最优问题的解：

$$\max_{c_t,n_t,\lambda_t\geq 0} U = \frac{c_t^{1-a}}{1-a} - n_t + \frac{\left(\frac{\lambda_t}{AM_{t-1}}\right)^{1-a}}{1-a}E[\gamma^2(1-a)^2(\sigma_n^2+\delta_x^2)+(1-a)^2\delta_x^2]/2$$

$$\text{s.t.} \quad P_t(n_t - c_t) - \lambda_t \geq 0 \tag{8}$$

命题1：在模型设定的经济环境下，单个参与人1的最优解为：

$$c_t = 1, \mu = \frac{1}{P_t}$$

$$\lambda_t = \left\{\frac{\frac{1}{P_t}\left(\frac{1}{AM_{t-1}}\right)^{a-1}}{(1-a)E[\gamma^2(1-a)^2(\sigma_n^2+\delta_x^2)+(1-a)^2\delta_x^2]/2}\right\}^{-\frac{1}{a}} \tag{9}$$

$$n_t = 1 + \left\{\frac{\frac{1}{P_t}\left(\frac{1}{AM_{t-1}}\right)^{a-1}}{(1-a)E[\gamma^2(1-a)^2(\sigma_n^2+\delta_x^2)+(1-a)^2\delta_x^2]/2}\right\}^{-\frac{1}{a}}$$

为了考虑理性预期规则 $P_t = AM_{t-1}Z_t^\gamma$ 在优化以及均衡中所起到的

作用，我们需要将 $P_t = AM_{t-1}\left(\dfrac{x_t}{n_t}\right)^{\gamma}$ 代入参与人内生选择的最优反应

中，然后对小岛内所有参与人的优化行为做加总，并加入货币市场出清条件 $\lambda_t n_t = M_t$（第 $t$ 代人拥有的货币总量和政府发行的货币总量一致），即：

$$\lambda_t = \frac{M_t}{n_t} = \frac{M_{t-1} x_t}{n_t} \tag{10}$$

从而得到小岛内部理性均衡得以实现的条件。

从这里可以看出，理性预期均衡得以实现的关键因素在于如何确定一组特殊的参数 $A$、$\gamma$，使得考虑个人优化的加总满足市场出清条件。更具体地讲，只有存在一个特殊的价格预期过程，才可以使得岛内市场实现理性预期均衡，我们现在需要确定这样一个特定的价格过程到底是怎样的。命题 2 给出了这样的预期规则，以及存在理性预期均衡时参与人 1 的最优反应函数。

命题 2：当参与人关于价格过程由式（11）这一预期规则决定时，可以构成一个理性预期均衡，此时参与人的最优选择为式（12）。

$$P_t = \frac{M_{t-1}}{(1-a)\Lambda^{\frac{1}{a}}}\left(\frac{x_t}{n_t}\right)^a$$

$$c_t = 1, n_t = 1 + \left[(1-a)\Lambda\right]^{\frac{1}{a}}\left(1-\frac{1}{a}\right)\left(\frac{x_t}{n_t}\right)^{1-a} \tag{11}$$

$$\lambda_t = \frac{M_{t-1} x_t}{n_t} \tag{12}$$

推论 1：当期最优劳动供给和最优储蓄（最优货币需求）都是关于 $\dfrac{x_t}{n_t}$ 的单调增函数，即 $n_t'\left(\dfrac{x_t}{n_t}\right) > 0$，$\lambda_t'\left(\dfrac{x_t}{n_t}\right) > 0$。

经济含义：如果给定式（11）的理性预期过程，则可以这样理解，给定上一期货币供给并被参与人可观测，当期价格较高时，参与人依照理性预期规则，准确推断出当期有较高价格，从而会提供较多的劳动，并需要较多的货币。其表现出来的情形是，当期的价格较高时，参

与人愿意提供较多的劳动（劳动的边际收益较大），以交换较多的货币用于储蓄，从而实现较多的财富转移，以使得在下一期面对相对较低的价格水平时，可以消费更多产品，实现平滑消费的目的。这一论述与我们开篇所陈述的经济逻辑一致。需要注意的是，在效用函数为常相对风险厌恶（CRRA）的情形时，参与人在当期的消费是常数，最优劳动供给是价格的函数，这一点可以印证我们前文所述，效用函数的形式决定了财富转移的动机到底有多强，在 CRRA 的效用函数情形下，这种转移动机与价格水平无关。

为了使模型的意义更加明确，重新考察财富转移水平与当期价格有关的效用函数形式 $U_2$。与 CRRA 的参与人 1 的均衡求解类似，我们直接得到如下命题。

命题 3：在参与人 2 的经济环境 $U_2$ 中，存在如式（13）所示的预期规则 $P_t$，使得参与人的最优选择 $\{c_t, n_t, \lambda_t\}$ 构成理性预期均衡。

$$U_2 = \ln c_t + \ln(1 - n_t) + E_t[\ln c_{t+1}]$$

$$P_t = M_{t-1} \frac{x_t}{n_t} \qquad (13)$$

$$c_t = 3, \lambda_t = \frac{P_t}{3}, n_t = \frac{10}{3}$$

在这样的效用函数情形下，可以发现，当期劳动供给和消费都是与价格水平无关的常数，只有最优储蓄是当期价格的函数。

由以上两种形式的效用函数决定的理性预期均衡可知，不同的效用函数决定了不同的理性预期规则以及不同的均衡状态。两者之间是一一对应的，这一点正如 Lucas（1972）所论述的那样，为我们理解货币经济条件下预期的形成提供了一个直观的解释。

## （二）全局经济与货币政策

首先，我们考虑由这 $J$ 个小岛构成的经济体的全局性质。同样，为了解释理性预期均衡的作用机制，我们仍然分别对以上两种效用函数下的经济体进行比较分析。

我们假设货币冲击对所有小岛都是同质的，但每个小岛上的人口冲击可以分解为两个部分——总量冲击和局部比例冲击，即小岛 $j$ 在 $t$ 期的新生人口量 $n_{jt} = n_t \theta_{jt}$ 。其中，$n_t$ 为整个经济体在 $t$ 期的新生人口总数，$\theta_{jt}$ 为小岛 $j$ 的人口系数，这两个量均是独立同分布的随机变量，来源于对数正态分布，期望为 0，方差分别为 $\sigma_n^2$、$\sigma_\theta^2$ 。

由对数正态分布性质得到均衡结果（见表 1）。

表 1　经济体比较

| 每个小岛均衡时 | 经济体 1 | 经济体 2 |
|---|---|---|
| 效用函数 | $U = \dfrac{c_t^{1-a}}{1-a} - n_t + E_t \left[ \dfrac{c_{t+1}^{1-a}}{1-a} \right]$ | $U = \ln c_t + \ln(1 - n_t) +$ $E_t [ \ln c_{t+1} ]$ |
| 价格预期规则 | $P_{jt} = \dfrac{M_{t-1}}{[(1-a)\varphi]^{\frac{1}{a}}} \left( \dfrac{x_t}{n_t \theta_{jt}} \right)^a$ | $P_{jt} = M_{t-1} \dfrac{x_t}{n_t \theta_{jt}}$ |
| 最优货币持有量 | $\lambda_t = M_{t-1}^{1-\frac{1}{a}} P^{\frac{1}{ta}}$ | $\lambda_t = \dfrac{P_t}{3}$ |
| 最优劳动供给量 | $n_t = 1 + M_{t-1}^{1-\frac{1}{a}} P^{\frac{1}{ta}-1}$ $= 1 + [(1-a)\varphi]^{\frac{1}{a}(1-\frac{1}{a})} \left( \dfrac{x_t}{n_t \theta_{jt}} \right)^{1-a}$ | $n_t = \dfrac{10}{3}$ |
| 两期最优消费 | $c_t = 1, c_{t+1} = \dfrac{\frac{M_{t-1} x_t}{n_t} X_{t+1}}{P_{t+1}}$ | $c_t = 3, c_{t+1} = \dfrac{P_t x_{t+1}}{3 P_{t+1}}$ |
| $t$ 期总产出 | $y_{jt} = n_{jt} n_t$ $= n_t \theta_{jt} + (n_t \theta_{jt})^a x_t^{1-a} [(1-a)\varphi]^{\frac{1}{a}(1-\frac{1}{a})}$ | $y_{jt} = n_{jt} n_t = \dfrac{10 n_t \theta_{jt}}{3}$ |

注：$\varphi = e^{[a^2(1-a)^2(\sigma_n^2 + \sigma_\theta^2 + \delta_x^2) + (1-a)^2 \delta_x^2]/2}$。

我们将在命题 4 中讨论模型全局价格和产出之间的关系，为类似"菲利普斯曲线"这样的经验回归寻求理论上的微观基础，并以此讨论理性预期均衡下的货币中性问题。

命题 4：理性预期均衡下经济体 1、经济体 2 的人均产出和通货膨胀率分别由下式决定：

$$y_{t,1} \approx \frac{(a\sigma_\theta)^2}{2} + \ln 2 + \frac{1}{a}\left(1 - \frac{1}{a}\right)\ln\left[(1-a)\varphi\right] + (1-a)\mu_t + al_t$$

$$\pi_{t,1} = a\mu_t + (1-a)\mu_{t-1} + a(l_{t-1} - l_t) \tag{14}$$

$$y_{t,2} \approx \ln\frac{10}{3} + \frac{\sigma_\theta^2}{2} + l_t$$

$$\pi_{t,2} = \mu_t + l_{t-1} - l_t$$

经济含义：从我们的比较分析中可以看出，对于经济体1，人均产出和通货膨胀率均与货币发行正相关；对于经济体2，尽管通货膨胀率与货币发行一一对应，但人均产出与货币发行无关，表现出"货币中性"的属性（产出与货币发行无关）。为什么会有如此差别呢？回到我们开始时的模型设定，这两个经济体唯一的区别就是效用函数不同。相对而言，经济体2的效用函数决定了其个体具有更强的财富转移动机，体现为参与人提供的劳动供给量是常数，不受价格或者其他因素影响，并且当期消费也是常数，这样，货币需求量就完全反映了价格的变化，或者说，货币需求与价格变化一一对应，当期价格的微小变动会完全通过货币需求实现的财富转移来平滑消费。也就是说，只有当个人劳动提供和当期消费不随价格变动时，才可以体现出较强的财富转移动机，而恰恰是因为劳动供给不依赖于价格，才造成了人均产出不依赖于货币发行因素。由以上对两个经济体的分析可以看出，货币是否中性，与经济体中参与人的偏好相关。

其次，比较两个经济体的通货膨胀率对货币发行的影响。在经济体1中，通货膨胀率对货币发行的弹性小于1，即通货膨胀率并不能完全反映出货币发行的增减；在经济体2中，这一反映则是完全的，即增加100%的货币发行将导致100%的通货膨胀，这一结论也为"通货膨胀完全是一种货币现象"的论调提供了微观基础。但从我们的比较分析中也可以看出，这一结论强烈依赖于经济体内参与人的偏好。

（三）人均产出与通货膨胀率的替代性

进一步地，我们从货币和人口冲击的角度来讨论人均产出与通货膨胀率之间的关系，以回答在实证分析中常常出现的"人均产出与通货膨胀率之间是否存在替代关系"这一命题。

我们假设随机冲击来源独立同分布且为对数正态时，经济体 1 的情形为 $\mathrm{cov}(y_t,\pi_t) = (1-a)a\sigma_x^2 - a^2\sigma_n^2$，经济体 2 为 $\mathrm{cov}(y_t,\pi_t) = -\sigma_n^2$。在经济体 1 中，人均产出和通货膨胀率的协方差的符号并不明确，我们可以得到以下关系式：

$$当\ \sigma_x^2 > \frac{a}{1-a}\sigma_n^2\ 时,\mathrm{cov}(y_t,\pi_t) > 0$$
$$当\ \sigma_x^2 \leqslant \frac{a}{1-a}\sigma_n^2\ 时,\mathrm{cov}(y_t,\pi_t) \leqslant 0 \tag{15}$$

由此可以看出，当货币冲击的方差大于人口冲击时，人均产出与通货膨胀率正相关，即通货膨胀率越高，人均产出越高；当货币冲击的方差小于人口冲击时，才会出现人均产出与通货膨胀率的替代关系，即通货膨胀率越低，人均产出越高。也就是说，通货膨胀率与人均产出的替代关系并不必然，而是依赖于外部的经济环境。更进一步，假设经济环境给定，$\sigma_n^2$ 外生决定，政府可以控制货币发行的方差 $\sigma_x^2$，那么政府是否可以通过货币发行这一手段来影响经济体的人均产出或通货膨胀率，进而实现某种对经济体的干预呢？这种干预体现在货币政策上是一致的还是相机抉择？从以上公式可以看出，对于任何经济体来说，货币政策并非都有效。例如，对于经济体 2 来讲，尽管通货膨胀率与人均产出总是负相关，但人均产出并不依赖于货币发行因素，因此对于这类经济体来说，数据上人均产出与通货膨胀率表现出负相关，更可能的原因在于供给减少导致通货膨胀率升高，但同时导致人均产出下降，而非货币发行的因素。对于经济体 1 来讲，这个问题相对复杂。可以肯定的是，针对经济体 1 的情形，货币政策是有效的，但不能是一致的货币发行规则。具体来讲，货币政策的变动在一定范围内导致数据上通货膨胀率与人均产出的替代性，但当货币发行规则变动较大时，这种替代关系将不再存在。更进一步，在一致性的货币发行规则下，货币冲击方差极小，则经济体可以表现出通货膨胀率与人均产出的替代关系；但在货币冲击极大的情形下，这种替代关系并不存在。

# 二　模型总结及其经济解释

上述理论模型在一个封闭的、随机的经济环境中考虑了两个不同性质的经济体的货币均衡情况，这种差别主要体现在经济体中同质参与人的效用函数上，结果在货币中性这一问题上，不同经济体的表现迥异（见表2）。不同经济体所对应的预期规则的差异主要体现在两个方面：第一，是否与随机冲击的分布性质相关；第二，对风险的态度直接影响预期规则。

**表 2　经济体比较总结**

| 全局经济均衡时 | 经济体 1 | 经济体 2 |
|---|---|---|
| 代表性参与者效用函数 | $U = \dfrac{c_t^{1-a}}{1-a} - n_t + E_t[v(c_{t+1})]$ | $U = \ln c_t + \ln(1 - n_t) + E_t[\ln c_{t+1}]$ |
| 预期规则 | $P_t = \dfrac{M_{t-1}}{[(1-a)\Lambda]^{\frac{1}{a}}}\left(\dfrac{x_t}{n_t}\right)^a$ | $P_t = M_{t-1}\dfrac{x_t}{n_t}$ |
| 人均产出 | $y_t \approx I + (1-a)\mu_t + al_t$ | $y_t \approx I + l_t$ |
| 通货膨胀率的决定 | $\pi_t = \mu_t + (1-a)\mu_{t-1} + a(l_{t-1} - l_t)$ | $\pi_t = \mu_t + l_{t-1} - l_t$ |
| 人均产出和通货膨胀率的协方差 $\mathrm{cov}(y_t, \pi_t)$ | $(1-a)a\sigma_x^2 - a^2\sigma_n^2$ | $-\sigma_n^2$ |

在微观层面，我们假设参与人先验地具备理性预期，均衡时预期必定实现，否则这样的预期会被参与人迅速调整，从而不能稳定存在。基于这一思路，我们求解显示解的方法也是先假定参与人关于价格预期的规则，但其中含有需要待定的参数，将这样的预期规则与参与人对经济环境的共同知识相结合，代入参与人的优化问题中，从而得到个体的最优选择，其中个体持有货币的总和与货币供给总量相等，依靠货币市场的这一均衡条件，我们就可以通过待定参数的方法求解出理性预期，从而得到关于微观个体的所有最优反应。微观结果的核心在于理解对于 CRRA 的效用函数，参与人当期最优劳动供给和最优储蓄（最优货币需求）都是关于 $\dfrac{x_t}{n_t}$ 的单调增函数，但效用函数为对数形

式时，参与人在当期的消费是常数，最优劳动供给是价格的函数，这一点可以印证我们前文的猜想，效用函数的形式决定了财富转移的动机到底有多强，在 CRRA 效用函数的情形下，这种转移动机与价格水平无关。

在宏观层面，我们可以充分观察到经济体是如何加总所有参与人的最优反应的。我们考虑经济体是由极多这样的封闭"小岛"构成的，这里"极多"的概念是保证大数定律得以使用，封闭"小岛"在两个层面与总体经济有关：第一，"小岛"人口是总人口的一个随机比例；第二，总体价格水平、总产出是每个"小岛"平均价格的产出的加总。由于在微观层面我们已经可以得到关于每个"小岛"经济的各种均衡值，因此在宏观层面，我们进行的只是一个简单算术平均、加总。整个总体经济的性质同样让人吃惊，同前文所述，对于 CRRA 形式效用函数的总体经济，货币表现出非中性的性质；然而对于对数形式效用函数的总体经济，货币则表现出中性的特点。我们从效用函数所代表的风险厌恶程度的角度出发，试图对这种差异给出一个解释，即对数形式的效用函数决定了其个体具有更强的财富转移动机，体现在参与人提供的劳动供给量是常数，不受价格或者其他因素影响，并且当期消费也是常数，这样，货币需求量就完全反映了价格的变化，或者说，货币需求和价格变化对应于当期价格的微小变动，会完全通过货币需求实现的财富转移来平滑消费。也就是说，只有当个人劳动提供和当期消费不随价格变动时，才可以体现出较强的财富转移动机，而恰恰是劳动供给不依赖于产品价格，才造成了人均产出不依赖于货币发行因素。

得出总体经济均衡的决定式后，自然可以讨论关于货币政策对均衡的影响。由于我们考虑的都是不确定条件下的经济体，因此我们也是通过协方差来完成这种比较静态分析的。与货币中性命题类似，本文货币政策的有效性在不同经济体中表现迥异且更加复杂：当货币冲击的方差大于人口冲击时，人均产出与通货膨胀率正相关，即通货膨胀率越高，人均产出越高；当货币冲击的方差小于人口冲击时，才会出现人均产出与通货膨胀率的替代关系，即通货膨胀率越低，人均产出越高。也就是说，通货膨胀率与人均产出的替代关系并不必然，而是依赖于外部的经济环境，其他结论前文已经详细解释，不再赘述。

首先，对于经济体 1，关于随机冲击的统计性质（本文体现为均值和方差）可以影响预期；对于经济体 2，关于价格的理性预期规则并不受随机冲击的统计性质影响。其次，风险厌恶系数的差别直接体现在 $\dfrac{x_t}{n_t} x_t / n_t$ 的指数次数上。分散的个体经济中的预期规则决定了个体最优的反应，而全局经济则将这些最优反应以类似完全竞争市场的方式"汇集"起来，从而决定了全局经济的均衡，而我们恰恰需要研究这种宏观经济的表现。我们正是沿着新古典经济学的范式，从局部个体出发，为宏观经济现象寻求微观基础。关于经济体 1 和经济体 2 的全局性质就成为我们需要检验证实的重点。有一个疑问需要论证，这里的预期规则是否需要我们从真实数据出发进行验证呢？根据弗里德曼的"假设无关性命题"，假设和现实拟合的程度如果与经济学模型的好坏无关，我们需要某种假设去得到宏观经济的某些性质，模型的作用在于检验这些性质是否与现实一致。理性预期在我们的模型中作为一个假设，结合效用最大化这个基本范式分别得出了两个经济体的价格预期规则，而我们的重点并非研究这样一组预期规则，而是在于论证经济的全局性质。因此，我们认为没有必要检验模型中价格预期规则的现实性，而应该检验全局均衡时的通货膨胀率、人均产出以及两者的协方差关系是否可以得到现实经济数据的支持。更具体一些，我们需要检验以下方程系统：

$$\text{总体方程} 1 : y_t = I + (1 - a)\mu_t + a l_t$$
$$\text{总体方程} 2 : \pi_t = \mu_t + (1 - a)\mu_{t-1} - a(l_t - l_{t-1}) \tag{16}$$

其中，$a \in (0,1)$，是消费者风险厌恶系数。特别地，当 $a = 1$ 时，上式简化为：

$$\text{总体方程} 3 : y_t = I + l_t$$
$$\text{总体方程} 4 : \pi_t = \mu_t - (l_t - l_{t-1}) \tag{17}$$

经济体 1 表现为总体方程 1、总体方程 2，经济体 2 表现为总体方程 3、总体方程 4，也可以认为经济体 2 是经济体 1 的特例。无论是哪类经济体，通货膨胀率都会一致地与就业人口的一阶差分负相关，而与当期的货币政策（货币扩张比例）正相关。同时，均衡时的人均产出在两种经济体下表现出关于货币扩张完全不同的反映：货币扩张政策并非一定可以使得人均产出增加（在经济体 2 中，货币表现出绝对的中性），只有就业人口的持续增加才是人均产出增加的长久动力（自然，模型并未考虑技术进步和资本的作用）。

基于以上分析及理论部分提出的命题，本部分将检验两个问题：一是货币中性问题，即风险厌恶是否对货币政策效果产生影响；二是货币政策的有效性问题，即货币政策冲击下通货膨胀率与人均产出之间是否存在必然的替代关系。

# 三 实证分析

与理论模型一致，我们将在封闭经济视角下设定计量模型，通过中国的经济数据对以上模型推导出的稳定函数关系进行实证检验。开放经济条件下的一些重要影响因素，如国际大宗商品价格、实际有效汇率等以不同形式通过国内的某些变量作用于通货膨胀。所以，在封闭经济模型下的实证分析可以不用考虑这些国际因素。在后续分析中，我们对理论模型中的部分变量符号做了调整，以使其更符合一般实证文献中的表达习惯。

## （一）计量模型

基于柯布－道格拉斯生产函数，构建如下基准方程：

$$y_t = AE^{\alpha_1 t} K_t^{\alpha_2} L_t^{\alpha_3} H_t^{\alpha_4} \tag{18}$$

为避免多重共线性，将式（18）两边除以劳动力 $L_t$，得到人均产出等变量。取自然对数，消除或缓解异方差，得到线性化方程。根据总体方程 1，将式（18）扩展为包含货币供应量的方程，以考察其是否对实际经济体产生作用：

$$\ln y_t = \alpha_0 + \alpha_1 t + \alpha_2 \ln k_t + (\alpha_2 + \alpha_3 + \alpha_4)\ln L_t + \alpha_4 \ln h_t + (1 - a)\Delta M_t \quad (19)$$

其中，$y_t = Y_t / L_t$，表示人均产出；$k_t = K_t / L_t$，表示人均物质资本；$h_t = 1 + (H_t / L_t)$，表示人均人力资本，理论上为非负，所以加 1 以避免取对数后为负值；$\alpha_0 = \ln A$，表示全要素生产率初始值；$t$ 为时间，反映技术进步；$\Delta M_t$ 为货币供应量变化。

结合基准的菲利普斯曲线，并根据已有文献的研究，在总体方程 2 中加入影响显著的一些变量，得到如下方程：

$$\pi_t = \beta_0 + \beta_1 \Delta M_t + (1 - a)\Delta M_{t-1} + a\Delta L_t + \beta_2 \Delta Y_{t-1} + \beta_3 \Delta P_{t-1} + \beta_4 \Delta Z_t + \beta_5 \pi_t^E \quad (20)$$

其中，$\pi_t$ 是 $t$ 期的通货膨胀率；$\Delta M_t$ 是 $t$ 期的货币供应量变化，反映货币政策冲击；$\Delta L_t = L_{t-1} - L_t$，是 $t - 1$ 期相对于 $t$ 期的劳动力变动量，可视为失业情况走势。在控制变量中，$\Delta y_t = [(y_t - y_t^*) / y_t^*] \times 100$，为相对产出缺口（$y_t^*$ 为潜在产出），反映需求推动因素；$\Delta P_{t-1}$ 为 $t - 1$ 期的原材料价格变化，是宏观经济的先行指标，与 $L_t$ 共同反映成本推动因素；$\Delta Z_t$ 为 $t$ 期的资产价格变化，与货币供应共同反映货币因素；$t$ 期的 $\pi^E$ 为通胀预期。

式（19）的解释变量为前定变量，式（20）的解释变量含有内生变量 $y_t$，构成方程系统。在前文的理论模型中，风险厌恶系数 $a \in (0,1]$。假设生产函数满足规模报酬非递增，得到如下约束条件：

$$0 < a \le 1, 0 < \alpha_2 + \alpha_3 + \alpha_4 \le 1 \overset{\diamond}{\Rightarrow} \alpha_2 + \alpha_3 + \alpha_4 = a \quad (21)$$

将式（21）代入原方程系统，得到以下含有跨方程系数限制、满足经典的最优线性无偏估计量（BLUE）的待估结构方程组：

$$\ln y_t = \alpha_0 + \alpha_1 t + \alpha_2 \ln k_t + a\ln L_t + \alpha_4 \ln h_t + (1 - a)\Delta M_t$$

$$\pi_t = \beta_0 + \beta_1 \Delta M_t + (1 - a)\Delta M_{t-1} + a\Delta L_t + \beta_2 \Delta Y_{t-1} + \beta_3 \Delta P_{t-1} + \beta_4 \Delta Z_t + \beta_5 \pi_t^E$$

$$(22)$$

## （二）数据来源及处理

本文模型中的解释变量为当期或滞后一期，而已有研究表明经济变量普遍存在 3～6 个月的时滞，所以样本适合采用季度数据。基于数据的可得性和中国经济体制的状态转移，以 1996～2013 年的 72 个季度数据为样本，构建式（22）中的变量。其中，人均产出 $y$ 由实际国内生产总值（以 2003 年为基期的可比价格）除以就业人数得到。按永续盘存法（张军等，2004；单豪杰，2008）计算得到实物资本存量（以 2003 年为基期的可比价格），再除以就业人数，得到人均实物资本 $k$。人力资本 $h$ 由就业人员中大专以上文化程度占比表示。货币供应量为 M2，通货膨胀率由 CPI 计算得到。资产价格 $P$ 用房地产销售价格指数的变动表示。原材料价格 $Z$ 由原材料、燃料、动力购进价格指数替代。通胀预期 $\pi^E$ 由中国人民银行调查所得的未来物价预期指数替代。产出缺口通过 HP 滤波计算得到。文中数据用 X11 方法进行季节调整。更多解释见表 3。

表 3　数据说明

| 变量构建 | 单位及备注 | 所需数据 | 数据来源 |
|---|---|---|---|
| $\pi_t = CPI_t - 100$ | % | 居民消费价格指数 | ① |
| $\Delta M_t = M2_t - M2_{t-1}$ | 亿元 | 货币供应量（M2） | ① |
| $\Delta L_t = L_{t-1} - l_t$ | 万人 | 单位从业人员数 | ① |
| $\Delta Y_t = (Y_t - Y_t^*)/Y_t^*$ | $Y_t^*$ 为潜在产出 | GDP、GDP 指数 | ① |
| $\Delta Z_t = Z_t - 100$ | %，当季均值。2012～2013 年季度数据由房地产开发综合景气指数补足 | 房地产销售价格指数、房地产开发综合景气指数 | ① |
| $\pi^E$ | 按 2009 年后可比价格调整，1996～2000 年数据由预警指数经过量化调整后补足 | 未来物价预期指数、经济景气预警指数 | ①③ |
| $K_t = I_t + (1-\delta)K_{t-1}$ | 亿元，$K$ 是资本存量，$I$ 是当期投资额，$\delta$ 是季度资本折旧率，取值为 0.0125 | 固定资产投资额完成额、固定资产投资价格指数 | ①② |
| $\Delta P_t = P_t - 100$ | % | 原材料、燃料、动力类购进价格指数 | ① |
| $h_t = 1 + (H_t/L_t)$ | %，人力资本，按移动平均插值法将年度数据换算为季度数据 | 就业人员中大专及以上文化程度占比 | ②④⑤ |

注：①中国经济网；②国家统计局；③中国经济与社会发展统计数据库；④《中国统计年鉴》；⑤《中国劳动统计年鉴》。

## （三）回归结果及分析

### 1. 模型对现实的拟合

产出 $y$ 在方程组中既是解释变量又是被解释变量，方程间残差相关，所以对该联立方程组进行 GMM 估计，得到异方差自相关稳健（HAC）标准误。回归结果显示，所有变量在 5%（大部分甚至在 1%）的水平下显著，较好地解释了人均产出和通货膨胀率的变动（见表 4）。

表 4　回归结果

| 变量 | 系数 | 标准误 | t 统计量 | P 值 |
| --- | --- | --- | --- | --- |
| $\alpha_0$ | − 27.26961 *** | 4.352771 | − 6.264885 | 0.0000 |
| $\alpha_1$ | − 1.696697 *** | 0.334869 | − 5.066750 | 0.0000 |
| $\alpha_2$ | 30.12529 ** | 12.19318 | 2.470667 | 0.0149 |
| $a$ | 0.998407 *** | 0.000324 | 3079.884 | 0.0000 |
| $a_4$ | 80413.41 *** | 22865.27 | 3.516836 | 0.0006 |
| $\beta_0$ | 665.8244 *** | 61.11043 | 10.89543 | 0.0000 |
| $\beta_1$ | − 0.008250 *** | 0.000560 | − 14.74444 | 0.0000 |
| $\beta_2$ | 2964.855 *** | 957.7573 | 3.095622 | 0.0024 |
| $\beta_3$ | − 10.00681 ** | 3.876822 | − 2.581189 | 0.0110 |
| $\beta_4$ | 5.701053 ** | 2.364468 | 2.411136 | 0.0174 |
| $\beta_5$ | − 9.527666 *** | 1.062001 | − 8.971425 | 0.0000 |
| 确定残差协方差 | | | 3876801 | |
| J 统计量 | | | 0.160182 | |

注：** $p < 0.05$，*** $p < 0.01$。

在生产函数方程中，资本存量（$\alpha_2$）、就业人数（$a$）、人力资本（$\alpha_4$）等的系数显著为正，对人均产出起促进作用。技术（$\alpha_1$）的系数为负，意味着样本期间技术进步未能对人均实际产出起到提升作用，这与中国长期的粗放式经济增长模式有关。在通货膨胀方程中，当期货币供应量变动的系数（$\beta_1$）为负且数值很小，说明当期影响很弱，增加货币供给对经济实体不能立即产生拉动作用。上期货币供应量变动的系数（$1 - a$）为正，体现出货币政策效应的滞后性。与已有文献（中国人民银行营业管理部课题组，2011；王金明，2012）结论一致，产出缺口的系数（$\beta_2$）为正，表明产能过剩会产生通胀压力。上期原材料价格变动的系数（$\beta_3$）为负，可能与增加上期采购会降低当期采购需求有关。资产价格变动的系数（$\beta_4$）为正，反映了通货膨胀的货币因素。通胀预期（$\beta_5$）反映民众对下一期通胀走势的判断，显著为负表明民众预期与实际通胀走势存在明显反向，这可能与调查数据样本偏小有关。整体而言，模型较好地反映了经济理论和现实，模型设定形式具有经济意义。

从统计意义上看，模型变量之间必须协整才能保证不是伪回归。对模型回归结果的残差（$\varepsilon_{1t}$，$\varepsilon_{2t}$）进行序列相关性检验和单位根检验，结果显示，两个方程的残差序列是平稳的，不存在自相关和一阶或多阶单整，回归结果可信（见表5、表6）。进行 GMM 估计时，我们依据方程组中解释变量季度数据的时滞性特征，除了资产价格变化采用滞后两期、通胀预期采用实际通胀滞后一期以及前置一期外，其余变量均以滞后一期为工具变量。检验过度识别的工具变量在总体上是否满足弱外生条件的 J 统计量无法拒绝"过度识别是有效的"原假设，说明工具变量有效。

值得注意的是，依据理性预期建立的理论模型式（16）和施以系数跨方程约束的计量模型式（22），得到的参数 $a$ 有三个方面的经济含义。一是 $a$ 反映消费者风险厌恶程度。$a$ 的系数高达 0.998407，接近上限 1，说明平均来讲中国消费者的风险厌恶程度很高，消费跨期替代率低，符合中国的高储蓄率现象。二是 $a$ 反映就业对通货膨胀率和人均产出的影响。失业变动的系数（$a$）为正，表明增加就业（即减少失业）能降低通货膨胀率，这或许与就业能够促进实际经济增长有关。与传统菲利普斯曲线反映失业率与通货膨胀率呈负向关系不同，本文模型中的失业变动反映的是数量，与失业率没有必然的同向变动关系。三是 $1-a$ 反映货币供给（或货币政策）对通货膨胀率和人均产出的影响。在理性预期下，货币政策呈现中性，即提高货币供应量对实际经济的影响甚微，反映在模型中生产函数方程有很小的参数，$1-a \leq 0.002$。

表 5　残差序列相关性检验

| 自相关 | 偏自相关 | | 自相关 | 偏相关 | Q统计量 | 概率 |
|---|---|---|---|---|---|---|
| | | 1 | −0.041 | −0.041 | 0.1171 | 0.732 |
| | | 2 | 0.102 | 0.101 | 0.8617 | 0.650 |
| | | 3 | −0.126 | −0.119 | 2.0065 | 0.571 |
| | | 4 | 0.043 | 0.026 | 2.1435 | 0.709 |
| | | 5 | 0.160 | 0.191 | 4.0519 | 0.542 |
| | | 6 | −0.076 | −0.095 | 4.4891 | 0.611 |
| | | 7 | 0.143 | 0.120 | 6.0567 | 0.533 |
| | | 8 | −0.167 | −0.111 | 8.2377 | 0.411 |
| | | 9 | −0.038 | −0.114 | 8.3555 | 0.499 |
| | | 10 | 0.014 | 0.066 | 8.3720 | 0.593 |
| | | 11 | 0.097 | 0.096 | 9.1559 | 0.608 |
| | | 12 | −0.100 | −0.184 | 10.001 | 0.616 |
| | | 13 | −0.177 | −0.124 | 12.686 | 0.472 |
| | | 14 | −0.066 | −0.034 | 13.065 | 0.521 |
| | | 15 | −0.110 | −0.137 | 14.140 | 0.515 |
| | | 16 | −0.165 | −0.241 | 16.610 | 0.411 |
| | | 17 | −0.092 | −0.050 | 17.398 | 0.428 |
| | | 18 | −0.124 | −0.153 | 18.843 | 0.402 |
| | | 19 | −0.051 | −0.070 | 19.092 | 0.451 |
| | | 20 | −0.005 | 0.065 | 19.095 | 0.516 |
| | | 21 | −0.017 | −0.081 | 19.125 | 0.577 |
| | | 22 | 0.011 | −0.047 | 19.138 | 0.637 |
| | | 23 | −0.033 | 0.092 | 19.252 | 0.687 |
| | | 24 | 0.027 | −0.033 | 19.332 | 0.734 |
| | | 25 | 0.044 | −0.026 | 19.541 | 0.770 |
| | | 26 | 0.037 | −0.064 | 19.696 | 0.806 |
| | | 27 | 0.026 | −0.020 | 19.774 | 0.840 |
| | | 28 | 0.054 | −0.014 | 20.115 | 0.860 |

（1）$\varepsilon_{1_t}$

| 自相关 | 偏自相关 | | 自相关 | 偏相关 | Q统计量 | 概率 |
|---|---|---|---|---|---|---|
| | | 1 | −0.107 | −0.107 | 0.8094 | 0.368 |
| | | 2 | −0.041 | −0.053 | 0.9274 | 0.629 |
| | | 3 | −0.100 | −0.112 | 1.6452 | 0.649 |
| | | 4 | −0.140 | −0.171 | 3.0803 | 0.544 |
| | | 5 | −0.054 | −0.111 | 3.2991 | 0.654 |
| | | 6 | 0.142 | 0.093 | 4.8234 | 0.567 |
| | | 7 | 0.046 | 0.036 | 4.9844 | 0.662 |
| | | 8 | −0.165 | −0.195 | 7.1085 | 0.525 |
| | | 9 | 0.023 | −0.021 | 7.1500 | 0.622 |
| | | 10 | −0.006 | 0.022 | 7.1533 | 0.711 |
| | | 11 | −0.052 | −0.068 | 7.3796 | 0.768 |
| | | 12 | 0.006 | −0.087 | 7.3828 | 0.831 |
| | | 13 | −0.046 | −0.105 | 7.5650 | 0.871 |
| | | 14 | −0.020 | −0.017 | 7.6017 | 0.909 |
| | | 15 | 0.015 | −0.019 | 7.6211 | 0.938 |
| | | 16 | −0.004 | −0.095 | 7.6224 | 0.959 |
| | | 17 | 0.004 | −0.038 | 7.6240 | 0.974 |
| | | 18 | −0.024 | −0.041 | 7.6763 | 0.983 |
| | | 19 | −0.042 | −0.084 | 7.8440 | 0.988 |
| | | 20 | 0.010 | −0.048 | 7.8547 | 0.993 |
| | | 21 | 0.051 | −0.007 | 8.1153 | 0.995 |
| | | 22 | 0.013 | −0.016 | 8.1325 | 0.997 |
| | | 23 | 0.000 | −0.039 | 8.1325 | 0.998 |
| | | 24 | −0.001 | −0.041 | 8.1327 | 0.999 |
| | | 25 | −0.009 | −0.007 | 8.1410 | 0.999 |
| | | 26 | −0.000 | −0.022 | 8.1410 | 1.000 |
| | | 27 | 0.045 | −0.009 | 8.3710 | 1.000 |
| | | 28 | −0.055 | −0.083 | 8.7316 | 1.000 |

（2）$\varepsilon_{2_t}$

表6　残差序列相关性检验

| 项目 | 生产函数方程 | | | | 通货膨胀方程 | | | |
| --- | --- | --- | --- | --- | --- | --- | --- | --- |
| | ADF 检验 | | PP 检验 | | ADF 检验 | | PP 检验 | |
| | t 统计量 | P 值 | t 统计量 | P 值 | t 统计量 | P 值 | t 统计量 | P 值 |
| 无截距项 | − 8.217734 | 0.0000 | − 8.224139 | 0.0000 | − 9.109934 | 0.0000 | − 10.02925 | 0.0000 |
| 有截距项 | − 8.151635 | 0.0000 | − 8.160398 | 0.0000 | − 9.048539 | 0.0000 | − 10.00224 | 0.0000 |
| 有截距项和趋势项 | − 8.087950 | 0.0000 | − 8.098427 | 0.0000 | − 8.952951 | 0.0000 | − 9.885039 | 0.0000 |

对 $a$ 进行系数约束的 Wald 检验显示，拒绝 $a = 1$ 的原假设，说明由于现实存在的各种经济摩擦，绝对的货币中性是不存在的（见表7）。

表7　系数约束的 Wald 检验

| 值 | 标准误 | 检验统计量 | 值 | 自由度 | P 值 |
| --- | --- | --- | --- | --- | --- |
| − 0.001593 | 0.000324 | 卡方 | 24.13617 | 1 | 0.0000 |

### 2. 时变的风险厌恶和货币政策

确定计量模型不存在设定偏误后，下面将通过状态空间模型检验风险厌恶程度的变化是否会对货币政策的作用产生影响。中国的渐进式改革使得经济行为及其对经济的影响不会一成不变。状态空间模型可以在方程组模型中设定随时间变化的待估参数，来反映这一不可观测变量的时变性质。状态空间模型由量测方程和状态方程构成：前者反映可观测变量之间的关系；后者设定不可观测变量。

依据研究目的，建立如下状态空间模型：

$$\ln y_t = \alpha_0 + \alpha_1 t + \alpha_2 \ln k_t + \alpha_3 \ln L_t + \alpha_4 \ln h_t + b_t \Delta M_t + \varepsilon_{1t}$$

$$\pi_t = \beta_0 + \beta_1 \Delta M_t + (1 - a_t) \Delta M_{t-1} + a_t \Delta L_t + \beta_2 \Delta Y_{t-1} + \beta_3 \Delta P_{t-1} + \beta_4 \Delta Z_t + \beta_5 \pi_t^E + \varepsilon_{2t}$$

$$a_t = a_{t-1} + \varepsilon_{3t}$$

$$b_t = b_{t-1} + \varepsilon_{4t}$$

$$(23)$$

其中，$\varepsilon_{it} \sim N(0, \sigma_i^2)$，$i \in \{1, 2, 3, 4\}$ 且 $\mathrm{cov}(\varepsilon_{1t}, \varepsilon_{2t}) = e \neq 0$。

为突出本文的考察重点，设定通货膨胀方程中的消费者风险厌恶系数 $a$ 和生产函数方程中的货币供应量变化（反映货币政策）系数 $b$ 随时间变化，变化轨迹（状态方程）分别由后两个自回归形式的方程表示。所有方程的残差服从标准正态分布，量测方程之间的残差同期相关，以反映人均产出与通货膨胀率之间的相互关联。由于假定货币供给变化对人均产出的影响具有时变性，因此生产函数中的系数不再受到跨方程系数约束。

式（20）估计在 EViews 中完成，由于状态空间模型采用迭代方法和卡尔曼滤波，需要对所有参数给出初始值。我们将前述 GMM 方法估计得到的结果用作初始值，反映这些参数的平均水平，以避免初始值严重偏离真实值。其中，参数值直接可得，$\sigma_1^2$ 和 $\sigma_2^2$ 从残差序列中计算，$\sigma_3^2$ 和 $\sigma_4^2$ 从参数标准误中计算。此外，假定 $\eta = 0.8$，反映较高的惯性；$e = 0.5$，反映两行为方程存在一定的相关性，这在一定程度上也有助于弱化方程解释变量的内生性问题。回归结果显示，将系数 $a$ 和 $b$ 设置为时变后，参数整体依然在 5% 甚至 1% 的水平下显著，体现了模型的稳健性（见表8）。对两个量测方程的残差分别进行拟合度观察，可以看出回归结果拟合程度较好。

表8　状态空间模型回归结果

| 变量 | 系数 | 标准误 | z 统计量 | P 值 |
|---|---|---|---|---|
| $\alpha_0$ | − 57.29373 *** | 0.777798 | − 73.66140 | 0.0000 |
| $\alpha_1$ | − 0.441023 *** | 0.073907 | − 5.967309 | 0.0000 |
| $\alpha_2$ | − 9.654396 ** | 3.945010 | − 2.447243 | 0.0144 |
| $\alpha_3$ | 5.744929 *** | 0.083647 | 68.68058 | 0.0000 |
| $\alpha_4$ | 57928.65 *** | 8919.355 | 6.494713 | 0.0000 |
| $\beta_0$ | 551.4277 *** | 68.20240 | 8.085166 | 0.0000 |
| $\beta_1$ | − 0.018657 *** | 0.007090 | − 2.631503 | 0.0085 |
| $\beta_2$ | − 8395.621 ** | 3671.641 | − 2.286613 | 0.0222 |
| $\beta_3$ | 56.13205 *** | 16.98129 | 3.305524 | 0.0009 |

续表

| 变量 | 系数 | 标准误 | z 统计量 | P 值 |
|------|------|--------|----------|------|
| $\beta_4$ | 29.13024 *** | 4.555854 | 6.394024 | 0.0000 |
| $\beta_5$ | −13.26974 *** | 1.572009 | −8.441267 | 0.0000 |
| $\log(\sigma_1{}^2)$ | −2.392401 *** | 0.574446 | −4.164709 | 0.0000 |
| $\log(\sigma_2{}^2)$ | 0.658564 *** | 0.000467 | 1409.399 | 0.0000 |
| $\log(\sigma_3{}^2)$ | −6.796961 *** | 0.120013 | −56.63509 | 0.0000 |
| $\log(\sigma_4{}^2)$ | −19.24829 *** | 0.412829 | −46.62534 | 0.0000 |
| $e$ | 8.177177 | 7.773982 | 1.051865 | 0.2929 |
| $\eta$ | 0.931338 *** | 0.021759 | 42.80226 | 0.0000 |
| $a_t$ | 0.969657 *** | 0.033424 | 29.01098 | 0.0000 |
| $b_t$ | 3.10E−05 | 6.66E−05 | 0.465338 | 0.6417 |

注：** $p<0.05$，*** $p<0.01$。

对状态空间模型进行卡尔曼滤波后，我们得到时变参数的三种估计值：基于历史信息的一步向前预测值、基于截至当前信息的卡尔曼滤波估计值和基于所有信息倒推的平滑估计值。参数 $a$ 和 $b$ 的三种估计值序列图显示估计值的大小及走势基本一致，说明估计结果较稳健（见图1）。

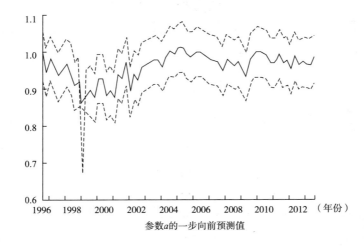

参数 $a$ 的一步向前预测值

参数$a$的卡尔曼滤波估计值

参数$a$的平滑估计值

参数$b$的一步向前预测值

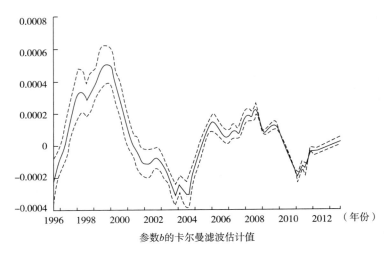

参数b的卡尔曼滤波估计值

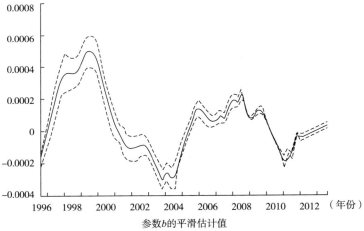

参数b的平滑估计值

**图1 参数 *a* 和 *b* 的估计值序列图**

　　参数 *a* 的特征为：在 0.6 和 1.1 之间波动，说明整个期间消费者的风险厌恶程度一直较高；整体波动幅度不大，说明风险厌恶作为一种心理和消费习惯具有很大的黏性；1999 年期间出现了较陡的向下波动，即该期间的风险厌恶程度突然有所下降，但随后又逐渐回升至较高水平。实际上，居民消费率走势亦反映出 1997~1998 年居民消费持续低迷，1999 年有明显增长但随后又回落（方福前，2009；王宋涛、吴超林，2012）。

相比之下，参数 $b$ 的波动幅度较大，说明货币政策的实际产出效果对经济环境的变化更敏感。货币政策系数围绕在 0 均值附近波动，体现了理性预期模型下的货币中性。2005 年之后的波动范围收窄，即货币政策对实际产出的效果进一步减弱，反映了市场的理性预期能力得到提高。

更重要的是，从图 1 大致可以看出风险厌恶程度与货币政策系数呈相反方向变化。我们对三类估计值分别进行更正式的相关性检验，二者的负相关性显著（见表 9）。这意味着当消费者的风险厌恶程度加深时，宽松的货币政策（即货币供给增加）对实际产出的刺激作用变弱。换句话说，风险厌恶程度越高，货币政策中性越强。而这正是本文理论模型证明的结论，中国 1996 ~ 2013 年的经济数据支持了理论假设。

表 9　估计值的相关性检验

| 估计值 | $a$ 与 $b$ 的协方差 | $a$ 与 $b$ 的相关系数 | $t$ 统计量 | P 值 |
|---|---|---|---|---|
| 一步向前预测值 | − 165.1056 | − 0.393112 *** | − 5.297950 | 0.0000 |
| 卡尔曼滤波估计值 | − 169.0563 | − 0.402515 *** | − 4.000045 | 0.0001 |
| 平滑估计值 | − 180.3662 | − 0.429443 *** | − 3.950004 | 0.0002 |

注：*** $p < 0.01$。

### 3. 人均产出与通货膨胀率的关系

计算人均产出和通货膨胀率的协方差 $\mathrm{cov}(y_t, \pi_t)$，以验证人均产出与通货膨胀率之间是否存在替代关系。结果显示，二者真实值的协方差显著为正，计量模型所得估计值的协方差则显著为负（见表 10）。显著为负表明我们依据理性预期建立的计量模型（无论是采用 GMM 估计还是状态空间模型）支持了理性预期框架下的预测结论，即货币政策中性，人均产出与通货膨胀率之间的相关性在经济体 2 模型下恒定负相关。在现实经济复杂的运行态势下，真实值的协方差显著为正则支持了经济体 1 的情况，即货币政策波动的大小会使人均产出与通货膨胀率的正负关系不定，即二者关系依赖于外部经济环境。这反映出1996 ~ 2013 年中国的货币政策采取了波动较大的相机抉择策略。这可以从样本期间经历了 1997 年和 2008 年两次金融危机、通货紧缩、经济过热等不同经济周期，以及央行采取了或稳健、或紧缩、或宽松的货币政策方针中得到印证。

**表 10　人均产出与通货膨胀率之间的相关性**

| 数据类型 | 协方差 | 相关系数 | t 统计量 | P 值 |
|---|---|---|---|---|
| GMM 估计拟合值 | -138.9254 | -0.371458 *** | -3.225583 | 0.0020 |
| 状态空间模型滤波 | -353.0114 | -0.398454 *** | -3.608641 | 0.0006 |
| 样本真实值 | 113.0845 | 0.269249 ** | 2.322310 | 0.0232 |

注：** $p < 0.05$，*** $p < 0.01$。

# 四　总结与政策建议

本文在一个随机环境的封闭经济体中考虑了货币的作用。我们假设经济体中的参与者会先验地形成一个理性预期，并将此规则作为最优化行为的根据，而理性预期在均衡时一定会自我实现，这样的微观机制使得考虑加总的宏观经济表现出某些货币现象（通货膨胀）。本文着重考虑了政府所控制的货币发行和均衡人均产出的作用，并论证了货币是否中性与所在经济体的参与主体特质相关，主体的风险厌恶系数直接决定了微观层面的理性预期，从而决定了货币能否中性。同时，本文还发现，理论上人均产出会与通货膨胀率负相关，这也可以解释为何当代大多数国家的中央银行把反通货膨胀作为唯一政策目标。基于风险厌恶视角的分析有助于我们理解通货膨胀这一宏观现象。在模型中，无论是哪一类经济体，通货膨胀率总是由两方面因素决定：一是货币发行变动比例；二是实际经济的就业量变动。因此，在本文的理性预期均衡框架下，通货膨胀并非只是一种货币现象，它还与实际经济的变动有关。利用中国 1996 年后的数据所做的实证分析表明，我国的货币发行对实体经济表现出很强的"中性"性质，且消费者风险厌恶程度与货币政策的实际效应负相关，人均产出与通货膨胀率的相关性系数亦正亦负。这些实证结果从不同方面验证并支持了本文的理论命题。

由此我们认为，由于我国高风险厌恶环境下的货币中性，人均产出与通货膨胀率之间的关系并不明确，货币发行的扩张并不能产生对实体经济的正向推动作用，反而会导致较高的通货膨胀率。从长期数据来看，这种较高的通货膨胀率会伴随较低的人均产出，因此中央银行货币政策的首要目标应是反通货膨胀而不是刺激经济；如果货币当局希望通过货币政策实现更多的调控目标，则必须得到其他政策在改善经济人消费环境方面的配合，以降低消费者的风险厌恶程度，才能有利于突破货币中性的制约。

这一理论发现和经验证据也可以佐证我国当前货币政策实践中的一些典型事实，并理解其中看似矛盾实则一致的整体逻辑。2013 年 6 月，巴克莱资本公司提出"克强经济学"的概念，用以反映以李克强为总理的新一届政府的财政、货币政策观点，其中"政府不推出刺激经济的政策"是其基本内核之一，这一观点反映在货币当局就是不通过货币扩张的手段实现对经济体的干预和刺激。然而，2014 年 6 月，"微刺激"一词被官方正式提出并明确指出其举措的正当性，如何理解这一具体政策呢？通过本文的逻辑，我们可以给予部分解释。按照本文的理论模型，依据我国当前经济体的特性（消费者的风险厌恶程度较高就是其特性之一），货币政策可能具有较强的中性特征，因此简单的货币扩张，对实际经济体的均衡产出很难具有实效。然而，现有的"微刺激"政策主要包括加强对小微企业的融资支持、加大基础建设投入、增加社会保障项目。在本文的框架下，这些举措都可以被理解为增强整体经济中代表性参与人的未来信心，降低代表性消费者过高的风险厌恶倾向，而这一点对货币政策的实际效果万分重要。因此，如果我们能够通过目前的"微刺激"手段降低整体经济系统中的风险厌恶倾向，则完全有可能"反转"我国货币政策效果偏于中性的属性。如此，我国将不再需要大幅的、超额的货币扩张来刺激整体经济，单一的、满足经济实际增长的货币增速就能很好地起到保障经济增长的作用。通过本文的模型与实证，我们将"微刺激"理解为降低我国经济系统中风险厌恶倾向的关键举措，从而为当前我国的经济政策实践提供一个理论注脚。

## 参考文献

[1] 方福前：《中国居民消费需求不足原因研究——基于中国城乡分省数据》，《中国社会科学》2009 年第 2 期，第 68 ~ 82 页。

[2] 冯春平：《货币供给对产出与价格影响的变动性》，《金融研究》2002 年第 7 期，第 18 ~ 25 页。

[3] 甘小军、高珊：《理性预期学派货币中性理论在中国的实证检验》，《经济问题》2011 年第 3 期，第 8 ~ 10 页。

[4] 李斌：《中国货币政策有效性的实证研究》，《金融研究》2001 年第 7 期，第 10 ~ 17 页。

[5] 刘斌：《货币政策冲击的识别及我国货币政策有效性的实证分析》，《金融研究》2001 年第 7 期，第 1 ~ 9 页。

[6] 陆军、舒元：《长期货币中性：理论及其中国的实证》，《金融研究》2002a 年第 6 期，第 32 ~ 40 页。

[7] 陆军、舒元：《货币政策无效性命题在中国的实证研究》，《经济研究》2002b 年第 3 期，第 21 ~ 26 页。

[8] 邱崇明：《货币是中性还是非中性？——兼论我国就业问题的对策选择》，《财贸经济》2003 年第 9 期，第 25 ~ 29 页。

[9] 单豪杰：《中国资本存量 K 的再估算：1952 ~ 2006 年》，《数量经济技术经济研究》2008 年第 10 期，第 17 ~ 31 页。

[10] 王金明：《我国通货膨胀决定因素的计量分析》，《统计研究》2012 年第 4 期，第 44 ~ 52 页。

[11] 王宋涛、吴超林：《收入分配对我国居民总消费的影响分析——基于边际消费倾向的理论和实证研究》，《经济评论》2012 年第 6 期，第 44 ~ 53 页。

[12] 张军、吴桂英、张吉鹏：《中国省际物质资本存量估算：1952 ~ 2000》，《经济研究》2004 年第 10 期，第 35 ~ 40 页。

[13] 中国人民银行营业管理部课题组：《基于生产函数法的潜在产出估计、产出缺口及与通货膨胀的关系：1978 ~ 2009》，《金融研究》2011 年第 3 期，第 42 ~ 50 页。

［14］周锦林：《关于我国货币"中性"问题的实证研究》，《经济科学》2002 年第 1 期，第 61~65 页。

［15］Azariadis，C.，"A Reexamination of Natural Rate Theory"，*The American Economic Review*，1981，71（5），pp. 946 – 960.

［16］Barro，R. J.，Fischer，S.，"Recent Developments in Monetary Theory"，*Journal of Monetary Economics*，1976，2（2），pp. 133 – 167.

［17］Barro，R. J.，Gordon，D. B.，"Rules，Discretion and Reputation in a Model of Monetary Policy"，*Journal of Monetary Economics*，1983，12（1），pp. 101 – 121.

［18］Barro，R.，J. "Rational Expectations and the Role of Monetary Policy"，*Journal of Monetary Economics*，1976，2（1），pp. 1 – 32.

［19］Barro，R. J.，"Reputation in a Model of Monetary Policy with Incomplete Information"，*Journal of Monetary Economics*，1986，17（1），pp. 3 – 20.

［20］Benassy，J.，P. "Analytical Solutions to a Structural Signal Extraction Model，Lucas 1972 Revisited"，*Journal of Monetary Economics*，1999，44（3），pp. 509 – 521.

［21］Benassy，J. P.，"The Phillips Curve and Optimal Policy in a Structural Signal Extraction Model"，*Review of Economic Dynamics*，2001，4（1），pp. 58 – 74.

［22］Boschen，J. F.，Grossman，H. I.，"Tests of Equilibrium Macroeconomics Using Contemporaneous Monetary Data"，*Journal of Monetary Economics*，1982，10（3），pp. 309 – 333.

［23］Ciccarone，G.，Marchetti，E.，"Macroeconomic Effects of Loss Aversion in a Signal Extraction Model"，Working Papers，2011，148，University of Rome La Sapienza.

［24］Gordon，R. J.，"Price Inertia and Policy Ineffectiveness in the United States，1890 – 1980"，*Journal of Political Economy*，1982，90（6），pp. 1087 – 1117.

［25］Kreps，D. M.，"Multiperiod Securities and the Efficient Allocation of Risk：A Comment on the Black – scholes Option Pricing Model"，NBER Chapters，1982，pp. 203 – 232.

［26］Kydland，F. E.，Prescott，E. C.，"Time to Build and Aggregate Fluctuations"，*Econometrica*，1982，50（6），pp. 1345 – 1370.

［27］Lucas，R. E.，"An Equilibrium Model of the Business Cycle"，*Journal of Political Economy*，1975，83（6），pp. 1113 – 1144.

[28] Lucas, R. E. , "Expectation and the Neutrality of Money", *Journal of Economic Theory*, 1972, 4 (2), pp. 103 – 124.

[29] Lucas, R. E. , Lucas, Jr. , *Collected Papers on Monetary Theory*, Harvard University Press, 2012.

[30] Lucas, R. E. , "Some International Evidence on Output-inflation Tradeoffs", *The American Economic Review*, 1973, 63 (3), pp. 326 – 334.

[31] Lungu, L. , Matthews, K. G. P. , Minford, A. P. L. , "Partial Current Information and Signal Extraction in a Rational Expectations Macroeconomic Models: A Computational Solution", *Economic Modelling*, 2008, 25 (2), pp. 255 – 273.

[32] McCallum, B. T. , "On Non-uniqueness in Rational Expectations Models: An Attempt at Perspective", *Journai of Monetary Economics*, 1983, 11 (2), pp. 139 – 168.

[33] Mishkin, F. S. , "Does Anticipated Monetary Policy Matter? An Econometric Investigation", *Journal of Political Economy*, 1982, 90 (1), pp. 22 – 51.

[34] Pearlman, J. , "Diverse Information and Rational Expectations Models", *Journal of Economic Dynamics & Control*, 1986, 10 (1 – 2), pp. 333 – 338.

[35] Polemarchakis, H. M. , Weiss, L. , "On the Desirability of a 'Totally Random' Monetary Policy", *Journal of Economic Theory*, 1977, 15 (2), pp. 345 – 350.

[36] Sargent, T. J. , "Equilibrium with Signal Extraction from Endogenous Variables", *Journal of Economic Dynamics and Control*, 1991, 15 (2), pp. 245 – 273.

[37] Sargent, T. J. , Wallace, N. , " 'Rational' Expectations, the Optimal Monetary Instrument, and the Optimal Money Supply Rule", *Journal of Political Economy*, 1975, 83 (2), pp. 241 – 254.

[38] Vickers, J. , "Signalling in a Model of Monetary Policy with Incomplete Information", *Oxford Economic Papers* (*New Series*), 1986, 38 (3), pp. 443 – 455.

[39] Wallace, N. , "Lucas's Signal – extraction Model: A Finite State Exposition with Aggregate Real Shocks", *Journal of Monetary Economics*, 1992, 30 (3), pp. 433 – 447.

[40] Wallace, N. , "The Overlapping-generations Model of Fiat Money", In Kareken, J. , Wallace, N. (eds. ), *Models of Monetary Economies*, Federal Reserve Bank of Minneapolis, 1980, pp. 265 – 303.

# 财政政策的调控规则满足理性预期吗

如何使用财政政策来实施宏观调控？针对政府财政政策的调控规则与实施效果的研究一直是宏观经济研究的重中之重。西方经济学派如凯恩斯主义、理性预期理论为政府制定财政政策提供了理论依据。其对应的两类财政政策调控规则分别是相机决策的财政政策（又称为逆周期调控，Counter-cyclical Prescription）以及非周期的财政政策（又称为巴罗规则，Barro Prescription）。然而进入 21 世纪以来，中国财政政策更多地呈现顺周期（Procyclical）的调控特征，我们以中国国家层面 2001～2016 年的数据为例，刻画出名义经济增速与财政支出增速的变化趋势（见图 1）。可以发现，2003 年以来，财政支出增速与名义经济增速的趋势高度重合，即中国的财政支出政策既不是中性的，也不是逆周期的，而是呈现较为明显的顺周期调控的特征。不仅如此，综观世界新兴市场国家的财政政策选择，顺周期的财政政策反而更为常见。Kaminsky 等（2004）、Lane（2003）、Ilzetzki 和 Végh（2008）基于主要 OECD 国家和发展中国家的样本，发现资本净流入、财政政策与货币政策均呈现顺周期的特征。这意味着在经济向好时，资本流入增加，宏观经济政策放松；反之，经济萧条时，资本流入减少，宏观经济政策收紧。经济政策出现"推波助澜"的特征。这显然与传统宏观经济学所倡导的政策规则存在分歧。

现有文献在研究财政政策的调控规则时，往往是在设定最优化某个经济目标下，对最优财政政策规则进行分析。以往针对最优财政政策规则的研究通常以发达经济体的特征事实为基础，为发达国家财政政策的制定与执行提供了坚实的理论基础。然而在将其应用到新兴市

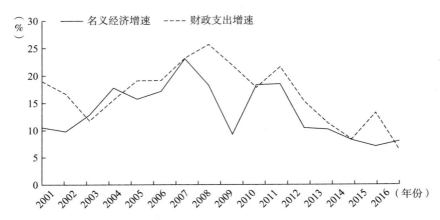

**图1　2001～2016年中国名义经济增速与财政支出增速的变化趋势**
资料来源：国泰安经济金融研究数据库。

场以及发展中国家的宏观经济分析中时，出现了理论与现实的偏差。针对新兴市场国家的发展特性，在中国经济的特征环境下研究政府财政政策的反应规则，需要深入探讨顺周期财政政策的根本原因。

随着以中国为代表的新兴经济体在世界经济中的重要性逐步提高，研究发展中国家与发达国家在财政政策调控规则上的异同能够为发展中国家的经济发展提供理论依据。中国与世界上其他国家在发展路径上的差异是，改革开放以来中国经济高速发展，财政政策作为重要的宏观调控工具具有不可或缺的作用，其最直接的表现在于政府投资的经济驱动效应十分显著。持续的高经济增长带来的问题是，财政政策究竟如何对经济增长产生反应？经济的高速增长意味着经济的波动性也明显增大，这是否会影响各个地方政府的财政政策选择？基于以上问题，我们构建了最优财政政策模型，在社会福利最大化的目标下，对经济波动下政府部门的财政政策反应进行研究。在理论分析的基础上，我们使用中国省级层面的面板数据进行验证，厘清经济波动与财政政策的相关关系，为中国近年来顺周期的财政政策寻找理论基础并提供相应的政策含义。

在现有研究的基础上，本文的理论价值在于以下几个方面。其一，在Talvi和Végh（2005）提出的最优财政政策模型的基础上进行拓展，依据中国的现实情境进行分析，并用于解释在不同类型的经济波动下，政府部门包含财政支出、消费税率与收入税率的最优政策反应，为中国近年来表现出的财政调控特征提供一个综合的理论分析框架。其二，在对财政政策的顺周期性进行解释时，我们从外生冲击的角度进行切入，研究外生的经济波动如何影响财政政策的最优反应，并进一步将经济波动分为总产出的经济冲击与生产率冲击，这种分类方法更加贴近现实并能够得出适用性更强的结论。其三，在理论分析的基础上，我们进一步寻找现实的证据论证，基于2001~2015年中国省级层面的数据，分析产出的经济波动与生产率如何影响地方政府的财政政策反应，为本文构建的最优财政政策模型提供有效的现实依据。

# 一 文献回顾

最优经济政策模型主要研究在给定条件下，财政政策与货币政策如何进行决策并达到优化某个经济目标的结果。最为常见的假定是最大化代表性消费者的效用函数，因此相比传统的凯恩斯主义宏观经济理论，最优经济政策模型具有坚实的微观基础。早期，Lucas 和 Stokey（1983）通过建立无资本因素下的最优经济政策模型，研究了在经济发展成熟和时间一致性下对应的最优税收政策。Chari 等（1991）在此基础上进一步将资本因素纳入模型分析中，并指出最优的经济政策应该是劳动税率保持恒定，货币政策与财政支出顺周期、与技术冲击逆周期。Schmitt - Grohé 和 Uribe（2005）则研究在考虑商业周期波动下，针对美国经济的最优财政政策和货币政策，发现最优的收入税率应保持稳定，最优的货币政策应盯住价格水平。Schmitt - Grohé 和 Uribe（2007）进一步指出在存在价格黏性、税收扭曲的条件下，最优的财政政策是紧缩的，最优的货币政策则是根据产出水平进行轻微调整。Werning（2011）在流动性陷阱的前提下建立最优经济政策模型，发现最优的货币政策是相机决策的，最优的财政政策则是有承诺的并且是扩张性的。Bassetto（2014）指出税负在人口中的分布是不均匀的，利率变化使得财富再分配。这意味着代理人的政治力量出现群体异质性，负向外部冲击下最优的财政政策会产生不同程度的财政赤字。Azzimonti 等（2016）基于财政预算平衡的规则，研究动态视角下政府债务的管理如何造成社会福利水平的损失。Nakata（2016）基于美国经济的特征事实，指出名义利率存在零下限的约束时，最优的财政政策应与利率水平相挂钩。

以往关于最优经济政策模型的前沿研究主要以发达国家的经济状况为基础，取得了丰富的研究成果。然而大多数文献得到的最优财政政策和货币政策应该是逆周期调控或者中性的。这显然与发展中国家的经济现实相悖，导致最优经济政策模型在发展中国家的学术空白。国内学者大多针对中国特有经济现实下的最优财政货币政策进行探索，对政策周期性的相关研究较少。严成樑和龚六堂（2012）基于内生增长理论，研究了经济增长最大化与社会福利最大化下最优财政政策的均衡差异。贾俊雪和郭庆旺（2010）通过研究不完全市场竞争下最优财政政策和货币政策的周期性特征，发现当政府部门的支出存在外部性时，单一货币政策规则将不再适用，市场环境、风险偏好均会对最优经济政策的均衡产生影响。

## （一）顺周期财政政策的研究解释

针对发展中国家在财政政策上呈现明确的顺周期特征，现有文献从不同角度展开研究。朱军（2017）通过构建中国财政政策不确定性的测量体系，发现总体上财政支出的不确定性显著高于税率政策。周波（2014）基于中国 1992～2011 年的省级层面数据，发现相机决策的财政政策使得财政自动稳定器的内在作用机制逐步失效。Suzuki（2015）对比了发达国家与新兴市场国家的财政政策，发现新兴市场国家在政府支出、转移支付方面的财政政策波动性与顺周期性更强，并且会进一步加剧经济周期的波动。Fuest 和 Xing（2015）指出改革开放以来地方政府的顺周期财政支出显著影响了加总的政府部门支出，而1994 年的分税制改革降低了地方政府财政政策的顺周期性。McManus

和 Ozkan（2015）指出在发展中国家和工业化国家中，顺周期财政政策会导致经济增速下行、产出波动性增大与高通货膨胀率等潜在风险。

以制度的因素解释顺周期的财政政策行为是较为主流的观点。方红生和张军（2009）认为分权的财政模式与制度约束不足导致了地方政府的偏向性财政政策。Céspedes 和 Velasco（2014）以商品价格的经济周期为研究视角，发现制度质量的提升能够降低政府财政政策的顺周期性，提高其逆周期性。Calderón 等（2016）的研究也得出类似的结论。Tapsoba 等（2017）发现发展中国家统计披露程度的提高往往与财政支出顺周期程度的降低是高度相关的。Combes 等（2017）指出财政政策的调控规则和公共债务－总产出的比例相关联，当该比例超过一定门槛后，财政政策将呈现顺周期调控的特征。Alesina 等（2008）从政治腐败的视角来解释顺周期的财政政策，当经济形势向好时，选民需要更多的公共物品供给和更低的税收，这导致了民选政府的财政政策制定偏差。Bergman 和 Hutchison（2015）指出在政府行政效率较高的条件下，制定有效可行的财政规则有利于减弱财政政策的顺周期性。Carneiro 和 Garrido（2015）以 180 个发展中国家和工业化国家为例，发现在经济周期的不同阶段财政政策会呈现顺周期或者逆周期的特征，并指出通过建立强有力的制度约束能够有效降低政策的顺周期性。Bauducco 和 Caprioli（2014）在小型开放经济的假设下，发现有限的政府承诺能力会导致最优财政政策产生顺周期的特征。

## （二）顺周期财政政策的效应评价

尽管现有文献发现发展中国家的财政政策尤其是财政支出政策存在顺周期行为，在经济形势向好的时候往往采取扩张的财政政策，这并不意味着其财政资金的运用对全社会是最优的。李永友和钟晓敏（2012）发现未预料到的财政政策冲击会显著降低居民的边际消费倾向，且未预料到的税率调整政策会抑制政策本身的结构调整作用，因此财政政策的选择应以稳定居民预期为主。范庆泉等（2015）发现自2008 年以来，财政生产性支出挤出了私人投资，对经济增长产生负面影响，且东部地区的抑制作用最为明显。吕冰洋（2011）认为扩张性的财政政策与经济失衡会形成因果循环的关系，经济失衡是政府实行财政扩张的原因，而随着政府干预力量的增强，又会加剧市场的供需失衡状态。武彦民和竹志奇（2017）发现，地方政府的债务置换行为使其财政政策对债务率的反应出现延迟，从而产生过度积极的财政政策，增大了经济的波动性，并且加剧了公共债务风险。贾俊雪和郭庆旺（2012）基于新凯恩斯动态随机均衡模型，比较了不同类型财政政策的福利效应，发现盯住政府债务的财政政策最优，财政支出虽然起生产拉动效应，但会导致通货膨胀、最优利率和最优税率的偏离。李军林和朱沛华（2017）研究了财政政策如何对银行业的风险产生冲击，发现自金融危机发生以来积极的财政政策显著加剧了地方商业银行的信用风险。刘金全等（2014）研究发现，积极的财政政策促进了实际产出的增长，然而在一定程度上对消费产生挤出效应，并带来了通货膨胀的风险。Everaert 等（2015）基于 OECD 国家 1970～2012 年的数据，发现财政赤字抑制了全要素生产率的改进，而降低企业税负能够提升全要素生产率。郭长林（2016）使用 1998～2014 年的宏观季度数据，发现政府部门的投资支出扩张导致上游产业的产能过剩，并对下游产业的产能利用率产生负面影响。

综上所述，以往在最优经济政策模型领域，对发展中国家特有情境的研究有所缺失。此外，现有发展中国家的财政政策研究鲜有从外生经济波动的解释角度入手。本文结合中国经济的特征现实，构建相应的最优财政政策模型，研究在不同类型的经济波动来源下，政府部门最优的财政政策反应，尝试对中国财政政策的顺周期性提供理论解释。同时，结合省级层面的数据进行实证检验，以增强结论的稳健性。

# 二　理论分析

我们使用的理论分析框架来自 Talvi 和 Végh（2005）提出的最优政策反应模型，主要用于比较分析在外生冲击下，不同制度下政府部门的最优财政政策反应。其理论框架最早源于 Lucas 和 Stokey（1983）提出的无资本因素下的最优财政政策与货币政策模型，此后该模型被广泛引用并进行拓展。在该模型的基础上，我们依据中国的现实情形进行了调整。其一是将消费税和收入税均纳入模型分析框架中，比较在不同外生冲击下，政府如何使用财政支出、消费税率与收入税率进行宏观调控。其二是剔除模型中自然资源收入作为政府部门的收入来源之一。主要专注于私人部门与政府部门之间的博弈行为来刻画政府部门的最优财政政策。

私人部门的最优决策问题为：

$$\max \sum_{t=0}^{\infty} \beta^t \left[ q_t u(c_t) - (1 - q_t) v(l_t) \right] \tag{1}$$

消费者的目标是最大化其效用，$q_t$ 表示代表性个人对消费的偏好因子，$\beta$ 表示不变的折现因子。假设消费效用函数满足 $u'(c_t) > 0$，$u''(c_t) < 0$；劳动效用函数满足 $v'(l_t) > 0$，$v''(l_t) > 0$。为方便起见，假设生产函数为关于劳动的线性函数，即 $y_t = \alpha_t l_t$，且政府部门对私人部门进行收税，分为收入税和消费税两类，对应税率为 $\tau_t$ 和 $\theta_t$。$f_{-1}$ 代表个人在国外持有的净资产，$r$ 表示利率。私人部门的预算约束为：

$$(1 + r)f_{-1} + \sum_{t=0}^{\infty} \left( \frac{1}{1+r} \right)^t (1 - \tau_t) \alpha_t l_t = \sum_{t=0}^{\infty} \left( \frac{1}{1+r} \right)^t c_t (1 + \theta_t) \tag{2}$$

可以推导出最优的一阶条件：

$$q_t u'(c_t) = \lambda(1 + \theta_t) \tag{3}$$

$$(1 - q_t) v'(l_t) = \lambda(1 - \tau_t) \alpha_t \tag{4}$$

其中，$\lambda$ 代表拉格朗日乘子。可以相应求出对于个人而言，最优的税率是取决于消费与劳动的函数：

$$\theta_t = y^{\theta}(c_t, l_t) = \frac{q_t u'(c_t)(1 - \tau_t) \alpha_t}{(1 - q_t) v'(l_t)} - 1 \tag{5}$$

$$\tau_t = y^{\tau}(c_t, l_t) = 1 - \frac{(1 - q_t) v'(l_t)(1 + \theta_t)}{q_t u'(c_t) \alpha_t} \tag{6}$$

政府部门的最优决策问题如下。

我们假设政府部门的目标依旧是最大化消费者的效用，即政府的目标函数与个人一致。不同的是，政府部门扮演着社会计划者的角色，其决策受到多个约束条件的限制，除了考虑政府自身的预算约束外，还需要考虑全社会（两个部门）整体的预算约束。此外，政府可以决策的变量除了收入税率与消费税率外，还可以决定财政支出 $g_t$。

因此，政府部门自身的财政预算约束为：

$$(1 + r) \, b_{-1} + \sum_{t=0}^{\infty} \left( \frac{1}{1+r} \right)^t (\theta_t \, c_t + \tau_t \, \alpha_t \, l_t) = \sum_{t=0}^{\infty} \left( \frac{1}{1+r} \right)^t g_t \tag{7}$$

其中，$b_{-1}$ 代表政府部门持有的国外净资产。令 $w_{-1} = f_{-1} + b_{-1}$，表示全社会拥有的国外净资产。可得到全社会的预算约束为：

$$(1 + r) \, w_{-1} + \sum_{t=0}^{\infty} \left( \frac{1}{1+r} \right)^t \alpha_t \, l_t = \sum_{t=0}^{\infty} \left( \frac{1}{1+r} \right)^t (c_t + g_t) \tag{8}$$

我们进一步规定政府部门财政支出的规则，$g_t$ 由当期财政盈余 $PS_t$ 满足的函数 $f(PS_t)$ 决定：

$$g_t = \bar{g} + f(PS_t) \tag{9}$$

$$PS_t = \theta_t \, c_t + \tau_t \, \alpha_t \, l_t - g_t \tag{10}$$

可见，如果 $f(PS_t) \equiv 0$，那么政府部门的财政支出是外生给定的，这种情况下财政支出符合税收平滑机制（Barro 规则）（Barro，1979），即依靠财政制度的内在稳定作用，财政支出政策是中性的。世界上发达国家的财政制度更多地采用 Barro 规则，由于财政政策存在决策时间滞后的问题，因此发达国家主要采取的民主制度使得这一缺陷更加突出。而对于发展中国家而言，政府部门往往拥有更大的财政政策决策权力，这也使得财政支出更具灵活性。若预期财政盈余将增加，那么这些政府部门将有动力通过增加财政支出来维持预算平衡。付敏杰（2014）、Woo（2009）的研究指出，改革开放以来的中国宏观经济以及同期的发展中国家均呈现明显的财政支出顺周期的特征。这意味着随着经济发展形势向好，预期财政盈余增加时，政府部门会更倾向于采取积极的财政支出政策。显而易见，财政支出应该是财政盈余的增函数。进一步借鉴 Talvi 和 Végh（2005）的假设，财政支出关于财政盈余的函数满足 $f'(PS_t) > 0$、$f''(PS_t) > 0$，即随着财政盈余的增加，财政支出越来越大，其增速也越来越快，呈现"收多用多、收少用少"的特征。

在对政府部门施加财政预算约束、全社会预算约束、财政支出规则等条件后，可以求得政府部门最优决策的一阶条件：

$$q_t u'(c_t) = \mu - \frac{\mathrm{d}y^\theta(c_t, l_t) \, c_t}{\mathrm{d}c_t} [\gamma - f'(PS_t)(\mu + \gamma)] \tag{11}$$

$$(1 - q_t) \, v'(l_t) = \alpha_t \left\{ \mu + \frac{\mathrm{d}y^\tau(c_t, l_t) \, l_t}{\mathrm{d}l_t} [\gamma - f'(PS_t)(\mu + \gamma)] \right\} \tag{12}$$

其中，$\gamma$、$\mu$ 分别为财政预算约束与全社会预算约束的拉格朗日乘子。需要注意的是，政府部门扮演着社会计划者的角色，因此会考虑到消费者的最优决策条件。结合式（5）、式（6）可以得到 $\dfrac{\mathrm{d}y^\theta(c_t, l_t) \, c_t}{\mathrm{d}c_t}$ 与 $\dfrac{\mathrm{d}y^\tau(c_t, l_t) \, l_t}{\mathrm{d}l_t}$ 的表达式：

$$\frac{\mathrm{d}y^\theta(c_t, l_t) \, c_t}{\mathrm{d}c_t} = \frac{q_t u'(c_t)(1 - \tau_t) \alpha_t}{(1 - q_t) \, v'(l_t)} \left[ 1 - \frac{1}{\varepsilon^c(c_t)} \right] - 1 \tag{13}$$

$$\frac{\mathrm{d}y^\tau(c_t, l_t) \, l_t}{\mathrm{d}l_t} = 1 - \frac{(1 - q_t) \, v'(l_t)(1 + \theta_t)}{q_t u'(c_t) \alpha_t} \left[ 1 + \frac{1}{\varepsilon^l(l_t)} \right] \tag{14}$$

其中，$\varepsilon^c(c_t) = -\dfrac{u'(c_t)}{u''(c_t) \, c_t}$，$\varepsilon^l(l_t) = \dfrac{v'(l_t)}{v''(l_t) \, l_t}$，且满足 $\varepsilon^c(c_t) > 0$、$\varepsilon^l(l_t) > 0$。

在得到政府的一阶最优条件下，结合私人部门的一阶条件，可以得到政府部门的最优税率的表达式。

首先对消费税率进行求解，在假设收入税不变的情况下，最优消费税率 $\theta_t^*$ 的表达式为：

$$\theta_t^* = \frac{[1 - f'(PS_t)](\mu + \gamma)}{\lambda + \left[1 - \dfrac{1}{\varepsilon^c(c_t)}\right][\gamma - f'(PS_t)(\mu + \gamma)]} - 1 \qquad (15)$$

可见，对于政府部门而言，最优的消费税率取决于两个变量：其一是个人的边际效用的消费弹性 $\dfrac{1}{\varepsilon^c(c_t)}$；其二是财政盈余函数的一阶导数 $f'(PS_t)$。其中，$\dfrac{1}{\varepsilon^c(c_t)}$ 是外生的，因此可以看作常数变量。只需对 $PS_t$ 求导数便可得：

$$\frac{\mathrm{d}\theta_t^*}{\mathrm{d}PS_t} = \frac{f''(PS_t)(\mu + \gamma)\left\{\left[1 - \dfrac{1}{\varepsilon^c(c_t)}\right]\mu - \lambda\right\}}{\left\{\lambda + \left[1 - \dfrac{1}{\varepsilon^c(c_t)}\right][\gamma - f'(PS_t)(\mu + \gamma)]\right\}^2} \qquad (16)$$

判断随着财政盈余的上升，消费税如何发生变化，需要对式（16）的分子项进行判断。主要取决于边际效用的消费弹性 $\dfrac{1}{\varepsilon^c(c_t)}$ 的大小。我们假设边际效用的消费弹性大于 1，即个人的边际效用对消费是富有弹性的，可以直接推导出 $\dfrac{\mathrm{d}\theta_t}{\mathrm{d}PS_t} < 0$，即财政盈余与消费税率的作用方向相反。其经济学含义是，当政府部门预期财政盈余增加时，其有动力通过减税政策来降低财政盈余以维持预算平衡。据此，当出现外部冲击时，政府部门可以对三个变量进行调节，分别是财政支出、消费税率与收入税率。在给定收入税率不变的条件下，我们提出命题 1。

命题 1：假设 $\tau_t$、$\alpha_t$ 不变，在均衡路径上，出现偏好因子的正向波动，$q_{t+1} > q_t$，则 $c_{t+1} > c_t$，$l_{t+1} > l_t$，$T_{t+1} > T_t$，$PS_{t+1} > PS_t$，$g_{t+1} > g_t$，$\theta_{t+1} < \theta_t$。

其中，$q_t$ 代表私人部门对消费效用与劳动效用的偏好情况，依据本文对消费税和收入税的税种设定，$q_t$ 的波动直接反映出税基的外生波动。$q_t$ 上升意味着私人部门更偏好于消费，更不厌恶劳动，因而代表经济波动的正向外生冲击。其中的经济学含义在于，由于税基的波动，在给定最优化私人部门效应的政策目标下，政府有动机通过调整财政政策来实现最优化。$q_t$ 上升导致政府税收增加，预算盈余增加（$PS_t$ 上升），政府部门会通过增加财政支出并降低消费税率来实现财政预算平衡。尽管扩大财政支出可能会导致资金使用效率低下等问题，但预算盈余的增加常常意味着经济形势向好，这为政府部门在经济形势向好时仍然采取扩张性财政政策的顺周期行为提供了理论依据。基于此，我们提出进行实证检验的推论1。

推论1：经济的波动性越大，政府部门越倾向于执行顺周期的财政支出政策与消费税收政策。

类似地，在得到政府部门的一阶最优条件后，我们对最优收入税率 $\tau_t^*$ 进行求解：

$$\tau_t^* = 1 - \frac{[1 - f'(PS_t)](\mu + \gamma)}{\lambda + \left[1 + \dfrac{1}{\varepsilon^l(l_t)}\right][\gamma - f'(PS_t)(\mu + \gamma)]} \tag{17}$$

可见，最优收入税率取决于两个变量：一个是个人部门边际效用的劳动弹性 $\dfrac{1}{\varepsilon^l(l_t)}$；另一个是政府部门预算盈余函数的一阶导数 $f'(PS_t)$。对于政府部门而言，个人部门的效用函数是外生的，因而一般认为边际效用的劳动弹性是常数。因此，只需要看 $f'(PS_t)$ 的变化如何引起最优收入税率变动。对预算盈余 $PS_t$ 求导可得：

$$\frac{d\tau_t^*}{dPS_t} = \frac{f'(PS_t)(\mu + \gamma)\left\{\lambda - \left[1 + \dfrac{1}{\varepsilon^l(l_t)}\right]\mu\right\}}{\left\{\lambda + \left[1 + \dfrac{1}{\varepsilon^l(l_t)}\right][\gamma - f'(PS_t)(\mu + \gamma)]\right\}^2} \tag{18}$$

从式（18）并不能明确判断其符号方向，即预算盈余的变化对最优收入税率的变化是不确定的。原因在于收入税直接与个人部门的生产函数相关，我们假设劳动的效用函数 $v(l_t)$ 严格单调递增，且收入税直接作用于私人部门的生产函数。换言之，政府部门的收入税会直接影响个人部门的产出，进而直接影响预算约束。因此，在财政预算盈余发生变动时，政府部门对收入税率的调整方向是不明确的。然而这并不意味着预算盈余上升时，政府部门不会使用其余财政政策工具进行宏观调控。正如本文对政府财政支出规则进行了假设，给定政府部

门对财政支出具有足够强的决策能力与执行能力时，财政支出是财政
盈余的增函数。基于此，我们提出命题 2。

命题 2：假设 $\theta_t$、$q_t$ 不变，在均衡路径上，出现生产率的正向波动，
$\alpha_{t+1} > \alpha_t$，则 $c_{t+1} > c_t$，$l_{t+1} > l_t$，$T_{t+1} > T_t$，$PS_{t+1} > PS_t$，$g_{t+1} > g_t$，$\tau_{t+1}$
的变化不确定。

其中，$\alpha_t$ 代表个人部门的生产率，$\alpha_t$ 的正向冲击直接导致私人部门
的劳动生产率提高，因此私人部门有动力通过增加劳动投入来获得更
多的收入。此外，在当前的收入税率下，生产率的提高能够直接增加
政府部门的税收收入，进而扩大财政预算盈余。那么政府部门将会通
过扩大财政支出来平衡财政预算盈余。这使得对于生产率冲击导致的
经济增速变化，政府部门在财政支出方面也呈现顺周期的特征。因此，
我们依据命题 2 提出有待实证检验的推论 2。

推论 2：出现生产率的外生波动，政府部门倾向于执行顺周期的财
政支出政策。

至此，依据本文的理论分析框架，可以分析在经济波动的情况下，
政府部门采用顺周期财政政策进行调控的内在逻辑。这主要源于在经
济波动较大的情况下，使用税收平滑机制以及逆周期的财政政策并不
能达到稳定预算的目标。因为给定经济体的税基波动性较大，政府部
门所得到的税收波动性也将随之增大，并进一步加剧政府部门预算盈
余或赤字的波动性，出现财政收支"大起大落"的现象，这种情况下
使用税收平滑机制难以保持财政收支的稳定，使用逆周期调控的财政
政策则会进一步加剧财政盈余或者财政赤字的波动。因此，政府部门
存在稳定财政收支的动机，若政府部门在财政政策执行上具有足够的
决策力和执行力，那么政府执行顺周期的财政政策是理性的，并且符
合最大化私人部门效用的目标。① 综上所述，我们得到两个有待检验的

---

① 在描述政府部门对财政预算的规划目标方面，我们更多地采用"稳定财政收支"而
不是"平衡财政预算"的说法，原因在于根据对中国近年来数据的观察，大多数年
份出现财政赤字的现象，且随着时间的推移财政赤字呈现扩大的趋势。因此，我们
认为，政府部门的目标不是单一的平衡财政预算，而是在一定的政府债务风险水平
下，将财政收入与财政支出的差额维持在可控的范围内。

理论假设，在外生经济波动与生产率波动下，政府部门将会对应执行相应的顺周期财政政策。基于中国省级层面的数据，本文将对以上假设进行检验。

# 三　实证研究设计

## （一）　实证模型

结合省级层面的研究样本，本文试图通过实证检验回答的问题是，经济波动性较大是造成地方政府使用顺周期财政政策的重要原因吗？对此，我们构建相应的计量模型进行实证检验：

$$fiscalrespond_{it} = \beta_0 + \beta_1\,variability_{it} + \sum_i \beta_i Crtl_{it} + \chi_i + T_t + \varepsilon_{it} \qquad (19)$$

$$fiscalrespond_{it} = \beta_0 + \beta_1\,productivity_{it} + \sum_i \beta_i Crtl_{it} + \chi_i + T_t + \varepsilon_{it} \qquad (20)$$

其中，被解释变量代表地方政府的财政政策反应，存在两个刻画维度：一个是财政支出的增长速度；另一个是消费税率。主要解释变量包括经济波动性 *variability* 与全要素生产率 *productivity*。式（19）主要用于检验推论 1，经济波动引致政府采用顺周期的财政政策。式（20）则主要用于检验推论 2，生产率的波动引致政府采取顺周期的财政政策。*Crtl* 代表控制变量，$\beta$ 是待估参数，$\varepsilon$ 是残差项。为了更好地控制外生因素的影响，本文对省份固定效应 $\chi$ 与时间趋势项 $T$ 进行控制，使用固定效应模型来提高估计精度。

显而易见，财政政策与经济波动、生产率波动之间可能存在互为因果的内生性问题，导致使用固定效应估计得到的结果是有偏的。从政府部门的角度看，正是由于经济波动，因而存在更为强烈的意愿使用财政政策来维持宏观经济稳定。而吕冰洋（2011）的研究显示，财政政策与供需失衡存在因果循环的作用关系。经济形势会显著影响政府财政政策的选择（闫坤、刘陈杰，2015），财政政策反过来会对经济波动产生直接作用（黄赜琳、朱保华，2015）。因此，在研究经济波动对财政政策选择的影响时，尤其需要注意其互为因果所带来的内生性问题。我们采取的主要方法是，构建动态面板模型，使用系统 GMM 方法进行估计。该方法的好处在于使用被解释变量的一阶滞后项作为工具变量，能够有效克服由于互为因果、遗漏变量而带来的内生性问题。因此，本文构建了相应的动态面板估计方程：

$$fiscalrespond_{it} = \beta_0 + \alpha_1 fiscalrespond_{it-1} + \beta_1 variability_{it} +$$

$$\sum_i \beta_i Crtl_{it} + \chi_i + T_t + \varepsilon_{it} \qquad (21)$$

$$fiscalrespond_{it} = \beta_0 + \alpha_1 fiscalrespond_{it-1} + \beta_1 productivity_{it} +$$

$$\sum_i \beta_i Crtl_{it} + \chi_i + T_t + \varepsilon_{it} \qquad (22)$$

## （二）样本与变量

依据理论分析得到的推论，我们对经济波动、生产率波动对政府部门财政政策的影响进行分析。本文的研究样本来自中国除西藏自治区以外的 30 个省级行政单位的数据，包括 26 个省、自治区与 4 个直辖市单位，数据跨度为 2001～2015 年。除了消费税率数据以外，我们使用的各省级单位的原始数据来自国泰安经济金融研究数据库。

财政支出增速。政府部门的财政支出通常以一般预算支出来衡量。作为被解释变量，单纯使用一般预算支出的绝对值数据并无实际意义。我们的主要目的是研究经济波动如何影响政府部门的财政政策反应。基于这种命题，使用一般预算支出的年增长速度显得更为合理。因此，我们使用财政支出增速来衡量政府部门在支出部分的反应。

消费税率。由于直接的税率不能直接观测得到，需要对消费税率进行合理测算。现有研究对中国的消费税率进行了测算并得到不一样的结果。经审慎考虑，我们使用吕冰洋和陈志刚（2015）的测算结果，截取 2001～2011 年对各个省级行政单位的测算结果。该方法在 Mendoza 等（1994）提出的消费税率测算方法的基础上，依据中国的现实情况进行相应的调整，并考虑到 2009 年增值税抵扣范围的调整因素，因此测算得到的消费税结果可信度较高。

经济波动。本文使用 HP 滤波法对各省级单位的经济波动进行测算（Hodrick，Prescott，1997）。具体做法是，将各省级单位地区生产总值的实际值（使用对应的 GDP 折算指数进行调整）进行对数化，再使用 HP 滤波法测算得到实际地区生产总值的趋势与波动值，并进一步提取波动值作为经济波动的代理变量。相比标准差的测算方法，HP 滤波法的好处在于对样本量的损耗小，并且能够反映出经济体的正向波动和负向波动，对研究顺周期财政政策的适用性较好。然而，若 HP 滤波法存在测量偏差，会使得该指标不能客观测度经济波动的幅度，这会造成关键变量测量偏误，从而导致内生性问题。因此，我们使用经济增速作为替代变量代入回归方程做对比，控制由于经济波动测算偏误而带来的内生性问题。经济增速使用实际值的地区生产总值年增长速度进行测算。

全要素生产率。目前有多种常用的生产率测算方法，本文使用参数方法估计省级层面的全要素生产率。以地区生产总值为产出，以资本与劳动为要素投入，构建柯布－道格拉斯生产函数，结合面板随机前沿方法（SFA）估计，对资本和劳动要素的产出弹性进行测算，最后根据索洛余值法得到全要素生产率的估算结果。

控制变量。影响政府部门财政政策选择的宏观因素众多。我们选取最为关键的指标，分别是：产业结构，使用第二产业比重与第三产业比重来控制产业结构变化的影响；进出口水平，使用该省级单位的进出口总额占地区生产总值的比重作为对外开放程度的代理变量，用于控制国际市场上贸易冲击对该地区政府部门财政政策的影响；私有投资比重，选择当年非国有固定资产投资占社会总固定资产投资的份额来表示，该指标反映出该地区私有经济的发展水平，控制了其对政府部门财政政策的影响。此外，本文依据宏观经济的经典研究理论，选用国家层面的失业率以及 M2 增速作为宏观经济环境的控制变量。

表 1 报告了本文使用的主要变量的描述性统计结果。除了消费税率的数据跨度为 2001～2011 年，其余变量的数据跨度均为 2001～2015 年。各个变量的数据统计质量较高，无极端值情况的出现。由于研究

对象是省级层面的平衡面板数据，为保证实证检验的可信度，我们使用 ADF 单位根检验各个变量的平稳性。该检验的原假设是：所有面板均包含单位根。若显著拒绝原假设，基本可以认为该变量是平稳的。我们在滞后零期的条件下报告 Inverse $\chi^2$ 统计量。所有面板数据变量均达到 1% 的显著性水平，因此可以认为是平稳的。

表 1　描述性统计与面板单位根检验

| 变量 | 观测量 | 均值 | 标准差 | 最小值 | 最大值 | ADF 检验 I（0） |
|---|---|---|---|---|---|---|
| 财政支出增速 | 450 | 0.1732 | 0.0854 | -0.1299 | 0.5954 | 344.1290 *** |
| 消费税率 | 330 | 0.1311 | 0.0792 | 0.0550 | 0.6160 | 130.2547 *** |
| 经济波动 | 450 | 0.0064 | 0.0446 | -0.1202 | 0.1391 | 173.7272 *** |
| 全要素生产率 | 450 | 0.3199 | 0.4382 | -0.7683 | 1.2967 | 120.4116 *** |
| 经济增速 | 450 | 0.0290 | 0.0441 | -0.1664 | 0.3401 | 485.4135 *** |
| 第二产业比重 | 450 | 0.4711 | 0.0768 | 0.1974 | 0.6150 | 122.0446 *** |
| 第三产业比重 | 450 | 0.4038 | 0.0795 | 0.2860 | 0.7965 | 129.7686 *** |
| 进出口水平 | 450 | 0.0450 | 0.0549 | 0.0050 | 0.2444 | 174.5931 *** |
| 私有投资比重 | 450 | 0.6531 | 0.1179 | 0.3415 | 0.8855 | 198.0548 *** |
| 失业率 | 450 | 0.0409 | 0.0016 | 0.0360 | 0.0430 | — |
| M2 增速 | 450 | 0.1724 | 0.0337 | 0.1300 | 0.2758 | — |

注：ADF 检验以滞后 0 阶报告 Inverse $\chi^2$ 统计量结果；*** $p < 0.01$；本文所使用的失业率与 M2 增速数据均为国家层面数据而非省级层面数据，因此不进行面板单位根检验。

# 四　实证检验

## （一）经济波动与顺周期财政政策

我们首先对经济波动与财政政策的相关关系进行考察。基于平衡的面板数据，本文构建固定效应估计模型，以经济波动为主要解释变量，回归结果见表 2。列（1）至列（3）考察经济波动对财政支出增速的影响。列（1）与列（2）分别表示不考虑控制变量与考虑控制变量情况下的回归结果。列（3）以经济增速替换经济波动检验财政支出政策的顺周期性。类似地，列（4）至列（6）考察经济波动对消费税率的影响。列（4）与列（5）分别表示不考虑控制变量与考虑控制变量情况下的回归结果。列（6）以经济增速替换经济波动检验消费税率的顺周期性。

表2 经济波动对财政政策的影响

| 变量 | （1） | （2） | （3） | （4） | （5） | （6） |
|---|---|---|---|---|---|---|
| | 财政支出增速 | | | 消费税率 | | |
| 经济波动 | 0.483 *** | 0.385 *** | | − 0.146 ** | − 0.103 ** | |
| | (5.59) | (3.78) | | ( − 2.34) | ( − 2.33) | |
| 经济增速 | | | 0.421 *** | | | − 0.0607 * |
| | | | (3.97) | | | ( − 1.74) |
| 第二产业比重 | | 0.0659 | 0.0710 | | − 0.000824 | |
| | | (0.32) | (0.36) | | ( − 0.00) | |
| 第三产业比重 | | 0.187 | 0.104 | | 0.0601 | |
| | | (0.69) | (0.40) | | (0.21) | |
| 进出口水平 | | − 0.480 * | − 0.427 * | | 0.0907 | |
| | | ( − 1.77) | ( − 1.77) | | (0.45) | |
| 私有投资比重 | | 0.242 ** | 0.262 *** | | − 0.167 ** | |
| | | (2.75) | (3.09) | | ( − 2.59) | |
| 失业率 | | − 14.53 *** | − 17.35 *** | | − 0.216 | |
| | | ( − 4.76) | ( − 5.30) | | ( − 0.39) | |
| M2 增速 | | 0.993 *** | 1.148 *** | | 0.00698 | |
| | | (8.90) | (9.73) | | (0.16) | |
| 时间趋势项 | 是 | 是 | 是 | 是 | 是 | 是 |
| 常数项 | 15.38 *** | 17.73 *** | 12.77 *** | − 14.80 *** | − 19.82 *** | − 12.49 *** |
| | (9.25) | (4.61) | (3.30) | ( − 4.53) | ( − 3.39) | ( − 5.35) |
| 观测量 | 450 | 450 | 450 | 330 | 330 | 330 |
| Within $R^2$ | 0.1660 | 0.3169 | 0.3287 | 0.4365 | 0.5077 | 0.4231 |
| F 检验 | 45.64 | 36.22 | 28.87 | 16.19 | 7.94 | 14.83 |

注：括号内为稳健标准误调整后的 t 统计量；$*p < 0.1$，$** p < 0.05$，$*** p < 0.01$。

从财政支出增速来看，经济波动的系数显著为正，即使在控制其他因素的情况下其系数变化也不大，表明经济波动对政府部门财政支出政策的影响相当稳定，是不可忽视的重要因素。由于我们使用 HP 滤波法对总产出的趋势与波动进行估算，因此本文使用的经济波动指标能够反映出经济的正向波动与负向波动。如果经济波动项显著为正，表明经济的正向波动越强，财政支出增速越快。反之，如果经济波动项显著为负，表明经济的负向波动越强，财政支出增速下降得越快。因此，经济波动带来的财政支出政策呈现显著的顺周期调控特征。列（3）给出的经济增速的系数显著为正，这也为上述论点提供了支持。当出现正向波动时，财政收入将增加，财政盈余的增加使得政府部门可供使用的资金增加，那么政府部门的预算约束将得到放松，在财政支出政策具有自主性的条件下，政府部门会存在扩大财政预算支出的动机。

从消费税率的政策反应来看，经济波动的系数显著为负，且列（6）中经济增速表现出轻微的负向作用，表明经济波动会导致消费税率的顺周期调控。值得注意的是，经济增长与消费税率的关系并不十分显著，这说明当潜在经济增长时，政府部门不会存在积极调控消费税率的倾向，因为这是预期到的产出增加。相反，经济波动对消费税率的负向作用则十分显著，说明在出现难以预期到的经济波动时，政府部门反而存在顺周期税率政策调控的倾向。这与我们的理论分析一致。当出现外生的经济冲击时，在最大化个人部门的效用目标下，政府部门会使用顺周期的财政政策。这与政府部门平衡财政预算的动机也是一致的。

因此，当经济出现外生波动时，财政政策会出现顺周期的特征，这源于经济波动提高了财政收入的离散程度。当经济出现外生的正向波动时，税收收入将会增加，为了避免财政收入过多增加，政府部门会通过降低税率来减缓税收收入的增长，并且为了保证预算账户平衡，政府部门存在扩大财政支出的动机。反之，当经济出现外生的负向波动时，税收收入将会减少，为了保证财政收入维持在一定水平，政府部门会通过提高税率来扩充税收收入，并且税收收入的减少将导致预算赤字的增加，这收紧了政府部门的资金约束，使得政府支出进一步减少。综上所述，表 2 的实证结果与推论 1 一致，表明由于经济波动的存在,财政政策会呈现顺周期的特征,且经济波动越大,顺周期性越明显。

从控制变量的回归结果来看,第二产业比重与第三产业比重的系数均不显著。换言之,产业结构的变化均不会对政府财政政策反应产生显著影响。进出口水平对财政支出增速的影响为负,说明对外开放水平越高的地区,其财政支出政策的调控速度反应越弱,政府部门越不倾向于使用政府购买的方式影响宏观经济运行。此外,私有投资比重对财政支出增速的影响显著为正,对消费税率的影响显著为负,表明对于私有投资比重的提升,财政政策的反应也呈现顺周期的特征。其深层次的含义在于,当私有经济发展向好时,经济形势也随之向好,这相当于宏观经济发生外生的正向波动,因此按照我们的推论,政府部门的财政调控也随之呈现顺周期的特征。

经济增长与财政政策存在互为因果的内生性问题,这可能使得固定效应模型估计结果的有效性大打折扣。因此,本文构建动态面板模型,通过使用系统 GMM 估计法来控制可能出现的内生性偏差(见表 3)。从整体的回归结果来看,Sargan 检验与 AR(2)检验的结果表明模型估计无过度识别和序列相关等统计问题。被解释变量的一阶滞后项与主要解释变量的显著性均较好,表明动态面板的估计结果可信度较高。从主要解释变量来看,在控制其他变量的影响下,经济波动对财政支出增速的影响显著为正,对消费税率的影响显著为负,这与固定效应模型的估计结果一致。以经济增速替代经济波动回归,其回归结果与经济波动类似,表明经济波动的影响导致财政政策呈现顺周期的特征。此外,控制变量的回归结果与表 2 的结果基本类似。换言之,我们的估计模型设置较为合理,回归结果可信度较高。

表 3　动态面板估计结果

| 变量 | (1) | (2) | (3) | (4) |
|---|---|---|---|---|
| | 财政支出增速 | | 消费税率 | |
| L. 财政支出增速 | 0.128 *** <br> (2.76) | 0.196 *** <br> (4.36) | | |

续表

| 变量 | (1) | (2) | (3) | (4) |
|---|---|---|---|---|
| | 财政支出增速 | | 消费税率 | |
| L. 消费税率 | | | 1.055 *** | 1.063 *** |
| | | | (112.44) | (179.93) |
| 经济波动 | 0.521 *** | | − 0.134 *** | |
| | (9.15) | | ( − 7.62) | |
| 经济增速 | | 0.542 *** | | − 0.105 *** |
| | | (12.73) | | ( − 16.02) |
| 第二产业比重 | − 0.143 | 0.288 | − 0.0129 | − 0.0182 |
| | ( − 0.46) | (0.57) | ( − 0.39) | ( − 0.45) |
| 第三产业比重 | 0.274 | 0.555 | − 0.110 *** | − 0.115 ** |
| | (0.85) | (1.03) | ( − 3.85) | ( − 2.24) |
| 进出口水平 | − 1.003 ** | − 1.531 * | 0.0162 | − 0.00230 |
| | ( − 2.42) | ( − 1.87) | (0.53) | ( − 0.13) |
| 私有投资比重 | 0.659 *** | 0.717 *** | 0.0291 *** | 0.0222 * |
| | (8.81) | (7.05) | (2.83) | (1.85) |
| 失业率 | − 14.12 *** | − 13.65 *** | − 2.171 *** | − 1.415 *** |
| | ( − 7.94) | ( − 5.47) | ( − 12.49) | ( − 4.38) |
| M2 增速 | 0.924 *** | 0.957 *** | 0.184 *** | 0.163 *** |
| | (20.47) | (10.27) | (10.89) | (7.96) |
| 时间趋势项 | 是 | 是 | 是 | 是 |
| 常数项 | 29.77 *** | 25.23 *** | − 1.055 ** | 0.636 |
| | (8.81) | (4.55) | ( − 2.16) | (1.25) |
| 观测量 | 420 | 420 | 300 | 300 |
| Sargan 检验 | 1.0000 | 1.0000 | 0.9995 | 0.9989 |
| AR（2）检验 | 0.9903 | 0.4454 | 0.6787 | 0.8104 |

注：括号内为 z 统计量；* $p < 0.1$，** $p < 0.05$，*** $p < 0.01$；Sargan 检验与二阶自回归检验报告的结果是对应的 P 值。

## （二）生产率与顺周期的财政支出政策

理论分析部分的推论 2 指出，生产率的波动也会导致政府部门在财政支出政策方面的变化。接下来我们对此进行实证分析，以全要素生产率为主要解释变量，以财政支出增速为被解释变量，回归结果见表 4。其中，列（1）和列（2）分别为不考虑控制变量和考虑控制变量的回归结果，列（3）和列（4）分别为进一步考虑经济波动和经济增速影响下的回归结果，列（5）为考虑控制变量的动态面板估计结果。

表4　生产率波动对财政支出政策的影响

| 变量 | （1） | （2） | （3） | （4） | （5） |
|---|---|---|---|---|---|
| | 财政支出增速 | | | | |
| L.财政支出增速 | | | | | 0.103 *** |
| | | | | | （2.72） |
| 全要素生产率 | 0.171 *** | 0.188 *** | 0.171 *** | 0.155 *** | 0.368 *** |
| | （5.62） | （6.08） | （3.85） | （4.00） | （8.42） |
| 经济波动 | | | 0.109 | | |
| | | | （0.79） | | |
| 经济增速 | | | | 0.247 * | 0.134 |
| | | | | （1.92） | （1.34） |
| 第二产业比重 | | 0.213 | 0.207 | 0.206 | −0.385 |
| | | （1.04） | （1.02） | （0.97） | （−0.67） |
| 第三产业比重 | | 0.0785 | 0.151 | 0.181 | 0.0292 |
| | | （0.27） | （0.50） | （0.62） | （0.05） |
| 进出口水平 | | −0.643 ** | −0.664 ** | −0.658 *** | −0.646 |
| | | （−2.50） | （−2.63） | （−2.76） | （−0.94） |
| 私有投资比重 | | 0.235 ** | 0.219 ** | 0.213 ** | 0.327 *** |
| | | （2.51） | （2.17） | （2.27） | （4.19） |
| 失业率 | | −19.93 *** | −18.92 *** | −19.51 *** | −14.96 *** |
| | | （−6.30） | （−5.96） | （−6.14） | （−7.23） |
| M2增速 | | 0.967 *** | 0.948 *** | 1.017 *** | 0.741 *** |
| | | （8.70） | （8.70） | （8.30） | （10.61） |
| 时间趋势项 | 是 | 是 | 是 | 是 | 是 |
| 省份固定效应 | 是 | 是 | 是 | 是 | — |
| 常数项 | −19.04 *** | −20.98 *** | −17.09 * | −16.13 ** | −56.32 *** |
| | （−3.11） | （−2.91） | （−1.78） | （−2.24） | （−4.92） |
| 观测量 | 450 | 450 | 450 | 450 | 420 |
| Within $R^2$ | 0.1666 | 0.3529 | 0.3543 | 0.3632 | |
| F检验 | 39.70 | 32.81 | 33.26 | 30.17 | |
| Sargan检验 | | | | | 1.0000 |
| AR（2）检验 | | | | | 0.8360 |

注：括号内为z统计量；* $p < 0.1$，** $p < 0.05$，*** $p < 0.01$；Sargan检验与二阶自回归检验报告的结果是对应的 P 值。

　　由表 4 可知，全要素生产率对财政支出增速的影响显著为正，且估计系数在加入控制变量后基本不变，说明全要素生产率的提升确实会导致财政支出增速加快。正如本文的理论分析所提出的，全要素生产率的提高会引起社会总产出的增加，在收入税不变的条件下，税收收入将会增加，那么财政盈余也会增加。在政府部门具有足够财政支出的自主规划与执行能力下，预算盈余的增加将直接导致财政支出的增加。究其根本原因，在于全要素生产率的波动也是经济外生波动的一种重要类型，因此全要素生产率波动越大，引起的政府收税的基础波动也越大。在给定经济波动较大的前提下，使用税收平滑机制或者逆周期的财政调控政策并不能达到稳定财政预算的目标。政府部门会实施顺周期的财政政策，尤其是财政支出政策来稳定财政收支。体现在以全要素生产率为代表的波动中，政府部门的财政支出政策会呈现明显的顺周期性。即便是控制了经济波动、经济增速等因素，全要素生产率的提高也会引起财政支出增速的上升，这较好地说明了在政府部门对财政支出政策的制定和执行受到较少的规则约束下，全要素生产率的改善引起经济形势向好，同时也会导致政府部门在支出政策上的顺周期调控行为，呈现"收多少、用多少"的财政支出政策特征。

　　正如现有研究所指出的，经济高速增长伴随着政府长期实施积极的财政政策，这一方面挤占了私有投资，另一方面财政政策的偏向性导致了产能过剩、系统性金融风险等经济问题（郭长林，2016；李永友，2014）。可以合理推知，当整体全要素生产率提高时，随着政府税收的增加，在预期财政盈余上升时，地方政府部门存在扩大财政支出的动机。地方政府增加国有投资，会进一步挤占私有投资，加剧产能过剩等潜在问题，导致出现财政扩张与全要素生产率持续滑坡的恶性循环。不少宏观层面的研究指出，全要素生产率的下滑是经济增速下滑的重要原因（方福前、马学俊，2016；蔡跃洲、付一夫，2017）。然而在经济下滑时，财政政策存在刺激经济的动机，在这样的恶性循环下，必然对政府的财政预算规划产生更紧的约束，并进一步集聚政府债务风险。这显然不利于中央政府实现经济转型、提高经济增长质量、深化供给侧结构性改革等战略目标。

## （三） 理解经济波动的影响——顺周期财政政策的地区分布

通过实证检验，我们发现经济波动与财政政策的顺周期性确实存在显著的相关性。为了进一步检验结论的稳健性，我们绘制出经济波动与财政支出政策顺周期性的散点图（见图 2）。具体方法如下：以每个省级行政单位为一组，以地区生产总值与一般预算支出的相关系数为财政支出政策顺周期性的代理变量，以地区生产总值的对数值测算标准差为经济波动的代理变量，绘制出线性拟合的散点图。从整体上看，地区生产总值的标准差越大，即经济波动性越大，财政支出与总产出的相关性就越强，也就是财政支出政策的顺周期性越强。这与本文理论分析、实证分析的结果一致，经济波动性越大，政府部门越倾向于采取顺周期的财政支出政策进行调控。从具体的区域分布来看，除了个别极值点（黑龙江省与宁夏回族自治区）以外，从左到右分布大体上呈现从沿海地区向内陆地区递进的过程，这说明沿海省份的经济波动性整体上较内陆省份小，这与现实情况较为一致。

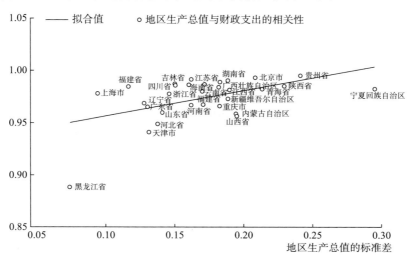

**图 2  经济波动与财政支出政策的顺周期性**

注：图中拟合曲线为 $y = 0.93 + 0.25x$，$x$ 系数的 $t$ 统计量为 7.53，$R^2$ 为 0.26。

为了考察经济波动与消费税率政策顺周期性的相关性，我们以省级行政单位为分组依据，以经济增速的标准差代表经济波动，以经济增速与消费税率的相关系数代表消费税率政策的顺周期性，刻画出的散点图和拟合直线见图3。

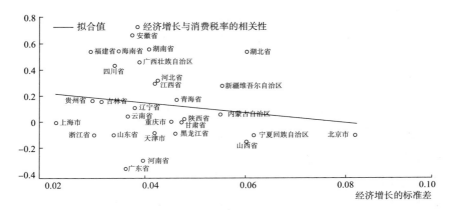

**图3　经济波动与消费税率政策的顺周期性**

注：图中拟合曲线为 $y = 0.3 - 3.83x$，$x$ 系数的 $t$ 统计量为 $-4.56$，$R^2$ 为 0.03。

从趋势来看，经济波动与消费税率政策的顺周期性基本呈现负相关关系。与财政支出政策不同的是，对于消费税率，各个地方政府的政策选择呈现明显的差异，其分布更为离散。这表明在使用税收政策进行经济调控方面，不同地区的差异较大。其中的原因可能在于不同地区的消费习惯存在差异。根据本文的理论分析，消费税率政策呈现顺周期性的一个重要假设在于消费的边际效用函数是富有弹性的。其经济学含义是，消费增加导致边际效用提升得更多，这意味着私人部门会花费更多的收入在消费上以提升福利水平。那么，一个地区的消费水平越高，往往意味着其消费的边际效用更富有弹性。图3中直线下方地区的消费水平整体上高于直线上方地区，这与理论分析基本吻合。那么，政府部门采取顺周期税率政策的可能性就越大。图3也有其他可能的影响因素。省级层面的政府在税收政策上往往受到中央政府的约束，一个重要的约束是财政分权尤其是分税制。消费税中的一大税种——增值税由中央政府和地方政府按比例分成。这使得地方政府对消费税率政策的自主能力有限，因此消费税率政策在自由度受限的情况下，其顺周期性随着区域具体情形的差异而表现出较强的异质性。

综上所述，财政支出的顺周期性分布得越密集，表明地方政府部门在使用财政支出政策进行调控时的行为特征就越一致。这源于政府部门在财政支出规划上更具自主能力，受到上级政府的约束更小。这也为本文的理论分析与实证分析提供了证据支持。

# 五　主要结论

现阶段中国正处于经济转轨的过程中，经济增长呈现持续赶超发达经济体的特征。然而随着经济新常态的到来，在经济增速放缓、外部因素不确定性迅速上升的宏观环境下，深入研究政府财政政策的调控规则能够为深化财政体制改革提供适用性强的理论依据。党的十九大报告强调建立现代财政制度，其重心在于协调中央与地方之间的财政关系，建立约束有力、权责明晰的预算管理体系。健全货币政策和宏观审慎政策双支柱调控框架，加强金融监管，防范系统性金融风险。这传递出了中央政府对财政政策与货币政策调控功能定位转换的信号，在强调经济增长质量的同时，宏观经济政策的重心向防范潜在的系统性风险转移。因此，在经济呈现较大波动的情况下，探析政府部门如何针对经济形势的变化调节财政政策具有理论和现实意义。我们以总产出的外生经济波动与生产率波动引起的财政政策反应为切入点，研究地方政府顺周期财政政策调控的深层次影响因素。在构建最优财政政策模型的基础上，我们分析了上述两类冲击造成的经济波动对财政支出政策与消费税率政策的影响。

本文研究发现，在消费税、财政支出方面，政府部门出现了明显的顺周期财政政策倾向，且经济波动越大，政府部门财政政策的顺周期性越强。这其中的逻辑在于，在经济波动较大的条件下，税基的波动也会变大，进而扩大了政府部门税收总额的波动。在以往常见的税收平滑机制或者逆周期财政调控的规则下，政府部门并不能达到稳定财政预算的目标。因此，政府部门在财政政策自主性足够强与经济波动较大的条件下，其财政政策便会呈现显著的顺周期性。这意味着当出现正向的经济波动时，政府部门会采取宽松的财政支出政策与消费税率政策。相反，当出现负向的经济波动时，政府部门反而会采取紧缩的财政支出政策与消费税率政策。此外，针对供给侧的经济波动，当全要素生产率出现正向波动时，政府部门也会倾向于扩大财政支出。因此，针对全要素生产率的波动，财政支出政策也会呈现顺周期的特征。我们基于中国 2001～2015 年省级层面的数据进行实证研究，并证实了上述结论。

进一步看，政府部门在顺周期财政政策的调控框架下，更偏向于使用财政支出政策，主要是因为财政支出政策相较于消费税率政策的作用更为直接，调整消费税率的财政政策的作用时间长，并会对公众的预期产生影响。在中国情境下，政府部门对财政支出政策的自主能力更为突出。因此，在发生外生冲击导致经济产生波动时，政府更倾向于执行顺周期的财政支出政策。然而，不少研究表明，扩大财政支出会导致资金使用效率低下的问题，财政支出的扩张以及不确定性也是导致经济波动的重要因素，这意味着即使政府采取顺周期的财政支出政策，对全社会的福利也未必是最优的。因此，强化对财政支出的约束、规范财政资金的使用、建立现代财政制度具有重要的现实意义。

本文的研究结论意味着以往地方政府的财政政策调控方式更加依赖经济增长与外生冲击，且呈现顺周期特征的原因更多地在于财政预算盈余的增加或者预算约束的松弛，尤其是财政支出呈现"收多少用多少"的特征。这显然不利于国家宏观层面经济政策目标的统筹调控。正如党的十九大报告所指出的，我国经济发展步入新常态，需要加快权责明晰、约束有力的现代财政制度建设，优化和协调中央与地方的财力分配。财政政策与货币政策的重心向防范系统性金融风险转移。目前公共债务风险不断积聚，系统性金融风险日渐突出，对财政政策的制定与执行施加有力的约束更为重要，建立上下统筹、调控有效的财政收支体系势在必行，本文的结论为宏观经济政策的功能转型提供了理论支持。

## 参考文献

［1］ 蔡跃洲、付一夫：《全要素生产率增长中的技术效应与结构效应——基于中国宏观和产业数据的测算及分解》，《经济研究》2017 年第 1 期，第 72 ~ 88 页。

［2］ 范庆泉、周县华、潘文卿：《从生产性财政支出效率看规模优化：基于经济增长的视角》，《南开经济研究》2015 年第 5 期，第 24 ~ 39 页。

［3］ 方福前、马学俊：《中国经济减速的原因与出路》，《中国人民大学学报》2016 年第 6 期，第 64 ~ 75 页。

［4］ 方红生、张军：《中国地方政府扩张偏向的财政行为：观察与解释》，《经济学》（季刊）2009 年第 2 期，第 1065 ~ 1082 页。

［5］ 付敏杰：《市场化改革进程中的财政政策周期特征转变》，《财贸经济》2014 年第 10 期，第 17 ~ 31 页。

［6］ 郭长林：《财政政策扩张、纵向产业结构与中国产能利用率》，《管理世界》2016 年第 10 期，第 13 ~ 33、187 页。

［7］ 黄赜琳、朱保华：《中国的实际经济周期与税收政策效应》，《经济研究》2015 年第 3 期，第 4 ~ 17、114 页。

［8］ 贾俊雪、郭庆旺：《财政支出类型、财政政策作用机理与最优财政货币政策规则》，《世界经济》2012 年第 11 期，第 3 ~ 30 页。

［9］ 贾俊雪、郭庆旺：《市场权力、财政支出结构与最优财政货币政策》，《经济研究》2010 年第 4 期，第 67 ~ 80 页。

［10］ 李军林、朱沛华：《防范和化解地方银行风险的两重维度：财政扩张冲击与贷款市场竞争》，《改革》2017 年第 11 期，第 114 ~ 125 页。

［11］ 李永友：《财政激励、政府主导与经济风险》，《经济学家》2014 年第 6 期，第 14 ~ 24 页。

［12］ 李永友、钟晓敏：《财政政策与城乡居民边际消费倾向》，《中国社会科学》2012 年第 12 期，第 63 ~ 81、207 页。

［13］ 刘金全、印重、庞春阳：《中国积极财政政策有效性及政策期限结构研究》，《中国工业经济》2014 年第 6 期，第 31 ~ 43 页。

［14］ 吕冰洋：《财政扩张与供需失衡：孰为因？孰为果？》，《经济研究》2011 年

第 3 期，第 18～31 页。

［15］ 吕冰洋、陈志刚：《中国省际资本、劳动和消费平均税率测算》，《财贸经济》2015 年第 7 期，第 44～58 页。

［16］ 武彦民、竹志奇：《地方政府债务置换的宏观效应分析》，《财贸经济》2017 年第 3 期，第 21～37 页。

［17］ 闫坤、刘陈杰：《中国财政政策顺周期行为：财政分权与预算软约束》，《经济学动态》2015 年第 8 期，第 64～70 页。

［18］ 严成樑、龚六堂：《最优财政政策选择：从增长极大化到福利极大化》，《财政研究》2012 年第 10 期，第 16～19 页。

［19］ 周波：《基于我国省域面板的财政政策产出稳定效应研究》，《管理世界》2014 年第 7 期，第 52～66 页。

［20］ 朱军：《中国财政政策不确定性的指数构建、特征与诱因》，《财贸经济》2017 年第 10 期，第 22～36 页。

［21］ Alesina, A., Campante, F. R., Tabellini, G., "Why is Fiscal Policy often Procyclical?", *Journal of the European Economic Association*, 2008, 6 (5), pp. 1006 – 1036.

［22］ Azzimonti, M., Battaglini, M., Coate, S., "The Costs and Benefits of Balanced Budget Rules: Lessons from a Political Economy Model of Fiscal Policy", *Journal of Public Economics*, 2016, 136, pp. 45 – 61.

［23］ Barro, R. J., "On the Determination of Public Debt", *Journal of Political Economy*, 1979, 87, pp. 940 – 971.

［24］ Bassetto, M., "Optimal Fiscal Policy with Heterogeneous Agents", *Quantitative Economics*, 2014, 5 (3), pp. 675 – 704.

［25］ Bauducco, S., Caprioli, F., "Optimal Fiscal Policy in a Small Open Economy with Limited Commitment", *Journal of International Economics*, 2014, 93 (2), pp. 302 – 315.

［26］ Bergman, U. M., Hutchison, M., "Economic Stabilization in the Post – Crisis World: Are Fiscal Rules the Answer?", *Journal of International Money and Finance*, 2015, 52 (4), pp. 82 – 101.

［27］ Calderón, C., Duncan, R., Schmidt – Hebbel, K., "Do Good Institutions Promote Countercyclical Macroeconomic Policies?", *Oxford Bulletin of Economics and Statistics*, 2016, 78 (5), pp. 650 – 670.

［28］ Carneiro, F. , Garrido, L. , "New Evidence on the Cyclicality of Fiscal Policy", Policy Research Working Paper, 2015.

［29］ Chari, V. V. , Christiano, L. J. , Kehoe, P. J. , "Optimal Fiscal and Monetary Policy: Some Recent Results", *Journal of Money, Credit and Banking*, 1991, 23 (3), pp. 519 – 539.

［30］ Combes, J. L. , Minea, A. , Sow, M. , "Is Fiscal Policy always Counter- (Pro – ) Cyclical? The Role of Public Debt and Fiscal Rules", *Economic Modelling*, 2017, 65 (9), pp. 138 – 146.

［31］ Céspedes, L. F. , Velasco, A. , "Was This Time Different?: Fiscal Policy in Commodity Republics", *Journal of Development Economics*, 2014, 106 (6), pp. 92 – 106.

［32］ Everaert, G. , Heylen, F. , Schoonackers, R. , "Fiscal Policy and TFP in the OECD: Measuring Direct and Indirect Effects", *Empirical Economics*, 2015, 49 (2), pp. 605 – 640.

［33］ Fuest, C. , Xing, J. , "How Can a Country 'Graduate' from Procyclical Fiscal Policy? Evidence from China", CESifo Working Paper Series, No. 5511, 2015.

［34］ Hodrick, R. , Prescott, E. , "Post-War U. S. Business Cycles: An Empirical Investigation", *Journal of Money, Credit and Banking*, 1997, 29 (1), pp. 1 – 16.

［35］ Ilzetzki, E. , Végh, C. A. , "Procyclical Fiscal Policy in Developing Countries: Truth or Fiction?", National Bureau of Economic Research Working Paper, No. w14191, 2008.

［36］ Kaminsky, G. L. , Reinhart, C. M. , Végh, C. A. , "When It Rains, It Pours: Procyclical Capital Flows and Macroeconomic Policies", *NBER Macroeconomics Annual*, 2004, 19, pp. 11 – 53.

［37］ Lane, P. R. , "The Cyclical Behaviour of Fiscal Policy: Evidence from the OECD", *Journal of Public Economics*, 2003, 87 (12), pp. 2661 – 2675.

［38］ Lucas, R. E. , Stokey, N. L. , "Optimal Fiscal and Monetary Policy in an Economy without Capital", *Journal of Monetary Economics*, 1983, 12 (1), pp. 55 – 93.

［39］ McManus, R. , Ozkan, F. G. , "On the Consequences of Pro-Cyclical Fiscal Policy", *Fiscal Studies*, 2015, 36 (1), pp. 29 – 50.

［40］ Mendoza, E. G. , Razin, A. , Tesar, L. L. , "Effective Tax Rates in Macroeconomics: Cross – Country Estimates of Tax Rates on Factor Incomes and Consumption", *Journal of Monetary Economics*, 1994, 34 (3), pp. 297 – 323.

[41] Nakata, T., "Optimal Fiscal and Monetary Policy with Occasionally Binding Zero Bound Constraints", *Journal of Economic Dynamics and Control*, 2016, 73 (C), pp. 220 – 240.

[42] Schmitt – Grohé, S., Uribe, M., "Optimal Fiscal and Monetary Policy in a Medium-Scale Macroeconomic Model", *NBER Macroeconomics Annual*, 2005, 20, pp. 383 – 425.

[43] Schmitt – Grohé, S., Uribe, M., "Optimal Simple and Implementable Monetary and Fiscal Rules", *Journal of Monetary Economics*, 2007, 54 (6), pp. 1702 – 1725.

[44] Suzuki, Y., "Sovereign Risk and Procyclical Fiscal Policy in Emerging Market Economies", *Journal of International Trade & Economic Development*, 2015, 24 (2), pp. 247 – 280.

[45] Talvi, E., Végh, C. A., "Tax Base Variability and Procyclical Fiscal Policy in Developing Countries", *Journal of Development Economics*, 2005, 78 (1), pp. 156 – 190.

[46] Tapsoba, S. J. A., Noumon, C. N., York, R. C., "Can Statistical Capacity Building Help Reduce Procyclical Fiscal Policy?", *Journal of International Development*, 2017, 29 (4), pp. 407 – 430.

[47] Werning, I., "Managing a Liquidity Trap: Monetary and Fiscal Policy", National al Bureau of Economic Research Working Paper, No. w17344, 2011.

[48] Woo, J., "Why Do More Polarized Countries Run More Procyclical Fiscal Policy?", *Review of Economics and Statistics*, 2009, 91 (4), pp. 850 – 870.

# 第五篇

# 监管组织模式的最优选择

在现代经济运行中，政府不仅具有宏观调控的职能，而且需要运用公共权力，通过制定一定的规则，对个人和组织的行为进行限制与调控，即政府监管，或称为政府规制。加强政府监管对规范经济社会运行、构建社会主义和谐社会具有非常重要的意义，这在食品安全领域和系统性金融风险监管方面尤为突出。

2017年，习近平总书记对食品安全工作做出重要指示，"民以食为天，加强食品安全工作，关系我国13亿多人的身体健康和生命安全，必须抓得紧而又紧"。同年，党的十九大提出，要"实施食品安全战略，让人民吃得放心"。2019年，中共中央、国务院印发《关于深化改革加强食品安全工作的意见》，指出"食品安全关系人民群众身体健康和生命安全，关系中华民族未来"。但食品生产厂商作为经济主体，除非对其产品的安全性提供足够大的激励，否则其目标只是追求利润最大化，而不是提供安全的食品。政府监管作为一个很重要的激励来源，促使厂商必须在意食品的安全性，从而将食品安全事故的发生率降到最低。信息不对称是已有文献研究食品安全问题时经常指出的根本问题。但现实的核心问题在于如何改进。首先，我们必须意识到食品行业的信息不对称在实践中是不可能完全被克服的。其次，食品安全本质上是企业如何履行产品质量的合约问题。缔约的另一方——消费者高度松散并且在信息上处于绝对劣势，导致交易双方谈判能力差距悬殊，单纯的私人合约无法切实保证被可信地执行。此外，食品安全信息的正外部性显著，食品安全事故的负外部性严重。因此，根据交易成本经济学，国家提供直接监管和法律救助等制度安排十分必要。在实践中，各国解决食品安全问题的根本方法也都在于监管制度体系。那么政府对食品安全的监管究竟应该如何实施，监管机构的不同组织形式是否影响监管对象的激励？本篇试图从监管效力的角度，通过多方博弈的经济学框架探讨分头监管和合并监管是如何影响厂商激励的，比较二者的优劣，以回答多头监管是否应该被叫停的问题。

食品安全关乎每个人的生命安全，经济运行的风险监测和稳定则关乎一个国家经济社会稳定之大局。大量理论和现实证据表明，金融市场仅依赖自身调节和既有相关法律难以保证其平稳运行。因此，政府有必要对金融市场进行监管，以防范系统性金融风险。一方面，金融监管的组织模式是影响金融监管效果与稳定性的重要因素；另一方面，经济统计数据也对经济运行风险的监测和调度具有重要的指导服务作用。针对前者，2008 年金融危机以来，世界各国都在不断探索适合本国国情的金融监管组织模式，掀起了金融监管组织模式的新一轮改革浪潮。我国也于 2018 年 3 月形成了"一行两会"的金融监管新格局。现有文献多从金融监管实践的角度出发，对金融监管组织模式进行分类，如"功能型监管""机构型监管""统一监管""双峰监管"，并从监管效率和效果方面进行对比。本篇重点关注统一监管和分业监管两种监管模式，在统一的研究框架下，借鉴不完全契约理论的思路，从监管机构监管标准差异及监管能力差异的角度，对统一监管和分业监管下的监管投入、社会收益进行比较，寻找金融监管组织模式的最优选择。对于后者，本篇重点关注现实实践中的经济统计数据造假问题，在借鉴前期研究成果的基础上，重新构建了中央与地方的两级委托代理模型，将基层单位决策空间设为更符合实际的连续函数，并将基层单位真实努力水平与相对造假程度共同纳入代理人目标函数，将中央政府检查覆盖密度与惩罚强度共同纳入委托人目标函数，针对统计机构的不同管理模式，对比讨论属地化管理和垂直化管理模式下的央地统计博弈，并针对统计数据的不同生产方式，分别讨论政府上门调查与企业联网直报情况下的参与人行动。最后，结合模型分析结论及统计"四大工程"在实际工作中的推进情况，就如何完善政绩考评体系、提高数据源头质量提出建议。

# 食品安全的最优监管模式

  党的十八大报告明确提到食品安全问题，指出要提高人民健康水平，改革和完善食品药品安全监管体制机制。温家宝总理在第十二届全国人民代表大会第一次会议上指出，要改革和健全食品药品安全监管体制，加强综合协调联动，加快形成符合国情、科学合理的食品药品安全体系，提升食品药品安全保障水平。然而，重大食品安全事件（"三聚氰胺奶粉""瘦肉精猪""农残豇豆"等）的频频发生，揭示出中国整个食品产业发展和相应的政府监管机制还存在一些问题，如监管体制机制尚不健全，实践中还存在监管职能不清、责任不明等问题。事实上，现阶段的食品行业面临市场和政府双双失灵的问题（施晟、周洁红，2012），既不能给各经济主体提供足够的激励以使得食品生产过程足够安全，又没有高强度的保障从而确保政府监管落到实处。市场失灵是因为消费者不能直接观测到食品的安全性和企业的机会主义行为；政府失灵则在于监督者面临严重不作为的道德风险问题。问题已然存在，如何在理论上给出切实的解释，并提出合理的解决方案，正是本文研究的目的。

  信息不对称是大量文献研究食品安全问题时指出的根本原因（McCluskey，2000；王秀清、孙云峰，2002）。在高度不对称的信息结构中，企业存在利用信息优势欺诈消费者的倾向，同时较长的食品供应链加剧了信息不对称，弱化了价格传递质量的信号功能。诸如分批、样本等检测机制的不确定性，质量的正外部性，以及"搭便车"等因素使供应链每个环节的企业披露信息的激励不足。该视角在解释食品安全问题这一现象上具有无可辩驳的说服力，但在如何改进这一问题上则陷入尴尬。首先，食品行业的信息不对称在具体实践中是不可能被完全克服的。其次，食品安全本质上是企业如何履行产品质量的合约问题。缔约的另一方——消费者高度松散并且在信息上处于绝对劣势，导致交易双方谈判能力差距悬殊，单纯的私人合约无法切实保证被可信地执行。最后，食品安全信息的正外部性显著，食品安全事故的负外部性严重。因此，根据交易成本经济学，国家应提供直接监管和法律救助等制度安排迫使私人主体确保食品安全。这三个方面导致在实践中各国政府解决问题的根本方法都是通过完善政府食品安全监管制度体系，增加食品安全信息的有效供给，提高经济主体的违规成本，从而间接克服信息不对称带来的市场失灵，保证公众安全。

按照这样的逻辑，我国当前频频发生的食品安全事故，是对监管部门组织协调模式的不断挑战。因此，民众舆论和政府主管部门呼吁，放弃多头监管，实行合并监管。"一件事一个部门管，由一个部门承担起全部责任，就可以全面系统地执行法律法规，而且能够做到高效。同时，一个部门管并不等于其他承担责任部门不管，因为食品安全涉及的生产流程很长，完全由一个部门管，并不等于其他生产领域和流通领域就可以推卸责任，要责任明确、落实到人。"[1] 无论这些声音来自何方，作为相对独立的学术界，必须保持客观、冷静的态度，仔细分析多头监管与合并监管是通过怎样的机制发挥作用的，又是在怎样的情形下才会有优劣之分。这些问题恰恰是当今组织经济学（Organizational Economics）研究的范畴。

一个自然的疑问是：政府部门对食品安全的监管究竟应该如何实施，监管机构的不同组织形式是否会影响监管对象的激励？换句话说，多头监管是否应该被叫停？多头监管与合并监管的特点及适用范围有何区别？在具体实践中，多部门分头监管与单一部门合并监管是当前各国政府监管的两种主要模式，虽然分头监管的理念在食品安全的诸多法典中被制度化，但理论上和实践中对其内涵仍然有多种理解。

---

① 2013 年 3 月 2 日，国家工商总局局长周伯华在全国政协会议上接受采访时如是说。

2009 年我国通过并实施的《食品安全法》在国务院层面设置了食品安全委员会负责具体监管部门之间的协调，但在执行层面仍是多个部门分头监管的主体模式。当前，我国食品安全事故频发，在行政管理、公共管理的学术界，都有呼声主张"做实"合并监管的模式。我们则试图从监管效力的角度，通过多方博弈的经济学框架探讨分头监管与合并监管是如何影响厂商激励的，从而比较二者的优劣。

# 一　中国情境

食品安全的显著特点是消费者相对于生产厂商来说，面临严重的信息不对称，因此会造成严重的市场失灵。当信息不对称客观存在且无法克服时，为了解决这一问题，政府监管在理论上和实践中就成为食品安全最为重要的保障。国外发展成熟的新规制经济学为此提供了很好的分析框架（Baron，Myerson，1982；Laffont，Tirole，1993；Antle，2001）。但这类文献都假设只有一个规制者，因此忽视了食品安全监管体系，尤其是中国食品安全监管体系最重要的一个特点：多部门切块共管（张晓涛、孙长学，2008）。国家食品药品监督管理总局、卫生部、农业部、国家质量监督检验检疫总局、国家工商行政管理总局和商务部在实际执行过程中，共同参与负责食品安全监管[①]（见表1）。

**表 1　食品安全监管部门分工**

| 部门 | 职责 |
| --- | --- |
| 国家食品药品监督管理总局 | 负责食品、保健品和化妆品安全管理的综合监督与组织协调，并依法组织开展对重大事故的查处，负责保健品的审批 |

---

[①] 2009 年我国通过并实施《食品安全法》，该法规定"国务院卫生行政部门承担食品安全综合协调职责"，但在实际执行中，国务院卫生行政部门与质量监督、工商行政管理、食品药品监督管理部门处于平级地位，国务院食品安全委员会之"综合协调"无法解决各个部门利益冲突时对食品安全的监管问题，这种"综合协调"如果缺乏负责任的承担，则既无法约束行政部门"综合协调"职能之行使，也无法解决其他被协调部门责任的追究（赵学刚，2009）。

| 部门 | 职责 |
|------|------|
| 卫生部 | 负责拟定食品卫生安全标准；牵头制定有关食品卫生安全监管的法律、法规、制度，并对地方执法情况进行指导、检查、监督；负责对重大食品安全事故的查处、报告；研究建立食品卫生安全控制信息系统 |
| 农业部 | 主管种植养殖过程的安全，负责农田和屠宰场的监控以及相关法规的起草和实施工作，负责食用动植物产品中使用的农业化学物质（农药、兽药、鱼药、饲料及饲料添加剂、肥料）等农业投入品的审查、批准和控制工作，负责境内动植物及其产品的检验检疫工作 |
| 国家质量监督检验检疫总局 | 负责食品安全的抽查、监管，并从企业保证食品安全的必备条件抓起，采取生产许可、出厂强制检验等监管措施对食品加工业进行监管，建立与食品有关的认证认可和产品标识制度 |
| 国家工商行政管理总局 | 负责组织实施市场交易秩序的规范管理和监督，对食品生产、经营企业和个体工商户进行检查，审核其主体资格，执行卫生许可审批规定。同时，查处假冒伪劣产品和无证无照加工经营农副产品与食品等违法行为 |
| 商务部 | 开展争创绿色市场活动，整顿和规范食品流通秩序，建立健全食品安全检测体系，监管上市销售食品和出口农产品的卫生安全质量 |

可以看出，食品安全分头监管的现状可以抽象成如下形式：在监管事件中决策者包括多个不同层面的监管方以及产品的生产厂商。监管部门可以选择高监管努力，从而更容易发现其监管层面的低质量商品，但要承担更高的监管成本；也可以选择低监管努力，从而使低质量商品更容易流入市场，同时承担更低的监管成本。厂商可以在每一质量层面，选择高成本生产高质量产品，或低成本生产低质量产品，或是不同层面不同质量水平的产品组合。问题的核心在于产品质量的高低由厂商决定，且由消费者最终检验。食品安全问题的发生概率服从客观规律，即可以视为外生给定。如果出现食品安全问题，生产厂商要接受监管部门的惩罚，同时监管部门由于失职也会遭受来自社会和上级部门的惩罚。因此，监管部门的行为可以抽象为监管成本的节省与期望惩罚之间的权衡，厂商的行为可以抽象为生产成本的节约与期望惩罚之间的权衡。

与合并监管不同，分头监管存在监管部门之间的博弈。监管行为的不对称性，即只要有一个质量层面的监管有问题，无论其他层面是否合格，产品都不能进入市场。此时，其他监管部门努力与不努力的收益是无差异的，出于监管成本节约的考虑，监管部门均会选择低监管努力，即有可能存在"搭便车"行为。

通过前文的分析，该监管问题可以被抽象成多方博弈的问题。可能适用的模型包括多方博弈模型和多委托人的公共代理人（Common Agency）模型（Baron，1989；Encinosa，1997）。对比两个模型可以发现，在现有的公共代理人研究中，多部门共同委托的优势在于防止串谋，因为厂商行贿多个监管者的成本太大；其劣势在于各个监管者职责不清、管理不协调，以及监管者之间存在"搭便车"现象，从而大大降低了监管效力。然而，即便是公共代理人模型也不能将其沿袭运用到我们将要讨论的食品安全监管问题中，原因在于公共代理人模型仍是委托代理模型的扩展，作为代理人需要对委托人的收益负责，同时委托人也需要基于可观测信息对代理人进行相应的支付，相比我们要讨论的食品安全监管问题，监管者既不会对厂商进行支付，厂商也不会对监管者的收益直接负责。公共代理人模型的核心博弈机制可以简述为以下几个步骤：第一，各个委托人选择在各种情况（Outcome）下的支付，形成其个人对代理人的支付合约；第二，代理人收到各个委托人发出的合约，并根据其在不同情况下获得的总支付选择行动，且该行为会影响不同情况出现的概率；第三，出现结果，产生支付。

如果利用公共代理人模型对监管情况进行描述，可能会出现以下几个问题。第一，厂商和监管者的关系是不是委托代理关系比较模糊。如果监管者是委托方，那么其对代理方——厂商的支付只可能是没收其营业收入。该合约并不具有选择性，因为委托方的最优策略一定是在发现产品不合格之后（此时监管努力已成为沉没成本）惩罚代理方，以规避自身可能受到的惩罚。第二，委托代理模型的目的是设计最优合约，而我们关注的核心是分头监管博弈时存在的监管困境，二者不完全重合，因此采取公共代理人模型这条文献思路也是不可取的。

我们主要考察不同监管形式是否会对监管效果产生影响，而对这一现象的刻画，多方博弈模型更为适合。多方博弈不仅在经济情景建模的简便性和直接性层面具有优势，而且可以更好地刻画以下情况：

多方参与人不存在直接的契约关系，或多方参与人分别与非博弈直接参与人发生契约关系（如厂商与消费者、监管部门与消费者），各自支付虽然受各自行为影响，但分别来自各自的外生支付个体（厂商的支付虽然受监管部门行为选择的影响，但其直接来源是市场销售收入，而监管部分的支付来自独立于此博弈参与人之外的第三方）。因此，厂商与监管部门的间接契约关系可以被多方博弈模型捕捉，我们最终选择多方博弈模型，同时采取静态博弈对双方信息状态进行近似。

## 二　文献路径

世界各国特别是发达国家都在不断加强食品安全监管工作，并在食品安全理论研究和管理实践中形成了各具特色的监管模式。目前，世界上食品安全监管主要有两种模式：以美国、日本为代表的多部门分头负责的食品安全监管体制；以欧盟为代表的由一个独立部门进行统一管理的食品安全监管体制。国内学者对这些食品监管体制的经验研究为我们的理论建模提供了更为清晰的现实背景。陈文俊和杨青（2009）归纳了发达国家食品安全监管的两种主要模式——美国的多部门监管以及加拿大、德国、英国、丹麦等国家的多部门监管，提出了改革中国现存多部门监管的经验建议。赵学刚（2009）通过对美国及欧盟各国食品安全监管体制的分析认为，美国相对分散的食品安全监管体制面临统一监管的理论争议，而欧盟及其成员国则提供了统一监管的实践经验，因此提出合并的、统一的食品安全监管体制是中国应对食品安全危机和顺应国际食品安全监管趋势的必然选择。宋强和耿弘（2012）通过对中国食品安全监管体制沿革的解读与反思发现，食品安全监管体制中多头分散的管制模式是食品安全问题频发的症结所在。要解决食品安全问题必须从变革当前的监管体制入手，构建集中统一的大食品安全监管体制。呼吁合并监管的文献还有郑风田和胡文静（2005）以及施晟和周洁红（2012）的研究。然而在这些呼吁合并监管声音出现的同时，也不乏反对意见。例如，冀玮（2012）认为，从公共管理的角度来看，单部门监管模式在中国不可行，食品安全监管的历史沿革和行政生态决定了中国应采取多部门监管的模式，这种模式适合食品安全风险监控的客观需要，总体上利大于弊，存在正效益。经验性的类比研究出现不同的结论，往往是由于作者所选取的研究角度有所不同，而这正是我们的初始动机，我们试图为分头监管与合并监管之争寻找一个模型上的一致解释，从监管效力入手，考察这两种模式的优劣。

Laffont 和 Martimort（1999）在分头监管领域曾做过类似的研究，关注了分头监管是如何遏制共谋行为出现的。本文和该文章在关注点、理论框架等层面均存在不同之处。

一是在模型设定上，Laffont 和 Martimort（1999）的研究是一个逆向选择的框架。垄断厂商拥有关于生产成本的私人信息，但是委托人不知道。因此，委托人雇请监督者去获取垄断厂商的生产成本信息。为简化起见，他们假设监督者不需要花费任何成本就可以获得关于垄断厂商生产成本的一些信号。他们强调的是如何从监督者那儿真实地获取这些关于垄断厂商生产成本的信号，因此是一个逆向选择的框架。这其中既没有垄断厂商的道德风险（垄断厂商不需要进行降低成本的努力），也没有监督者的道德风险（监督者不需要花费任何成本就可以获得信号）。而本文选择存在道德风险的框架。厂商存在道德风险问题，在没有任何监督的情况下，倾向于选择低成本且低食品安全生产技术进行生产；监督者也存在道德风险问题，因为监督需要付出努力。在讨论食品安全问题时，我们认为厂商的机会主义行为才是导致食品安全问题的关键原因，如"地沟油""苏丹红"等事件。因此，一个道德风险的框架是更合适的框架。

二是 Laffont 和 Martimort（1999）更多地强调监督者和厂商之间的合谋。由于他们研究的对象是垄断厂商，因此合谋是导致无效生产的关键原因。他们认为，分头监管能够有效阻止垄断厂商和监管者合谋，是一种更好的监管机制。在我们的研究中，食品行业的竞争性较高，有很多的生产厂商。因此，虽然不排除食品行业的生产厂商和食品监管者之间的合谋是造成食品安全问题的一个原因，但我们认为监管者的道德风险，即监管不力可能是更重要的一个原因。因此，我们的模型中更关注监管者的监管力度对食品安全的影响，而没有讨论生产厂商和监管者之间的合谋对食品安全的影响。

# 三　模型机制概述

在介绍我们的模型之前，对研究目的进行简单介绍是十分必要的。我们关注的核心是监管结构与监管效果（食品安全）之间的关系：监管结构是否会直接影响监管者与厂商的行为，从而影响监管效果？在现实生活中，很多因素会直接对食品安全产生影响，如监管的潜在规模效益或协同效应、厂商的异质性成本等。为了准确简洁地证明和刻画监管结构与监管效果之间的关系，必须控制其他变量，将这一特定效应分离出来进行研究。在经济学中，我们经常采用的方式是在研究中假设其他条件不变，观察特定变量的变化对模型结果的影响。同样，我们构建模型的思路是暂时排除监管结构外其他直接影响食品安全的因素。在进行分头监管和合并监管时，保证厂商和监管者都面临相同的情形，如总成本、总收益、总惩罚等。在该条件下，如果均衡时监管效果不同，则是由监管结构不同造成的。

我们试图在博弈论的框架下讨论食品安全监管问题。"声誉效应"在讨论产品质量问题时很难回避，在现实中，其对厂商产品质量选择有明显的影响。但是本文试图在剥离"声誉效应"的影响后，单独考虑监管结构对监管结果的影响。采用这种处理方式并不是否认声誉在厂商产品质量选择中的作用，相反，正是由于其对厂商产品质量影响显著，因此在考虑声誉的情况下，多种效应共同发挥作用，可能会模糊我们的核心关注。本处理方法的合理性和必要性在于以下几个方面。首先，将"声誉效应"外生化，经过线下验算，"声誉效应"的引入并未根本性改变结论，且该因素并非我们关注的核心问题，因此将其包括在厂商惩罚的外生成本中是合理的。① 其次，当食品生产厂商与监管者、消费者长期互动时，若厂商的声誉载体可以被识别，则厂商明白短期的败德行为将导致长期的利益损失，因此声誉效应也可以为厂商提供激励，从而维持其较高安全标准的生产方式。这样，我们将无法孤立地讨论单纯的政府监管对厂商行为的影响。最后，如果内生化"声誉效应"的影响，将使得本文多处表达式的可读性下降，模糊关键经济机制的直接效应，干扰核心结论的呈现。基于以上三点考虑，本文的模型采用静态模型，排除多期声誉效应的影响。监管方与厂商在进行决策时，并非获得完全信息，只能猜测对方的行为，因此采用同时博弈的形式来刻画。综上，整体模型采用静态博弈的框架。

分头监管与合并监管被描述为：前者的两个独立监管方与厂商间的三方博弈；后者的统一监管方与厂商的两方博弈。在策略集上，分头监管的监管方只选择在自己的监管维度上努力与否，而合并监管方则需要同时在两个维度上做出组合选择。但无论监管如何组织，厂商的策略集都是如何同时在原材料与卫生环境两个方面进行投入组合，这些刻画都需要发生在控制监管技术不变的前提下。我们的模型首先对厂商行为和监管技术做了刻画；其次分别刻画了分头监管与合并监

---

① 可以证明，在"声誉效应"存在的情况下，如果各方行为在长期是可观测的，不同监管形式依然会影响监管效果。其证明会用到无名氏定理：在无限重复博弈中，只要折现因子足够大，参与人便可以实现纳什均衡帕累托改进的可行收益（Feasible Payoff）。通俗地讲，参与人的任何策略组合只要使该情况下各方的收益不低于在单期博弈中所能赚取的最低利润（即纳什均衡时的收益），这一产出水平的组合就可以无限期重复。类似 KMRW 声誉模型将本博弈扩展成多期，并且由无名氏定理可知，在折现因子足够大的情况下，命题 1、2、5、6、8 中的均衡依然存在，因为其恰好是单期博弈各方所能赚取的最低利润。例如，在分头监管时，命题 3 中的混合策略均衡也是一个子博弈精炼纳什均衡，这是因为这种情况本身就是一个均衡，其支付恰好在可行收益集的边界上。以上的结果意味着，在现实生活中，声誉因素确实会对厂商的行为以及监管者的行为产生影响，但并不会彻底遏制"搭便车均衡"的出现。需要注意的是，我们的主要目的在于证明"搭便车"现象是一个均衡，而无意说明它是唯一均衡或"搭便车"行为对监管者来说是占优策略。因此，对声誉效应的剥离仅仅要求声誉因素不影响"搭便车"现象作为均衡出现即可。关于无名氏定理和 KMRW 声誉模型的更多解释，可参见 Fudenberg 和 Maskin（1986）以及 Kreps 等（1982）的成果。

管下纯策略、混合策略纳什均衡；最后在定义全面监管效力的基础上，讨论均衡状态下分头监管与合并监管的优劣。我们之所以忽视多个监管方之间的规模效应或协同效应，是因为本文关注的是分头监管与合并监管制度所带来的监管差别，引入这类效应会弱化差异的外在表现。

需要注意的有以下两点。第一，本文采用离散化的结构模型。我们采用离散化方法以及以定性为主的分析方法，是因为本文研究的主要目的在于对比分头监管与合并监管之间的差异，并关注其如何在监管结果、适用范围等有政策指导意义的层面进行反映。与连续函数刻画的模型不同，离散化模型可以更好地展示极端情况下的影响，而非对各个考察因素对均衡情况的边际贡献进行精确刻画。第二，本文采用这类结构性模型的原因在于，其结果不依赖于具体的函数形式，但更直观、准确。

离散化模型的采用必然会引出两个问题：第一，离散化模型是否会与连续化模型产生相悖的结论；第二，如何在离散化模型中考察监管成本与安全事故发生概率之间的关系。首先，博弈的结果依赖于支付的相对大小，而非绝对大小。即使在支付连续的情况下，其与离散支付并不会产生本质区别。唯一需要注意的是，成本和努力这类支付被连续化之后仍需保持单调。其次，可以在离散化模型中采取比较静态分析方法考察监管成本与安全事故发生概率之间的关系。因为虽然对成本进行了离散化处理，但其本身仍然是变量，通过求安全事故发生概率与成本的偏导数，即可以刻画这一点。最后，我们主要考察的是非合作博弈的情况。因为非合作博弈不仅与事实更加接近（事实证明跨部门的联合监管行动极少），而且包含了更加有趣的结论和解释。

## 四　模型设定、命题及其政策内涵

### （一）厂商行为的刻画

我们考虑在食品安全生产环节中两个最主要的因素：原材料的使

用以及生产过程中的卫生状况。① 模型假定食品安全性完全由厂商在这两个环节中的选择决定，简单地说，厂商出于成本方面的考量，可以使用低劣的原材料以次充好，也可以拒绝执行食品生产过程中的卫生环境标准，但这样的选择将导致事后（产品被消费后）食品安全事件依概率发生，而概率大小由厂商的选择决定。更进一步，我们以 $a \in \{a_L, a_H\}$ 来表示厂商在不同质量水平的原材料中所做的选择，以 $b \in \{b_L, b_H\}$ 来表示厂商选择在不同的卫生环境中进行生产，这两个维度上的选择对于厂商来说是同时的，因此可用决策集 $\{(a,b): a \in \{a_L, a_H\}, b \in \{b_L, b_H\}\}$ 来表示。其中，$a_L$、$a_H$ 分别代表低劣的原材料和高质量的原材料；$b_L$、$b_H$ 分别代表低的卫生标准和高的卫生标准。② 依照以上表述，食品安全事故发生概率可记为 $P(a,b)$，我们可以采用如下形式：

$$P(a_L, b_L) = P_1, P(a_L, b_H) = P_2, P(a_H, b_L) = P_3, P(a_H, b_H) = P_4 \qquad (1)$$

假设 1：$1 > P_1 > P_2 = P_3 > P_4 = 0$。

首先，食品安全事故发生概率自然应该处于 0 和 1 之间，假设 1 的实质是假定原材料和卫生状况对食品安全的贡献是对称的③，且可以相互替代，同时假定如果厂商在这两方面都采用最高标准，则不会发生食品安全事故。

厂商的成本是生产材料和卫生条件这两方面选择的函数 $C(a,b)$。一个自然的假设是高质量的原材料以及更为严格的卫生条件需要更高的成本，因此厂商出于自身利润最大化的考虑，往往会选择低劣的原材料以及恶劣的卫生条件，从而直接导致食品安全事故的发生。与式（1）相对应，我们采用如下形式代表厂商各种不同选择下的成本：

---

① 我国《食品安全法》规定，国家建立食品安全风险评估制度，对食品、食品添加剂中生物性、化学性和物理性危害进行风险评估。在我们的模型中，将化学性和物理性危害类比为厂商采用低劣的原材料，而将生物性危害类比为生产过程中不符合规范的卫生状况。

② 我们也可以将 $a$、$b$ 视为厂商在两个不同生产工序或环节中所做的选择，而不同生产环节的选择共同决定产品的安全性。之所以采取正文中的表述，是因为在食品生产过程中，食材和卫生是更为突出的问题，且对现实中的政府监管也分别考量。

③ 对于我们想要讨论的问题来说，对称性假定可以起到简化表达的作用，即使不采用对称性假设，由于这些概率在模型中为外生给定，因此并不会影响结论的实质。

$$C(a_L,b_L) = C_1, C(a_L,b_H) = C_2, C(a_H,b_L) = C_3, C(a_H,b_H) = C_4 \qquad (2)$$

假设 2：$C_1 = 2C_L$，$C_2 = C_L + C_H = C_3$，$C_4 = 2C_H$。

与假设 1 类似的原因，我们假定厂商这两种选择在成本上是对称的、可替代的。更进一步，厂商在做决策时，也只关心成本差异。因此，我们令 $C_L = 0$，$C_H > 0$①，则假设 2 可以转化为：

$$C_1 = 0, C_2 = C_3 = C_H, C_4 = 2C_H \qquad (3)$$

假设 3：厂商没有需求方面的约束，一旦产品公开售出且售出之后没有发生食品安全事故，则收入固定为 $R$，且满足 $R > 2C_H$；但若售出后发生食品安全事故，则被罚没全部销售所得，收入为 0。

从模型对厂商的行为假设可以看出，在不存在监管的情形下，厂商关心食品安全的唯一动机在于事后（安全事故已经发生）的惩罚，如何通过监管部门强化这种惩罚的威胁，变事后惩罚为事前激励，这正是监管存在的意义和模型的基本情景。同时，我们关于厂商收益的假设表明，即使厂商按照最高的安全标准去生产，仍然是有利可图的，这个假设是讨论食品安全问题的参与约束条件（Individual Rationality），只有这个条件得到满足，才能使厂商愿意接受监管并从事生产。

## （二）监管部门行为的刻画

本文模型的主要意图在于阐述分头监管与合并监管对食品安全事故发生概率的影响机制，比较两种监管方法在降低食品安全事故发生概率方面的优劣。但在进行比较之前，需要明确的是，我们研究的不同监管模式，仅仅表现为监管的组织形式不同，而监管技术在这两种情形下是一致的。只有这样，我们才可以将不同组织形式下的监管激励孤立出来，进行建模研究。因此，我们将首先描述政府对食品生产厂商的监管技术，其次分别讨论政府监管的不同组织形式。

---

① 事实上，如果将 $C_L$ 设定为某一外生的常数，并不影响我们的结论。为了简化符号表述和分析，本文做出这样的设定，在经济意义上可以这样理解：如果厂商选择低标准的生产过程，则不需要付出额外的成本 $C_L$。

### 1. 监管技术

假定由于技术原因，政府对厂商安全生产的原材料使用和卫生状况需要采用不同的监管技术。技术的差异自然分化出不同的监管部门，我们称之为部门的自然分割，如对生物性风险的识别一般由卫生、免疫、疾病控制部门负责，而对原材料质量的鉴别则由商业反欺诈、质检等部门负责。[①] 与部门的自然分割不同，在组织结构上，我们可以将这两类不同技术的部门合并，统一规划行动，也可以仍按照自然分割的状态使其各自独立行动，我们将前者定义为合并监管，后者定义为分头监管。[②] 现实中这两种模式并存，我们的主要目的就是对比这两种监管模式在降低食品安全事故发生概率方面的优劣。

假定监管部门 A、B 分别对厂商 F 的行为 $a$、$b$ 进行监管。由于技术的差异，我们用 $e_A$、$e_B$ 分别代表在不同监管维度（原材料使用和卫生条件）下的努力程度，并且 $e_A$、$e_B \in \{0,1\}$。

假设 4：当监管部门 A、B 的努力为 0 时，表示监管部门完全不履行监管职责，监管成本为 0，放任厂商 F 在 $a$、$b$ 维度下的选择，即使厂商 F 选择 $a_L$ 或 $b_L$，亦不会受到任何处罚。

假设 5：当监管部门 A、B 的努力为 1 时，表示监管部门严格履行监管职责，监管成本为 $C > 0$，对于厂商 F 在 $a$、$b$ 维度下的选择 $a_L$ 或 $b_L$，监管部门一定会发现，并且立即禁止厂商 F 将其产品向公众出售。

假设 4 和假设 5 定义了监管技术，表明监管的成本函数 $C(e_i) = \begin{cases} 0, e_i = 0 \\ C, e_i = 1 \end{cases}$，其中 $i = A$、B。同时，将监管部门努力履行的职责和发现关于食品安全生产方面的"硬证据"（Hard Evidence）等价起来，一旦

---

① 2018 年《国务院机构改革方案》颁布实施前，与食品卫生相关的监督检查一般由卫生部下属的国家食品药品监督管理总局负责执行，与食品原材料使用相关的监督检查一般由国家工商行政管理总局负责执行，两者都对国务院食品安全委员会负责。

② 当前，世界主要国家和地区的政府食品安全管理模式大体可以分为两种类型：一类是合并监管的单一部门管理模式，即政府设置独立的食品安全管理机构，全权负责食品安全事务，比较典型的有德国、加拿大；另一类是分头监管的多部门管理模式，即将食品安全管理职能分设在几个政府部门，如法国、美国和日本（罗云波等，2011；陈文俊、杨青，2009）。

发现这些证据，监管部门将被赋予权力禁止厂商销售有安全风险的食品，这样厂商除了承担生产成本 $C(a,b)$ 之外，还丧失了产品售出后的固定收益 $R$，我们将证明，这会为厂商采用更高安全标准的生产模式提供激励。

同时，假设 4 和假设 5 间接地引入了信息不对称，厂商安全生产技术只有当监督者花费成本观测时才能被真实了解，因而具有一定的不可观测性。为了简化，我们假设一旦监督者花费监督成本 $C$ 去监督，就能够观测到厂商的生产技术。更合理的假设可能是监督者花费成本去监督，能够看到厂商采用生产技术的某种信号，然后基于该信号推测厂商采用的生产技术。只要监督者选择的信号足够精确，本组假设就是合理的。

**2. 监管的组织形式**

本文模型主要讨论组织形式的差异如何造成食品安全事故发生概率的差异，因此在对不同组织形式下的监管进行假设时需要排除技术因素，如相同情形下合并监管的成本不应该比分头监管低；事故发生后，社会给予全部监管部门的惩罚总和应该是一致的。基于以上理由，我们提出下面的假设。

假设 6：如果采用分头监管的组织模式，监管部门 A、B 将作为独立参与人同时行动，选择 $e_A$、$e_B$，监管部门 A、B 的效用也将分别评估。

假设 7：如果采用合并监管的组织模式，则监管部门 A、B 将不再存在各自利益，而被视为一个新的独立监管部门 S，此时由 S 来做出 $\{(e_A, e_B)\}$ 的决策，S 的监管成本对 $e_A$、$e_B$ 具有可加性。

假设 8：如果监管部门没有禁止产品销售，并且产品售出后发生食品安全事故，则定义为监管失效，分头监管的部门 A、B 将承担固定惩罚 $p$，合并监管的部门 S 将承担固定惩罚 $2p$。

## （三）参与人的支付

上述对厂商和监管部门的各种假设实际上将问题限定在以下两个

权衡关系中。

第一，厂商没有需求方面的压力，因此出于节省成本的考虑，会采用高事故发生概率的生产方式，然而事后的惩戒威胁以及监管部门禁止风险产品上市的检查，使得厂商在成本节省和期望收入减少之间权衡。

第二，监管需要成本，同时事故一旦发生，监管部门就要承担监管失效导致的"连带惩罚"，这使得监管方在成本和期望惩罚之间权衡。

这两项权衡都严格依赖监管的组织形式，组织形式的不同直接导致厂商和监管方的激励差异。更进一步，我们将定义厂商 F，分头监管下部门 A、B，以及合并监管下部门 S 的效用函数，由于我们将考虑参与人的混合策略和食品安全事故发生概率，因此我们采用期望效用函数的形式。

定义 1：厂商 F 的效用函数 $u_F = E[R - C(a,b)]$ 。

定义 2：分头监管下监管部门的效用函数 $u_i = E[(-p) - C(e_i)]$ ，$i \in \{A,B\}$ 。

定义 3：合并监管下监管部门 S 的效用函数 $u_s = E[(-2p) - C(e_A + e_B)]$ 。

为了对比不同监管组织形式对厂商策略选择的影响，我们通过均衡条件下厂商策略和事故发生概率的加权值定义事故发生概率，从而衡量两种监管形式下的监管效力。

## （四）分头监管下的纳什均衡

### 1. 分头监管下的纯策略纳什均衡

在考虑纯策略纳什均衡时，我们可以采用以下参与人的支付矩阵[1]来描述：表 2 中的支付矩阵 $\{u_F, u_A, u_B\}$ 都是根据我们之前的假设推算的，在此不再详细论述，仅举一例说明之。

---

① 矩阵中的支付组合为 $\{u_F, u_A, u_B\}$ 。

表 2　分头监管下厂商的支付矩阵

| 厂商 F | 策略组合 | 监管部门 B | | 监管部门 A | |
|---|---|---|---|---|---|
| | | $(e_A=0,e_B=0)$ | $(e_A=0,e_B=1)$ | $(e_A=1,e_B=0)$ | $(e_A=1,e_B=1)$ |
| F | $(a_L,b_L)$ | $\{(1-P_1)R,-P_1p,-P_1p\}$ | $\{0,0,-C\}$ | $\{0,-C,0\}$ | $\{0,-C,-C\}$ |
| | $(a_L,b_H)$ | $\{(1-P_2)R-C_H,-P_2p,-P_2p\}$ | $\{(1-P_2)R-C_H,-P_2p,-P_2p-C\}$ | $\{-C_H,-C,0\}$ | $\{-C_H,-C,-C\}$ |
| | $(a_H,b_L)$ | $\{(1-P_2)R-C_H,-P_2p,-P_2p\}$ | $\{-C_H,0,-C\}$ | $\{(1-P_2)R-C_H,-P_2p-C,-P_2p\}$ | $\{-C_H,-C,-C\}$ |
| | $(a_H,b_H)$ | $\{R-2C_H,0,0\}$ | $\{R-2C_H,0,-C\}$ | $\{R-2C_H,-C,0\}$ | $\{R-2C_H,-C,-C\}$ |

当策略组合为 $\{(a_L, b_H), (e_A = 0, e_B = 1)\}$ 时，监管部门 A 无法发现厂商 F 在原材料使用方面的安全隐患，而监管部门 B 发现厂商 F 在卫生条件方面没有问题，因此厂商 F 生产的这批食品顺利通过监督检查，并在市场上公开销售。但实际上，由于厂商 F 在原材料使用上"以次充好"，因此会有 $P_2$ 的概率发生食品安全事故，如果发生事故，厂商 F 的收益为 0，故其期望收益为 $(1 - P_2)R - C_H$。同样，如果发生事故，尽管监管部门 B 努力监管，但仍然会和监管部门 A 一样被视作监管失效，不仅要受到惩罚，而且需要承担监管成本 $C$。综上可知，策略组合 $\{(a_L, b_H), (e_A = 0, e_B = 1)\}$ 所对应的支付矩阵组合为 $\{(1 - P_2)R - C_H, -P_2p, -P_2p - C\}$。

由上例可以看到，在分头监管的组织结构中，监管部门的行为会有外部性，这是分头监管与合并监管的最大区别。

命题 1：当 $C_H > (P_1 - P_2)R$，$C_H > \dfrac{P_1}{2}R$，并且 $C > P_1p$ 时，分头监管的模式存在唯一的纯策略纳什均衡：$\{(a_L, b_L), (e_A = 0, e_B = 0)\}$。此时事故发生概率达到最大值 $P_1$。[①]

命题 2：当 $C_H < P_2R$，$C_H < \dfrac{P_1}{2}R$ 时，分头监管的模式存在唯一的纯策略纳什均衡：$\{(a_H, b_H), (e_A = 0, e_B = 0)\}$。此时不会发生食品安全事故。[②]

经济含义。命题 1、命题 2 的结果符合我们的经济直觉，当监管成本相对于事后惩罚非常高，并且厂商提高产品安全性的成本相对于收益来说非常大时，监管部门将没有监管的动力，监管失效，厂商此时也会丧失提高食品安全性的激励，从而导致食品安全事故发生概率最高，这一均衡对于消费者来说是最差的情形，也是我们在政策设计时应尽力避免的。当厂商提高产品安全性的成本相对于收益来说非常小时，无论监管成本如何，厂商都会采取高安全标准的生产方式，因而

---

① 命题 1 的证明见附录。

② 命题 2 的证明见附录。

监管部门也完全没有必要付出努力去监管，造成这一稳定结果的原因在于：如果厂商提高安全性能的成本足够低，厂商出于成本节约的考虑采用低安全标准的生产方式，即使顺利通过了"监管"，但一旦事故发生，惩罚所造成的损失从期望意义上看远远大于"微薄"的成本节约，因而厂商基于事后威胁，采取高安全标准的生产方式，此时监管部门的最优选择自然是不去监管，这一均衡结果对于消费大众来说是最安全的情形。

这两个纯策略纳什均衡对于我们的整个分析来说是平常的，高事故发生概率的均衡要求厂商成本和监管成本"足够高"，低风险的均衡要求厂商成本"足够低"，然而这些要求在现实经济环境中往往无法得以满足。更一般的情形是，厂商成本和监管成本都在一个"大致合理"的范围之中，这也能够解释为什么现实中的食品安全问题在同一制度安排下会出现在各个行业、各个地区之中，而不会仅仅集中在某些行业、某些地区，从而不会呈现纯策略纳什均衡的模式。基于这些考虑，本文的模型将主要集中于混合策略纳什均衡的讨论。

命题 3：给定 $P_2 < \dfrac{P_1}{2}$，当 $P_2 R < C_H < (P_1 - P_2) R$，并且 $C < P_2 p$ 时，分头监管的模式不存在纯策略纳什均衡，而是出现混合策略纳什均衡。[①]

命题 3 证明了厂商成本和监管成本具体在什么样的范围内混合策略均衡才会出现。值得注意的是命题 3 中厂商成本的限制条件为：

$$P_2 R < C_H < (P_1 - P_2) R \tag{4}$$

对此我们可以进行比较静态分析，建立命题 4。

命题 4：产品收益越高的行业，越不可能出现纯策略纳什均衡；产品收益越低的行业，越有可能出现高事故发生概率的纯策略纳什均衡。

证明：在命题 3 中，给定 $P_1$、$P_2$、$R$，$C_H$ 的变动幅度为：$(P_1 - 2P_2) R$。也就是说，不存在纯策略纳什均衡的厂商成本所处的区间大

---

① 命题 3 的证明见附录。

小与收益 $R(P_1 - 2P_2)$ 正相关。因此，给定 $C_H$，$R$ 越大，命题 3 的条件越容易满足，即越不可能出现纯策略纳什均衡；$R$ 越小，则反之，检查命题 1、命题 2 的条件可知，$R$ 越小，对应于命题 1 的条件越容易满足，因此越有可能出现高事故发生概率的纯策略纳什均衡。

经济含义。命题 4 可以解释为何"街边饮食"等非常廉价的食品在大众的经验印象中往往是食品安全事故多发的重灾区：一方面是由于高昂的监管成本；另一方面则是较低的厂商收益造成了这个"行业"始终处于高事故发生概率的纯策略纳什均衡当中。

命题 3 所描述的情况从直觉上可以理解为，对于厂商来说，最低安全水平生产的期望收益低于中间安全水平生产的期望收益，最高安全水平生产的期望收益高于中间安全水平生产的期望收益。对于监管者来说，在厂商采用中间安全水平生产时，有动机实施监管以制止这类商品流入市场。

**2. 分头监管下的混合策略纳什均衡**

在本文的模型中，不出现纯策略下的纳什均衡正是我们所期待的[1]，混合策略纳什均衡的引入在本模型中有两个意义。

第一，现实情形中，厂商成本往往没有命题 1、命题 2 所要求得那样极端，因此混合策略纳什均衡更能代表大多数厂商的策略选择。

第二，政府监管部门理论上是针对全行业的全部食品生产厂商进行安全监管，因此我们可以用混合策略下的纳什均衡概率来代表不同选择的参与人占全体的比例，在功利主义社会福利函数的意义下，这些比例可以当作个体权重，有助于我们在整体福利意义下做出食品安全事故发生概率的评价。

我们定义监管部门 A、B 的混合策略为：

$$
\begin{cases}
\mu_A(e_A = 1) = X_A, \mu_A(e_A = 0) = 1 - X_A \\
\mu_B(e_B = 1) = X_B, \mu_B(e_B = 0) = 1 - X_B
\end{cases}
\tag{5}
$$

---

[1] 以下我们将以命题 3 的条件为假设，排除纯策略的纳什均衡，讨论混合策略下的纳什均衡状况。

命题 5：给定 $P_2 < \dfrac{P_1}{2}$，当 $P_2R < C_H < (P_1 - P_2)R$，$C < P_2p$ 时，分头监管下存在唯一的混合策略纳什均衡，均衡解为：

$$\left\{ X_A = X_B = \frac{C_H - RP_2}{(1 - P_2)R}, X_1 = 0, X_2 = X_3 = \frac{C}{P_2p}, X_4 = \frac{P_2p - 2C}{P_2p} \right\}$$

结合前提条件可以验证，均衡解的代数值在此条件下都属于 $[0,1]$ 区间。[①]

经济含义。命题 5 给出了当厂商成本在一个"合理范围"内，且监管成本较低时，分头监管下出现的均衡状况。从附录中的具体证明可以发现，基本思路是采用混合策略纳什均衡的必要条件："当对方使用均衡条件下的混合策略时，参与人（己方）纯策略所带来的收益是无差异的。"给定混合策略纳什均衡存在的假设，我们还可以验证这些均衡策略完全满足概率要求。需要注意的是，本命题的所有结论都是建立在不等式成立的前提下的，不能过分解读。

出于简化模型的目的，我们采用了对称性的假设，因此在均衡状态下，监管部门 A、B 各自选择努力监管的概率相同，厂商 F 选择 $(a_L, b_H)$ 和 $(a_H, b_L)$ 的概率也相同。

从命题 5 我们可以发现以下情况。

第一，在均衡状态下，使用最低水平生产 $(a_L, b_L)$ 的概率为零，即在一般情况下，厂商不会生产完全的次品。

第二，厂商采用中等水平生产和最高水平生产的概率与产品收益 $R$ 无关。

第三，就两个监管维度来看，监管效率均与生产成本 $C$ 负相关，与监管惩罚 $p$ 正相关。

## （五）合并监管下的纳什均衡

在本部分，我们将讨论合并监管下的均衡状况。前文已经论述，

---

① 命题 5 的证明见附录。

合并监管与分头监管的区别并不在于监管技术而在于组织形式，具体体现在合并监管时，唯一的监管部门 S 同时做出 $\{(e_A, e_B)\}$ 两个维度的决策，与厂商 F 进行不完全信息静态博弈，定义 3 保证了在监管成本和收益方面合并监管与分头监管是同质的，因此如果均衡结果存在差异，只会归结于组织形式的不同，这正是我们要集中研究的问题。

**1. 合并监管下的纯策略纳什均衡**

由于前文已详细定义监管技术，因此我们直接列出参与人的支付矩阵（见表 3）。

表 3　合并监管下厂商的支付矩阵

| 厂商 | 策略组合 | 监管部门 A | | | |
|---|---|---|---|---|---|
| | | $(e_A = 0, e_B = 0)$ | $(e_A = 0, e_B = 1)$ | $(e_A = 1, e_B = 0)$ | $(e_A = 1, e_B = 1)$ |
| F | $(a_L, b_L)$ | $\{(1 - P_1)R,\ -2P_1 p\}$ | $\{0,\ -C\}$ | $\{0,\ -C\}$ | $\{0,\ -2C\}$ |
| | $(a_L, b_H)$ | $\{(1 - P_2)R - C_H,\ -2P_2 p\}$ | $\{(1 - P_2)R - C_H,\ -2P_2 p - C\}$ | $\{-C_H,\ -C\}$ | $\{-C_H,\ -2C\}$ |
| | $(a_H, b_L)$ | $\{(1 - P_2)R - C_H,\ -2P_2 p\}$ | $\{-C_H,\ -C\}$ | $\{(1 - P_2)R - C_H,\ -2P_2 p - C\}$ | $\{-C_H,\ -2C\}$ |
| | $(a_H, b_H)$ | $\{R - 2C_H, 0\}$ | $\{R - 2C_H,\ -C\}$ | $\{R - 2C_H,\ -C\}$ | $\{R - 2C_H,\ -2C\}$ |

我们试举一例说明之。当策略组合为 $\{(a_H, b_L), (e_A = 1, e_B = 0)\}$ 时，厂商的成本为 $C_H$，且能够通过监管公开出售，因此期望收益为 $(1 - P_2)R - C_H$，同时监管部门 S 需要承担监管成本 $C$ 以及事故发生后的期望惩罚，故期望收益为 $-2P_2 p - C$。

命题 6：当且仅当 $C_H < P_2 R$，$C_H < \dfrac{P_1}{2}R$ 时，合并监管存在唯一的纯策略纳什均衡，策略组合为 $\{(a_H, b_H), (e_A = 0, e_B = 0)\}$，此时整个市场的安全事故发生概率为 0。①

———————————

①　命题 6 易证，不再赘述。

经济含义。在合并监管时，当厂商成本相对"非常低"时，最安全的结果出现了，厂商 F 最终会采取最高安全水平的模式生产，而此时监管者不必去实施监管。这个均衡能够成立的关键在于，厂商 F 惧怕事故一旦发生，自己的收入将全部被罚没，而提高安全性的成本又很低，因此不必在意是否存在政府监管，也会由于事后的罚没威胁而严守安全生产规则。当然和之前的讨论一致，这个假设太严格，以至于监管方完全没有存在的必要，因此我们放松假设，关注混合策略纳什均衡。

**2. 合并监管下的混合策略纳什均衡**

我们定义合并监管下厂商的混合策略为：

$$\begin{cases} \mu_F(a_L, b_L) = X_{1M}, \mu_F(a_L, b_H) = X_{2M} \\ \mu_F(a_H, b_L) = X_{3M}, \mu_F(a_H, b_H) = X_{4M} \end{cases} \tag{6}$$

监管部门 S 的混合策略记为：

$$\begin{cases} P(e_A = 0, e_B = 0) = Y_1, P(e_A = 1, e_B = 0) = Y_2 \\ P(e_A = 0, e_B = 1) = Y_3, P(e_A = 1, e_B = 1) = Y_4 \end{cases} \tag{7}$$

命题 7：给定 $P_2 < \dfrac{P_1}{2}$，当 $P_2 R < C_H < (P_1 - P_2) R$，$C < P_2 p$ 时，合并监管下存在唯一的混合策略纳什均衡，均衡解为：

$$\left\{ \left( Y_1 = \frac{R - 2C_H}{(1 - P_1)R}, Y_2 = Y_3 = \frac{2C_H^2 + RC_H - R^2(P_1 - P_2) - 2RP_2 C_H}{R(1 - P_1)(R - RP_2 + 2C_H)}, \right. \right.$$

$$\left. Y_4 = \frac{2C_H(P_1 - P_2) + R(2P_2 - P_1 P_2 - P_1)}{2C_H(P_1 - 1) + R(P_2 + P_1 - P_1 P_2 - 1)} \right),$$

$$\left. \left( X_{1M} = 0, X_{2M} = X_{3M} = \frac{1}{2}\frac{C}{P_2 p}, X_{4M} = \frac{P_2 p - C}{p P_2} \right) \right\}$$

可以验证，均衡解的代数值在此条件下都属于 $[0,1]$ 区间。[①]

经济含义。命题 7 的含义与命题 5 类似，在此不做过多讨论。接下来，我们关注的重点将放在分头监管与合并监管的对比上。

---

① 命题 7 的证明见附录。

## （六）分头监管与合并监管

本部分我们将对比分头监管与合并监管这两种不同组织形式的监管效力。在前文中，监管技术保持不变，在多方博弈的框架下探寻厂商和监管部门的互动所达到的均衡状况，这样的均衡被厂商和监管部门的机会主义动机所驱动，同时这一均衡状态对于消费者及作为第三方委托人的政府①来讲，也是最为"关切"的。因为在本文的模型中，均衡结果可以直接转化为整个市场食品安全事故发生的平均概率和厂商采取高质量生产的概率。消费者和天使型的政府自然希望事故发生的概率尽量低、厂商高质量生产的概率尽量高，这成为评价不同组织形式监管效力的基础依据。

直觉上，分头监管为不同监管部门"搭便车"提供了激励，监管部门总是"期待"问题出在另一监管部门的职责范围之内，同时这一问题能够被对方努力履行监管职责而发现，从而避免处罚，在这一"期待"的作用下，不同的监管部门有了很大的激励不去努力履行各自的职责，从而造成监管缺失。同时，厂商非常清楚自己正处于相互推诿的监管部门的监管之下，因此采取高事故风险策略的期望损失会大大降低。与之相反，在合并监管之下，分头监管中的三方博弈变成厂商和单一监管部门的两方博弈，在此种态势中，监管部门将不再存在"搭便车"的可能性，而厂商也因此推断高事故风险策略的期望损失会大大增加，这两方面的因素在直觉上都会使我们认为分头监管的监管效力要弱于合并监管，命题9、命题10、命题11系统化地验证了我们的直觉，同时也描绘了不易被直觉所体验甚至与直觉相反的理论事实。

命题8：当 $C_H < P_2 R$ ②时，分头监管与合并监管都只存在纯策略纳

---

① 自然地，我们假设政府是天使型的，其利益和消费者完全一致——尽可能地降低整个市场上食品安全事故发生概率的均值。

② 事实上，我们假定 $C_H < P_2 R$，有 $C_H < \dfrac{P_1}{2} R$；但当我们假定 $P_2 < \dfrac{P_1}{2}$，此时只需要 $C_H < P_2 R$。

什均衡，此时厂商只会选择最高安全水平的生产模式，市场上不会发生食品安全事故，是绝对安全的。①

经济含义。当厂商提高产品安全性的成本极低时，监管是否存在对其已经不再重要，因为在我们的假定下，一旦发生事故，对其收入的全部罚没将起到最大的激励作用，从而保证厂商不去节省"微薄"的成本，以免被罚没所有收益。

当然这种情形比较特殊，更常见的情形由以下命题来阐述。

命题 9：给定 $P_2 < \dfrac{P_1}{2}$，当 $P_2 R < C_H < (P_1 - P_2)R$，$C < P_2 p$ 时，两种监管形式都只存在混合策略的纳什均衡。在两种监管条件下，厂商均不会采取最低质量水平生产；在分头监管下，厂商采取中等质量生产的概率是合并监管下的两倍；在合并监管下，厂商采取最高水平生产的概率高于分头监管下的情况。②

经济含义。分头监管下最主要的问题是监管行为的外部性，或者说存在"博弈困境"，这种"博弈困境"造成了分头监管的效率低下。食品安全事故发生后，社会公众对监管部门的惩罚是无区分的。同时，监管部门各自为政、各司其职，因此能否有效禁止存在风险的食品公开出售，堵住安全隐患，并不是监管部门的任一方所能决定的。相反，不努力监管的一方常常会有"搭便车"的机会，即有风险的食品被另一监管部门查处，自己不必努力却能避免一切惩罚，这种机制可以被理解为互相推卸责任的激励，而厂商对此的最优反应是下调产品的安全质量。对比命题 7 我们可以看出，在合并监管时，推卸责任的激励不再存在，此时"博弈困境"也同时消失，厂商的最优反应体现在上调产品质量的概率。

对分头监管与合并监管更细致的比较建立在对监管效率明确定义的基础上，因此我们给出定义 4。

---

① 直接对比命题 2 和命题 6 即可得到命题 8。
② 命题 9 的证明直接来自两种监管模式下厂商均衡策略的解析解。

定义 4：以事故发生概率①定义平均监管效力：

$$Power\_av = E[P(a,b)] = \mu_F(a_L,b_L)P_1 + \mu_F(a_L,b_H)P_2 +$$
$$\mu_F(a_H,b_L)P_3 + \mu_F(a_H,b_H)P_4$$

根据假设 1，可以将此定义简化为：

$$Power\_av = \mu_F(a_L,b_L)P_1 + [\mu_F(a_L,b_H) + \mu_F(a_H,b_L)]P_2 \tag{8}$$

平均监管效力数值越大，意味着产品市场安全事故发生概率越高，即监管效力越弱；反之，监管效力越强。

定义 5：以高质量生产概率定义绝对监管效力：

$$Power\_ab = \mu_F(a_H,b_H) = X_4 \tag{9}$$

与平均监管效力指标相反，绝对监管效力数值越大，意味着产品市场安全事故发生概率越低，即监管效力越强；反之，监管效力越弱。

经济含义。我们建立两个指标对监管效力进行衡量：平均监管效力和绝对监管效力，即市场事故发生概率和高质量生产概率。关于市场事故发生概率对监管效力在平均意义上的衡量，因为市场事故发生概率反映的是厂商不同行为后果的加权平均水平，市场事故发生概率越高，意味着监管效力越低。高质量生产概率是对监管效力在绝对意义上的衡量，即对监管部门对厂商行为规范作用的衡量，因为监管的最终目的是激励厂商消除偷工减料的机会主义行为，而高质量生产概率可以直接反映该目标的完成情况。

两个指标刻画了不同的监管目标。假设政府将企业生产看成黑箱，无论企业采用何种方式生产，如果政府希望将平均意义上的事故发生概率降到最低，那么平均监管效力指标应该被关注；如果政府并不仅仅满足于平均概率意义上的改善，而是希望对厂商的生产行为进行直

---

① 我们所定义的事故发生概率与真实市场上安全事故的发生概率略有差异，在我们的定义中，为了着重反映监管效力，我们从均衡意义下的厂商策略选择入手，这种定义会放大真实事故的发生概率（在真实情形中，厂商低标准安全水平的产品可能会被检测出，从而禁止出售），但能充分体现厂商在监管威慑下的真实抉择，从而完全展示监管效力。

接干预，努力保证其以最大概率进行高质量生产，那么绝对监管效力应该被关注。

直观上，平均监管效力指数越低、绝对监管效力指数越高，则监管效力越强，此时的监管组织形式更有效率。在很大程度上这两个指标所指示的监管效力是一致的，但是依然各有侧重。如果厂商降低最低水平生产概率并提高中等水平生产概率，那么这一改变可以被平均监管效力变化准确捕捉到，但是在绝对监管效力上不能反映。如果厂商降低中等水平生产概率并提高最高水平生产概率和最低水平生产概率，那么有可能平均监管效力指标不能捕捉到这种行为变化，但是可以被绝对监管效力概率指标准确地呈。当然，两种指标是否产生冲突与实际情况和模型架构有关。

根据之前的讨论，提出以下命题。

命题10：分头监管和合并监管的事故发生概率与高质量生产概率分别如下：分头监管下，平均监管效力为 $Power\_av_s = \dfrac{2C}{p}$，绝对监管效力为 $Power\_ab_s = 1 - \dfrac{2C}{P_2 p}$；合并监管下，平均监管效力为 $Power\_av_m = \dfrac{C}{p}$，绝对监管效力为 $Power\_ab_m = 1 - \dfrac{C}{P_2 p}$。

对比分头监管和合并监管的监管效力，提出命题11。

命题11：平均监管效力和绝对监管效力两个指标均反映出合并监管优于分头监管。

证明：由于 $Power\_av_s = 2Power\_av_m$，容易证明 $Power\_av_s - Power\_ab_m = Power\_av_m > 0$ 和 $Power\_av_s - Power\_ab_m = -Power\_ab_m < 0$。

经济含义。从这个意义上讲，监管的组织形式对监管效力的影响非常大。合并监管将显著提高厂商采取最高安全水平的概率，并且降低产品的事故发生概率，因此合并监管是相较于分头监管更为理想的选择。

从经济角度分析，"监管困境"出现的原因可以用监管外部性来解释。对外部性的解释不妨从两个监管部门的博弈入手，表4是分头监管下监管部门的支付矩阵。

**表 4   分头监管下监管部门的支付矩阵**

| 监管部门 | | B | |
|---|---|---|---|
| | | $e_B = 0$ | $e_B = 1$ |
| A | $e_A = 0$ | $\{-(X_1P_1p + X_2P_2p + X_3P_3p + X_4P_4p),$ $-(X_1P_1p + X_2P_2p + X_3P_3p + X_4P_4p)\}$ | $\{-(X_2P_2p + X_4P_4p),$ $-(X_2P_2p + X_4P_4p) - C\}$ |
| | $e_A = 1$ | $\{-(X_3P_3p + X_4P_4p) - C,$ $-(X_3P_3p + X_4P_4p)\}$ | $\{-X_4P_4p - C, -X_4P_4p - C\}$ |

在混合策略纳什均衡存在的条件下，单独对监管部门进行考察，其中 $X_1$、$X_2$、$X_3$、$X_4$ 被认为是外生给定的，而两个监管部门针对厂商的策略进行反应，达到监管部门的均衡。

混合策略纳什均衡要求一方策略的选择使对方各个策略带来的收益之间无差异，从而得到以下方程组：

$$\begin{cases} X_1P_1p + X_2P_2p + X_3P_3p + X_4P_4p = X_3P_3p + X_4P_4p + C \\ X_2P_2p + X_4P_4p = X_4P_4p + C \end{cases} \quad (10)$$

将对应项对齐以方便观察，我们可以发现 $X_1$ 必须等于 0，否则在其他条件不变的情况下，无法使得监管部门努力或不努力时的收益相等。换句话说，如果厂商采取最低质量生产，那么均衡只可能是纯策略纳什均衡（正如命题 1 和命题 2 所述的两种情况）。表 5 为合并监管下监管部门的支付矩阵。

**表 5   合并监管下监管部门的支付矩阵**

| 策略 | 收益 |
|---|---|
| $(e_A = 0, e_B = 0)$ | $-2(X_1P_1p + X_2P_2p + X_3P_3p + X_4P_4p)$ |
| $(e_A = 0, e_B = 1)$ | $-2(X_2P_2p + X_4P_4p) - C$ |
| $(e_A = 1, e_B = 0)$ | $-2(X_3P_3p + X_4P_4p) - C$ |
| $(e_A = 1, e_B = 1)$ | $-2X_4P_4p - 2C$ |

混合策略纳什均衡要求监管部门在四个策略选择中收益无差异，进而得到：

$$\begin{cases} 2(X_1P_1p + X_2P_2p + X_3P_3p + X_4P_4p) = 2(X_2P_2p + X_4P_4p) + C \\ 2(X_1P_1p + X_2P_2p + X_3P_3p + X_4P_4p) = 2X_4P_4p + 2C \\ X_2 = X_3 ; P_2 = P_3 \end{cases} \quad (11)$$

对照式（10）和式（11）可以发现，两组方程组基本相同，差异仅仅出现在第一个方程中，而这一差异正是导致监管困境产生的原因。

分头监管和合并监管的根本区别在于参与人面对不同的约束。在分头监管下，各监管部门仅仅考虑自身的监管成本和被惩罚概率；而在合并监管下，监管部门作为一个整体对监管成本和被惩罚概率进行权衡。在双方均不努力的情况下，分头监管和合并监管是类似的，但是在中间努力水平下（即一方努力另一方不努力），努力的一方承担了全部监管成本，而降低被惩罚概率的好处却被双方共享。换句话说，此时监管努力是公共物品，而合并监管将公共物品的外部性内部化，消除了供给不足的问题。

监管部门决策的核心是监管成本与躲避惩罚之间的权衡，因此对"博弈困境"的出现可以从两个方面进行解读。第一，分头监管时，各监管方都不会将对方的监管成本纳入自身决策考虑中，如果对方提供监管努力并将质量隐患消除，自己便可以节省监管成本。第二，由于监管努力具有正外部性，躲避惩罚的好处会惠及每一个参与人，因此各监管部门都不能收回自己努力产生的全部回报。例如，在中等监管水平下，分头监管中一方承担了全部监管成本，却只享受了一半躲避惩罚的利益；在合并监管下，监管成本和监管收益对等地由单一个体承担。因此，通过合并监管，监管部门的成本－回报达到最优水平，克服了监管"搭便车"现象。

作为博弈的另一参与人，监管的不同形式对厂商的影响也值得研究，因此提出以下命题。

命题12：厂商的收益在分头监管下为 $u_{FS}^* = \dfrac{2CC_H - 2CP_2R + P_2pR - 2P_2pC_H}{P_2p}$，

在合并监管下为 $u_{FM}^* = \dfrac{CC_H - CP_2R + P_2pR - 2P_2pC_H}{P_2p}$ ；均衡状态下，厂商在分头监管与合并监管两种模式下，其收益变化可定义为 $\Delta u_F^* = u_{FS}^* - u_{FM}^* = \dfrac{C(C_H - P_2R)}{P_2p} > 0$ 。[①]

为分析上的直观性，对各种情况下的厂商收益进行比较静态分析，并提出命题 13 与命题 14。

命题 13：无论是分头监管还是合并监管，均衡时都有 $\dfrac{\partial u_F^*}{\partial C} > 0$ ，则监管部门的监管成本越高，厂商的期望收益就越大；若 $\dfrac{\partial u_F^*}{\partial p} < 0$ ，则监管部门的监管失败惩罚越大，厂商的期望收益就越小；若 $\dfrac{\partial u_F^*}{\partial R}$ 不确定，则厂商的产品收入越高，均衡时的期望收益并不一定越大。

命题 14：考虑分头监管与合并监管转变引致的厂商期望收益的变化值，我们发现若 $\dfrac{\partial \Delta u_F^*}{\partial C} < 0$ ，表明监管部门的监管成本越高，厂商的期望收益减少得越多；若 $\dfrac{\partial \Delta u_F^*}{\partial p} > 0$ ，表明监管部门的监管失败惩罚越大，厂商的期望收益减少得越少；若 $\dfrac{\partial \Delta u_F^*}{\partial R} > 0$ ，表明厂商的产品收入越高，均衡时的期望收益减少得越少。[②]

经济含义。命题 12 意味着合并监管仅仅符合政府和消费者的目标，并不符合厂商的利益，将分头监管转变为合并监管并不是帕累托改进。混合策略存在条件要求，对于厂商而言，中间水平生产的收益最大。也就是说，厂商的机会主义行为会为其带来更多利益。而合并监管的监管效率更高，意味着在这种监管条件下，厂商的机会主义行为更少，进而厂商的收益更小。因此，对于厂商而言，监管效率的提

---

① 此命题证明显然。将命题 5 和命题 7 的结果代入厂商的期望效用定义中即可得到，不等式的证明利用到混合策略存在的条件。

② 在命题 12 的结果中对 $C$ 、$p$ 、$R$ 分别求偏导，结合混合策略存在条件即可得。

升并不是好消息。

命题 13 和命题 14 的结果耐人寻味。在社会福利仅仅包括消费者福利时，对不同监管模式的监管效率和社会福利之间的关系已经进行了讨论，但是更加接近现实的情况是，社会的总体福利既包括消费者的福利，也包括厂商的福利。如果将厂商的效用也纳入考虑，则命题 13 为社会福利分析奠定了基础。

我们将社会福利简单地理解为包括两部分：一是厂商的均衡利润；二是由监管效力所度量的安全水平。① 由命题 11 可知，无论在哪种监管效力的定义下，我们都有合并监管高于分头监管的结论。因此，若厂商的均衡利润也对应着合并监管高于分头监管，那么我们的选择就是极其显然的——合并监管是对分头监管的帕累托改进。然而遗憾的是，这一结论并没有出现，也不会出现。提高监管效力在我们的静态框架下对应着厂商潜在收益的降低。因此，尽管从监管效力出发，我们必然选择合并监管的模式，然而若立足整体福利，我们也自然力求这种转变对厂商期望收益的减少降到最低，以下的推论就给了我们一些直觉启示。

对于社会而言，劣质商品的存在会损害社会整体福利，但如果监管效力突然提高，导致厂商短时间内的期望利润大幅度下降也并不是一个好消息。更实际的情况是，我们希望收益缓慢地调整而非爆发性调整，尤其是在向下调整时，社会整体福利对厂商期望收益的变化幅度非常敏感。但是，整个社会所面临的并不是质量和收益非此即彼的选择，实际上，我们可以通过一些方法既控制食品安全、提高监管效力，又尽量减少厂商利润大幅下降所带来的福利损失。因此，在命题 13 和命题 14 的基础上得出以下推论。

推论 1：增大监管失败时的惩罚，可以有效降低厂商在两种模式下的均衡利润损失。因此，为了削弱厂商对监管模式改变的"抵制"动机，可以将分头监管向合并监管的转型分两步完成：先在分头监管的

---

① 当然我们假定消费者对商品除安全性之外的效用总是被满足，因而在比较分析中不做特别说明。

情况下增大监管失败时的惩罚，再引入合并监管。

推论 2：在高收益行业实施监管转型所引发的厂商均衡利润损失较小，因此转型的成本更低；反之，在低收益行业实施监管的社会成本更高。

经济含义。推论 1 对监管转型的实际实施具有参考意义。根据命题 13，$\frac{\partial u_F^*}{\partial p} < 0$，在分头监管下增大监管失败惩罚 $p$ 会使厂商的期望收益下降，但同时因为 $\frac{\partial \Delta u_F^*}{\partial p} > 0$，转换到合并监管之后厂商期望收益的下降幅度也减小。两步监管转型不仅将厂商收益下降量分摊到两期消化，而且由于 $p$ 的增大，减少了总体收益的下降幅度，最大限度地兼顾了社会总福利。

推论 2 说明，在考虑行业的异质性特征时，监管转型的影响也不同。根据命题 14，$\frac{\partial \Delta u_F^*}{\partial R} > 0$，说明监管转型对产品收益越高的行业的收益影响越小。因此，在实施监管转型时，有必要将这一点纳入考虑，根据不同情况，选择监管转型的合理顺序。

# 五　结论

在监管技术天然分化的情形下，如何组织不同的技术部门对食品厂商实施最有效的监管，一直是学术界和政府实践部门关心的问题。我们单纯从监管效力的视角分析了分头监管与合并监管的优劣及其机制。总体来说，我们在混合策略纳什均衡的意义下论证了由于监管"搭便车"现象不可避免，在提升厂商最高安全生产水平的概率层面，合并监管优于分头监管。同时，我们证明了即使在不存在规模效应的情况下，分头监管与合并监管依然存在监管效果差异，其经济学直觉是：在分头监管下，每个监管部门在做决策时，会把另一个监管部门的监管力度看作外生的，只选择自己的监管力度来最大化自己的收益。而在合并监管下，监管部门会综合考虑，考虑在一个维度上的监管力度是否会影响另一个维度上监督力度的边际效益。我们忽略规模效应或者技术协同的假设，就是为了给出这样一个结论：不同的组织形式对监管部门提供的监管激励不同，从而导致监管效果不一样，进而影响食品安全。

最后，我们研究了不同监管形式对厂商的影响。在现实中，监管转型会带来两个结果——产品质量的上升和厂商收益的下降，其中厂商收益的突然下降对社会福利而言是负效应，因此需要对实施监管转型的方式进行更加仔细的考察。研究发现，可以通过先增大惩罚再实施转型的方式在时间上分散收益下降的负效应，并且缓和总收益的下降幅度。不同收益水平的行业收益下降幅度不同，可以基于此选择合适的转型顺序。

## 参考文献

［1］陈文俊、杨青：《国内外食品安全监管模式比较研究》，《科技创业月刊》2009 年第 3 期，第 53～54 页。

［2］冀玮：《多部门食品安全监管的必要性分析》，《中国行政管理》2012 年第 2 期，第 54～58 页。

［3］罗云波、陈思、吴广枫：《国外食品安全监管和启示》，《行政管理改革》2011 年第 7 期，第 19～23 页。

［4］施晟、周洁红：《食品安全管理的机制设计与相关制度匹配》，《改革》2012 年第 5 期，第 145～149 页。

［5］宋强、耿弘：《关于构建中国大食品安全监管体制的探讨》，《求实》2012 年第 8 期，第 44～47 页。

［6］王秀清、孙云峰：《我国食品市场上的质量信号问题》，《中国农村经济》2002 年第 5 期，第 27～32 页。

［7］张晓涛、孙长学：《我国食品安全监管体制：现状、问题与对策——基于食品安全监管主体角度的分析》，《经济体制改革》2008 年第 1 期，第 45～48 页。

［8］赵学刚：《统一食品安全监管：国际比较与我国的选择》，《中国行政管理》2009 年第 3 期，第 103～107 页。

［9］郑风田、胡文静：《从多头监管到一个部门说话：我国食品安全监管体制急待重塑》，《中国行政管理》2005 年第 12 期，第 51～54 页。

［10］ Antle，J. M.，"Economic Analysis of Food Safety"，*Handbook of Agricultural E-conomics*，2001，1（1），pp. 1083 – 1136.

［11］ Baron，D.，"Design of Regulatory Mechanisms and Institutions"，*The Handbook of Industrial Organization*，1989，1（2），pp. 1347 – 1447.

［12］ Baron，D.，Myerson，R.，"Regulating a Monopolist with Unknown Costs"，*Econometrica*，1982，50（4），pp. 911 – 930.

［13］ Encinosa Ⅲ，William，E.，Sappington，David，E. M.，"Competition among Health Maintenance Organizations"，*Journal of Economics & Management Strategy*，1997，6（1），pp. 129 – 150.

［14］ Fudenberg，D.，Maskin，E.，"The Folk Theorem in Repeated Games with Discounting or with Incomplete Information"，*Econometrica*，1986，54（3），pp. 533 – 554.

［15］ Kreps，D. M.，Milgrom，P.，Roberts，J.，Wilson，R.，"Rational Cooperation in the Finitely Repeated Prisoners' Dilemma"，*Journal of Economic Theory*，1982，27（2），pp. 245 – 252.

［16］ Laffont，J. J.，Martimort，D.，"Separation of Regulators Against Collusive Behavior"，*The Rand Journal of Economics*，1999，30（2），pp. 232 – 262.

［17］ Laffont，J. J.，Tirole，J.，*A Theory of Incentives in Procurement and Regulation*，MIT Press，1993.

［18］ McCluskey，J.，"A Game Theoretic Approach to Organic Foods：An Analysis of Asymmetrie Information and Policy"，*Agricultural and Resource Economics Review*，2000，29（1），pp. 1 – 9.

# 附　录

## 1. 分头监管下纯策略纳什均衡的证明（命题 1 至命题 3）

考虑分头监管下的三方博弈，我们的依据见表 2——分头监管下厂商的支付矩阵，我们的证明策略是：首先讨论参数在什么条件下能够保证不存在纯策略纳什均衡，只存在混合策略纳什均衡；其次验证当满足命题所设定的条件时，特定的纯策略纳什均衡存在。为了实现这一想法，考虑到采用离散有限模型，我们对每一个策略组合都做分析，假设参数满足某种特殊条件，从而否定每一个纯策略组合所构成的纳什均衡，之后对这些条件取交集，便得到纯策略纳什均衡不存在的条件，根据纳什均衡存在性定理，我们得知，此时博弈一定存在混合策略纳什均衡。

我们取一例分析之，其余不再赘述。考虑策略组合 $\{(a_L, b_L), (e_A = 0, e_B = 0)\}$，其支付为 $\{(1 - P_1)R, -P_1p, -P_1p\}$，策略组合 $\{(a_L, b_L), (e_A = 0, e_B = 1)\}$，其支付为 $\{0, 0, -C\}$，假设 $-C > -P_1p$，B 选择高努力的支付更高，因此 B 有偏离 $e_B = 0$ 的动机，故可以否定 $\{(a_L, b_L), (e_A = 0, e_B = 0)\}$ 构成纳什均衡。按此逻辑，可以验证当 $P_2 < \dfrac{P_1}{2}$，$P_2R < C_H < (P_1 - P_2)R$，$C < P_2p$ 同时成立时，可以否定所有纯策略组合成为纳什均衡的必要条件，从而证明了命题 3。命题 1、命题 2 可以采用"划线法"求纯策略纳什均衡得出，观察验证即可，此处不再赘述。

**2. 分头监管下混合策略纳什均衡的求解**

因为"所有以正概率进入最优混合策略的纯策略之间必定无差异"，且根据我们的对称性假设，可以保证 $X_A = X_B$，$X_2 = X_3$，依据表 2 和正文设定，我们可以得到以下方程式：

$$- X_1 C - X_2 C - X_2 X_B C + X_2(1 - X_B)(- P_2p - C) - X_4 C$$
$$= - X_1(1 - X_B)P_1p - X_2 P_2p - X_2(1 - X_B)P_2p \tag{1}$$

$$- X_1 C - X_2 X_A C + X_2(1 - X_A)(- P_2p - C) - X_2 C - X_4 C$$
$$= - X_1(1 - X_A)P_1p - X_2(1 - X_A)P_2p - X_2 P_2p \tag{2}$$

$$R - 2C_H = - X_B C_H + (1 - X_B)[(1 - P_2)R - C_H] \tag{3}$$

$$R - 2C_H = - X_A C_H + (1 - X_A)[(1 - P_2)R - C_H] \tag{4}$$

$$R - 2C_H = (1 - X_A)(1 - X_B)(1 - P_1)R \tag{5}$$

$$X_1 + 2X_2 + X_4 = 1 \tag{6}$$

联立以上方程求解，即可得到（其中不等式的结果需要使用混合策略纳什均衡存在的充分条件，并对其不等式进行放缩，此处仅提供关键步骤）：

$$0 < X_A = X_B = \frac{C_H - RP_2}{(1 - P_2)R} < 1, 0 < X_2 = X_3 = \frac{C}{P_2 p} < 1$$

混合策略均衡存在条件要求 $2C < P_2 p$，显然 $0 < \frac{C}{P_2 p} < 1$。

### 3. 合并监管下混合策略纳什均衡的存在性证明与均衡解

我们可以验证，在命题 8 所给的条件下，表 3 所示的支付矩阵不能支持任何一组纯策略组合所构成的纳什均衡（思路和方法同证明 1，此处不再赘述）。同样，我们知道"所有以正概率进入最优混合策略的纯策略之间必定无差异"，且根据我们的对称性假设，可以保证 $Y_2 = Y_3$，$X_{2M} = X_{3M}$，依据表 2 和正文设定，我们可以得到以下方程式：

$$-2(X_{1M}P_1 + 2X_{2M}P_2)p = -X_{1M}C - X_{2M}C + X_{2M}(-2P_2 p - C) - X_{4M}C \quad (7)$$

$$-2(X_{1M}P_1 + 2X_{2M}P_2)p = -X_{1M}C - 2X_{2M}C - 2X_{4M}C \quad (8)$$

$$R - 2C_H = Y_1[(1 - P_2)R - C_H] + Y_2[(1 - P_2)R - C_H] - Y_2 C_H - 2Y_4 C_H \quad (9)$$

$$R - 2C_H = Y_1(1 - P_1)R \quad (10)$$

$$X_{1M} + 2X_{2M} + X_{4M} = 1 \quad (11)$$

$$Y_1 + 2Y_2 + Y_4 = 1 \quad (12)$$

联立以上方程求解，即可得到（其中不等式的结果需要使用混合策略纳什均衡存在的充分条件，并对其不等式进行放缩，此处仅提供关键步骤）：

$$0 < X_{2M} = X_{3M} = \frac{C}{2P_2 p} < 1$$

$$0 < Y_1 = \frac{R - 2C_H}{(1 - P_1)R} < 1$$

$$0 < Y_2 = Y_3 = \frac{P_1 C_H - RP_1 + RP_2 - 2P_2 C_H + C_H}{R(1 - P_1)(1 - P_2)} < 1$$

$$0 < Y_4 = \frac{2P_2 C_H - 2RP_2 - 2P_1 C_H + P_1 RP_2 + RP_1}{R(1 - P_2 - P_1 + P_1 P_2)} < 1$$

# 金融监管的最优组织模式

金融市场的稳定发展对经济增长具有重要意义，大量理论与现实证据表明金融市场仅依赖自身调节和既有相关法律难以保证其平稳运行（Glaeser，Shleifer，2003；许成钢，2001），因此有必要对金融市场进行监管，其中金融监管的组织模式是影响金融监管效果与金融稳定性的重要因素（Masciandaro et al.，2013）。

2008 年金融危机以来，世界各国都在不断探索适合本国国情的金融监管组织模式，对金融市场的"弱监管"、宏观审慎监管的缺失被认为是导致危机的主要原因（Ito，2011；U. S. Department of the Treasury，2009），以往的金融监管组织模式也受到了质疑与挑战（Kellermann et al.，2013），由此掀起了金融监管组织模式的新一轮改革浪潮。如英国撤销了金融服务管理局（FSA）而成立金融行为监管局（FCA）、金融政策委员会（FPC）、审慎监管局（PRA）；美国设立金融稳定监管委员会（FSOC）以加强监管机构间的合作；欧盟成立欧洲系统性风险委员会（ESRB）负责宏观审慎监管；中国于 2018 年 3 月将银监会、保监会合并成为"银保监会"，形成了"一行两会"的金融监管新格局。

伴随着实践中金融监管组织模式在世界范围内不断推陈出新，相关的理论研究也在逐渐丰富。既有文献多从金融监管实践的角度出发，对金融监管组织模式进行分类（如较为通用的"功能型监管""机构型监管""统一监管""双峰式监管"），并从监管效率、监管效果方面进行对比。一般而言，统一监管有利于实现规模经济和范围经济，降低监管成本，在一定程度上能提高监管效率，避免规则冲突、重复监管和监管空白（Goodhart，Schoenmaker，1995；Taylor，Peaks，1995；

吴风云、赵静梅，2002）；而分业监管则在收集监管信息、促进金融创新等方面具有明显优势（Shleifer，1985；Dewatripont，Tirole，1999）。综上，两种监管模式各有利弊，但现有文献并未在一个统一的框架下权衡两种监管模式，以此为出发点，本文借鉴不完全契约理论的思路对这一问题展开研究，从组织经济学视角，为统一监管、分业监管的选择边界提供一致性解释。

具体而言，我们认为在金融监管活动中事前"监管标准制定权"的归属是决定监管组织模式的重要因素，从监管机构的监管标准差异及监管能力差异的角度，对统一监管与分业监管下的监管投入、社会收益进行比较，得出以下结论。①在分业监管下，存在因监管标准不一致而产生的卸责现象，监管标准严格且监管能力高的一方将承担更多监管投入；反之，监管标准宽松且监管能力低的一方将会"搭便车"。②统一监管有利于激励原监管标准宽松的一方付出更多监管投资、减少卸责行为，但监管标准严格一方的监管投入将有所降低。③当两方监管能力差异大、监管标准相近，且监管能力高的一方的监管标准宽松时，统一监管模式下的社会总效用将大于分业监管模式。④监管机构间的监管能力差异较大、金融混业程度较低时统一监管模式的优势更加明显。以上结论在一定程度上为现有金融监管组织模式的改革和实践提供了理论解释。

# 一　文献综述与理论应用

金融监管组织模式的变革是一项世界性的"实验"，各国乃至一国在不同历史时期的监管组织模式可能存在差异。通过对金融监管相关文献的总结以及我国金融监管组织模式变革历程的分析，本文试图寻找金融监管组织模式变革的内在动因，以期从理论上比较统一监管和分业监管模式的优劣势。

## （一）不同监管模式的优劣

金融监管组织模式规定了各类监管机构的职责范围和监管目标，根据金融实践，现有文献一般将金融监管组织模式划分为四种（见表1）。

表 1　典型的金融监管组织模式

| 监管组织模式 | 特点 | 优势和劣势 | 典型国家 |
|---|---|---|---|
| 机构型监管 | 根据金融部门注册成立的性质（银行、证券、保险等），安排对应的监管机构进行监管 | 监管范围明确，但随着金融混业经营与全球化趋势的加深，存在监管机构协调问题与规则不一致现象，易产生"监管不足""监管套利"，难以有效控制系统性风险 | 墨西哥、中国 |
| 功能型监管 | 对金融部门的具体业务（储蓄、证券投资、保险、贷款等）进行监管 | 实现了有针对性的专业业务监管，规则统一有效，但监管管辖权模糊，容易造成"监管重叠""监管俘获"等，无法有效控制系统性风险 | 意大利、法国 |
| 统一监管 | 将所有金融部门的监管任务集中在单一监管机构内部 | 避免了监管冲突，全面控制风险，但无法"查缺补漏"，可能降低监管效果，同时存在大型监管组织的固有弊端（内部协调问题） | 英国、德国 |
| 双峰式监管 | 两大监管机构分别负责风险审慎监管以及商业行为与消费者保护 | 充分满足两类监管目标，尤其有助于加强消费者保护，但无法有效解决目标之间的优先级冲突 | 澳大利亚、荷兰 |

资料来源：根据相关资料整理，G30，"The Structure of Financial Supervision—Approaches and Challenges in a Global Marketplace"，2008。

进一步地，将四种监管模式划分为"统一监管"与"分业监管"（机构型监管、功能型监管、双峰式监管）两类，已有大量文献对两类监管模式的优劣势与适用性进行分析。关于统一监管的监管效果，学界存在两种截然不同的观点。一种观点认为统一监管能够提升监管效果，如 Goodhart 和 Schoenmaker（1995）使用 20 世纪 80～90 年代 24 个国家的数据发现集中监管有利于减少银行的失败。另一种观点则认为统一监管会降低监管效果，如 Goodhart（2002）以及 Levine 和 Barth（2001）关注集中监管模式下权力过度集中、缺乏查缺补漏系统导致的监管效果下降；Gaganis 和 Pasiouras（2013）通过跨国银行的数据实证研究发现，央行控制的监管环节越多，一体化的监管机构数量就越多，银行的效率也越低；Kim 和 Kim（2014）使用面板数据分析了金融监管治理结构对银行系统稳定性的影响，发现金融监管机构的集中程度和央行参与金融监管的程度均与银行稳定性负相关。

对于分业监管，已有文献普遍认为在金融混业经营趋势逐渐增强的背景下，由于监管管辖权竞争、监管真空、交叉监管、监管套利等问题的存在，分业监管的有效性较低（Martinez，Rose，2003；Siregar，James，2006；Ito，2011）。但正因如此，金融创新大多产生于规避监管的行为，分业监管反而更有利于金融创新（Romano，2001）。此外，监管者之间的竞争也能够带来更多的信息（Shleifer，1985；Dewatripont，Tirole，1999）。表 2 对现有文献中统一监管和分业监管的优劣势进行了总结。

**表 2　统一监管和分业监管的优劣势比较**

| 监管组织模式 | 优势 | 劣势 |
|---|---|---|
| 统一监管 | 实现规模经济和范围经济，降低监管成本，提高监管效率；避免规则冲突、重复监管和监管空白 | 单一组织内难以有效整合监管目标、协调监管行为；大型组织的效率低下等问题；权力集中，缺少查缺补漏机制 |
| 分业监管 | 有利于促进金融创新；监管者之间的竞争能够增加监管信息 | 易产生监管管辖权的竞争、交叉监管（重叠监管），造成"监管真空""监管套利""监管俘获"等问题，无法从整体上有效控制系统性风险 |

## （二）中国金融监管模式变革

从我国的实际情况来看，中华人民共和国成立以来的金融监管模式经历了数次易变。由中央银行集中统一监管，到"一行三会"（即央行，银监会、保监会、证监会）时期的分业监管模式，再到 2018 年 3 月进行重大的金融监管机构改革——将银监会和保监会合并为银保监会，开启了"一行两会"的全新监管格局，具体的金融监管体制变革过程见图 1。

金融监管组织模式的变化与金融市场发展、金融创新实践密切相关。在计划经济时代，我国没有严格意义上的金融市场，中国人民银行作为唯一的银行，发挥了金融监管、宏观调控、微观银行的三重作用。随着各类金融部门的逐渐恢复和成立，金融活动开展日益频繁，中国人民银行逐渐剥离微观银行功能，只履行央行职能与金融监管职能。但在分业经营模式下，金融市场愈加细致的分工使央行难以实现全面监管，金融监管模式也逐渐由央行统一监管过渡到"一行三会"

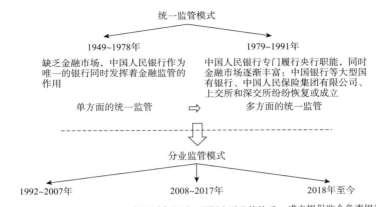

**图 1　中国金融监管模式的沿革**

的分业监管模式。而随着金融机构之间合作的不断深化，分业监管模式下监管难度不断增大，如 2015 年的"宝万之争"，宝能系用以收购万科的资金分别来自自由资金、保险资金和银行理财资金，监管问题同时涉及证监会、保监会和银监会三家机构，企业很容易利用分业监管的空白地带逃避监管。

为减少各监管机构之间的规则冲突，避免监管漏洞和重复监管，2013 年国务院批准由中国人民银行牵头建立了金融监管协调部际联席会议制度①以协调监管行为，若某一监管机构修改监管政策，各监管机构

———————————

① 我国金融行业实行分业经营和分业监管的原则，维护金融稳定和金融行业监管的职责分布在不同政府部门，随着近年来金融行业交叉融合和跨市场金融创新增多，对加强监管合作的要求相应提高。以往，不同部门之间的沟通协调没有形成机制，此次建立金融监管协调部际联席会议制度，将会使沟通协调常态化和机制化。联席会议的职责和任务包括：货币政策与金融监管政策之间的协调；金融监管政策、法律法规之间的协调；维护金融稳定和防范化解区域性系统性金融风险的协调；交叉性金融产品、跨市场金融创新的协调；金融信息共享和金融业综合统计体系的协调；国务院交办的其他事项。参见《国务院批准金融监管联席会议制度》，中国证券监督管理委员会网站，2013年 8 月 29 日，http：//www.csrc.gov.cn/zhejiang/zjmtbd/201308/t20130829_ 233177. htm。

需进行协商和会签（曹凤岐，2009）。进一步，2018 年银监会和保监会合并为银保监会，目前我国的金融监管机构由中国人民银行、银保监会和证监会三部分构成，分别负责宏观审慎监管与监管标准的制定、银行保险业及其他非银行金融机构的监管、证券市场主体具体行为的监管。

### （三）监管模式的选择——基于不完全契约的视角

国内已有学者从不完全契约和博弈论的角度对国家组织机构改革、食品安全监管等领域进行分析（党力等，2014；李军林等，2014）。本文的研究重点在于多个金融监管机构间的组织模式，从监管机构组织模式的历史变迁看，对交叉业务监管的有效性是影响监管模式选择的重要原因之一。因此，在模型构建思路上，本文从各监管机构对交叉业务的监管职责入手，将其看作一个不完全契约，其不完全性体现在以下几个方面。

**1. 监管投入的契约不完全**

对交叉业务进行协作监管时，各方需要付出人力、物力、财力，每一方面的投入都难以穷尽各类复杂情况，明确写入契约。如人力方面就包括负责交叉业务监管的工作人员的数量、经验、业务能力等；又如监管信息搜寻投入的时长虽然可以约定，但所搜寻的信息数量、质量则无法说明。

**2. 归责的契约不完全**

各方对交叉业务都具有监管管辖权，交叉业务的监管效果同时受到各方监管投入的影响。一旦监管失败引发金融风险，各监管机构将难以向第三方证实自己的监管投入以及应负的监管责任。

Grossman 和 Hart（1986）认为如果契约是不完全的，为避免双边垄断关系中"敲竹杠"行为导致的事前专用性投资不足，应在事前将物质资产的剩余控制权分配给对投资重要的一方。对于监管而言，契约的不完全同样会导致各监管机构事前监管投入的激励不足，削弱监管力度。而监管机构的合并体现为一方有权统一按照自己的偏好制定监管标准，取得监管标准制定权，进而统一监管标准。从这一思路出发，可以将统一监管与分业监管的边界问题转化为如何根据金融混业经营程度、监管能力和监管偏好差异有效配置"监管标准制定权"的问题。

当然，相较于标准的不完全契约模型，金融监管机构间的契约具有一定的特殊性。首先，监管机构的合并不涉及物质资产的产权转移，关键是监管标准制定权的转移。企业间契约中的剩余控制权是指对物质资产（如机器设备）的所有权，拥有剩余控制权的一方可获得更多外部选择权和更强的谈判力，事前投资激励较强。但已有文献指出物质资产不是权力的唯一来源（Rajan, Zingales, 1998），在政府部门中更为重要的是对具体事务的"决策权"，它划分了部门的职责权限，具体到金融监管领域即监管标准制定权，拥有监管标准制定权的一方有权根据自己的偏好进行监管，事前监管投入激励增强。

其次，金融监管机构在自然状态实现后难以进行再谈判，监管投入的激励扭曲并非产权带来的事后谈判力分配不均所致，而是在不同监管能力、监管标准差异组合下事前监管标准制定权配置的直接结果。由于交叉业务大多属于金融创新且需各方协作监管，即使事后所有的监管投入都可证实，依然难以就其监管效果有效归责并进行再谈判。这意味着事前监管标准制定权的配置格外重要，下面我们将构建一个不完全契约模型，以分析金融监管组织模式的选择。

# 二 模型

## （一）基本设定

### 1. 监管机构与监管对象

存在两个独立的金融监管机构 B 和 C，可以将 B 理解为银监会，将 C 理解为保监会。金融市场存在两个部门——F1 和 F2，B 负责监管 F1 的所有业务，C 负责监管 F2 的所有业务。本文研究的重点在于对 F1 和 F2 的交叉业务 P 的监管。从监管管辖权来看，B 和 C 都有权对 P

进行监管①，其监管标准、监管投入共同影响监管效果。交叉业务 P 的资金规模为 $a$（$0 < a < 1$），可用于衡量 F1 和 F2 的合作深度，即金融混业经营程度。B 和 C 的业务监管关系见图 2。

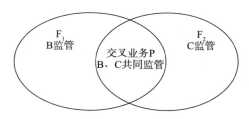

**图 2　B 和 C 的业务监管关系**

### 2. 监管机构的行为

B 和 C 在监管方面存在两方面差异。一是事前 B 和 C 对业务 P 的监管存在偏好差异。令 B 和 C 自身监管标准分别为 $r_B$ 和 $r_C$，$r_B$、$r_C \in [0,1]$ 且 $r_B \neq r_C$，交叉业务 P 存在违反监管标准的可能，我们设定当 P 的风险 $r$ 超过 $r_B$ 或 $r_C$ 时，即被 B 或 C 视为违规，需要进行规制。交叉业务 P 的真实风险为 $r$，服从 $[0,1]$ 的均匀分布。二是 B 和 C 的监管能力不同，不失一般性，我们将 B 的监管能力标准化为 1，假设 C 的监管能力为 $t_C$，且 $t_C \in (0,1)$，即付出同样的努力，C 监测到交叉业务 P 风险的概率只有 B 的 $t_C$ 倍。为发现 P 的真实风险 $r$，B 和 C 事前需要付出专用性监管投入 $e_B$、$e_C$（$e_B$、$e_C \in [0,1]$），监管投入不可证实、不可缔约。B 和 C 发现真实风险 $r$ 的概率与其监管投入成正比，分别为 $e_B$ 和 $t_C e_C$，监管投入带来的成本分别为 $\frac{1}{2} e_B^2$、$\frac{1}{2} e_C^2$。表 3 总结了不同风险状态下 B 或 C 的规制决策、概率以及监管成本。

**表 3　不同风险状态下 B 或 C 的规制决策、概率以及监管成本**

| 风险状态 | 规制决策（B 或 C） | 概率（B 或 C） | 监管成本（B 或 C） |
| --- | --- | --- | --- |
| 没有发现风险 $r$ | 不规制 | $1 - e_B$ 或 $1 - t_C e_C$ | $\frac{1}{2} e_B^2$ 或 $\frac{1}{2} e_C^2$ |

---

① 我们只考虑 B 和 C 在交叉业务 P 方面的监管契约，对其他业务的监管不影响监管组织模式的选择。

| 风险状态 | 规制决策（B 或 C） | 概率（B 或 C） | 监管成本（B 或 C） |
|---|---|---|---|
| 发现风险 $r$ 但项目不违规，$r \leqslant r_B$ 或 $r \leqslant r_C$ | 不规制 | $e_B$ 或 $t_C e_C r_C$ | $\frac{1}{2} e_B^2$ 或 $\frac{1}{2} e_C^2$ |
| 发现风险 $r$ 且项目违规，$r > r_B$ 或 $r > r_C$ | 规制 | $e_B(1 - r_B)$ 或 $t_C e_C(1 - r_C)$ | $\frac{1}{2} e_B^2$ 或 $\frac{1}{2} e_C^2$ |

相应地，B 和 C 的效用函数分别如式（1）和式（2）所示：

$$U_B = a[e_B(1 - r_B) + (1 - e_B) t_C e_C(1 - r_C)] - \frac{1}{2} e_B^2 \tag{1}$$

$$U_C = a[t_C e_C(1 - r_C) + (1 - t_C e_C) e_B(1 - r_B)] - \frac{1}{2} e_C^2 \tag{2}$$

B 和 C 的效用函数由监管收益和监管成本两部分组成。从收益来看，发现并规制一个"坏业务"① 能够给 B 和 C 带来效用。这是因为设立金融监管机构的目的是代表国家履行金融监管职责以防范重大金融风险，一旦履责不力将带来严重的社会经济损失，并对监管机构的声誉、领导晋升、未来发展等产生影响。因此，有效的监管将增加 B 和 C 的效用。以 B 为例，其监管收益由两部分构成：$e_B(1 - r_B)$ 是 B 查到了交叉业务 P 的真实风险 $r$，发现其违规并规制的概率，P 的资金规模为 $a$，监管收益为 $ae_B(1 - r_B)$，这是 B 自身的监管行为带来的收益；同时，由于 B 和 C 对 P 都有监管管辖权，一旦 B 没有发现 $r$，但 C 发现了 $r$ 并根据 $r_C$ 对 P 进行规制，从而能够"查缺补漏"，C 的监管为 B 带来的收益为 $a(1 - e_B) t_C e_C(1 - r_C)$，即"合作收益"。这意味着 B 和 C 的监管投入具有替代性，即当一方增加监管投入时，另一方会相应减少监管投入。假设两部分收益的权重相等，且监管成本仅来自监管投入，可以得到式（1）的效用函数。

**3. 博弈时序**

假设所有信息在 B 和 C 之间都是对称的，博弈共分为三个阶段。给定 B 和 C 的监管标准 $r_B$ 和 $r_C$，则第 1 期，B 和 C 分别进行专用性监

---

① "坏业务"是指项目风险 $r$ 超过 B 或 C 的监管规则 $r_B$、$r_C$。

管投入 $e_B$、$e_C$；第 2 期，B 和 C 对 P 进行规制决策；第 3 期，B 和 C 获得效用。博弈时序见图 3。

| B和C分别投入$e_B$、$e_C$ | B和C对P进行规制 | B和C获得效用 |
| :---: | :---: | :---: |
| $T=1$ | $T=2$ | $T=3$ |

**图 3　博弈时序**

## （二）统一监管与分业监管下的最优监管投入

在分业监管下，B 和 C 是两个独立的监管机构，有权根据各自的标准 $r_B$、$r_C$ 分别对 P 进行监管。在统一监管下，B 和 C 为一个监管机构中的两个独立部门，监管标准是统一的：若 B 合并 C，则监管标准为 $r_B$；若 C 合并 B，则监管标准为 $r_C$；若由更具权威的机构 H 将 B 和 C 合并为新的监管机构，则 B 和 C 统一按照 H 的监管标准 $r_H$ 进行监管。"监管标准由谁来决定"是分业监管与统一监管最本质的区别。在具体求解中，引入理想状态下的监管投入作为对比基准，分析分业监管和统一监管下的最优监管投入差异。

### 1. 基准模式

首先，以社会最优解（First Best Solution）的监管投入为对比基准。在对交叉业务 P 的协作监管过程中，监管标准、监管能力存在差异，易导致监管标准宽松、低监管能力者的"搭便车"行为。这是因为即使自己减少监管投入，对方也能够有效地"查缺补漏"，因为关于交叉任务职责划分的契约不完全，即使监管不力也难以将所有责任归于自己。预料到这一点，相应地，监管标准严格、高监管能力一方的事前监管投入激励也会下降。若我们将金融监管机构 B 和 C 看作负责金融监管的国家代理人，委托人希望最大限度地保证两个监管机构努力监管，避免这类由共同监管管辖权带来的卸责问题。因此，在理想状态下，不存在以上由共同监管带来的卸责问题，金融监管机构 B 和 C 根据自身的 $r_B$、$r_C$ 分别选择最优监管投入以最大化各自效用，基准模式的模型表达分别如式（3）和式（4）所示：

$$\max_{e_B} U_B^1 = ae_B(1 - r_B) - \frac{1}{2}e_B^2 \qquad (3)$$

$$\max_{e_c} U_C^1 = at_c e_c (1 - r_c) - \frac{1}{2} e_c^2 \qquad (4)$$

$$\text{s. t.} \quad 0 \leqslant e_B \leqslant 1, 0 \leqslant e_c \leqslant 1$$

容易得出，在理想状态下，$e_B^{*1} = a(1 - r_B)$，$e_C^{*1} = at_c(1 - r_c)$，最优监管投入只与自己的监管能力、监管标准、金融混业经营程度有关。

**2. 分业监管模式**

在分业监管下，两个监管机构事前分别根据 $r_B$、$r_c$ 同时选择最优的监管投入 $e_B^*$ 与 $e_c^*$，同时需要考虑对方监管行为为自己带来的监管收益［各自的效用函数如式（1）和式（2）所示］，应用纳什均衡的求解思路，我们得到分业监管下的最优监管投入。①

（1）若 B 的监管更为严格（$r_B < r_c$），最优监管投入（$e_{NB}^*$、$e_{NC}^*$）满足：

若 $\dfrac{1 - r_c}{1 - r_B} \leqslant a(1 - r_B)$，则 $e_{NB}^* = a(1 - r_B)$，$e_{NC}^* = 0$；

若 $\dfrac{1 - r_c}{1 - r_B} > a(1 - r_B)$，则 $e_{NB}^* = \dfrac{a\left[(1 - r_B) - at_c^2(1 - r_c)^2\right]}{1 - a^2 t_c^2(1 - r_B)(1 - r_c)}$，

$e_{NC}^* = \dfrac{at_c\left[(1 - r_c) - a(1 - r_B)^2\right]}{1 - a^2 t_c^2(1 - r_B)(1 - r_c)}$。

（2）若 C 的监管更为严格（$r_B > r_c$），最优监管投入（$e_{NB}^*$、$e_{NC}^*$）满足：

若 $\dfrac{1 - r_B}{1 - r_c} \leqslant at_c^2(1 - r_c)$，则 $e_{NB}^* = 0$，$e_{NC}^* = at_c(1 - r_c)$；

若 $\dfrac{1 - r_B}{1 - r_c} > at_c^2(1 - r_c)$，则 $e_{NB}^* = \dfrac{a\left[(1 - r_B) - at_c^2(1 - r_c)^2\right]}{1 - a^2 t_c^2(1 - r_B)(1 - r_c)}$，

$e_{NC}^* = \dfrac{at_c\left[(1 - r_c) - a(1 - r_B)^2\right]}{1 - a^2 t_c^2(1 - r_B)(1 - r_c)}$。

我们发现，角点解处只有监管标准更为严格的一方需要付出监管投入，而监管标准更为宽松的一方将不会进行监管投入，且 $r_B$、$r_c$ 间的

---

① 求解过程见附录。

差异越大，出现角点解的概率越高。而当二者的监管标准存在差异时，双方都有激励进行监管投入。这说明在分业监管下，B 和 C 监管标准的不一致将会带来监管标准宽松一方的"搭便车"行为，且随着监管标准差异的扩大，监管标准宽松一方的卸责动机增强。

**3. 统一监管模式**

在统一监管下，两机构 B 和 C 仍有权自主选择 $e_B^*$ 与 $e_C^*$，但监管标准得以统一，监管标准制定权被授予 B、C 或具有更高权威的 H。如银保监会内设银行监察局、非银检查局、大型银行部、财险部等 27 个部门，分别负责银行与保险行业的风险控制。这些部门的工作内容是相对独立的，但起草银行业和保险业的法律法规草案、拟订相关监管规则统一由法规部负责，即监管标准是统一的。又如银保监会的主席由原银监会主席担任，且在 6 位副主席中，来自原银监会的有 4 人，而来自原保监会的只有 2 人，这意味着原银监会在制定监管标准方面的话语权更强，拥有大部分交叉业务的"监管标准制定权"。

统一监管能够减少由于监管标准不一致带来的卸责问题，但被迫接受新监管标准将导致边际监管收益变化，进而带来监管投入激励的扭曲。若新标准更加严格，监管机构需要收集更多业务信息、对本部门员工进行深入培训、加强与其他部门的沟通，因而监管的边际收益下降；反之，若新标准更加宽松，监管机构的监管责任减轻，意味着同样 1 单位的监管投入带来的监管收益将增加。因此，边际收益的变化与统一监管前后执行的监管标准差异相关，监管标准差异越大，激励扭曲越强。为刻画这一过程，令统一监管后的监管标准为 $r_i(i = B, C, H)$，B 和 C 的监管收益分别是分业监管下的 $K_B$ 倍（$K_B = \frac{1 - r_B}{1 - r_i}$）和 $K_C$ 倍（$K_C = \frac{1 - r_C}{1 - r_i}$）。

定义 $R(R = r_i - r_{B/C}$[①]$)$ 为统一监管后新旧监管标准的差异，当 $r_i > r_{B/C}$ 时，$K_{B/C} > 1$，且 R 越大，$K_B$ 和 $K_C$ 越大，即当新的监管标准更加

---

① B/C 的含义为监管机构 B 或者 C，下同。

宽松时，边际监管收益将提高；$R' = r_{B/C} - r_i$，当 $r_i < r_{B/C}$ 时，$K_{B/C} < 1$，且 $R'$ 越大，$K_B$ 和 $K_C$ 越小，即当新的监管标准更加严格时，边际收益将下降；当 $r_i = r_{B/C}$ 时，$K_{B/C} = 1$，即统一监管后仍按照原标准监管，边际收益不变。

统一监管后，B 和 C 作为独立部门，在事前根据统一的监管标准 $r_i (i = B, C, H)$ 选择最优的监管投入 $e_B^*$ 与 $e_C^*$，以最大化各自的效用，它与分业监管的差异仅在于监管标准的统一及边际监管收益的变化。统一监管后，B 和 C 的最优监管投入分别满足式（5）式（6）：

$$\max_{e_B} U_B^2 = a \frac{1 - r_B}{1 - r_i} [ e_B (1 - r_i) + (1 - e_B) t_C e_C (1 - r_i) ] - \frac{1}{2} e_B^2$$

$$\text{s. t.} \quad 0 \leqslant e_B \leqslant 1, 0 \leqslant e_C \leqslant 1 \tag{5}$$

$$\max_{e_C} U_C^2 = a \frac{1 - r_C}{1 - r_i} [ t_C e_C (1 - r_i) + (1 - t_C e_C) e_B (1 - r_i) ] - \frac{1}{2} e_C^2$$

$$\text{s. t.} \quad 0 \leqslant e_B \leqslant 1, 0 \leqslant e_C \leqslant 1 \tag{6}$$

解得两部门的最优监管投入分别为：

$$e_{IB}^* = \frac{a(1 - r_B)[1 - at_C^2(1 - r_C)]}{1 - a^2 t_C^2 (1 - r_B)(1 - r_C)}$$

$$e_{IC}^* = \frac{at_C(1 - r_C)[1 - a(1 - r_B)]}{1 - a^2 t_C^2 (1 - r_B)(1 - r_C)}$$

为进一步分析监管标准、监管能力对双方最优监管投入的影响，我们将分业监管与统一监管下的最优监管投入对 $r_B$、$r_C$、$t_C$ 进行比较静态分析，从而得到命题 1。

命题 1：在统一监管与分业监管下，B 和 C 的最优监管投入均满足：

(1) $\dfrac{\partial e_i^*}{\partial r_i} \leqslant 0, \dfrac{\partial e_i^*}{\partial r_{-i}} > 0$，$i = B/C$，$-i = C/B$；

(2) $\dfrac{\partial e_B^*}{\partial t_C} < 0, \dfrac{\partial e_C^*}{\partial t_C} > 0$。

无论何种监管模式，B 和 C 的最优监管投入均受到监管标准与监管能力的综合影响。从监管标准看，最优监管投入与自身监管标准的严格程度成正比，与对方监管标准的严格程度成反比。这是由于交叉业务 P 受 B 和 C 的共同监管，一方更加严格的监管标准将带来正外部性，"合作收益"的存在使监管标准宽松的一方能够"搭便车"，降低其监管投入的激励。以银监会和保监会为例，它们在金融市场监管中关注的重点、监管标准的严格程度存在差异。银监会更需要控制全局性金融风险，监管标准更为全面、严格，而保监会则主要规范保险公司行为，目标在于促进保险行业健康有序发展。例如，2018 年 1 月银监会印发《关于进一步深化整治银行业市场乱象的通知》，对诸如"违规通过与银行、证券、保险、信托、基金等机构合作，隐匿资金来源和底层资产"等行为进行重点规范、整治，但是保监会在相应时期并没有类似规定。这说明在银监会对交叉业务"高标准、严兜底"的情况下，保监会对相同业务的监管投入有所下降，对保险业的监管存在疏漏。这直接导致 2017 年保监会进入整肃时期，各大保险公司高管、保监会前主席纷纷接受调查，这也是促成银保监会成立的重要原因之一。从监管能力上看，C 的监管能力越强（B 和 C 的监管能力越接近），C 的监管行为产生的正外部性将越大，B 的最优监管投入会因此而降低。由于监管的替代性，C 的监管投入则会提高。

图 4 和图 5 揭示了理想状态下分业监管与统一监管下各方的最优监管投入关系，I 代表统一监管下的最优监管投入组合，N 代表分业监管下的最优监管投入组合。图 4 中 $r_B < r_C$，即高能力监管者的监管标准更严格，图 5 中 $r_B > r_C$，即低能力监管者的监管标准更严格。

观察图 4、图 5 可知，统一监管后原监管标准较为宽松的一方将增加监管投入，原监管标准较为严格的一方则会减少监管投入，这意味着统一监管在一定程度上可以降低监管标准宽松者的"搭便车"行为带来的危害。而在中国当下的金融监管实践中，在银保监会中原银监会拥有更高权威的情况下，内设的保险监管部门将加强对保险业，尤其是与银行交叉业务的监管。但由于统一监管下依旧存在共同监管的合作收益，B 和 C 的监管投入仍具有替代性，一方监管投入的提高会使另一方监管投入下降。因此，统一监管和分业监管下的监管投入组合都无法达到不考虑合作收益与投入替代性时的最优投入。正式地，我们将统一监管和分业监管①下各方最优监管投入的变化规律总结为命题2。

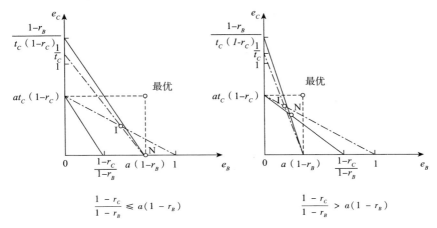

$$\frac{1 - r_C}{1 - r_B} \leqslant a(1 - r_B) \qquad \frac{1 - r_C}{1 - r_B} > a(1 - r_B)$$

**图4** $r_B < r_C$ 时的最优监管投入对比

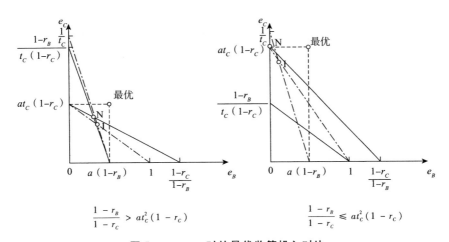

$$\frac{1 - r_B}{1 - r_C} > at_C^2(1 - r_C) \qquad \frac{1 - r_B}{1 - r_C} \leqslant at_C^2(1 - r_C)$$

**图5** $r_B > r_C$ 时的最优监管投入对比

命题2：若B的监管标准比C严格（$r_B < r_C$），则在统一监管下，

---

① 不失一般性，我们只考虑分业监管下最优监管投入的内点解组合与统一监管下最优监管投入的比较。

B 的最优监管投入小于分业监管，C 的最优监管投入大于分业监管；反之，若 B 的监管标准比 C 宽松（$r_C < r_B$），则在统一监管下，B 的最优监管投入大于分业监管，C 的最优监管投入小于分业监管。

进一步地，我们令 $\Delta e_B^* = e_{IB}^* - e_{NB}^*$，$\Delta e_C^* = e_{IC}^* - e_{NC}^*$，从金融混业经营程度 $a$ 和监管能力差异 $t_C$ 的角度对不同监管模式下各方监管投入的激励变化进行分析，得到引理 1。

引理 1：$\Delta e_B^*$ 和 $\Delta e_C^*$ 关于 $a$ 和 $t_C$ 的比较静态分析如下。

（1）若 $r_B < r_C$，则 $\dfrac{\partial \Delta e_B^*}{\partial a} < 0$，$\dfrac{\partial \Delta e_C^*}{\partial a} > 0$；$\dfrac{\partial \Delta e_B^*}{\partial t_C} < 0$，$\dfrac{\partial \Delta e_C^*}{\partial t_C} > 0$。

（2）若 $r_B > r_C$，则 $\dfrac{\partial \Delta e_B^*}{\partial a} > 0$，$\dfrac{\partial \Delta e_C^*}{\partial a} < 0$；$\dfrac{\partial \Delta e_B^*}{\partial t_C} > 0$，$\dfrac{\partial \Delta e_C^*}{\partial t_C} < 0$。

统一监管后，若 B 的监管标准比 C 严格（$r_B < r_C$），则 $\Delta e_B^* < 0$，$\Delta e_C^* > 0$，随着金融混业经营程度 $a$ 及 C 的监管能力 $t_C$ 的上升，相较于分业监管，B 的最优监管投入下降幅度变大，C 的最优监管投入上升幅度变大；反之，若 C 的监管标准比 B 严格（$r_B > r_C$），则 $\Delta e_B^* > 0$，$\Delta e_C^* < 0$，随着 $a$ 和 $t_C$ 的上升，C 的最优监管投入下降幅度变大，B 的最优监管投入上升幅度变大。这说明金融混业程度越高、B 和 C 的监管能力越相近，统一监管对双方激励的调整力度就越大，进而直接影响 B 和 C 的效用。

## （三）金融监管机构协调模式

除了分业监管和统一监管外，各国普遍存在金融监管机构的协调机制，如我国 2013 年建立的金融监管协调部际联席会议制度。此时，面对交叉业务 P，监管机构 B 和 C 可能会采取协商讨论的方式，事前共同确定统一的监管标准 $r_F$，相应地，$K_C = \dfrac{1 - r_C}{1 - r_F}$，$K_B = \dfrac{1 - r_B}{1 - r_F}$。由于 B 和 C 是两个独立、平级的监管机构，其协商需要产生一定的成本，而在统一监管下 B 和 C 是内部部门，必须无条件地接受新的监管标准，不存在协商成本。假设总交易成本为 $T \mid r_B - r_C \mid$，并为 B 和 C 等比例承担。其中，$T$ 用以衡量协调需要付出的固定交易成本，与两个部门的

行政级别、地理距离、是否有合作经验等有关。$|r_B - r_C|$ 用以衡量 B 和 C 监管标准的一致程度，监管标准越相近，协商越容易达成；反之，监管标准相差越大，B 和 C 越难以沟通，客观上增加了交易成本。在金融监管协调部际联席会议制度下，监管机构的目标函数为：

$$\max_{e_B} U_B = a(1 - r_B)[e_B + (1 - e_B)t_C e_C] - \frac{1}{2}e_B^2 - \frac{1}{2}T \qquad (7)$$

$$\text{s. t.} \quad 0 \leqslant e_B \leqslant 1, 0 \leqslant e_C \leqslant 1$$

$$\max_{e_C} U_C = a(1 - r_C)[t_C e_C + (1 - t_C e_C)e_B] - \frac{1}{2}e_C^2 - \frac{1}{2}T|r_B - r_C| \qquad (8)$$

$$\text{s. t.} \quad 0 \leqslant e_B \leqslant 1, 0 \leqslant e_C \leqslant 1$$

解得最优的监管投入组合与统一监管下的情况完全一致。因此，只有在 B 和 C 的监管标准完全一致或者两个部门的行政级别非常相近，并具有较好的合作基础的情况下（即协商成本几乎为 0），以金融监管协调部际联席会议制度为代表的协商模式才能够发挥与统一监管相近的作用。否则，金融监管协调部际联席会议制度下 B 和 C 的效用将总是小于统一监管，即统一监管由于节省了协商成本将优于金融监管协调模式。

至此，我们对分业监管和统一监管的基本假设、模型设定进行了说明与对比，并对两类组织模式下的最优监管投入进行求解。进一步地，将从各方效用的角度正式给出分业监管、统一监管的边界。

# 三　最优金融监管模式的讨论

## （一）不同监管模式下 B 和 C 的效用变化

我们对 B 和 C 在分业监管与统一监管下的效用进行比较，得到命题 3。

命题 3：若 B 的监管标准比 C 宽松（$r_B > r_C$），则统一监管后，B 的效用下降。若 $\Delta r' = r_B - r_C \geqslant \Delta r_1$，其中 $\Delta r_1 = \dfrac{2[1 - (1 - r_C)at_C^2]}{a^2 t_C^2 (1 - r_B)}$，

则 C 的效用下降；若 $\Delta r' < \Delta r_1$，则 C 的效用上升。

若 C 的监管标准比 B 宽松（$r_B < r_C$），则统一监管后，C 的效用下降。若 $\Delta r = r_C - r_B \geq \Delta r_2$，其中 $\Delta r_2 = \dfrac{2[1-(1-r_B)a]}{a^2 t_C^2(1-r_C)}$，则 B 的效用下降；若 $\Delta r < \Delta r_2$，则 B 的效用上升。

命题 3 说明，统一监管后原监管标准较为宽松的一方，由于监管投入的增加，其效用一定会下降；而原监管标准较为严格的一方，虽然监管投入下降，但效用只有在 B 和 C 的监管标准较为接近时才会上升。若监管标准差异较大，或金融监管混业经营程度较高、监管能力较相近（$\Delta r_1$ 和 $\Delta r_2$ 较小），则监管标准较为严格的一方的效用会下降。这是因为统一监管后采用新的监管标准，若 B 和 C 间的监管标准差异过大，其中一方的激励会受到极大扭曲，相应地，在纳什均衡中，监管标准较为严格的一方将不得不降低努力程度，从而使得自身效用降低。结合命题 2 和命题 3，表 4 对不同监管模式下的最优监管投入和效用变化进行了总结。

表 4    不同监管模式下的最优监管投入和效用变化

| 监管标准 | $\Delta e_B^* = e_{IB}^* - e_{NB}^*$ | $\Delta U_B^* = U_{IB}^* - U_{NB}^*$ | $\Delta e_C^* = e_{IC}^* - e_{NC}^*$ | $\Delta U_C^* = U_{IC}^* - U_{NC}^*$ |
|---|---|---|---|---|
| $r_B < r_C$ | $\Delta e_B^* < 0$ | $r \geq \Delta r_2, \Delta U_B^* \leq 0$<br>$r < \Delta r_2, \Delta U_B^* > 0$ | $\Delta e_C^* > 0$ | $\Delta U_C^* < 0$ |
| $r_B > r_C$ | $\Delta e_B^* > 0$ | $\Delta U_B^* < 0$ | $\Delta e_C^* < 0$ | $r' \geq \Delta r_1, \Delta U_C^* \leq 0$<br>$r' < \Delta r_1, \Delta U_C^* > 0$ |

## （二）分业监管和统一监管的边界——B 和 C 总效用的视角

为寻找分业监管和统一监管的边界，我们通过计算社会总效用来评价不同组织模式的优劣。具体地，以统一监管前后 B 和 C 的总效用变化为组织模式选择的标准，统一监管后总效用提升时应采取统一监管模式，且能够通过 B 和 C 之间的转移支付得以实现。分业监管、统一监管下的社会总效用形式分别如式（9）和式（10）所示。

$$U_{NS}^{*} = U_{NB}^{*} + U_{NC}^{*} = a[e_{NB}^{*}(1 - r_B) + (1 - e_{NB}^{*})t_C e_{NC}^{*}(1 - r_C) + t_C e_{NC}^{*}(1 - r_C) +$$

$$(1 - t_C e_{NC}^{*})e_{NB}^{*}(1 - r_B)] - \frac{1}{2}e_{NB}^{*2} - \frac{1}{2}e_{NC}^{*2} \tag{9}$$

$$U_{IS}^{*} = U_{IB}^{*} + U_{IC}^{*} = a[e_{IB}^{*}(1 - r_B) + (1 - e_{IB}^{*})t_C e_{IC}^{*}(1 - r_B) + t_C e_{IC}^{*}(1 - r_C) +$$

$$(1 - t_C e_{IC}^{*})e_{IB}^{*}(1 - r_C)] - \frac{1}{2}e_{IB}^{*2} - \frac{1}{2}e_{IC}^{*2} \tag{10}$$

对比 $U_{NS}^{*}$ 和 $U_{IS}^{*}$ 可得到最优监管模式的选择标准，即命题4。

命题4：统一监管和分业监管下的社会总效用满足以下条件。

（1）若 C 的监管标准比 B 宽松（ $r_B < r_C$ ），则相较于分业监管，统一监管后社会总效用下降。

（2）若 B 的监管标准比 C 宽松（ $r_B > r_C$ ），则相较于分业监管，统一监管后，当 $(1 - r_C)t_C^2 \geqslant (1 - r_B)$ 时，社会总效用下降。当 $(1 - r_C)t_C^2 < (1 - r_B)$ 时，令 $\hat{r} = \frac{1 - r_C}{1 - r_B}$ ，$f(\hat{r}) = \frac{1 - t_C^2 \hat{r}}{(\hat{r} - 1)(1 + t_C^2 \hat{r}^2)}$ ，若 $f(\hat{r}) > \frac{a^2 t_C^2(1 - r_B)^2}{2}$ ，则社会总效用上升；反之，若 $f(\hat{r}) < \frac{a^2 t_C^2(1 - r_B)^2}{2}$ ，则社会总效用下降。

命题4（1）表明，若高能力监管者的监管标准更严格，那么统一监管带来的效用永远低于分业监管。这是因为在监管投入存在替代性的情况下，提高高能力监管者的监管投入将更有利于总效用的提升，而统一监管后会采用新的监管标准，高能力监管者的监管压力得以缓解，进而降低了监管投入（如表3所描述的情况），故此时分业监管优于统一监管。

命题4（2）表明，给定金融混业经营程度 $a$ 和 C 的监管能力 $t_C$ ，当高能力监管者的监管标准较为宽松，且监管机构间的监管标准较为接近时，统一监管下的总效用高于分业监管。我们通过图6来讨论当 $r_B > r_C$ 时统一监管与分业监管组织边界的变化规律。其中，$\frac{\partial f(\hat{r})}{\partial \hat{r}} < 0$ ，自变量 $\hat{r}$ 的范围为 $\left(1, \frac{1}{t_C^2}\right)$ 。

根据命题4（2），当 $\hat{r} \in (1, A)$ 时，B 和 C 的监管标准较接近，统

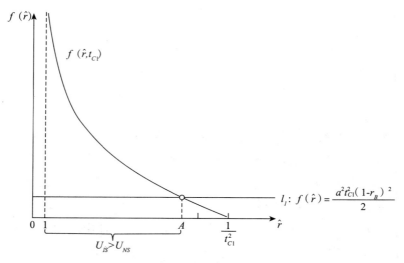

**图 6　统一监管与分业监管组织边界**（$r_B > r_C$）

一监管下的社会总效用高于分业监管；当 $\hat{r} \in \left(A, \dfrac{1}{t_{C1}^2}\right)$ 时，B 和 C 的监

管标准差异较大，分业监管则优于统一监管。这是因为当监管机构 B（高能力监管者）的监管标准宽松时，统一监管能够提高 B 的监管投入，从而避免了多个监管机构在监管标准上的"搭便车"行为，有利于总效用的提升。但是，当 B 和 C 间的监管标准差异过大时，统一监管虽然能够激励 B 大幅度提高监管投入，但随之而来的是，低能力监管者会在监管能力上采取"搭便车"行为，降低自身监管投入，导致总效用降低。因此，当高能力监管者的监管标准宽松时，统一监管模式仅在监管标准差异较小时适用，从而既能够缓解监管标准宽松者在监管标准上的"搭便车"行为，又能够避免加剧低能力监管者在监管能力上的"搭便车"行为。

为了更加直观地展示命题 4 的含义，通过固定外生参数对最优监管模式的选择过程进行数值模拟。令 $a = 0.6$，$t_C = 0.8$，$r_B = 0.5$，$\Delta r (r = r_C - r_B)$ 为横轴，$\Delta U_i (\Delta U_i = U_{Ii} - U_{Ni}, i = B, C, S)$ 为纵轴，模拟出在 $r$ 的不同取值范围下，统一监管和分业监管下 B 的效用、C 的效用以及总效用的差异（见图 7）。只有当 $r_C < r_B$（高能力监管者的监管标准宽

松），且双方标准差异不大时，采取统一监管模式带来的总效用才会高
于分业监管模式。

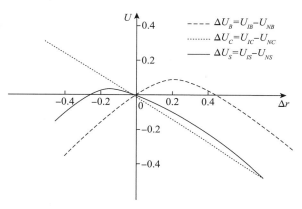

**图 7　最优监管边界模拟（ $a = 0.6$ , $t_C = 0.8$ , $r_B = 0.5$ ）**

命题 4（2）还给我们带来了其他方面的启示，即若监管机构间监
管标准的差异是确定的，C 的监管能力 $t_C$ 与金融混业经营程度 $a$ 对组
织模式的选择有何影响。图 8 展示了监管能力提高后统一监管的最优

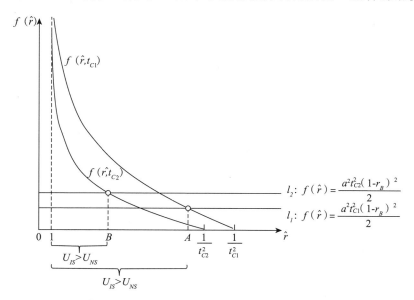

**图 8　监管能力提升后统一监管与分业监管组织边界（ $r_B > r_C$ ）**

边界。$t_c$ 提高时，即 B 和 C 的监管能力差异缩小。由于 $\dfrac{\partial f(\hat{r})}{\partial t_c} < 0$，$t_c$ 变大导致 $f(\hat{r}, t_{C1})$ 左移至 $f(\hat{r}, t_{C2})$ 的位置，$l_1$ 向上移动至 $l_2$，新的临界点变为 B。此时，当 $\hat{r} \in (1, B)$ 时，统一监管下的社会总效用高于分业监管；当 $\hat{r} \in \left( B, \dfrac{1}{t_{C2}^2} \right)$ 时，分业监管下的社会总效用高于统一监管。

因此，给定 B 和 C 的监管标准，二者监管能力的差异越大（即 $t_c$ 越小），统一监管的优势就越明显。这是因为 B 和 C 监管能力的差异越大，在事前，低能力监管者就已经具备较强的动机采取"搭便车"行为，相比之下，统一监管后在监管能力上卸责带来的效率损失便越小。因此，监管机构间能力差异越大，统一监管能够降低低能力监管者的"搭便车"行为这一作用体现得就越明显，统一监管的适用边界也越大。

此外，需要说明的是，与一般直觉相反，金融混业经营程度（交叉业务 P 的规模）$a$ 上升会缩小统一监管的适用范围 [$a$ 上升使得 $f(\hat{r})$ 水平上移]。其原因在于，如果 B 和 C 的监管标准存在差异，金融混业经营程度的提高加剧了监管者的私人利益冲突，进行统一监管会带来更加严重的激励扭曲。因此，在混业经营趋势不断增强的过程中，只有在 B 和 C 的监管标准相近或者 B 和 C 在监管能力上存在较大差异时，统一监管才是更优的组织模式。综上，得到引理 2。

引理 2：给定监管机构 B、C 间的监管标准差异，随着金融混业经营程度（交叉业务 P 的规模）的下降（$a$ 越小）以及监管能力差异的上升（$t_c$ 越小），统一监管的适用范围将扩大。

当下，金融混业经营程度不断加深，银保监会的成立是我国金融统一监管的初步尝试。从监管标准来看，银监会和保监会合并前在交叉业务的监管目标和标准方面差异较大，银监会更注重对全局性金融风险的控制，而保监会只立足保险行业的行为监管，银监会的监管更加严格。而监管目标更为单一、监管范围较小的保监会则更容易获得某项业务的真实风险，相对监管能力较强。与此同时，尽管我国金融混业经营的趋势逐步增强，但在现有的监管政策与法律环境下仍处于初级阶段，中国金融业的混业经营程度在世界范围内仍处于相对较低的水平（陈雨露、马勇，2013）。因此，监管能力强且监管标准宽松的一方，金融混业经营程度相对较低，进行统一监管能够提高监管机构的总效用。此外，随着金融混业经营程度的进一步提高，现有监管机构必然会采取各类监管协调、合作措施，促使各方监管标准差异进一步缩小，统一监管的趋势将进一步增强。

当然，金融监管是一个复杂的实践问题，面对日新月异的金融创新，难以从零散的金融业务监管活动中准确判断各个部门的监管标准与监管能力，本文仅从假定和模型出发，对银保监会的成立进行解释并对统一监管趋势加以初步预测。

# 四　结论

金融市场始终充斥着高风险与高收益，在经济活动的历史中发生过数次大型金融危机：从1637年的荷兰郁金香危机、1720年的英国南海泡沫事件，到1929年的美国经济大萧条、1997年的亚洲金融危机，再到2007年的美国次贷危机，随着世界各国经济联系的日益紧密，金融危机的危害也逐渐增大。为降低金融风险，全世界都在积极探索有效的金融监管方式，对金融监管组织模式的讨论和改革是其中十分重要的一环。在20世纪，分业监管是主流模式，而自次贷危机以来，统一监管逐步成为世界趋势。

我们参考不完全契约模型，对统一监管、分业监管的边界问题给出理论解释。模型发现当高能力监管机构的监管标准宽松，且两个机构的监管标准较为接近时，采取统一监管模式优于分业监管模式。此外，进行统一监管的最优时机是在混业经营程度相对较低或不同机构间的监管能力具有较大差异时，这有利于避免利益冲突带来的合并阻力。本文的研究为最优金融监管组织模式的选择提供了统一的理论框架，并在此视角下解释我国银保监会成立的原因。

当然，由于本文没有涉及具体被监管机构的行为，无法全面评价金融监管组织模式选择对整体经济的影响。进一步的研究方向可以考虑加入被监管机构，建立一般均衡模型，从监管效果、被监管机构效率两方面更加准确地评价监管机构的最优组织模式。总而言之，最优的监管模式需要根据各国的具体国情、日益复杂的金融实践进行相机抉择，本文只是对统一监管与分业监管模式抉择的一个初步尝试。

## 参考文献

[1] 曹凤岐：《改革和完善中国金融监管体系》，《北京大学学报》（哲学社会科学版）2009 年第 4 期，第 57～66 页。

[2] 陈雨露、马勇：《金融体系结构、金融效率与金融稳定》，《金融监管研究》2013 年第 5 期，第 1～21 页。

[3] 许成钢：《法律、执法与金融监管》，《经济社会体制比较》2001 年第 5 期，第 1～12 页。

[4] 党力、聂辉华、尹振东：《大部制还是小部制——不完全契约的视角》，《世界经济文汇》2014 年第 5 期，第 1～16 页。

[5] 李军林、姚东旻、李三希、王麒植：《分头监管还是合并监管：食品安全中的组织经济学》，《世界经济》2014 年第 10 期，第 165～192 页。

[6] 吴风云、赵静梅：《统一监管与多边监管的悖论：金融监管组织结构理论初探》，《金融研究》2002 年第 9 期，第 80～87 页。

[7] 项卫星、李宏瑾：《当前各国金融监管体制安排及其变革：兼论金融监管体制安排的理论模式》，《世界经济》2004 年第 9 期，第 68～76 页。

[8] Dewatripont, M., Tirole, J., "Advocates", *Journal of Political Economy*, 1999, 107 (1), pp. 1 – 39.

[9] Gaganis, C., Pasiouras, F., "Financial Supervision Regimes and Bank Efficiency: International Evidence", *Journal of Banking & Finance*, 2013, 37 (12), pp. 5463 – 5475.

[10] Glaeser, E. L., Shleifer, A., "The Rise of the Regulatory State", *Journal of Economic Literature*, 2003, 41 (2), pp. 401 – 425.

[11] Goodhart, C., Schoenmaker, D., "Should the Functions of Monetary Policy and Banking Supervision be Separated", *Oxford Economic Papers*, 1995, 47 (4), pp. 539 – 560.

[12] Goodhart, C. , "The Organizational Structure of Banking Supervision", *Economic Notes*, 2002, 31 (1), pp. 1 – 32.

[13] Grossman, S. J. , Hart, O. , "The Costs and Benefits of Ownership: A Theory of Vertical and Lateral Integration", *Journal of Political Economy*, 1986, 94 (4), pp. 691 – 719.

[14] Ito, T. , "Reform of Financial Supervisory and Regulatory Regimes: What Has Been Achieved and What is Still Missing", *International Economic Journal*, 2011, 25 (4), pp. 553 – 569.

[15] Kellermann, A. J. , J. de Haan, F. de Vries, *Financial Supervision in the 21st Century*, 2013, Springer.

[16] Kim, I. , Kim, I. , "Independence and Architecture of Financial Supervision: With Focus on the Effects on Banking Stability", *Global Economic Review*, 2014, 43 (4), pp. 338 – 354.

[17] Levine, R. , Barth, J. , "Bank Regulation and Supervision: What Works Best", The World Bank, 2001.

[18] Martinez, J. , Rose, T. A. , "International Survey of Integrated Financial Sector Supervision", World Bank Policy Research Working Paper, No. 3096, 2003.

[19] Masciandaro, D. , Pansini, R. V. , Quintyn, M. , "The Economic Crisis: Did Supervision Architecture and Governance Matter?", *Journal of Financial Stability*, 2013, 9 (4), pp. 578 – 596.

[20] Rajan, R. G. , Zingales, L. , "Financial Dependence and Growth", *The American Economic Review*, 1998, 88 (3), pp. 559 – 586.

[21] Romano, R. , "The Need for Competition in International Securities Regulation", *Theoretical Inquiries in Law*, 2001, 2 (2), pp. 387 – 561.

[22] Shleifer, A. , "A Theory of Yardstick Competition", *The RAND Journal of Economics*, 1985, 16 (3), pp. 319 – 327.

[23] Siregar, R. Y. , James, W. E. , "Designing an Integrated Financial Supervision Agency: Selected Lessons and Challenges for Indonesia", *ASEAN Economic Bulletin*, 2006, 23 (1), pp. 98 – 113.

[24] Taylor, M. , Peaks, T. , "A Regulatory Structure for the New Century", Pamphlet Centre for the Study of Financial Innovation, CSFI: London, 1995.

[25] U. S. Department of the Treasury, "An Analysis of Section 529 College Savings and

Prepaid Tuition Plans", A Report Prepared by the Department of Treasury for the White House Task Force on Middle Class Working Families, 2009.

# 附　录

## 1. 分业监管下的最优监管投入求解

$$\max_{e_B} U_B = a[e_B(1-r_B) + (1-e_B)t_C e_C(1-r_C)] - \frac{1}{2}e_B^2$$

$$\text{s. t.} \quad 0 \leq e_B \leq 1, \ 0 \leq e_C \leq 1$$

$$\max_{e_C} U_C = a[t_C e_C(1-r_C) + (1-t_C e_C)e_B(1-r_B)] - \frac{1}{2}e_C^2$$

$$\text{s. t.} \quad 0 \leq e_B \leq 1, 0 \leq e_C \leq 1$$

解得：$e_B^* = a[(1-r_B) - t_C e_C^*(1-r_C)]$，$e_C^* = at_C[(1-r_C) - e_B^*(1-r_B)]$。

下面需要分情况讨论。

（1）$r_B < r_C$，则 $e_B^* > 0$。若 $(1-r_C) \leq e_B^*(1-r_B)$，由于 $0 \leq e_C \leq 1$，则 $e_{NC}^* = 0$，$e_{NB}^* = a(1-r_B)$；若 $(1-r_C) > e_B^*(1-r_B)$，则只需按照纳什均衡求解的一般思路，可得 $e_{NB}^* = \dfrac{a[(1-r_B) - at_C^2(1-r_C)^2]}{1 - a^2 t_C^2(1-r_B)(1-r_C)}$，$e_{NC}^* = \dfrac{at_C[(1-r_C) - a(1-r_B)^2]}{1 - a^2 t_C^2(1-r_B)(1-r_C)}$。

（2）$r_B > r_C$，则 $e_C^* > 0$。若 $1-r_B \leq t_C e_C^*(1-r_C)$，由于 $0 \leq e_B \leq 1$，则 $e_{NB}^* = 0$，$e_{NC}^* = at_C(1-r_C)$；若 $1-r_B > t_C e_C^*(1-r_C)$，则求解结果同上。

综合以上结果，把求解结果代入各临界条件的不等式，可得到命题1。

（1）若 B 的监管更为严格（$r_B < r_C$），最优监管投入（$e_{NB}^*$、$e_{NC}^*$）满足：

若 $\dfrac{1-r_C}{1-r_B} \leqslant a(1-r_B)$ ，则 $e_{NB}^* = a(1-r_B)$，$e_{NC}^* = 0$ ；

若 $\dfrac{1-r_C}{1-r_B} > a(1-r_B)$ ，则 $e_{NB}^* = \dfrac{a[(1-r_B) - at_C^2(1-r_C)^2]}{1 - a^2 t_C^2(1-r_B)(1-r_C)}$ ,

$$e_{NC}^* = \dfrac{at_C[(1-r_C) - a(1-r_B)^2]}{1 - a^2 t_C^2(1-r_B)(1-r_C)} 。$$

（2）若 C 的监管更为严格（$r_B > r_C$），最优监管投入（$e_{NB}^*$、$e_{NC}^*$）满足：

若 $\dfrac{1-r_B}{1-r_C} \leqslant at_C^2(1-r_C)$ ，则 $e_{NB}^* = 0$，$e_{NC}^* = at_C(1-r_C)$ ；

若 $\dfrac{1-r_B}{1-r_C} > at_C^2(1-r_C)$ ，则 $e_{NB}^* = \dfrac{a[(1-r_B) - at_C^2(1-r_C)^2]}{1 - a^2 t_C^2(1-r_B)(1-r_C)}$ ,

$$e_{NC}^* = \dfrac{at_C[(1-r_C) - a(1-r_B)^2]}{1 - a^2 t_C^2(1-r_B)(1-r_C)} 。$$

**2. 命题 1 的证明**

在角点解处，以 B 为例，$e_{NB}^* = a(1-r_B)$ ，则 $\dfrac{\partial e_{NB}^*}{\partial r_B} = 0$，$\dfrac{\partial e_{NB}^*}{\partial r_C} > 0$ 。

在内解处，$\dfrac{\partial e_{NB}^*}{\partial r_B} = -\dfrac{[1 + t_C^4(r_C - 1)^3 a^3]a}{[a^2(1-r_C)(1-r_B) - 1]^2}$ ，由参数范围可知，

$\dfrac{\partial e_{NB}^*}{\partial r_B} < 0$ ，$\dfrac{\partial e_{NB}^*}{\partial r_C} = \dfrac{a^2 t_C^2[-t_C^2(1-r_C)^2(1-r_B)a^2 - (1-r_B)^2 a + 2(1-r_C)]}{[a^2 t_C^2(1-r_B)(1-r_C) - 1]^2}$ ,

根据此时的参数范围，我们可以对此式进行放缩，发现 $\dfrac{\partial e_{NB}^*}{\partial r_C} >$

$\dfrac{(1-r_C)[1 - a^2 t_C^2(1-r_C)(1-r_B)]}{[a^2 t_C^2(1-r_B)(1-r_C) - 1]^2} > 0$ 。[①]

**3. 引理 1 的证明**

$\dfrac{\partial \Delta e_B^*}{\partial a} = \dfrac{2at_C^2(1-r_C)(r_B - r_C)}{[1 - a^2 t_C^2(1-r_B)(1-r_C)]^2}$ ，发现若 $r_C < r_B$ ，则 $\dfrac{\partial \Delta e_B^*}{\partial a} > 0$ ；

---

① C 的情况与此解法相同，且最优监管投入对 $t_C$ 的比较静态分析与之类似，在此不再赘述，如果读者需要，作者可提供求解过程。

若 $r_C > r_B$，则 $\dfrac{\partial \Delta e_B^*}{\partial a} < 0$。

$$\frac{\partial \Delta e_C^*}{\partial a} = \frac{-2at_C(1-r_C)(r_B-r_C)}{[1-a^2t_C^2(1-r_B)(1-r_C)]^2}，\text{发现若}\ r_C < r_B，\text{则}\ \frac{\partial \Delta e_C^*}{\partial a} < 0；$$

若 $r_C > r_B$，则 $\dfrac{\partial \Delta e_C^*}{\partial a} > 0$。

$$\frac{\partial \Delta e_B^*}{\partial t_C} = \frac{4at_C(1-r_C)(r_B-r_C)[1+a^2t_C^2(1-r_B)(1-r_C)]}{[1-a^2t_C^2(1-r_B)(1-r_C)]^2}，\text{发现}$$

若 $r_C < r_B$，则 $\dfrac{\partial \Delta e_B^*}{\partial t_C} > 0$；若 $r_C > r_B$，则 $\dfrac{\partial \Delta e_B^*}{\partial t_C} < 0$。

$$\frac{\partial \Delta e_C^*}{\partial t_C} = \frac{-a^2(1-r_C)(r_B-r_C)[1+a^2t_C^2(1-r_B)(1-r_C)]}{[1-a^2t_C^2(1-r_B)(1-r_C)]^2}，\text{发现}$$

若 $r_C < r_B$，则 $\dfrac{\partial \Delta e_C^*}{\partial t_C} < 0$；若 $r_C > r_B$，则 $\dfrac{\partial \Delta e_C^*}{\partial t_C} > 0$。

### 4. 统一监管下最优监管投入求解

化简两个规划问题可得：

$$\max_{e_B} U_B = a(1-r_B)[e_B + (1-e_B)t_C e_C] - \frac{1}{2}e_B^2$$

$$\text{s. t.}\quad 0 \leqslant e_B \leqslant 1, 0 \leqslant e_C \leqslant 1$$

$$\max_{e_C} U_C = a(1-r_C)[t_C e_C + (1-t_C e_C)e_B] - \frac{1}{2}e_C^2$$

$$\text{s. t.}\quad 0 \leqslant e_B \leqslant 1, 0 \leqslant e_C \leqslant 1$$

一阶最优条件为：

$$a(1-r_B)(1-t_C e_C^*) = e_B^*$$

$$at_C(1-r_C)(1-e_B) = e_C^*$$

解得：

$$e_{iB}^* = \frac{a(1-r_B)[1-at_C^2(1-r_C)]}{1-a^2t_C^2(1-r_B)(1-r_C)}$$

$$e_{iC}^* = \frac{at_C(1-r_C)[1-a(1-r_B)]}{1-a^2t_C^2(1-r_B)(1-r_C)}$$

**5. 命题 2 的证明**

$$\Delta e_B^* = e_{IB}^* - e_{NB}^* = \frac{a^2 t_C^2 (1 - r_C)(r_B - r_C)}{1 - a^2 t_C^2 (1 - r_B)(1 - r_C)}，\text{发现若 } r_C < r_B，\text{则}$$

$\Delta e_B^* > 0$；若 $r_C > r_B$，则 $\Delta e_B^* < 0$。

$$\Delta e_C^* = e_{IC}^* - e_{NC}^* = \frac{a^2 t_C^2 (1 - r_B)(r_C - r_B)}{1 - a^2 t_C^2 (1 - r_B)(1 - r_C)}，\text{发现若 } r_C < r_B，\text{则}$$

$\Delta e_C^* < 0$；若 $r_C > r_B$，则 $\Delta e_C^* > 0$。

**6. 命题 3 的证明**

我们可以分别计算出合并监管与分业监管情况下 B 和 C 的效用，并做差进行比较：

$$U_{IB} - U_{NB} = \frac{(r_B - r_C)(1 - r_C) a^2 t^2 [a^2 t^2 (1 - r_C)(r_C - r_B) + 2(1 - r_B)a - 2]}{2[a^2 t^2 (1 - r_B)(1 - r_C) - 1]}$$

$$U_{IC} - U_{NC} = \frac{(r_B - r_C)(1 - r_B) a^2 [a^2 t^2 (1 - r_B)(r_C - r_B) - 2 t^2 (1 - r_C)a + 2]}{2[a^2 t^2 (1 - r_B)(1 - r_C) - 1]}$$

可以发现，在 $r_B > r_C$ 时，$U_{IB} - U_{NB} < 0$。若 $r_B < r_C$，令 $U_{IB} - U_{NB} = 0$，

得到 $r_C - r_B = -\dfrac{2[1 - (1 - r_C)at^2]}{a^2 t^2 (1 - r_B)}$，令 $\Delta r_1 = -\dfrac{2[1 - (1 - r_C)at^2]}{a^2 t^2 (1 - r_B)}$，若

$\Delta r' = r_B - r_C \leqslant \Delta r_1$，则一体化后，C 的效用下降；若 $\Delta r' > \Delta r_1$，则 C 的效用上升。

在 $r_B < r_C$ 时，$U_{IC} - U_{NC} < 0$。令 $U_{IC} - U_{NC} = 0$，得到 $r_C - r_B = \dfrac{2[1 - (1 - r_B)a]}{a^2 t^2 (1 - r_C)}$。令 $\Delta r_2 = \dfrac{2[1 - (1 - r_B)a]}{a^2 t^2 (1 - r_C)}$，若 $\Delta r = r_C - r_B \geqslant \Delta r_2$，则 B 的效用下降；若 $\Delta r < \Delta r_2$，则 B 的效用上升。

**7. 命题 4 的证明**

$$\Delta U_S = U_{IS} - U_{NS} =$$

$$\frac{a^2 (r_C - r_B)\{a^2 (1 - r_C)^2 (r_C - r_B)^4 + [a^2 (1 - r_B)^2 (r_B - r_C) + 2(1 - r_C)] t^2 - 2(1 - r_B)\}}{2[a^2 t^2 (1 - r_B)(1 - r_C) - 1]^2}，$$

发现当 $r_B < r_C$ 时，$\Delta U_S < 0$ 恒成立。而当 $r_B < r_C$ 时，若 $(1 - r_C) t^2 \geqslant (1 - r_B)$，则社会总效用下降；若 $(1 - r_C) t^2 < (1 - r_B)$，令 $\Delta U_S = 0$，得

到临界值 $\hat{r} = \dfrac{1 - r_C}{1 - r_B}$，$f(\hat{r}) = \dfrac{1 - t_C^2 \hat{r}}{(\hat{r} - 1)(1 + t_C^2 \hat{r}^2)}$。若 $f(\hat{r}) > \dfrac{a^2 t^2 (1 - r_B)^2}{2}$，

则统一监管后社会总效用上升；反之，若 $f(\hat{r}) < \dfrac{a^2 t^2 (1 - r_B)^2}{2}$，则统

一监管后社会总效用下降。

# 统计机构的最优管理模式

2014 年，我国各省（自治区、直辖市）公布的 GDP 总和高于全国 GDP 4.78 万亿元，排除重复计算等因素，地方统计数据是否被人为拔高再次成为国内外关注的焦点。在扭曲政绩观的驱使下，统计造假行为确实时有发生。统计数据造假不仅干扰和影响了我国宏观政策制定的准确性和科学性，而且严重损害了官方统计的公信力。

国家层面历来高度重视考核机制不完善引发的统计失真问题。2013 年 11 月 15 日正式公布的《中共中央关于全面深化改革若干重大问题的决定》提出，要完善经济社会发展考核评价体系，把生态效益、民生保障等指标纳入经济社会发展评价体系，使之成为推进生态文明建设和民生改善的导向与约束。2014 年 1 月，国家统计局制定的《全面深化统计改革总体方案》提出，要加快构建转型升级指标体系，为全面评价经济社会发展状况和科学考核评价干部政绩发挥好引领导向作用，并着重强调要坚决反对和制止在统计上弄虚作假，切实排除各种对统计数据的干扰。近年来，学术界也对统计数据造假问题进行了深入研究，研究的焦点主要集中在探讨造假行为的动机以及如何治理统计造假等方面。

学术界普遍认为，对虚假数据的需求是统计信息主观性误差产生的原因，即地方官员常说的"横向比较要先进，纵向比较要前进"（田丽娜，2014），主要分为两种情况。一是"被动接受"。一些地方设定不切实际的高指标，迫使基层只有造假才能完成增长任务。何承文（2012）重点分析了统计数据失真的历史原因，如果某地长期存在基数和增长率被注水的情况，即使某一任地方官员主观上不想造假，但为了保持统计数据的一致性和连贯性，并避免上一级总数大幅缩水，也只能无奈选择继续造假。二是"主动需求"。通过"数据美化"，地方政府可以"骗"取到荣誉称号、官员晋升、政策优惠等诸多好处。

多数文献通过构建二元决策博弈模型①，讨论了地方政府何时会造假以及中央政府应当如何抑制造假。通过模型分析，一些学者发现，对于治假者而言，必须保证造假者的造假期望收益小于不造假的期望收益，才能有效治假。因此，学者们围绕如何降低造假收益、增加违法成本，从改革官员考核评价体系、改革统计管理体制、改进数据采集流程等角度提出了政策建议。其一，破除官员升迁与 GDP 的直接联系，建立科学合理的干部考评体系（田梦珍，2011）。其二，改革基层统计局在业务上受上级统计局领导、行政上受同级政府领导的管理模式，使统计机关脱离与地方政府的从属关系（田梦珍，2011）。其三，建立利益中立的第三方评估机构，深入推进统计"四大工程"②，减少数据传递环节的各种干扰（何承文，2012）。同时，适当提高统计工作人员正常履职的收益，降低统计检查人员与造假单位合谋的风险（朱新玲、黎鹏，2007）。其四，在大数据时代背景下，可以利用用电量、铁路货运量、银行信贷发放量等非官方数据对政府统计进行评估修正。

然而，现有研究成果对现实的刻画还不够精确。一是多数文献将基层单位的行为设定为"造假"与"不造假"的二元选择。实际上，基层官员若造假程度较低，有可能并未显著提高期望收益；若造假程度较高，则可能导致更严厉的惩罚。此外，如果历史数据存在虚高成分，只要实际水平低于往期虚高水平，现任官员为了不让当期数据与往期相比有大幅缩水，仍然会虚报以延续历史数据的增长趋势。也就

---

① 二元决策博弈模型即在构建博弈模型时，将地方政府（基层统计机构）的战略简化为"造假"与"不造假"的二元选择，将中央政府（上级统计机构）的战略简化为"检查"与"不检查"的二元选择。

② 在 2010 年全国统计工作会议上，国家统计局提出了四大工程建设目标。四大工程包括：一是建设一个真实完整、及时更新的统一的单位名录库；二是建立统一规范、方便企业填报的企业统计报表制度；三是建设功能完善、统一兼容的统一数据采集处理软件系统；四是建立统一高效的统计联网直报系统。

是说，现任官员根本不存在"造"与"不造"的二元选择余地，只能选择造假在多大程度上才能维护好前任与现任的政绩。因此，基层官员存在造假程度的权衡，在模型中应当考虑。同样，将委托人的行为设定为"检查"与"不检查"的二元选择也与实际情况差异较大。现实中，立法层面对造假行为处罚的程度会影响造假决策，而执法层面则由于行政资源的有限性和成本性，统计执法只能以一定概率进行抽查，委托人需要在惩罚力度和检查覆盖率两个维度上进行决策。

二是多数文献中，委托人收益函数中包括惩罚违规者的罚款，且委托人的检查活动收益被设定为恰好等于造假者的损失程度。这种设定与统计法的实际贯彻情况并不吻合。其一，对于下级统计局造假的处罚往往落在直接责任人和相关领导身上，且多为行政处分而非货币化的罚款，执行检查的委托人没有任何货币化的收益。现实中，不会出现处罚越重，上级统计执法机关效用水平越高的情况。其二，即使对违规企业处以罚款，在罚没金额全部上缴国库、执法人员工资奖金及办公经费与罚没收益脱钩的政策环境下，执法机关也不可能获得与被罚单位效用降低程度完全一致的效用增长。由于基层代理人统计造假的主要动力在于政治收益，代理人造假未被发现时可能实现的收益，也不可能在处罚时被执法机关等额获得。其三，国家统计局在《全面深化统计改革总体方案》中提出变革统计生产方式的要求。多数研究成果提出国家统计局应当实行垂直管理的建议，但并未通过模型深入讨论垂直管理后的运行情况，也普遍忽视了对联网直报等统计生产方式的进一步讨论。

鉴于此，本文在借鉴前期研究成果的基础上，首先，将基层单位决策空间设为更符合实际的连续函数，并将基层单位真实努力水平与相对造假程度共同纳入代理人目标函数，将中央政府检查覆盖密度与惩罚强度共同纳入委托人目标函数，重新构建了中央与地方的两级委托代理模型。这种假设更符合基层政府"真实水平不够，统计数据来凑"的现实决策，也更符合中央政府节约检查成本与加大惩罚力度的权衡考量，对现实情况的解释力和指导性更强。其次，针对统计机构的不同管理模式，对比讨论属地管理和垂直管理模式下的央地统计博弈，并针对统计数据的不同生产方式，分别讨论政府上门调查与企业联网直报情况下的参与人行动。最后，结合模型分析结论及统计"四大工程"在实际工作中的推进情况，就如何完善政绩考评体系、提高数据源头质量提出建议，以期为落实《全面深化统计改革总体方案》提供参考。

# 一  不同统计管理模式的权衡

## （一）模型设定

为了简化模型，假设政府层级只有两级，最上层的是作为委托人的中央政府，负责制定全国的经济增长目标 $A_0$，并对各地区的执政效果进行评价考核。另外一个层级是作为代理人的地方政府，负责具体执行委托人制订的执政任务计划，努力达到或超额完成委托人为该地区设定的经济增长目标。虽然现实中政府管理层级不止两级，但是处于中间层级的代理人面临的约束条件与基层类似，其行为选择也与基层代理人类似。

基层官员在地方执政一个周期后，通过付出努力来提升地方经济增长水平 $A$（$A > 0$）。假设实际经济增长水平是所投入努力的单调递增函数，地方官员付出努力越多，经济增长水平就越高。假设实际经济增长水平等于代理人投入的努力程度。代理人为了推动地方经济增长，需要付出调研成本和工作努力，设其为推动经济增长而付出的总成本为 $C$。假设 $C = \dfrac{cA^2}{2}$（$c > 0$），$c$ 代表基层官员推动地方经济增长的工作难度。对于不同地区而言，$c$ 的数值不同。$c$ 的精确数值虽然是代理人的私人信息，但委托人可以通过听取基层汇报和调研走访大致了解基层实际开展经济工作的难度，并在重复博弈中加以修正。委托人大致知道该地区的经济增长难度是代理人的可得信息。

代理人获得的收益为工资及政治收益。设地方官员被提拔的可能

性为 $p$（$p > 0$），表示代理人超额实现 1 单位经济增长时，代理人获得晋升的概率。$p$ 并非在每期博弈之初由委托人和代理人约定，而是在重复博弈中，代理人通过观察自己和其他代理人是否因"数字优秀"而得到提拔所形成的先验概率，且 $p$ 的大小为委托人和代理人的共同知识。基层官员得到提拔后，更高领导职务比原有职务增加的边际效用为 $t$，为了简化分析，我们假设 $t = 1$。

在社会最优情况下，代理人会努力发展经济，并且不论最终实际取得的增长效果如何，均如实汇报完成情况，委托人运用客观准确的统计数据进行宏观调控。

周黎安（2007）等学者通过实证分析发现，地方官员晋升机制遵从以 GDP 增速等经济指标为代表的锦标赛模式，即经济增长速度与其他地区相比越快，地方主要领导晋升的可能性越大。这也成为地方官员努力发展经济，甚至不惜夸大经济增长率的动力所在。在"数字出官"的背景下，代理人为了提高晋升概率，会操纵或暗示统计部门将经济数字"向上调整"，造成统计数据失真，宏观决策依据失实，导致社会最优情况不容易实现。设 $\alpha$（$\alpha > 0$）为地方政府经济数据的膨胀系数①，代理人通过操纵地方统计局向委托人谎报完成情况为 $(1 + \alpha)A$，即代理人为了增加被提拔的机会而夸大辖区经济增长数字。

除了政治收益之外，地方官员还会获得与自身职务相对应的工资。Dixit（2002）研究发现，官僚组织内部一般实行弱激励，代理人应当获得委托人支付的固定工资。由于固定工资不改变代理人的行为，故本文不考虑代理人固定工资的影响，仅将晋升效用纳入代理人的收益函数。由于代理人可以获得固定工资，代理人的参与约束可以自动满足。代理人的收益可以表示为 $S = p\big[(1 + \alpha)A - A_0\big]$。

由于统计数据造假严重影响中央宏观调控效果，并损害政府公信力，因此委托人会努力打击统计数据造假行为。假设委托人通过统计大检查及日常不定期的统计检查，每个博弈周期将会抽取 $q$ 比例的地

---

① 统计数据误差来源主要有技术性原因和非技术性原因，我们只考虑受主观因素影响的非技术性原因。

区进行统计执法检查，并将拟抽查的比例提前告之代理人，定义 $q$ 为检查覆盖密度。假定统计检查人员为不可被代理人收买的公正监督者，且监督者报告的信息对于委托人而言是"硬"的信息，即委托人总是会相信监督者的检查报告。代理人在上报统计数字时，会预期到自己有 $q$ 的可能性被抽查，$1-q$ 的可能性未被抽查。修订后的《统计法》规定，对存在统计数据造假行为的地方政府或有关部门、单位负责人给予处分并予以通报。在本文的模型中，如果监督者查实代理人的统计违规行为，委托人将会给予代理人相应的处罚，记为 $F$。处罚的严重程度与造假程度有关。通过对以往查处的统计违法违规案件进行分析，对于轻微错误往往以批评教育为主，处罚力度较小；而对于严重违反《统计法》和普查条例的责任人，则会被处以警告、处分甚至免职的惩罚。因此，设 $F = f\alpha^2 (f>0)$，$f$ 为惩罚力度。代理人如果存在数据造假行为，则只有 $1-q$ 的概率可以不被发现并获得政治收益（此处不考虑少数违规的代理人通过贿赂与上级统计执法机关进行合谋的情况）。如果代理人的造假行为被查处，则不仅会受到处罚 $F$，而且也不会得到政治收益。假设代理人为风险中性，则代理人的效用函数为：

$$U_A = (1-q)S - qF - C$$

即有：

$$U_A = (1-q)p[(1+\alpha)A - A_0] - qf\alpha^2 - \frac{cA^2}{2}$$

下面再来考虑委托人的效用函数。中央政府作为行政事务的委托人，既是经济社会发展的受益者，也是政府公信力受损的受害者。委托人在经济社会发展中的受益程度取决于经济的真实发展水平，经济发展实际水平越高，委托人可以获得的税收就越多，国际影响力也越大；经济发展实际水平越低，委托人的财政实力就越弱，在国际上的话语权被削弱，效用水平也越低。因此，将委托人来自经济增长的获益程度设为经济实际增长水平的单调函数 $G = gA (g>0)$，$g$ 表示委托人对经济增长的偏好程度。然而，由于委托人与基层信息不对称，委托人只能依赖于下级报告的经济增长水平 $(1+\alpha)A$ 来判断宏观经济形势。为了获得更大的晋升机会，代理人有虚报经济增长水平的激励。但是，基层群众通过就业难易程度和市场繁荣水平可以对真实经济增长水平形成比较直观的感受。如果群众普遍觉得官方公布的经济数字与自身的直观感受相差甚远，则会质疑统计调查的科学性和公正性。如果群众普遍感觉就业困难、工资降低，而官方统计数据仍然显示经济一片繁荣，则公众不仅会质疑统计调查是否合理，而且会质疑政府公报的公信力，损害政府形象。因此，对于代理人而言，若无中央的追查，则并不直接承担数据造假的后果，却可能获得夸大政绩的好处。但对于委托人而言，并不能从被夸大的数字中获得任何收益，相反，当向社会公布数据时，还要承担政府公信力受损的后果。

现实情况是，程度轻微的统计造假会引起部分民众的质疑。而数据注水程度较高时，媒体和公众则会强烈谴责官方统计数据脱离实际，且质疑的矛头会引申到政府其他工作领域，具有很大的负外部性，会显著降低委托人的效用水平。因此，我们定义数据造假的社会危害 $H = ha(h > a)$。[①] $h$ 为公众对数据造假的敏感程度，受政治环境及公众认知度等因素的影响，$h$ 的大小也是委托人和代理人的共同知识。

对于委托人来说，开展统计执法大检查固然可以有效遏制数据造假行为，但大规模的检查活动需要委托人付出行政成本。检查密度 $q$ 越大，投入的人力、物力就越多，假设检查成本 $J = jq$（$j > 0$），不论是否恰好检查出了统计违法行为，都需要支付检查成本。对于委托人来说，惩罚力度 $f$ 的调整需要经过复杂的法律或行政程序，调整过程较为缓慢。检查密度也受到执法人员编制和经费预算的约束，按照一定规则设置以后，也会保持一段时间的惯性。因此，为简化分析，假设惩罚力度和检查密度在不同管理模式下保持不变。

委托人的效用函数可表示为 $U_p = G - H - J$，即：

$$U_p = gA - h\alpha - jq$$

---

① 为简化分析，我们将数据造假的社会危害设为线性函数。不论函数的具体形式如何，只要统计造假的社会危害是单调函数，就不改变本文的基本逻辑。

博弈的时序为：第一期，委托人设定地区经济增长目标 $A_0$，并向代理人传达将要抽查的地区比例及处罚力度；第二期，代理人通过努力，实现地方经济增长水平 $A$；第三期，代理人向委托人汇报经济增长水平，可能出现虚报；第四期，委托人选择一定比例的地区进行抽查，各方支付实现。假设模型中的贴现率为 0。

## （二）统计部门实行属地管理

在属地管理模式下，地方统计局在业务上受上级统计局领导，在行政上受同级地方政府领导。统计局的人事安排、办公经费等均受制于地方政府。如果地方统计局报告的数据有利于彰显本级政府政绩，则统计局的人员可能因此获得诸多政治利益和工作支持，如职位升迁、政策优惠、荣誉奖励等。而如果地方统计局无视地方政府的政绩要求，自行上报数据，则可能受到冷落和排挤（王华，2008）。因此，属地管理下的地方统计局与地方主要领导的利益高度绑定，在本文中将其视为博弈的同一参与人进行论证，这也与统计造假问题的多数文献保持一致。

下面通过逆推法来刻画统计局属地管理模式下的均衡情况。

首先，根据代理人期望效用最大化，即：

$$\max: U_A = (1-q)p[(1+\alpha_s)A_s - A_0] - qf\alpha_s^2 - \frac{cA_s^2}{2} ①$$

求解得到使代理人期望效用最大的均衡结果：

$$\alpha_s^* = P^2(1-q)^2/[2qfc - p^2(1-q)^2]$$

$$A_s^* = 2fpq(1-q)/[2qfc - p^2(1-q)^2]$$

结论 1：统计部门属地管理模式下，地方政府的造假程度和惩罚力度与检查密度成反比，与提拔概率成正比。

代理人在事先了解到委托人的抽查比例及惩罚力度后，将会选择以 $(1+\alpha_s^*)A_s^*$ 的数据上报经济增长情况。通过分析可以发现，委托人

---

① 下标 $S$ 表示统计部门实行属地管理。

在提拔代理人时越是看中经济数据，代理人的数据"注水"程度就越高。而委托人的抽查比例越高、惩罚力度越大，代理人的数据造假行为就会受到抑制，虚增水平就越低。

有趣的是，发展地方经济的难度越大，代理人的造假程度就越低。这是因为委托人也大致了解某地区发展经济的难易程度，基础越薄弱、发展越困难，代理人实现的实际经济增长水平就越低。为了避免过分拔高经济数据引起委托人和公众对统计数据的怀疑，代理人会选择虚增较低的程度。

此外，还应注意到，$\alpha_s^* / A_s^* = (1-q)p / 2qf$，即数据造假的相对程度与委托人的抽查比例、惩罚力度以及委托人对数据的看中程度有关。委托人如果偏重"以数据论英雄"，代理人统计数据中的水分就较大。而更全面的抽查和更严厉的惩罚则可以抑制代理人的造假冲动。

然而，更全面的抽查对委托人而言也意味着更大的行政成本。下面再来考察委托人的均衡选择。将努力水平与造假程度代入委托人效用函数，得到：

$$U_P = 2gfpq(1-q)/[2qfc - p^2(1-q)^2] - hp^2(1-q)^2/[2qfc - p^2(1-q)^2] - jq$$

求解使委托人期望效用取得最大值时的抽查比例 $q^* = 1 - hc/gp$，由于 $0 < q < 1$，所以 $gp > hc$。惩罚力度的表达式为：

$$f^* = jh^2c^2/[2g(g^2p^2 - ghpc + jcgp - jc^2h)]$$

结论 2：中央政府的检查密度和提拔概率与经济增长偏好成正比，惩罚力度与统计失真敏感度和检查成本成正比。

经济指标对委托人越重要，以及代理人在晋升时越侧重经济指标，委托人的抽查比例就越大。如果公众对统计数据失真越敏感，委托人对违规的代理人施加的处罚就越严厉。

（三）统计部门实行垂直管理

各级统计机构脱离地方政府行政领导、全面实行垂直管理①时，只

---

① 当前，我国综合统计力量中，各级统计局在行政上大多实行属地管理，各级统计调查队由国家统计局垂直管理。

要地方政府统计造假的期望效用大于零，地方政府便有激励去"游说"或"贿赂"统计机构与其合谋。但在本文的设定中，地方政府统计造假的收益为职务晋升。地方官员很难与垂直管理的单位直接分享职务晋升的收益，因此我们不考虑地方政府与垂直管理的统计机构合谋造假的情况。

各级统计机关实行垂直管理后，在业务、人事、经费上均与地方政府脱钩。委托人对统计部门的工作评价与承担的调查工作量和报表质量有关，而与统计出的数据结果无关。因此，垂直管理后的统计局不再有人为修改统计数据的激励。鉴于统计机构工作人员的工资结构以固定工资为主，且委托人对其进行弱激励，因而我们不考察垂直管理模式下统计机构的效用函数。

统计机构垂直管理后，新增了一项社会成本：协调成本。协调成本的来源主要有两个。

一是统计局在开展调查活动时，有时仍需要地方行政力量的支持和配合。例如，在开展大规模入户调查时，需要村（居）委会干部协助上门。村（居）委会同时承担了大量社区事务和基层行政事务，人手少、工作多，如果没有乡镇（街道）配合发出"红头文件"，统计局很难确保基层力量对统计工作的精力投入。

二是统计局独立调查出的数据可能与地方政府的预期不符，未必能得到地方政府的认可，存在讨价还价和数据"打架"的风险。例如，统计局通过专项调查推算出某地区的人口状况，并将其作为委托人考核代理人的依据。然而，地方政府可能通过公安、民政、卫健委等部门掌握的人口数据来证明统计局的样本选择和推算结果存在误差，并拿出地方政府自身调研的数据来证明政绩被"低估"了。

由于抽样方法和统计口径不一样，不同调查的结果客观上很难完全一致，如果多个渠道统计出的数据无法匹配平衡，也无法鉴别哪个数据更准确，这就为双方讨价还价留下了空间，既增加了部门间的沟通协调成本，也间接导致重复调查工作大量增加。我们以 $M$ 代表协调成本，$M$ 的大小与统计局的权威性有关。统计部门被赋予较大权威时，绩效考评完全依据统计部门数据，统计部门开展工作也较容易，协调成本比较低。若委托人对统计部门所出数据持"模棱两可"的态度，或仅作为参考依据之一，则代理人就有激励制造干扰信息影响委托人决策，协调成本就比较高。

垂直管理时，委托人的效用函数 $U_p = G - H - J - M$。

与地方政府脱钩后，统计局不存在主观修改数据的激励，因此故意虚构数据导致的社会成本为 0。虽然此时委托人不需要防范代理人篡改数据的行为，但是为了督促各级统计局"不偷懒"，委托人仍需要进行抽查检查，因此检查成本 $J$ 依然存在。委托人的效用函数可以表示为 $U_p = gA_C - M - jq$。[①]

基层官员无法在业务和行政上影响统计工作，只能以真实经济增长水平 $A_C$ 来衡量其政绩，基层官员此时的效用函数 $U_A = p(A_C - A_0) - \dfrac{cA_C^2}{2}$。期望效用取得最大值时，$A_C^* = p/c$。

结论 3：统计部门垂直管理模式下，地方政府的努力水平与提拔概率成正比，与工作难度成反比。

## （四）两种管理模式的权衡

在博弈的第 0 期，委托人可以选择统计部门的管理模式，以最大化社会福利。我们首先将两种模式下代理人实现的实际经济增长水平进行比较。

$$A_c^* - A_s^* = p/c - 2fpq(1-q)/[2qfc - p^2(1-q)^2]$$

由于 $0 < h < gp/c$，所以 $jc(gp - hc)^2/[g(g^2p^2 - ghpc + jcpg - jc^2h)] - p < 0$，即 $A_c^* < A_s^*$。

结论 4：垂直管理模式下，代理人的均衡努力水平和经济增长水平低于属地管理模式。

管理模式的选择取决于经济增长速度和统计数据质量的权衡。在

----

① 下标 $C$ 表示统计部门垂直管理模式。

统计部门属地管理模式下，地方政府有较强的发展冲动，并通过所属统计部门在实际水平的基础上对数据进行"调整"，但产生了数据误导决策、政府公信力受损的社会成本。统计部门实行垂直管理时，通过斩断数据采集者和数据受益者之间的行政联系，有效压缩了数据注水的空间，却可能产生统计部门"自说自话"的部门间沟通问题，地方政府推动经济增长的积极性也低于属地管理模式。如果委托人更偏好经济高增长，则应当将各级统计部门划归地方政府管理，委托人通过可置信的惩罚威胁和有效的执法检查来抑制代理人的造假冲动。如果公众对统计数据公信力的敏感度比较高，对统计数据失真较为厌恶，则应当将各级统计部门统一归口国家统计局管理，并通过确立数据收集和发布的权威途径来降低统计部门和地方政府之间的协调成本。

结论 5：委托人设置的经济增长目标不宜高于 $p/c$。

虽然代理人的均衡努力水平和造假程度与委托人提出的经济增长预期目标无关，但是预期目标会影响代理人的效用水平。当前，多数地区已不再将经济增长速度作为一票否决的指标，但是招商引资、工业产值、财政收入仍然是上级领导较为关心的指标，如果完成得不好，有可能被上级认为没能力而打入"冷宫"。因此，经济增长预期目标不宜高于代理人不造假时能够实现的增长速度，否则代理人要承受上级较大的政治压力，只有想方设法造假才能使政治收益为正。

进一步考察两种管理模式在现实中的运行情况。不可否认，当前企业依法统计的意识依然较弱，配合度不高，失去地方政府动用各种行政力量的协助，统计部门自身能够给予的惩罚十分有限，可承诺的收益也有限，完全脱离地方政府、单纯依靠统计执法力量，很难确保数据的全面性，拒报和漏报难以避免。同时，"协调成本"也不容忽视：代理人对基层的实际情况掌握更多部门的数据来源，与统计局相比具备信息优势，如何让处于信息相对劣势的统计局把代理人"说服"呢？显然这不太容易，也会引发不同政府部门间的无谓争论。特别是如果地方政府率先公布某一"预估"数，反而可能让后公布数据的统计局处于数据矛盾的尴尬境地。因此，综合这两种统计管理模式来看，政府收集统计数据不仅行政成本高昂，而且不论是由谁来统计，都有可能因部门利益的差异而出现"数出多门"的情况，从而威胁政府公信力。干扰最小、最客观的方式就是由统计单位自行填报，各级各部门均无权直接插手数据。

## 二 不同数据生产方式的比较

统计数据的产生主要有两种方式：一种方式是统计局调查员上门采集数据，企业向调查员报告数据后，由调查员负责记录企业数据，并通过各级统计局将数据传递和汇总；另一种方式是调查户联网直报，即无论统计局是属地管理还是垂直管理，一概由企业自行通过网络上报数据，各级统计局对数据只有浏览和审核权，而没有录入和修改权。所有数据的汇总全部通过计算机自动完成，对报表的所有操作均在后台留痕备份。企业直接上报模式将数据的修改权限控制在数据源头，减少了数据经政府部门流转的技术误差和人为误差。国家统计局积极推进的以企业联网直报为代表的四大工程，目前已基本覆盖所有规模以上企业和重点调查企业（已与统计局签订代报代录协议的除外）。结合联网直报的实际运行情况，我们将基本模型加以拓展，继续讨论各方博弈情况。

对于联网直报的企业而言，上报统计数据是《统计法》规定的义务，《统计法》对拒报、误报、虚报等不正确履行上报义务的企业规定了处罚细则，而企业却无法通过法定的统计行为获得额外收益。因此，本文不讨论企业的效用函数。

联网直报面向的是年营业额比较高的规模以上企业和重点行业，对推算地方经济整体情况影响很大。因此，地方政府仍有激励违反《统计法》、干涉正常的统计工作。多数企业相对于地方政府而言属于弱势群体，地方政府虽然不能直接接触数据，但掌握着大量行政资源，通过强迫或威胁等手段仍可让个别企业配合其造政绩。但是，与地方政府直接领导地方统计局、地方统计局直接录入数据的模式相比，联网直报后的造假难度增大。这源于意图造假的官员必须找到"愿意"

配合造假的企业。在公民法律意识逐渐增强的形势下，与企业直接商谈造假的事宜也需要官员向企业许诺其他利益，并且很难说服辖区内所有企业大面积配合其疯狂造假。如果不与企业沟通，直接冒用企业账号代报数据，则有可能因同一 IP 地址录入多家企业的异常数据而引起监督者的注意。因此，从理论分析来看，实行企业统计联网直报后，地方官员操纵数据的成本大大增加。表现在模型上，即在地方官员的效用函数中增加了合谋成本 $ma(m > 0)$，合谋成本即强迫企业上报虚假数据而付出的协商成本。不论地方官员是否因"造假有方"而得到提拔，或因"造假无方"而受到制裁，只要造假行为发生，就需要支付合谋成本。

对于委托人而言，考虑到实行统计联网直报后，仍有地方政府通过各种手段干扰正常的统计活动，因此仍然要考虑造假系数的影响。虽然统计局可以对违法企业处以罚款，但从近年来的统计案件分析来看，涉及企业违反《统计法》的案件，罚款金额大多在 1 万元以下，相对于统计执法机关开展检查活动的行政投入来说比较小，因此不考虑通过罚款来提高委托人效用的情况。设定委托人进行统计执法检查的目的仅在于维护数据的准确性和法律的权威性，而非获得罚款收益。

此时，代理人的效用函数为：

$$U_A = (1 - q)p[(1 + \alpha)A_L - A_0] - qf\alpha_L^2 - \frac{cA_L^2}{2} - ma_L \text{ ①}$$

解得使委托人期望效用取得最大值时的造假程度为：

$$\alpha_L^* = [p^2(1 - q)^2 - mc]/[2qfc - p^2(1 - q)^2]$$

结论 6：企业联网直报时，地方政府的造假程度降低。

与未进行企业联网直报时的情况相比，在同等抽查比例和惩罚力度下，地方官员造假的程度下降。企业联网直报模式将数据录入权限制在政府部门之外，增大了政府部门影响数据的难度，从而降低了数据失真程度。

---

① 下标 $L$ 表示企业联网直报。

# 三 结论及建议

数据质量是统计的生命线。在宏观调控越来越注重预判性和精确性的大环境下，更应当重视数据的准确性。若不有效遏制统计造假行为，不仅会诱发代理人的道德风险问题，而且会带来逆向选择的问题：不造假的官员被淘汰，"注水"少的官员无法得到重用，而造假多的官员则获得晋升。本文通过构建中央与地方两级委托代理模型，分析讨论了统计部门属地管理与垂直管理两种模式下地方政府与中央政府的最佳决策，并结合国家统计局《全面深化统计改革总体方案》，讨论了实行企业联网直报时的情况，具有一定的理论和现实意义。

模型分析发现，统计部门实行属地管理时，地方政府有较高的积极性推动经济增长，但在上报统计数据时，会在实际数据的基础上进行虚增，给委托人造成负外部性。如果委托人更在意统计数据失真造成的社会负效应，则可以将各级统计部门实行垂直管理。通过统计管理体制改革，排除了地方行政力量对统计调查的干扰。然而，由于统计数据事关干部执政绩效考评，且跨部门大数据衔接机制尚不健全，地方官员仍然可能通过其他部门的有利调查数据来证明其政绩优于统计局出示的数据，增大了部门间重复调查、讨价还价和数据"打架"的风险。因此，委托人应当整合部门行政大数据记录，确立数据发布的唯一途径，提高综合统计部门的调查权威性。

相对于政府上门采集数据的方式而言，实行企业联网直报可以显著减少政府部门对数据的人为修改，也能减少不同部门对数据真实性的争议。因此，落实《全面深化统计改革总体方案》，建立质量可靠、数据协调、组织合理的统计体系，应当完善政绩考评体系、改进统计管理体制、变革统计生产方式。

其一，完善发展成果考评体系，纠正单纯以经济增长速度评定政绩的偏向。按照《中共中央关于全面深化改革若干重大问题的决定》的要求，将偏重经济考核变为经济、民生、环境考核占有不同比重。

特别是淡化 GDP 在政绩考核中的权重，提高资源消耗、质量效益、生态环境、产能过剩、科技创新、安全生产、民生改善等指标的权重。通过建立完善的多任务考评体系，正确引导基层行为，防止过分强调经济增长导致的数据造假、环境污染和忽视民生等问题。同时，为了解决历史数据虚高导致当前真实数据无法呈现的问题，应当利用经济普查数据和工商、税务、海关等部门行政资料，适时统一修订以前年份的地区 GDP，为往期数据"挤水分"，使今后的政绩核算能在一个较为真实的基期水平上进行比较，合理、准确地评价当期发展成果，并改进 GDP 等经济数据统计方法，逐步实现国家与地区 GDP 的统一核算。

其二，整合大数据资源，推进部门信息共享。充分利用网络信息、企业生产经营资料和部门行政资料等大数据拓宽统计资料来源，统筹安排国家、地方和部门调查项目。随着统计改革的深入推进，委托人应当适时明确统计报告发布的权威口径和部门。既要充分维护综合统计部门的行政独立性，也要切实维护数据服务的统一性，各项指标的采集、汇总、推算、发布均指定单一口径，并以此作为考评地方政府的依据，从而减少各部门重复调查、各自发布、互不承认所导致的资源浪费和数据混乱，减少地方政府与统计部门之间的讨价还价和协调成本。

其三，改变填报单位的激励相容约束，提高数据源头质量。《全面深化统计改革总体方案》提出了提高统计调查对象源头数据质量、推进国家通过联网直报直接采集原始数据的要求。现实中，少数已经实行联网直报的企业按时报送和依法统计的意识不强，牵扯大量政府统计力量对其进行催报。有的企业为了降低成本，不设专职统计人员，而将报表主动推给基层统计局由其代报；或者抛开实际情况，以"通过审核"为目的乱填数据。统计工作客观上增加了企业的成本，仅仅依靠基层统计人员对企业催报、善意劝导甚至执法威胁，很难让企业长期自愿支持统计工作。地方政府有将数据多报的激励，企业为了少缴税，有将数据少报的激励。因此，从根本上说，二者对数据大小的激励是冲突的。而政府的政绩又大多通过联网直报企业填报的数据来体现，如果能将统计数据与税务部门的数据做适度对比验证，则位于数据源头的企业不会主动配合夸大数据，因为其多付出的税收成本不可能转嫁给地方政府。

其四，企业信用平台不能只建立企业的统计黑名单，还应尝试建立企业的统计白名单，可以用声誉等非货币收益来影响企业的激励。每次对统计联网直报单位进行检查后，都要将检查的实际情况公示在信用平台上。若企业连续多年无数据造假和迟报、拒报等行为，则会树立一个诚信守法、账目清晰的良好声誉。企业信用平台则可以将企业诚信统计的声誉正效应外溢至与企业经营相关的其他领域。例如，银行在考虑贷款发放时，了解到企业对统计数据的处理没有虚报、漏报、瞒报、迟报等行为，则有助于对该企业的财务制度和内部管理有更准确的判断，对其风险评估也会降低。由此，诚信统计不仅仅是企业应尽的法定义务，还可以外溢为提高企业市场价值的信号，企业也就更自觉地支持统计工作，也更欢迎对诚信评价具有帮助的统计检查。

当前，中央政府已经淡化了对经济增速的目标考核，更加强调经济发展的质量和效益。在统计工作中，需要警惕夸大 GDP 的行为在新的考核体系下演变为瞒报能源消耗等指标的行为，从违法虚报变为违法瞒报。本文考虑的是以 GDP 增长率、居民人均收入增长率为代表的越大越好的经济指标，在实际中，地方政府面对的是多任务模型，不仅要发展经济，而且要安全生产、保障民生、保护环境。因此，未来的研究还应进一步考虑多任务的统计指标体系，委托人既要防止代理人"放卫星"，也要防止基层"捂盖子"。

## 参考文献

［1］《国家统计局关于印发全面深化统计改革总体方案的通知》（国统字〔2014〕5 号）。

［2］国家统计局课题组：《现代信息技术防治统计弄虚作假的实证研究》，《调研世界》2014 年第 11 期，第 8～13 页。

[3] 何承文：《官方统计数据失真问题研究》，《中山大学研究生学刊》（社会科学版）2012年第2期，第120～127页。

[4] 雷宏：《对统计数据造假行为的博弈理论分析》，《集美大学学报》（哲学社会科学版）2005年第2期，第67～70页。

[5] 李金昌：《浅论国家统计安全》，《中国统计》2006年第8期，第6～7页。

[6] 李军林、姚东旻、李三希、王麒植：《分头监管还是合并监管：食品安全中的组织经济学》，《世界经济》2014年第10期，第165～192页。

[7] 马建堂：《大数据在政府统计中的探索与应用》，中国统计出版社，2013。

[8] 慕容楠：《论政府统计失真问题的成因与对策》，《内蒙古财经学院学报》2012年第4期，第87～90页。

[9] 倪青山、刘蕾、任为：《企业一套表和联网直报的现状及优化方案》，《调研世界》2013年第3期，第50～53页。

[10] 聂辉华、李金波：《政企合谋与经济发展》，《经济学（季刊）》2007年第A01期，第75～90页。

[11] 唐行：《从统计信息失真反思统计教育》，《中国高教研究》2009年第8期，第92～93页。

[12] 田梦珍：《影响企业统计数据失真的因素及控制——基于博弈的分析》，《科技管理研究》2011年第15期，第212～215页。

[13] 田丽娜：《统计信息失真的原因及对策探讨》，《经济师》2014年第9期，第205～207页。

[14] 王赛德、潘瑞姣：《中国式分权与政府机构垂直化管理——一个基于任务冲突的多任务委托－代理框架》，《世界经济文汇》2010年第1期，第92～101页。

[15] 王华：《统计数据生成过程博弈的分析》，《中国软科学》2008年第2期，第40～47页。

[16] 王永钦、张晏、章元、陈钊、陆铭：《中国的大国发展道路——论分权式改革的得失》，《经济研究》2007年第1期，第4～16页。

[17] 辛金国、严兴良：《网络直报条件下企业统计数据质量影响因素分析》，《统计与决策》2013年第13期，第31～33页。

[18] 杨志龙、禹海霞、刘建伟：《从博弈论角度看地方政府统计造假行为的治理》，《商业研究》2005年第9期，第109～111页。

[19] 尹振东：《垂直管理与属地管理：行政管理体制的选择》，《经济研究》2011

年第 4 期，第 41～54 页。

[20] 尹振东、聂辉华、桂林：《垂直管理与属地管理的选择：政企关系的视角》，《世界经济文汇》2011 年第 6 期，第 1～10 页。

[21] 《中共中央关于全面深化改革若干重大问题的决定》，人民出版社，2013。

[22] 周黎安：《中国地方官员的晋升锦标赛模式研究》，《经济研究》2007 年第 7 期，第 36～50 页。

[23] 朱新玲、黎鹏：《非对称信息下统计造假行为的博弈分析》，《统计与决策》2007 年第 15 期，第 69～70 页。

[24] Acemoglu, D., Verdier, T. et al., "The Choice between Market Failures and Corruption", *The American Economic Review*, 2010, 90 (1), pp. 194 – 211.

[25] Dixit, A., "Incentives and Organizations in the Public Sector: An Interpretative Review", *Journal of Human Resources*, 2002, 37 (4), pp. 696 – 727.

[26] Mikhail, D., "Competition in Bureaucracy and Corruption", *Journal of Development Economics*, 2010, 92 (2), pp. 107 – 114.

[27] Polinsky, A. M., Steven, S., "Corruption and Optimal Law Enforcement", *Journal of Public Economics*, 2001, 81 (1), pp. 1 – 24.

# 后　记

　　本书是我自 2000 年在中国人民大学经济学院任教以来，对我国经济社会一些问题观察、思考与研究成果的部分汇集。同时，它也记录了我 20 多年从事教学、科研及研究生培养工作的学术轨迹。

　　中国人民大学经济学院作为中国经济学教育与研究的理论重镇，不仅有着非常浓厚的学术氛围与和谐民主的学习环境，而且有许多杰出的同行学者与师友。与他们的日常相处、学术交流与合作让我学到了许多，也促使我始终将追求学术视野的拓宽、实现学术水平的精进以及用心培养优秀学生作为奋斗目标。

　　20 多年来，我教过、带过的各类学生是我努力工作、认真学习和勤于思考的动力源泉，他们热爱祖国、积极向上，在学术上求实、求真、求是，让我不敢有半点懈怠。每次与他们一起思考、讨论、研究，总让我有新的收获。本书的主要内容曾公开发表于《中国人民大学学报》《世界经济》《经济学动态》《经济学家》《教学与研究》等国内重要学术期刊，绝大多数是我与学生们共同完成的。从这个意义上讲，本书集中了学生们的聪明才智与创新力，也记录了他们的学术成长点滴。他们是我学术生命中的重要印记，已经永久地融入了我的学术生涯，让我感受到学术时光的美好和学术生命的长青！

　　感谢你们，让我的人生变得更有意义并得以升华！

　　还要特别感谢社会科学文献出版社的副总编辑谢炜先生、经济与管理分社社长恽薇女士以及资深编辑冯咏梅老师。没有他们的大力支持与帮助，本书不可能如此顺利出版。

**图书在版编目（CIP）数据**

理性、均衡与激励：组织行为与决策逻辑／李军林
著．-- 北京：社会科学文献出版社，2021.4
ISBN 978 - 7 - 5201 - 8428 - 1

Ⅰ.①理…　Ⅱ.①李…　Ⅲ.①企业组织 - 组织行为 -
研究 - 中国　Ⅳ.①F279.21

中国版本图书馆 CIP 数据核字（2021）第 091740 号

## 理性、均衡与激励

### ——组织行为与决策逻辑

著　者／李军林

出 版 人／王利民
组稿编辑／恽　薇
责任编辑／冯咏梅

出　　　版／社会科学文献出版社·经济与管理分社（010）59367226
　　　　　　地址：北京市北三环中路甲 29 号院华龙大厦　邮编：100029
　　　　　　网址：www.ssap.com.cn
发　　　行／市场营销中心（010）59367081　59367083
印　　　装／三河市尚艺印装有限公司

规　　　格／开　本：787mm×1092mm　1/16
　　　　　　印　张：22　字　数：316 千字
版　　　次／2021 年 4 月第 1 版　2021 年 4 月第 1 次印刷
书　　　号／ISBN 978 - 7 - 5201 - 8428 - 1
定　　　价／158.00 元

本书如有印装质量问题，请与读者服务中心（010 - 59367028）联系